나를 위한 전공영어 어휘 ?

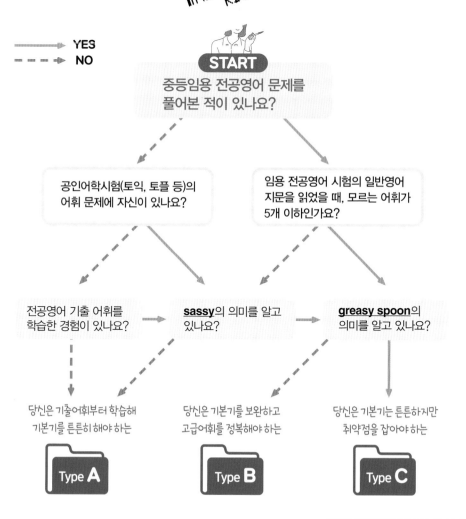

→ YES
---→ NO

START
중등임용 전공영어 문제를
풀어본 적이 있나요?

공인어학시험(토익, 토플 등)의
어휘 문제에 자신이 있나요?

임용 전공영어 시험의 일반영어
지문을 읽었을 때, 모르는 어휘가
5개 이하인가요?

전공영어 기출 어휘를
학습한 경험이 있나요?

sassy의 의미를 알고
있나요?

greasy spoon의
의미를 알고 있나요?

당신은 기출어휘부터 학습해
기본기를 튼튼히 해야 하는

당신은 기본기를 보완하고
고급어휘를 정복해야 하는

당신은 기본기는 튼튼하지만
취약점을 잡아야 하는

Type A

Type B

Type C

02 566 6860 | teacher.Hackers.com

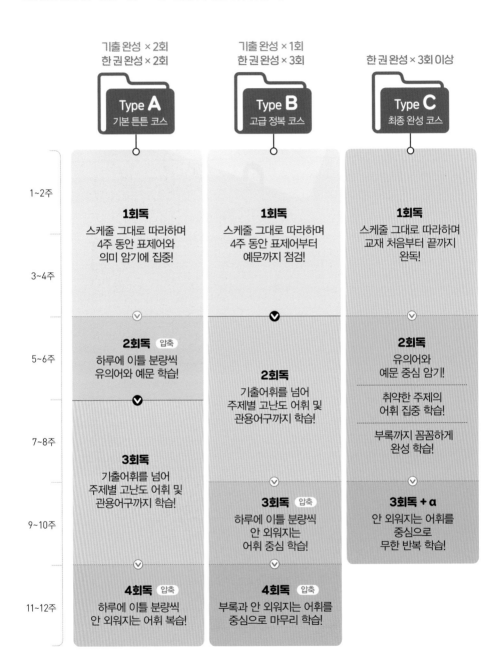

기출 완성 × 2회
한 권 완성 × 2회

Type A
기본 튼튼 코스

기출 완성 × 1회
한 권 완성 × 3회

Type B
고급 정복 코스

한 권 완성 × 3회 이상

Type C
최종 완성 코스

1~2주

1회독
스케줄 그대로 따라하며
4주 동안 표제어와
의미 암기에 집중!

1회독
스케줄 그대로 따라하며
4주 동안 표제어부터
예문까지 점검!

1회독
스케줄 그대로 따라하며
교재 처음부터 끝까지
완독!

3~4주

5~6주

2회독 압축
하루에 이틀 분량씩
유의어와 예문 학습!

2회독
기출어휘를 넘어
주제별 고난도 어휘 및
관용어구까지 학습!

2회독
유의어와
예문 중심 암기!

취약한 주제의
어휘 집중 학습!

부록까지 꼼꼼하게
완성 학습!

7~8주

3회독
기출어휘를 넘어
주제별 고난도 어휘 및
관용어구까지 학습!

3회독 압축
하루에 이틀 분량씩
안 외워지는
어휘 중심 학습!

9~10주

3회독 + α
안 외워지는 어휘를
중심으로
무한 반복 학습!

11~12주

4회독 압축
하루에 이틀 분량씩
안 외워지는 어휘 복습!

4회독 압축
부록과 안 외워지는 어휘를
중심으로 마무리 학습!

기출 빅데이터 정복을 위한
기출 완성 Basic 4주 스케줄

	1일	2일	3일	4일	5일	6일	7일
Week 1	□ DAY 01	□ DAY 02	□ DAY 03	□ DAY 04	□ DAY 05	□ DAY 06	□ DAY 01-06 복습
	8일	9일	10일	11일	12일	13일	14일
Week 2	□ DAY 07	□ DAY 08	□ DAY 09	□ DAY 10	□ DAY 11	□ DAY 12	□ DAY 07-12 복습
	15일	16일	17일	10일	19일	20일	21일
Week 3	□ DAY 13	□ DAY 14	□ DAY 15	□ DAY 16	□ DAY 17	□ DAY 18	□ DAY 13-18 복습
	22일	23일	24일	25일	26일	27일	28일
Week 4	□ DAY 19	□ DAY 20	□ DAY 21	□ DAY 22	□ DAY 23	□ DAY 24	□ DAY 25

기출부터 취약점까지 정복하는
한 권 완성 A to Z 4주 스케줄

	1일	2일	3일	4일	5일	6일	7일
Week 1	□ DAY 01 □ DAY 26	□ DAY 02 □ DAY 27	□ DAY 03 □ DAY 28	□ DAY 04 □ DAY 29	□ DAY 05 □ DAY 30	□ DAY 06 □ DAY 31	□ Week 1 복습
	8일	9일	10일	11일	12일	13일	14일
Week 2	□ DAY 07 □ DAY 32	□ DAY 08 □ DAY 33	□ DAY 09 □ DAY 34	□ DAY 10 □ DAY 35	□ DAY 11 □ DAY 36	□ DAY 12 □ DAY 37	□ Week 2 복습
	15일	16일	17일	18일	19일	20일	21일
Week 3	□ DAY 13 □ DAY 38	□ DAY 14 □ DAY 39	□ DAY 15 □ DAY 40	□ DAY 16 □ DAY 41	□ DAY 17 □ DAY 42	□ DAY 18 □ DAY 43	□ Week 3 복습
	22일	23일	24일	25일	26일	27일	28일
Week 4	□ DAY 19 □ DAY 44	□ DAY 20 □ DAY 45	□ DAY 21 □ 부록1①	□ DAY 22 □ 부록1②	□ DAY 23 □ 부록1③	□ DAY 24 □ 부록 3 (영어교육론)	□ DAY 25 □ 부록 3 (영어학)

교원임용 교육 1위 해커스임용

2021 대한민국 NO.1 대상 교원임용 교육(온·오프라인 교원임용) 부문 1위 (한국미디어마케팅그룹)

teacher.Hackers.com

해커스임용

도원우
Sam Park **전공영어**

기출
보카

1800+

해커스임용

『해커스임용 도원우·Sam Park 전공영어 기출보카 1800⁺』는 이렇게 집필되었습니다.

쉽지 않은 시간이었습니다. 시험에 출제된 어휘들과 출제 잠재성이 있는 어휘들의 정복을 통해 수험생들을 도울 수 있다는 확신은 시간이 지날수록 더욱 굳어져 갔지만, 생각보다 진전이 더디었기 때문입니다. 최근 20개년의 중등임용 전공영어 시험문제를 심도 있게 분석하여 필수로 알아야 하는 어휘들을 선별하고, 그 외에도 셀 수 없이 많은 영어 단어들 중 충분히 앞으로 시험에 나올 만한 것들을 한 번 더 엄선하며 심혈을 기울였습니다. 지칠 때도 있었지만 다시 힘을 쥐어짜 내서 걷고 또 걷고…. 결국, 힘든 집필 과정 속에서도 다시 힘을 낼 수 있었던 근본적 힘은 '진정성'이라는 선물 가운데서 흘러 나왔다고 말하고 싶습니다. '이 책의 완성을 진정으로 원하는가?'라는 질문에 수백 번, 수천 번 이상 대답을 하고 나니, 이렇게 아름다운 아기가 어느새 제 눈 앞에 '완성'이라는 이름으로 서 있는 것을 볼 수 있었습니다.

사랑하고 존경하는 수험생 여러분. 진정으로 영어 선생님이 되고 싶으십니까. 아니, 어떤 상황 속에서도 흔들리지 않을 명분과 이유가 확실히 있으십니까. 그렇다면 끝까지 포기하지 마십시오. 진정성 없는 목표가 문제인 것이지요. 영어 선생님이 되고자 하는 참되고 진정한 동기가 여러분에게 있다면 반드시 그 길이 열릴 것이라고 저는 확신합니다.

"나를 사랑하는 자들이 나의 사랑을 입으며 나를 간절히 찾는 자가 나를 만날 것이니라" (잠8:17)

함보미 선교사의 큰 승리를 기도하며,

선비의 고장 예천, 농막 연구실에서, 도원우

If French is the language of love, English is the language of words. With some 1,025,100 words in its word bank, English tops the list as the most verbose language in the world. The reason lies in its history. English inevitably borrowed heavily from French, Latin, and Greek. It is estimated that approximately 30 percent of English words have French origins. Even more striking is the marked influence of Latin and Greek. Some scholars estimate that 60 percent of all English words have Greek or Latin roots. Even still, English is constantly expanding its reach with its timely and unapologetic embrace of significant non-Anglophone words such as *chaebol*—a Korean term for wealthy families of South Korean conglomerates. No wonder English has the largest vocabulary in the world.

The number may cause dread or even strike fear in some test takers. But it shouldn't. Or rather, it must not. Fear is a powerful motivational force, but a stronger and more potent one is enjoyment: love of what you are learning or doing. Rather than dreading or fearing the number, embrace it. Focus on the building blocks of each word, its prefix, root, stem, and suffix. Go out of your way to discover new words that share the same root or prefix. Master the craft of making educated guesses on the meaning of words by understanding the context of the passage. Be passionate and eager about each and every word you intentionally or accidentally stumble on. With such an attitude, you will no doubt expand your vocabulary to the volume deemed satisfactory to the standards of the test makers. Who knows? You may even exceed their standards.

I humbly lay this material at your feet. May it guide you in your endeavor towards ever higher plains.

Warm regards,
Sam

Contents

빅데이터로 MASTER 기출편

합격으로 JUMP **고급편**

한 권으로 완성하는 전공영어 어휘

➔ 교재 앞에 수록된 '4주 완성 학습 스케줄'을 참고하여 학습하면 더욱 효과적으로 교재를 활용할 수 있습니다.

20개년 기출 빅데이터 분석

- 2003~2022학년도 임용 기출문제 분석을 바탕으로 엄선한 어휘를 집중적으로 학습할 수 있습니다.
- 실제 시험에 출제된 기출어휘의 학습을 4주(25일) 안에 완성할 수 있습니다.

실제 기출문제 속 예문 수록

- 표제어의 예문은 모두 기출문제에서 발췌한 문장이므로 임용시험에서 주로 쓰이는 의미 중심으로 표제어를 학습하고, 독해력까지 함께 향상시킬 수 있습니다.

주제별 고난도 어휘 학습

- 시험에 나올 가능성이 있는 고난도 어휘를 주제별로 학습할 수 있습니다.
- 고난도 어휘 학습을 통해 보다 다양한 주제의 지문을 깊이 있게 이해할 수 있습니다.

관용어구 학습으로 어휘 완성

- 관용어구와 관련된 문제가 매년 시험에 출제되는 만큼 관용어구 학습을 통해 합격에 한 발짝 더 가까이 다가갈 수 있습니다.

나의 취약점 보완

- 부록으로 '혼동되는 어휘', '최근 5개년 연도별 기출어휘'와 '과목별 키워드 Glossary'를 수록하여, 취약점을 보완하는 보충학습을 할 수 있습니다.

지루한 어휘 학습 중 리프레시

- 본 교재를 학습하는 동안 활용하면서 자칫 지루해질 수 있는 어휘 학습에 활력을 얻을 수 있습니다.

한 권 완성 Data 활용법

표제어 Data

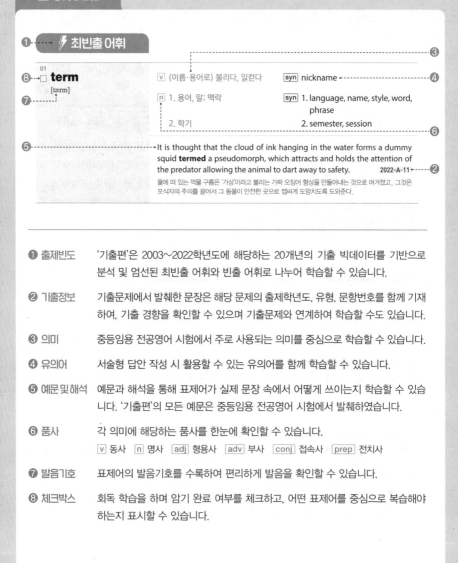

❶ ⚡ 최빈출 어휘

❸

❽ □ **term** 01
❼ [təːrm]

Ⓥ (이름·용어로) 불리다, 일컫다   syn nickname ❹

Ⓝ 1. 용어, 말; 맥락   syn 1. language, name, style, word, phrase

    2. 학기   2. semester, session ❻

❺ It is thought that the cloud of ink hanging in the water forms a dummy squid **termed** a pseudomorph, which attracts and holds the attention of the predator allowing the animal to dart away to safety.   2022-A-11 ❷

물에 떠 있는 먹물 구름은 '가상'이라고 불리는 가짜 오징어 형상을 만들어내는 것으로 여겨졌고, 그것은 포식자의 주의를 끌어서 그 동물이 안전한 곳으로 잽싸게 도망치도록 도와준다.

---

❶ 출제빈도   '기출편'은 2003~2022학년도에 해당하는 20개년의 기출 빅데이터를 기반으로 분석 및 엄선된 최빈출 어휘와 빈출 어휘로 나누어 학습할 수 있습니다.

❷ 기출정보   기출문제에서 발췌한 문장은 해당 문제의 출제학년도, 유형, 문항번호를 함께 기재하여, 기출 경향을 확인할 수 있으며 기출문제와 연계하여 학습할 수도 있습니다.

❸ 의미   중등임용 전공영어 시험에서 주로 사용되는 의미를 중심으로 학습할 수 있습니다.

❹ 유의어   서술형 답안 작성 시 활용할 수 있는 유의어를 함께 학습할 수 있습니다.

❺ 예문및해석   예문과 해석을 통해 표제어가 실제 문장 속에서 어떻게 쓰이는지 학습할 수 있습니다. '기출편'의 모든 예문은 중등임용 전공영어 시험에서 발췌하였습니다.

❻ 품사   각 의미에 해당하는 품사를 한눈에 확인할 수 있습니다.
     Ⓥ 동사   Ⓝ 명사   adj 형용사   adv 부사   conj 접속사   prep 전치사

❼ 발음기호   표제어의 발음기호를 수록하여 편리하게 발음을 확인할 수 있습니다.

❽ 체크박스   회독 학습을 하며 암기 완료 여부를 체크하고, 어떤 표제어를 중심으로 복습해야 하는지 표시할 수 있습니다.

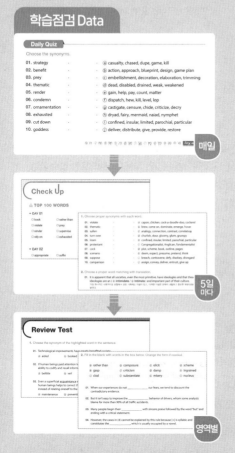

학습 완성도 Self-Check

DAY가 끝날 때마다 'Daily Quiz', 5개 DAY 마다 'Check Up', 한 영역이 끝날 때 'Review Test'를 제공합니다.

다양한 유형의 학습점검 Data를 적절히 활용하여 나의 학습 완성도를 스스로 점검할 수 있습니다.

다양한 부록으로 취약점 Off

전공영어 시험을 완벽하게 대비하기 위하여 취약점을 보완할 수 있는 부록을 풍성하게 수록하였습니다.

자신의 취약점 파악을 통해 이를 보완하면 탄탄한 어휘 실력과 함께 합격에 더욱 가까워질 수 있습니다.

합격이 보이는 **중등임용 시험 Timeline**

*아래 일정은 평균적인 일정이며, 각 시점은 변경될 수 있습니다.

사전예고
6~8월

시행계획 공고
9~10월

원서접수
10월

- **대략적인 선발 규모 (가 T.O.)** : 선발예정 과목 및 인원
- **전반적인 일정** : 본 시행계획 공고일, 원서접수 기간, 제1차 시험일정 등
- 사전예고 내용은 변동 가능성 높음

- 전국 17개 시·도 교육청 중 **1개의 교육청에만 지원 가능**
- 시·도 교육청별 **온라인 채용시스템**으로만 접수 가능
- **준비물** : 한국사능력검정시험 (심화) 3급 이상, 사진

| 참고 | 한국사능력검정시험 관련 유의사항

⇨ 제1차 시험 예정일로부터 역산하여 5년이 되는 해의 1월 1일 이후에 실시된 시험에 한함 (2023학년도 중등임용 시험의 경우 2017.1.1. 이후 실시된 시험에 한함)
⇨ 제1차 시험 예정일 전까지 취득한 인증등급 이상인 이상인 인증서에 한하여 인정함

- **확정된 선발 규모 (본 T.O.)** : 선발예정 과목 및 인원
- **상세 내용** : 시험 시간표, 제1~2차 시험의 출제 범위 및 배점, 가산점 등
- 추후 시행되는 시험의 변경 사항 공지

📋 아래 내용만은 놓치지 말고 '꼭' 확인하세요!

☐ 응시하고자 하는 과목의 선발예정 인원
☐ 원서접수 일정 및 방법
☐ 제1차 및 2차 시험 일정
☐ 스캔 파일 제출 대상자 여부 및 제출 필요 서류
☐ 가산점 대상자 여부 및 세부사항

제1차 시험
11월

제1차 합격자 발표
12월

제2차 시험
1월

최종 합격자 발표
2월

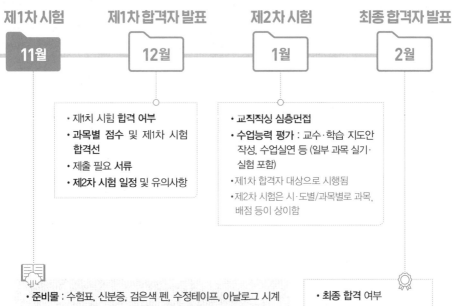

- 제1차 시험 **합격 여부**
- **과목별 점수** 및 제1차 시험 **합격선**
- **제출 필요 서류**
- **제2차 시험 일정** 및 **유의사항**

- **교직적성 심층면접**
- **수업능력 평가** : 교수·학습 지도안 작성, 수업실연 등 (일부 과목 실기·실험 포함)
- 제1차 합격자 대상으로 시행됨
- 제2차 시험은 시·도별/과목별로 과목, 배점 등이 상이함

- **준비물** : 수험표, 신분증, 검은색 펜, 수정테이프, 아날로그 시계
- 간단한 간식 또는 개인 도시락 및 음용수 (별도 중식시간 없음)
- **시험과목 및 배점**

- **최종 합격 여부**
- **제출 필요 서류** 및 추후 일정

	1교시 / 교육학	2교시 / 전공 A		3교시 / 전공 B	
출제분야	교육학	교과교육학 (25~35%) + 교과내용학 (75~65%)			
시험 시간	60분 (09:00~10:00)	90분 (10:40~12:10)		90분 (12:50~14:20)	
문항 유형	논술형	기입형	서술형	기입형	서술형
문항 수	1문항	4문항	8문항	2문항	9문항
문항 당 배점	20점	2점	4점	2점	4점
교시별 배점	20점	40점		40점	

교원임용 교육 1위,
해커스임용 teacher.Hackers.com

· 학습 Log

	1회독	2회독	3회독	4회독	5회독
목표 기간					
실천 기간					
Review Test	/ 20	/ 20	/ 20	/ 20	/ 20

해커스임용 도원우·Sam Park
전공영어 기출보카 1800+

빅데이터로
MASTER
기출편

⚡ 최빈출 어휘

01
☐ **book**
[buk]

ⓥ (장부에) 기록하다, (식당·호텔 등에) 예약하다   **syn** enter, hire, line up, organize, schedule

ⓝ 도서, 문헌   **syn** literature, booklet, reference, brochure, copy

Their passage had been **booked**.   2008-전국-21
그들의 통행 내역이 기록되어 있었다.

02
☐ **rather than**

~라기보다는, 대신에, ~하지 말고   **syn** other than, rather, alternately, alternative, as a substitute

Actually, we think in and with words, and the words we have at our command shape the thoughts they express, **rather than** the other way around.   2008-전국-1
사실, 우리는 그 반대라기보다는 단어들 안에서 그 단어들을 가지고 생각하며, 우리가 다루는 그 단어들이 우리가 표현하는 생각들을 만들어내는 것이다.

03
☐ **strategy**
[strǽtədʒi]

ⓝ 전략, 계획; 계획 수립, 계획 집행   **syn** action, approach, blueprint, design, game plan

I taught a range of learning strategies so that my students could become independent language learners utilizing those **strategies** whenever needed.   2019-B-8
나는 학생들이 필요로 할 때마다 이러한 전략을 활용하여 독립적인 언어 학습자가 될 수 있도록 다양한 학습 전략을 가르쳤다.

04
☐ **requirement**
[rikwáiərmənt]

ⓝ 필요조건, 필요, 요건   **syn** concern, condition, demand, need, obligation

I believe that corrective feedback may not have an immediate impact, but it should meet certain **requirements** in order to facilitate language learning.   2016-A-12
나는 수정 피드백이 즉각적인 영향을 미치지는 않을 것이라고 생각하지만, 이는 언어 학습을 촉진하기 위해 특정 필요조건을 충족해야 한다고 생각한다.

05
☐ **benefit**
[bénəfit]

[v] 유익하다, 유용하다

[syn] aid, gain, help, pay, count, matter, advance

[n] 1. 혜택, 이득
2. 수당, 보조금

[syn] 1. aid, asset, assistance
2. subsidy, grant

Technological improvements have greatly **benefited** society.   2011-1차-8
기술적 발전은 사회에 굉장히 유익했다.

06
☐ **violate**
[váiəleit]

[v] 위반하다, 어기다, 침해하다, 훼손하다

[syn] breach, contravene, defy, disobey, disregard

It is pardonable to **violate** the norms if only one accepts the ideology.
2011-1차-10
한 사람이라도 그 이념을 받아들인다면 규범을 위반하는 것은 용서받을 수 있다.

07
☐ **prey**
[prei]

[n] (사냥 동물의) 먹이, 사냥감;
(특히 부정한 목적에 이용되는)
희생자, 피해자

[syn] casualty, chased, dupe, game, kill

Further research is needed, but it is possible that the gloves also contain silk-secreting glands that allow the flies to capture **prey** and display their catch to potential female partners.   2011-1차-13
추가 연구가 필요하지만, 그 장갑에는 파리가 먹이를 잡아서 잠재적 암컷 파트너에게 포획한 것을 보여 줄 수 있는 실크 분비샘도 포함되어 있을 가능성이 있다.

08
☐ **genetic**
[dʒənétik]

[adj] 유전의, 유전학의

[syn] ancestral, hereditary, historical, abiogenetic, digenetic

First is the concern that only the rich will have access to such life-saving technologies as **genetic** screening and cloned organs.   2010-1차-11
첫째는 오직 부유한 사람들만이 유전자 검사, 복제 장기 같은 생명을 구하는 기술의 혜택에 접근할 수 있다는 우려이다.

09
☐ **thematic**
[θimǽtik]

[adj] 주제의, 주제와 관련된

[syn] confined, insular, limited, parochial, particular

The predicate assigns its arguments **thematic** roles including the following.
2014-A-기13
술어는 그 논항에 다음 내용을 포함하는 주제역을 할당한다.

10
☐ **formality**
[fɔːrmǽləti]

[n] 형식상의 절차, 의례적인 일, 격식

[syn] procedure, red tape, rite, ritual, academism

In addition, where you are affects the **formality** of your output.
2020-A-2
또한, 당신이 현재 있는 위치는 출력 절차에 영향을 준다.

11

☐ **render**
[réndər]

[v] 1. 만들다, ~을 하게 하다
2. 주다
3. 제출하다

[syn] 1. make, deliver, distribute
2. give, provide, restore
3. furnish, submit

The old lock, aluminum frozen by corrosion, had been deliberately **rendered** obsolete by manufacturers. **2022-B-1**
부식돼서 꼼짝하지 않는 오래된 알루미늄 자물쇠는 제조업체에서 의도적으로 쓸모가 없게 만들었다.

12

☐ **supervise**
[súːpərvàiz]

[v] 지도하다, 지휘하다, 감독하다

[syn] administer, conduct, deal with, direct, handle

Class time is reserved for activities such as interactive discussions or collaborative work **supervised** by the teacher. **2018-A-3**
수업시간은 대화형 토론이나 교사가 지도하는 공동 작업과 같은 활동을 위한 시간으로 예정되어 있다.

13

☐ **condemn**
[kəndém]

[v] 비난하다, 규탄하다;
선고를 내리다;
(좋지 않은 상황에) 처하게 만들다

[syn] castigate, censure, chide, criticize, decry

Those who deplored reading did not simply **condemn** its effects on morals and politics. **2006-서울·인천-3**
독서를 한탄했던 사람들은 단순히 윤리적 사고와 정치적 견해에 영향을 끼치는 것에 대해 비난한 것만은 아니었다.

14

☐ **mainstream**
[méinstrìːm]

[n] (사상·견해 등의) 주류, 대세

[syn] average, common, current, dominant, general

[v] (특정한 사상·견해를) 주류에 편입시키다

[syn] generalize, register

She later moved into the political **mainstream**, becoming the first rubber tapper in Brazil's Senate. **2009-1차-13**
그녀는 나중에 정치적 주류에 속하게 되었고, 고무 채취업자 최초로 브라질 상원의원이 되었다.

15

☐ **ornamentation**
[ɔ̀ːrnəmentéiʃən]

[n] 장식

[syn] embellishment, decoration, elaboration, trimming

In the animal kingdom, it is common for males to have **ornamentation**, like bright feathers, to impress females of their species, but a newly identified species of dancing fly found in the forested regions of Mount Fuji in Japan adds something new to the game of sexual display. **2011-1차-13**
동물계에서는, 수컷이 밝은 깃털과 같은 장식을 하고 같은 종의 암컷에게 깊은 인상을 주는 것이 일반적이지만, 일본 후지산 숲 지역에서 발견되어 새롭게 식별된 종인 춤추는 파리는 성적 유혹의 시합에 새로운 요소를 추가한다.

16
☐ **rely on**

의지하다; 신뢰하다, 믿다

[syn] depend upon, bank on, lean on, draw on, turn to

Then, any prince who has **relied on** their words and has made no other preparations will come to grief. 2008-서울·인천-3

그렇게 되면, 그들의 말에 의지하고 어떠한 준비도 하지 않은 왕자는 비탄에 빠지게 될 것이다.

17
☐ **exhausted**
[igzɔ́:stid]

[adj] 기진맥진한, 진이 다 빠진, 탈진한, 다 써 버린, 고갈된

[syn] dead, disabled, drained, weak, weakened

Exhausted, Biff moves up the stairs to his room. 2011-1차-38

기진맥진해서, Biff는 그의 방으로 계단을 올라간다.

18
☐ **axis**
[ǽksis]

[n] (중심)축

[syn] arbor, axle, hinge, pivot, pole

Their CEE scores are placed on the horizontal **axis** and their college GPAs on the vertical **axis**. 2017-A-9

그들의 대학 입학 점수는 가로축에 배치되고 대학 평점 평균은 세로축에 배치된다.

19
☐ **cut down**

1. 쓰러뜨리다, 삭감하다
2. 저하, 삭감

[syn] 1. dispatch, hew, kill, level, lop
2. decrease, lower

"I'll **cut** you **down** to size yet, my boy," my father shouted after me. 2008-전국-3

"얘야, 나는 네가 네 분수를 알도록 해 줄 거야."라고 나의 아버지는 내 뒤에서 소리쳤다.

20
☐ **arithmetic**
[ərίθmətik]

[n] 산수, 연산, 산술, 계산

[syn] calculation, computation, addition, division, estimation

While we worry about basic skills, we allow into the classroom software that will do a student's **arithmetic** or correct his spelling. 2014-A-기10

우리는 기본적인 산수 실력을 걱정하면서, 학생의 산수를 돕거나 철자를 수정하게 하는 학습용 소프트웨어를 교실에 허용한다.

21
☐ **stick to**

굳게 지키다, 방침을 고수하다, 계속하다

[syn] assail, contravene, tar, attack, blast

Once having said a thing, you feel you must **stick to** it. 2006-서울·인천-1

일단 말하고 나면, 당신은 그것을 굳게 지켜야 함을 느낀다.

22
☐ **inquire**
[inkwáiər]

[v] (…에게) 묻다, 알아보다, (~을 …에게) 질문하다

[syn] examine, inspect, interrogate, investigate, analyze

They all **inquire** into the why of play, without coming nearer to a real understanding of the play-concept. 2011-1차-11

그들은 모두 놀이 개념을 실제로 점점 더 이해해 나가기보다는 놀이의 이유를 묻는다.

23
□ **statistical**
[stətístikəl]

adj 통계적인, 통계학상의, 통계에 근거한

syn analytical, demographic, numerical, arithmetical, probable

Frequency: **Statistical** data on how often words are used in the language
2021-A-12

빈도: 언어에서 단어가 사용되는 빈도에 대한 통계 데이터

24
□ **groom**
[gru:m]

v 1. (중요한 일에) 훈련시키다, 대비시키다
2. (동물을) 손질하다, 솔질하다, 다듬다

syn 1. educate, train, develop, cultivate
2. comb, tend, brush

n 1. 신랑

2. 하인

syn 1. bridegroom, husband, spouse, fiancé
2. servant, assistant, attendant, helper

Dweck points to one emblematic growth mindset CEO who hired according to "runway," not pedigree, preferring big state university graduates and military veterans to Ivy Leaguers, and spent thousands of hours **grooming** and coaching employees on his executive team.
2015-A-기1

Dweck은 학벌이 아닌 "활주로 방식"에 따라 직원을 고용했고, 아이비리그 출신보다 평범한 주립대학 졸업생과 군 예비역을 선호하고, 회사의 경영진이 신입 직원들을 훈련시키고 가르치는 것에 수많은 시간을 보낸 전형적인 성장 마인드를 가진 최고 경영자를 지목한다.

25
□ **goddess**
[gá:dis]

n 여신, 여신 같은 존재

syn dryad, fairy, mermaid, naiad, nymphet

I grant I never saw a **goddess** go, My mistress, when she walks, treads on the ground.
2009-1차-37

나의 여신이 걸으면서, 땅을 밟으면서 가는 모습을 결코 본 적이 없음을 나는 인정한다.

26
□ **fester**
[féstər]

v 곪다, 곪아 터지다; 훨씬 심해지다

syn smolder, aggravate, blister, canker, chafe

It stays there shut up in your unconscious mind, and it **festers**.   2016-A-4

그것은 당신의 무의식적인 마음속에 갇혀 있고, 곪아간다.

27
□ **shrunken**
[ʃrʌ́ŋkən]

adj (보기 싫게) 작아진, 쪼그라든

syn contracted, diminished, dry, dwindled, shriveled

My grandmother sat on my hotel bed, **shrunken** and wise, looking as if she belonged in a museum case.
2010-2차-4

할머니는 많이 작아지시고 지혜로운 모습으로 호텔 침대에 앉아 계셨는데, 이는 마치 박물관의 물건처럼 보였다.

28 beverage
[bévəridʒ]

n 음료

syn drink, liquor, cooler, draft

Study after study seemed to suggest that people who imbibed one alcoholic **beverage** per day — a 12-ounce beer, a 6-ounce glass of wine, or a 1.5-ounce shot of spirits — had healthier hearts than did people who abstained from drinking altogether.　　　　　2018-A-14

연구를 거듭한 결과, 하루에 12온스의 맥주, 6온스의 와인, 1.5온스의 증류주 등을 마시는 사람들이 술을 완전히 끊은 사람들보다 더 건강한 정신을 가진 것 같다고 발표했다.

29 wardrobe
[wɔ́ːrdroub]

n 옷장, 옷

syn apparel, attire, closet, dresser, trunk

Someday they will go through their **wardrobes** and mark certain items for tentative mending.　　　　　2010-2차-2

훗날 그들은 옷장을 뒤져서 간단하게 일시적으로 수선해야 할 옷들에 표시를 해 둘 것이다.

30 considerable
[kənsídərəbl]

adj 1. 상당한, 많은, 다량의

2. 중요한, 고려해야 할, 무시 못할

n 다량

syn 1. ample, appreciable, astronomical, extensive, hefty

2. important, significant, substantial

syn quantity, profusion

As these strategies constitute a significant part of strategic competence, advances in the learners' ability to effectively use them play a **considerable** role in promoting their communicative competence.　　　　　2019-B-4

이러한 전략이 전략적 역량의 중요한 부분을 구성하기 때문에, 효과적으로 전략을 사용하는 학습자의 능력 향상은 의사소통 능력을 증진시키는 부분에서 상당한 역할을 한다.

31 recoup
[rikúːp]

v 되찾다, 회복시키다, 만회하다

n 회복, 변상, 배상, 공제

syn compensate, get back, redeem, refund, regain

syn compensation, repayment, recompense

A biotechnology industry argues that such patents are the only way to **recoup** research costs that, in turn, lead to further innovations.　　　　　2010-1차-11

한 생명공학 회사는 그러한 특허가 연구 비용을 되찾는 유일한 방법이며, 결과적으로 더 많은 혁신으로 이어진다고 주장한다.

32 purport
[pəːpɔ́ːrt]

v 주장하다, 칭하다

n 전반적인 뜻, 요지

syn claim, assert, suggest,

syn gist, acceptation, connotation, core, drift

The authors **purport** that by having a good walk-away option you protect yourself from difficult opponents.　　　　　2020-A-8

그 저자들은 좋은 선택권을 확보함으로써 어려운 상대로부터 자기 자신을 보호할 수 있다고 주장한다.

33
☐ **asymmetric**
[èisəmétrik]

adj 한쪽 다리로만 서 있는; 비대칭의, 불균형적인

syn asymmetrical, dissymmetric, dissymmetrical, unbalanced, unsymmetric

"One struggles to explain why they are **asymmetric** — it could mean that it sticks one leg up in the air to attract females," said Adrian Plant, one of the study's authors. **2011-1차-13**

이 연구의 저자 중 한 명인 Adrian Plant는 "왜 새들이 한쪽 다리로만 서 있는지를 설명하고자 애쓰고 있는데, 이는 암컷을 유혹하기 위해 한쪽 다리를 공중에 띄운다는 의미일 수도 있다."라고 말했다.

34
☐ **drive off**

떠나다; 제1구를 치다, 첫 번째 공을 치다

syn shoo off, shoo away, shoo, drive away, clear the air

Suddenly a thief snatches the bag and **drives off**. **2007-서울·인천-2**

갑자기 도둑이 가방을 강탈해서 떠난다.

35
☐ **transparent**
[trænspǽrənt]

adj 명료한, 명백한, 알기 쉬운; 투명한, 속이 들여다보이는

syn clear, thin, translucent, cellophane, crystal-clear

Make your talk **transparent** by repeating key points. **2011-1차-7**

중요한 점을 반복함으로써 당신의 이야기를 명료하게 만들어라.

36
☐ **rosy**
[róuzi]

adj 장밋빛의, 발그레한; (전망 등이) 희망적인

syn chromatic, blushful

She was a blooming lass of fresh eighteen; ripe and melting and **rosy**-cheeked, and universally famed, not merely for her beauty, but her vast expectations. **2008-서울·인천-14**

그녀는 꽃 핀 갓 18살의 아가씨였는데, 그녀는 사람의 마음을 녹이는 잘 익은 장밋빛 뺨을 가졌으며 그녀의 아름다움뿐만 아니라 그녀의 엄청난 기대로도 널리 유명했다.

37
☐ **glow**
[glou]

v 빛나다, 타다; 상기되다, 발갛다, 발개지다

syn afterglow, bloom, blossom

n (특히 불꽃이 나지 않는 은은한) 불빛

syn brilliance, glare

Bug zappers, those **glowing** fixtures in suburban yards, keep those fears at bay, killing billions of insects each year. **2013-1차-13**

도시 근교에 설치된 이러한 빛을 내는 시설물인 해충 박멸 장치는 그런 두려움을 궁지로 몰아내고, 매년 엄청난 수의 벌레를 죽이고 있다.

38
☐ **lead-in**
[líːdin]

n (주제·이야기 등의) 도입부

syn introduction, overture, prolegomenon, start, induction

To him, the praise seemed only to be a contrived **lead-in** to a critical inference of failure. **2008-서울·인천-1**

그에게 칭찬은 실패에 대한 비판적 추론을 유도하는 인위적인 도입부에 불과한 것으로 보였다.

39
☐ **fluorescent**
[flɔːrésnt]

|adj| 형광성의; 화사한, 선명한; 야광의

|syn| bright, luminous, rich, shiny, sunny

We feel good about driving hybrids and using **fluorescent** bulbs.

2016-A-11

우리는 하이브리드 자동차를 운전하는 것을 즐기고 형광등을 사용하는 것을 좋아한다.

40
☐ **divulge**
[daivʌ́ldʒ]

|v| (비밀을) 누설하다, 알려주다

|syn| reveal, disclose, expose, leak

OK, Stevens, so you don't wish to **divulge** past confidences.

2022-A-3

좋아, Stevens, 그러니까 당신도 과거의 비밀을 누설하기를 원치 않는다는 것이겠지.

Daily Quiz

Choose the synonyms.

01. strategy ·
02. benefit ·
03. prey ·
04. thematic ·
05. render ·
06. condemn ·
07. ornamentation ·
08. exhausted ·
09. cut down ·
10. goddess ·

· ⓐ casualty, chased, dupe, game, kill
· ⓑ action, approach, blueprint, design, game plan
· ⓒ embellishment, decoration, elaboration, trimming
· ⓓ dead, disabled, drained, weak, weakened
· ⓔ gain, help, pay, count, matter
· ⓕ dispatch, hew, kill, level, lop
· ⓖ castigate, censure, chide, criticize, decry
· ⓗ dryad, fairy, mermaid, naiad, nymphet
· ⓘ confined, insular, limited, parochial, particular
· ⓙ deliver, distribute, give, provide, restore

Answer Key 01. ⓑ, 02. ⓔ, 03. ⓐ, 04. ⓘ, 05. ⓙ, 06. ⓖ, 07. ⓒ, 08. ⓓ, 09. ⓕ, 10. ⓗ

⚡ 최빈출 어휘

01
□ **appropriate**
[əpróupriət]

adj 적절한	syn applicable, apt, convenient, correct, fitting
v 1. 사용하다, 책정하다 2. 도용하다, 전용하다	syn 1. allot, apportion 2. borrow, confiscate, embezzle

Excellent! Let's find something **appropriate** on this list.   2011-1차-5
좋아요! 이 목록에서 적절한 것을 찾아봅시다.

02
□ **suffix**
[sʌ́fiks]

n 접미사   syn addition, appendix, postfix

English **suffixes** can be grouped into three different types when they are added to a root: stress-bearing, stress-shifting, and stress-neutral.   2016-A-6
영어의 접미사들은 이들이 어근에 추가될 때 강세 보유, 강세 이동 및 강세 중립의 세 가지 유형으로 범주화될 수 있다.

03
□ **facilitate**
[fəsílətèit]

v 용이하게 하다, 가능하게 하다   syn aid, ease, expedite, further, help

The following is part of a lesson procedure that aims to **facilitate** students' comprehension of a text concerning global warming.   2017-A-6
다음은 지구 온난화에 관한 글의 이해를 용이하게 하기 위한 수업 절차의 일부다.

04
□ **notion**
[nouʃən]

n 개념, 관념, 생각   syn approach, assumption, concept

Notice, however, that applying the **notion** of mutual intelligibility can be considerably complicated by social and political factors.   2011-1차-14
그러나, 상호 명료도의 개념을 적용하는 것은 사회적·정치적 요인에 의해 상당히 복잡해질 수 있음을 주목하라.

05
□ **closely**
[klóusli]

adv 근접하여, 바싹; 면밀히   syn firmly, hard, intently, intimately

It is unpardonable, on the other hand, to reject the ideology no matter how **closely** one conforms to the norms.   2011-1차-10
반면, 규범을 지키는 것에 아무리 근접하여도 이념을 거부하는 것은 용서할 수 없는 일이다.

06 constitute
[kɑ́:nstətjùːt]

ⓥ ~이 되는 것으로 여겨지다, (~을) 구성하다, 이루다, 설립하다, 설치하다

syn create, establish, aggregate, complement, complete

In one theory, play **constitutes** a training of the young for serious work later in life.　　　2011-1차-11

어떤 이론에서는, 놀이가 나중에 진지한 일을 하기 위한 청년들의 훈련의 일부로 여겨진다.

07 kindergarten
[kíndərgàːrtn]

ⓝ 유치원, 유아학교

syn day care center, playgroup, pre-K

Over the last decade or so, the central debate in the field of early-childhood education has been between one group that favors what you might call a pre-academic approach to pre-**kindergarten** and **kindergarten** and another group.　　　2010-1차-12

지난 10년 동안, 유아교육 분야에서의 중심적인 논쟁은 어린이집과 유치원에서 하는 공교육 시작 전의 교육 방식을 선호하는 집단과 그렇지 않은 집단 사이에서 이루어졌다.

08 attribute
[ətríbjuːt]

ⓥ ~의 것이라고 하다, 결과로 보다, 덕분이다

syn apply, associate, blame, credit

ⓝ 자질, 속성

syn aspect, characteristic, facet, idiosyncrasy

An analysis released last month claims a small portrait once **attributed** to a 19th-century German artist was actually painted by the Italian master around the year 1500.　　　2010-1차-13

지난달 발표된 분석은 19세기 독일 예술가의 것으로 여겨지던 작은 초상화가 실제로는 1500년경 이탈리아 거장에 의해 그려졌다고 주장한다.

09 defeat
[difíːt]

ⓥ 패배시키다, 물리치다, 이기다; (~에게) 이해가 안 되다

syn overcome

ⓝ 패배

syn beating, blow, breakdown, collapse, debacle

The fact is, Susan has practiced very hard and with great passion. She is really strong, so she will be tough to **defeat**.　　　2012-2차-1

사실은, Susan이 엄청난 열정으로 매우 열심히 연습했다. 그녀는 정말로 유능하니까 패배시키기에 충분할 만큼 강인해질 것이다.

10 patent
[pǽtnt]

ⓥ 특허를 받다

ⓝ 특허권

syn charter, concession, license, privilege, protection

Such fears are justified, considering that companies have been **patenting** human life.　　　2010-1차-11

기업이 인간의 생명을 특허화하고 있다는 점을 고려하면, 그러한 두려움은 정당화된다.

11 **palate**
[pǽlət]

n 구개(입천장); 미각, 감식력, 선호도

syn bias, partiality, penchant, tendency, attraction

"Palette" is a homophone for the term "**palate**."   2021-A-11

"palette"는 "palate"의 동음이의어이다.

---

12 **compensate for**

상쇄하다, 보상하다, 보상금을 주다

syn pay, recoup, refund, reimburse

That is because such activity may allow the brain to **compensate for** any initial biological changes related to dementia and mask the progression of the disease, say the scientists.   2011-1차-12

그러한 활동이 뇌가 치매와 관련된 초기 생물학적 변화를 상쇄하도록 하고 질병의 진행을 막기 때문이라고 과학자들은 말한다.

---

13 **junk**
[dʒʌŋk]

n 쓸모없는 물건, 폐물, 쓰레기

syn debris, rubbish

v 폐물로 처분하다

syn clutter, rubble, trash

They called the idle double helixes "**junk** DNA," thinking they were nothing but leftovers from ill-fitting assembly parts, useless bits of this and that, last season's models.   2015-B-서2

그들은 일하지 않는 이중 나선을 "쓸데없는 DNA"라고 불렀고, 이와 동시에 이들을 맞지 않는 조립 부품에서 남은 것, 시기가 지난 이런저런 쓸데없는 부분일 뿐이라고 생각했다.

---

14 **simulation**
[sìmjuléiəʃən]

n 모방, 시뮬레이션, 모의실험, 가장하기, 흉내 내기

syn reproduction, clone, copy, counterfeit, duplicate

At first he had been merely a good actor, but as time went on, **simulation** became second nature.   2017-A-10

처음에 그는 단지 이중적 삶을 산 것뿐이지만, 시간이 지남에 따라 모방적 삶은 제2의 천성이 되었다.

---

15 **dare**
[dɛər]

v 감히 ~하다, ~할 용기가 있다, ~할 엄두를 내다, 해 보라고 하다

syn cartel, defy, provocate, stump, taunt

Don't you **dare** tell anyone I've been bad to you. Talk. Please talk.   2009-2차-3

내가 당신에게 나쁘게 굴었다고는 감히 아무에게도 말하지 마. 말을 해. 제발 말 좀 해봐.

---

16 **hook**
[huk]

v (사람을) 걸려들게 하다

syn secure, ensnare, allure

The tendency to personalize the news would be less worrisome if human-interest angles were used to **hook** audiences into more serious analysis of issues and problems.   2014-A-서1

만약 쟁점과 문제들에 대한 더욱 진지한 분석으로써 독자들을 걸려들게 하기 위해 공감을 불러일으키는 시각이 사용된다면, 뉴스를 개인화하는 그 경향성은 덜 걱정스러울 것이다.

17
□ **fearfully**
[fíərfəli]

[adv] 무서워하며, 걱정스럽게, 몹시, 굉장히, 지독하게

[syn] nervously, timidly, in alarm, apprehensively, diffidently

[**fearfully**] Light? Which light? What for?　　　　　2009-1차-40
(무서워하며) 전등? 무슨 전등? 뭐 때문에?

18
□ **diminish**
[dimíniʃ]

[v] (중요성을) 깎아내리다, 폄하하다; 줄어들다, 약해지다

[syn] abate, curtail, decline, decrease, dwindle

Each event **diminishes** your authority at just the moment at which you think you have become an authority.　　　　　2014-A-기6
모든 사건은 당신이 권위자가 되었다고 생각하는 바로 그 순간에 당신의 권위를 깎아내린다.

19
□ **translate**
[trænsléit]

[v] 1. 번역하다, 통역하다,
(다른 언어로) 옮기다
2. (다른 형태로) 바꾸다, 옮기다, 바뀌다

[syn] 1. interpret, render, restate

2. alter, convert, transform

Fear, for example, is mixed with guilt, and feelings of disgust are difficult to **translate** across cultural boundaries.　　　　　2008-서울·인천-5
예를 들어, 두려움은 죄책감과 섞이며, 혐오감은 문화적 경계를 넘어 번역되기 어렵다.

20
□ **sociological**
[sòusiəládʒikəl]

[adj] 사회학(상)의, 사회 문제의, 사회학적인

[syn] human ecological, structural, sociometry, criminological, structural-sociological

Indeed, it is a significant **sociological** fact that the pressure to believe them is frequently stronger than the pressure to conform to the norms of conduct to which they are related.　　　　　2011-1차-10
사실, 그것들을 믿게 만드는 압력이 그들과 관련된 행동 규범을 따르려는 압력보다 종종 더 강하다는 것은 중요한 사회학적 사실이다.

21
□ **interference**
[ìntərfíərəns]

[n] 간섭, 참견, 개입, 방해, 전파 방해, 혼선

[syn] conflict, intervention, intrusion, obstruction, tampering

Negative transfer can be further divided into two types – overgeneralization and **interference**.　　　　　2019-A-11
부정 전이는 과도한 일반화와 간섭의 두 가지 유형으로 한층 더 나눌 수 있다.

22
□ **union**
[júːniən]

[n] 조합, 협회, 연방, 연합

[syn] abutment, accord, amalgam, agglutination, agreement

She mobilized the **unions** of rubber tappers to fight against powerful interest groups.　　　　　2009-1차-13
그녀는 권력이 막강한 이익단체들에 대항하기 위하여 고무액 채취자들의 노동조합을 동원했다.

23
automatization
[ɔ:tàmətaizéiʃən]

n 자동화

syn computerization, self-rule, self-government, cybernation, self-determination

This transformation has been called proceduralization or **automatization** and entails the conversion of declarative knowledge into procedural knowledge.　　　　　　　　　　　　　　　　　　2018-A-1

이 변환은 절차화 또는 자동화라고 불리며, 선언적 지식을 절차적 지식으로 변환하는 것을 수반한다.

24
sullen
[sʌ́lən]

adj 음침한, 시무룩한, 뚱한, 침울한

syn churlish, dour, gloomy, glum, grumpy

Or as a teacher, to confront your first classroom filled with **sullen**, squirmy, slumbering, solipsistic students?　　　　　　　　　2014-A-기6

또는 교사로서 음침하고, 우물쭈물하고, 졸고, 독선적인 학생들로 가득찬 첫 번째 교실에 맞서기 위해서인가?

25
pompom
[pá:mpà:m]

n (털실로 된) 방울; 폼폼(미국에서 치어리더들이 손에 들고 흔드는 뭉치)

syn knob, decoration, tuft, plume, tassel

Or, do you want to be a **pompom** girl?　　　　　　2009-2차-3 변형

아니면, 당신은 치어리더가 되고 싶은 건가요?

26
abdicate
[ǽbdəkeit]

v 왕위에서 물러나다, 퇴위하다, 책무를 다하지 못하다, 책무를 거부하다

syn forgo, relinquish, renounce, step down, vacate

T: That's right. Shortly after, Napoleon **abdicated** and was imprisoned on Elba.　　　　　　　　　　　　　　　　　2015-A-기4

교사: 맞아. 얼마 지나지 않아, 나폴레옹은 왕위에서 물러났고 엘바에 투옥되었어.

27
turn over

뒤집히다, 몸을 뒤집다, 돌아가기 시작하다; (텔레비전의) 채널을 돌리다

syn assign, convey, deliver, entrust, give up

He ran to the child's room. All the furniture was **turned over**.　2009-1차-38

그는 그 아이의 방으로 달려 들어갔다. 모든 가구는 뒤집혀 있었다.

28
break up

부서지다, 끝이 나다, 파하다

syn adjourn, disband, dismantle, disperse, disrupt

MABEL: I may be very naive and – bourgeois – but I don't see the good of a new science that **breaks up** homes.　　　　　　2016-A-4

MABEL: 제가 매우 멍청하고 물질 만능주의적일 수도 있지만 가정을 부수는 새로운 과학이 뭐가 좋은지 모르겠네요.

29
orthographical
[ɔːrθəgrǽfikəl]

[adj] 철자의, 정자법의, 철자가 바른;   [syn] spelling, writing-systemic
정사영의, 직각의

It needed to establish a regular and uniform **orthographical** system and to expand its vocabulary to meet the increased demands caused by the demise of Latin and by developments in science and new discoveries throughout the burgeoning Empire.   2009-1차-9

라틴어의 멸망과 과학 발전 및 급성장하는 제국 전역의 새로운 발견으로 인한 증가된 수요를 충족시키기 위해 규칙적이고 균일한 철자 체계를 구축하고 어휘를 확장해야 했다.

30
agricultural
[ǽgrikʌ́ltʃərəl]

[adj] 농업의, 농사의, 농학(상)의   [syn] horticultural, rural, aggie, agronomical, arboricultural

M. Ringelmann, a French **agricultural** engineer, was one of the first researchers to study the relationship between process loss and group productivity.   2017-A-2

프랑스의 농업 엔지니어인 M. Ringelmann은 공정 손실과 집단 생산성 간의 관계를 연구한 최초의 연구자 중 한 명이다.

31
tackle
[tǽkl]

[v] 따지다, (힘든 상황과) 씨름하다, (힘든 상황에 대해) 솔직하게 말하다   [syn] give a try, give a whirl, go for it, make a run at, pitch into

[n] (스포츠 등에서의) 태클   [syn] barring

When sloppy people say they're going to **tackle** the surface of the desk, they really mean it.   2010-2차-2

엉성한 사람들이 책상 표면에 대해 따지겠다고 말하면, 정말로 그렇게 하겠다는 뜻이다.

32
locomotion
[lòukəmóuʃən]

[n] 이동, 운동, 보행   [syn] action, mobility, motion, progression, travel

The most plausible theory is that they have developed a secret method of **locomotion** which they are able to conceal the instant a human eye falls upon them.   2019-B-5

가장 그럴듯한 이론은 사람의 눈길이 그들에게 향하는 순간을 숨길 수 있는 비밀스러운 이동 방법을 그들이 개발했다는 것이다.

33
emerging
[imə́ːrdʒiŋ]

[adj] 최근 생겨난, 최근에 만들어진   [syn] appear, arrive, come up, crop up, develop

The pre-academic camp seemed to dominate the debate in the late 1990s, drawing on some **emerging** research that showed that children's abilities at the beginning of kindergarten were powerful predictors of later success.   2010-1차-12

유치원 초반의 학생들 능력이 이후의 학업적 성공의 매우 뛰어난 예측 변수라는 새로 생겨난 연구 결과에 힘입어, 1990년대 후반에는 예비 학업 캠프가 논쟁에서 우위를 점하는 것처럼 보였다.

34

☐ akin

[əkín]

[adj] ~와 유사한

[syn] analogous, comparable, affiliated, agnate, cognate

Perhaps my thoughts and approach to life are more **akin** to what is called Western than Eastern.
2020-A-9

아마도 내 생각과 삶에 대한 접근 방식은 동양적이라기보다 서양적이라고 불리는 것에 더 유사할 것이다.

35

☐ monolithic

[mànəlíθik]

[adj] 단일체의, 하나의 암석으로 된, 한 덩어리로 뭉친

[syn] hulking, imposing, big, bulky, colossal

Why do we view English as if it were a single, **monolithic** language?
2011-1차-14

왜 우리는 영어가 마치 하나의 단일 언어인 것처럼 생각하는가?

36

☐ ill-advised

[adj] 경솔한, 무분별한, 문제의 소지가 있는, 경솔한 말을 하는

[syn] foolhardy, foolish, half-baked, ill-considered, imprudent

You may later feel that the "No" was **ill-advised**.
2006-서울·인천-1

당신은 나중에 "아니오"가 경솔한 것이었다고 느낄 수도 있다.

37

☐ snap

[snǽp]

[v] 1. (사진을) 찰칵 하고 찍다, 스냅 사진을 찍다
2. 홱 잡다, 잡아채다, 긁어모으다
3. 딱 소리가 나다

[syn] 1. flash, take a photo
2. catch, clutch, grab, snatch, yank
3. click, crack, fracture, pop, crackle

[n] 쉬운 일, 편한 일

[syn] breeze, cinch, ease

[adj] 1. 갑작스러운, 불시의
2. 수월한

[syn] 1. sudden
2. easy, cushy, toilless, light

When John D. Rockefeller Jr. wished to stop newspaper photographers from **snapping** pictures of his children, he too appealed to the nobler motive.
2011-1차-9

John D. Rockefeller Jr.가 신문 사진작가들이 아이들의 스냅 사진을 찍지 못하게 막으려고 했을 때, 그는 더욱 고결한 동기에 호소했다.

38

☐ portal

[pɔ́ːrtl]

[n] (건물의 웅장한) 문, 정문, 입구

[syn] entryway, entry, entrée, entrance, entranceway

But the problem was that there were a host of fearful adversaries who beset every **portal** to her heart, keeping a watchful and angry eye upon each other, but ready to fly out in the common cause against any new competitor.
2008-서울·인천-14

그러나 문제는 그녀의 마음으로 들어가는 모든 문을 포위하고, 서로를 경계하고 분노한 눈으로 지켜보다가, 새로운 경쟁자들에 맞서 공동의 명분으로 맹렬히 덤벼들 준비가 된 무서운 적들이 많다는 것이다.

39
□ **scheme**
[ski:m]

n (운영) 계획, 제도, 책략 　　syn arrangement, blueprint, game plan

v 책략을 꾸미다, 획책하다 　　syn design, device

It is like taking off in an airplane: the establishment of identity requires recognizing how relatively small we are in the larger **scheme** of things.
2014-A-기6

그것은 비행기를 타고 이륙하는 것과 같다. 정체성을 확립하려면 더 큰 계획에서 볼 때 우리가 상대적으로 얼마나 작은지를 인식해야 한다.

40
□ **stun**
[stʌn]

v 1. 기절초풍시키다; 감동을 주다 　　syn 1. amaze, astonish
2. (특히 머리를 때려) 기절시키다, 실신시키다 　　2. knock out
3. 망연자실하게 만들다 　　3. astound

When I heard the famous poet pronounce, I was **stunned**. 　　**2022-A-5**
나는 유명한 시인이 말하는 것을 들었을 때, 기절초풍했다.

Daily Quiz

Choose the synonyms.

01. appropriate ·
02. closely ·
03. patent ·
04. dare ·
05. hook ·
06. diminish ·
07. translate ·
08. union ·
09. automatization ·
10. abdicate ·

· ⓐ cartel, defy, provocation, stump, taunt
· ⓑ abutment, accord, amalgam, agglutination, agreement
· ⓒ applicable, apt, convenient, correct, fitting
· ⓓ computerization, self-rule, self-government
· ⓔ forgo, relinquish, renounce, step down, vacate
· ⓕ firmly, hard, intently, intimately
· ⓖ charter, concession, license, privilege, protection
· ⓗ interpret, render, restate
· ⓘ secure, ensnare, allure
· ⓙ abate, curtail, decline, decrease, dwindle

Answer Key 01. ⓒ 02. ⓕ 03. ⓖ 04. ⓐ 05. ⓘ 06. ⓙ 07. ⓗ 08. ⓑ 09. ⓓ 10. ⓔ

⚡ 최빈출 어휘

01 identify
[aidéntəfài]

v 식별하다, 확인하다, 알아보다, 찾다, 발견하다

syn analyze, classify, describe, determine, diagnose

In the second paragraph, **identify** TWO elements from <A> that Ms. Jo employed in her course and ONE element that she did not employ, and provide evidence from <B> for each **identified** one.   2019-B-8

두 번째 문단에서, 조 선생님이 자신의 수업에서 사용한 두 가지 요소와 그녀가 사용하지 않은 한 가지 요소를 <A>에서 식별하고, 식별된 각 요소에 대해 <B>에 있는 증거를 제시하시오.

02 device
[diváis]

n 1. 장치, 기구; 폭발물, 폭탄

2. 방법, 방책, 계책

syn 1. accessory, apparatus, appliance, equipment, gadget

2. design, method, strategy

The development of communication **devices** bridges the generation gap.   2011-1차-8

통신 장치의 개발은 세대 간 격차를 해소한다.

03 norm
[nɔːrm]

n 규범, 표준, 일반적인 것, 규준, 기준

syn benchmark, criterion, measure, model, pattern

It includes the following categories, which also apply to cultural **norms** in public space.   2017-A-8

여기에는 공공 공간의 문화적 규범에도 적용되는 다음의 범주들이 포함된다.

04 neither
[náiðər]

n 아무것도 아님

adj 아무것도 아닌

adv (둘 중) 어느 것도 ~아니다, ~도 마찬가지이다

syn none

syn not, no more

syn nor

I am not a leader of men, as you believe, Willy, and **neither** are you.   2011-1차-38

나는 당신이 생각하는 것처럼 지도자감이 아니고, Willy, 당신도 마찬가지예요.

05
□ decline
[dikláin]

ⓥ 떨어지다, 줄어들다, 감소하다,
축소하다, 위축하다

syn deny, dismiss, abjure, abstain,
balk

ⓝ 감소, 하락, 축소

syn deterioration, downturn, drop

She goes to the radio while MAGNUS **declines** his biscuit, and MRS.
DRUDGE leaves.
2021-B-3
MAGNUS가 비스킷을 떨어뜨릴 때 그녀는 라디오 쪽으로 걸어가고, DRUDGE는 떠난다.

06
□ surround
[səráund]

ⓥ 둘러싸다, 에워싸다, 포위하다

syn besiege, circle, envelop, hem in,
inundate

ⓝ 가장자리

Through socialization humans learn to be effective members of the
society, class, region, and family into which they are born, and come to
understand the social relations that **surround** them.
2008-전국-2
사회화를 통해서 인간은 그들이 태어난 사회, 계급, 지역, 가족의 유능한 구성원이 되는 법을 배우고,
그들을 둘러싸고 있는 사회적 관계를 이해하게 된다.

07
□ acupuncture
[ǽkjupʌ̀ŋktʃər]

ⓝ 침술

syn stylostixis, acupressure,
homeopathy

Acupuncture techniques used in Asia as daily remedies over a long
history have now become distant to the general public.
2009-1차-11
아시아에서 오랜 역사에 걸쳐 일상적인 치료법으로 사용된 침술은 이제 대중에게서 멀어졌다.

08
□ socialization
[sòuʃəlizéiəʃən]

ⓝ 사회화; 교류, 교제

syn socializing, meeting, coming
together

Through **socialization** humans learn to be effective members of the
society.
2008-전국-2 변형
사회화를 통해서 인간은 사회의 유능한 구성원이 되는 법을 배운다.

09
□ extend
[iksténd]

ⓥ 확장하다, 확대하다,
더 길게 만들다, 연장하다

syn boost, broaden, continue,
develop, enhance

Glances can **extend** (and do) across the street; not eye contact.
2012-2차-2
길 건너에까지 힐끗 시선을 확장하기는 했지만 눈이 마주친 것은 아니었다.

10
□ property
[prápərti]

ⓝ 속성; 재산, 소유물, 부동산, 건물,
건물 구내

syn equity, estate, farm, goods,
home

The two sounds /l/ and /ɹ/ share many phonetic **properties** such as
voicing, the place of articulation, and the manner of articulation.
2020-B-3
두 가지 소리 / l /과 / ɹ /은 음성, 조음 위치 및 조음 방식과 같은 많은 음성적 속성을 공유한다.

11
☐ **competent**
[kɑ́:mpətənt]

adj 능숙한, 권한이 있는, (수준이) 만족할 만한

syn adequate, capable, decent, efficient, proficient

Antipsychotic medication can render Mr. Sell **competent** to read his mind. 2013-1차-10

향정신성 약약품은 Sell씨가 그의 마음을 읽는 것을 능숙하게 만들 수 있다.

12
☐ **perceive**
[pərsí:v]

v 인식하다, 감지하다, 인지하다

syn discern, distinguish, feel, grasp, identify

Yet the propositions are not logically connected in terms of how we **perceive** the world. 2006-서울·인천-2

그러나 그 명제들이 우리가 세상을 인식하는 방법에 관해 논리적으로 연결되어 있지는 않다.

13
☐ **top-down**
[tɑ̀:pdáun]

adj 상의하달식의, 일반적인 것에서부터 세부적인 것으로 진행되는 (↔ bottom-up)

syn authoritative, prescriptive, big-shot, bossy

This **top-down** theory is more likely to emphasize persistent inequalities of power. 2008-전국-2

이런 상의하달식 이론은 끊임없이 지속되는 권력의 불평등을 부각할 확률이 더욱 높다.

14
☐ **intimate**
[íntəmət]

adj 내밀한, 친한, 친밀한

syn friendly, devoted, affectionate, confidential

v 넌지시 알리다, 시사하다

syn suggest, affirm, assert

It is apparent that all societies, even the most primitive, have ideologies and that these ideologies are an **intimate** and important part of their culture. 2011-1차-10

가장 원시적인 사회까지도 포함해서 모든 사회에는 이념이 있고, 이러한 이념은 문화의 내밀하고 중요한 부분이라는 것이 분명해 보인다.

15
☐ **practicality**
[præ̀ktikǽləti]

n 실용성, 실현 가능성, 현실성, 실질적인 측면, 실제 형편

syn common sense, gumption, horse sense

For example, the sentence paraphrase technique has high **practicality** because it is easy to grade. 2021-B-9

예를 들어, 문장 윤문 기술은 채점하기 쉽기 때문에 높은 실용성을 가진다.

16
☐ **confusing**
[kənfjú:ziŋ]

adj 혼란스러운, 혼란스럽게 하는

syn baffling, bewildering, complex, complicated, confounding

Presenting lessons with varying methods can be **confusing** for students. 2013-6

다양한 방법으로 수업을 제공하는 것은 학생들에게 혼란스러울 수 있다.

17
☐ chop down

베어 버리다

syn fell, strike down, drop, cut down

They planned to **chop down** trees from the forest and transport them to the factory to turn them into wood-chips.   2008-서울·인천-2

그들은 숲에서 나무를 베고, 그것들을 잘게 썬 나무 조각으로 만들기 위해 공장으로 옮길 계획이었다.

18
☐ elastic
[ilǽstik]

adj 휘청휘청하는; 융통성이 있는; 고무로 된, 탄력있는

n (탄력이 있는) 고무 밴드

syn flexible, malleable, pliable, resilient, springy

The watcher's heart stretches, **elastic** in its love and fear, toward him as we see him disappear, striding briskly.   2012-2차-2

그 파수꾼의 마음이 그를 향한 사랑과 두려움 속에서 휘청휘청하고 있을 때, 우리는 그가 씩씩하게 성큼성큼 걸어가며 사라지는 것을 보았다.

19
☐ detract
[ditrǽkt]

v 1. (주의를) 딴 데로 돌리다

2. (가치·중요성 등을) 감하다, 손상시키다, 떨어지다

syn 1. draw away, backbite, belittle, blister, cheapen

2. depreciate

This **detracts** from the colorful local culture and presents a false view of the indigenous cultures.   2020-A-10

이는 다채로운 지역 문화를 보지 못하게 주의를 딴 데로 돌리고 토착 문화에 대한 잘못된 관점을 주게 된다.

20
☐ incredible
[inkrédəbl]

adj 놀라운, 믿을 수 없는, 믿어지지 않을 정도인

syn absurd, improbable, ridiculous, inconceivable, preposterous

The difference between our feet reminds me of the **incredible** history we hold between us like living bookends.   2010-2차-4

우리 사이의 거리는 마치 살아있는 작은 책꽂이처럼 우리 사이에 간직하고 있는 놀라운 이야기를 상기시키게 한다.

21
☐ absorb
[æbsɔ́ːrb]

v 흡수하다, 빨아들이다, (정보를) 받아들이다

syn consume, ingest, swallow, take in, blot, devour

Currently half the carbon we release into the atmosphere gets **absorbed** by land and sea.   2016-A-11

현재 우리가 대기로 방출하는 탄소의 절반은 육지와 바다로 흡수된다.

22
☐ internalization
[intə́ːrnələzéiʃən]

n 내재화, 내면화, 주관적으로 함

syn attribute, interiorize, assign, ascribe

An optimal scenario for development, and hence **internalization**, is the zone of proximal development(ZPD).   2008-전국-16

개발과 내재화를 위한 최적의 시나리오는 근접 발달 영역(ZPD)이다.

23
☐ **scrape**
[skreip]

n 긁기, 긁(히)는 소리 · syn scraping sound

v (무엇을 떼어 내기 위해) 긁다, syn clean, grind, rub, shave, abrade
긁어내다, 찰과상을 내다

The beast was there . . . looking at me. And, you know, he looked better for
his **scrape** with the nevermind. 2015-A-기9

짐승이 나를 보며 거기에 있었다. 그리고 당신이 알다시피, 전혀 신경 쓰지 않는 그의 긁힌 상처로 인해
그가 더욱 좋아 보였다.

24
☐ **manifestation**
[mæ̀nəfistéiʃən]

n 표현, 징후; (유령·영혼의) 나타남 syn demonstration, explanation,
expression, indication, instance

You may argue that music is a purely human **manifestation**. 2013-1차-11
당신은 음악이 순수하게 인간적인 표현이라고 주장할 수도 있을 것이다.

25
☐ **elusive**
[ilúːsiv]

adj 찾기 힘든, 규정하기 힘든, syn ambiguous, fleeting, illusory,
달성하기 힘든 incomprehensible, puzzling

The problem is that pinpointing which drivers are to blame for crashes,
why accidents happen and how to stop them remains **elusive**.
2008-전국-5

어떤 운전자에게 충돌에 대한 책임이 있는지, 사고가 왜 발생했는지와 사고를 어떻게 막을 것인지를
정확히 찾아내기 힘들다는 것이 문제이다.

26
☐ **hurdle**
[hə́ːrdl]

n 장애물, 허들 (경기) syn hardship, barrier

v ~을 뛰어넘다 syn conquer, surmount, bounce,
bound, clear

Just as you have cleared one **hurdle**, another is set before you.
2014-A-기6

당신이 하나의 장애물을 통과한 것처럼, 또 다른 장애물이 당신의 앞에 놓여 있다.

27
☐ **sweetheart**
[swíːthɑ̀ːrt]

n 애인, 연인 syn boyfriend, companion, darling,
girlfriend, heartthrob

For example, we do not love our children in the same way we love our
wives or **sweethearts**. 2008-전국-1
예를 들어, 우리는 우리가 아내나 연인을 사랑하는 방식대로 우리의 아이들을 사랑하지는 않는다.

28
☐ **throbbing**
[θrɑ́biŋ]

adj 두근거리는, 고동치는; syn flutter, pulse, resonate, tremble,
약동하는 vibrate

But Time, to make me grieve; Part steals, lets part abide; And shakes this
fragile frame at eve; With **throbbings** of noontide. 2015-A-기6
그러나 시간은 나를 슬프게 하기 위해, 일부는 훔쳐가고, 일부는 유지되도록 한다. 그리고 저녁에는
연약한 육체를 흔들고, 한낮에는 두근거리게 한다.

29
□ loom
[luːm]

v 어렴풋이 보이다, 흐릿하게 보이다, (일이) 곧 닥칠 것처럼 보이다

syn brew, come on, dominate, emerge, hover

My contemporaries appeared obscure and attractive, grown-ups **loomed** in vague magnificence. 2009-1차-39

나의 동시대인들은 모호하면서도 매력적인 듯했고, 어른들은 모호한 호화 속에서 사는 듯했다.

30
□ crumple
[krʌ́mpl]

v 구겨지다, (얼굴이) 일그러지다; (다치거나 의식을 잃거나 해서) 쓰러지다, 허물어지다

syn break down, buckle, crush, scrunch, collapse

A little lamp with a white china shade stood upon the table and its light fell over a photograph which was enclosed in a frame of **crumpled** horn. 2016-A-9

흰색 도자기 갓이 달린 작은 등불이 탁자 위에 놓여 있었고, 그 빛이 구겨진 뿔 틀에 둘러싸인 사진 위를 비춰주었다.

31
□ protestant
[prɑ́ːtəstənt]

n (개)신교도, 프로테스탄트

syn Congregationalist, Anglican, fundamentalist, Pentecostalist, Christian Scientist

William Wyclif's campaign against the use of Latin by the church during the **Protestant** Reformation did much to assist the establishment of English as the accepted form of communication in all fields. 2009-1차-9

개신교 개혁 기간 동안 교회의 라틴어 사용에 반대하는 William Wyclif의 캠페인은 영어가 모든 분야에서 받아들여지는 의사소통 형식으로 확립되는 데 많은 도움이 되었다.

32
□ simultaneity
[sàiməltəníːəti]

n 동시성, 동시, 동시에 일어남

syn unanimity, synchroneity, synchronism

Second, coordination losses, caused by "the lack of **simultaneity** of their efforts," also interfere with performance. 2017-A-2

둘째로, "노력의 동시성 결핍"으로 야기되는 조직화 손실 역시 성과를 방해한다.

33
□ scrupulously
[skrúːpjələsli]

adv 용의주도하게, 양심적으로

syn carefully, meticulously

The desk looks exactly the same, primarily because the sloppy person is meticulously creating new piles of paper with new headings and **scrupulously** stopping to read all the old book catalogs before he throws them away. 2010-2차-2

책상은 정확히 똑같아 보였는데, 이는 엉뚱한 사람이 새 제목을 가진 새로운 논문 더미를 꼼꼼하게 작성하고, 고지식하게 멈춰서 모든 오래된 책의 카탈로그를 용의주도하게 읽은 후 버리기 때문이다.

34
□ masterpiece
[mǽstəpìːs]

n 걸작품

syn classic, gem, jewel, monument

Masterpieces are unique in and of themselves. 2013-1차-7

걸작품은 그것 자체로 독특한 것이다.

35
☐ giggle
[gígl]

| v 피식 웃다, 킥킥거리다 | syn cackle, chuckle, guffaw, snicker, chortle |
| n 피식 웃음, 킥킥거림 | |

Perhaps they will just **giggle**, or nudge each other, or make a face.
2018-A-2
아마도 그들은 그냥 피식 웃거나, 서로를 쿡 찌르거나, 얼굴을 찌푸릴 것이다.

36
☐ backlash
[bǽklæʃ]

| n (사회 변화 등에 대한 대중의) 반발 | syn reaction, repercussion, resentment, resistance, response |

More recently, though, a **backlash** has been growing against the pre-academic approach among educators and child psychologists who believe that kindergarten should be a garden of delight, not a place of stress and distress.
2010-1차-12
하지만 더욱 최근에는, 유치원은 스트레스와 고통의 장소가 아닌 즐거움의 정원이어야 한다고 믿는 교육자와 아동 심리학자들 사이에서 공교육 시작 전의 교육 방식에 대한 반발이 커지고 있다.

37
☐ dispatch
[dispǽtʃ]

| v (특별한 목적을 위해) 파견하다, 보내다; 발송하다 | syn detach |
| n 파견, 발송 | syn alacrity, expedition, expeditiousness, hustle, precipitateness |

Monsters were often **dispatched** in the service of a specific ideology.
2020-A-11
괴물들은 특정한 이념의 전파를 위해 자주 파견되었다.

38
☐ fight back tears

| 눈물을 참다, 감정을 억누르다 | syn keep back tears, suppress tears, shed no tears |

I slipped down into my seat and **fought back tears**, thinking of all those notebooks.
2022-A-5
나는 내 자리에 처박혀 눈물을 참으며, 그 모든 공책들을 떠올렸다.

39
☐ scatter
[skǽtər]

| v (흩)뿌리다, 황급히 흩어지다 | syn discard, distribute, divide, fling |
| n 소수, 소량 | syn litter |

The **scatter** plot below includes high school seniors' CEE scores from 2014 and their college Grade Point Averages (GPAs) in the fall of 2016.
2017-A-9
아래 산포도에는 2014년 고등학생의 대학 입학 점수와 2016년 가을의 대학 평균 평점이 포함되어 있다.

sinful
[sínfəl]

adj 죄가 되는, 죄악의, 나쁜

syn disgraceful, reprehensible, shameful, amiss, bad

And if that is **sinful**, then let me be damned for it! 2009-1차-40
그리고 만약 그게 죄라면, 내가 욕 먹을게!

Daily Quiz

Choose the synonyms.

01. device ·
02. decline ·
03. property ·
04. intimate ·
05. practicality ·
06. absorb ·
07. internalization ·
08. sweetheart ·
09. crumple ·
10. scrupulously ·

· ⓐ accessory, apparatus, appliance, equipment
· ⓑ carefully, meticulously
· ⓒ equity, estate, farm, goods, home
· ⓓ consume, ingest, swallow, take in, blot, devour
· ⓔ attribute, interiorize, assign, ascribe
· ⓕ deny, dismiss, abjure, abstain, balk
· ⓖ friendly, devoted, affectionate, confidential
· ⓗ common sense, gumption, horse sense
· ⓘ boyfriend, companion, darling, girlfriend, heartthrob
· ⓙ break down, buckle, crush, scrunch, collapse

Answer Key 01. ⓐ, 02. ⓕ, 03. ⓒ, 04. ⓖ, 05. ⓗ, 06. ⓓ, 07. ⓔ, 08. ⓘ, 09. ⓙ, 10. ⓑ

⚡ 최빈출 어휘

01
subject
[sʌ́bdʒikt]

[n] (연구) 피실험자; 주제, 대상; 사안; 학과, 과목

[syn] affair, business, case, course, discussion, idea

[adj] (영향을 받아) ~될 수 있는

[syn] susceptible, liable, prone

In the early studies, animal and human **subjects** were presented with problems that required a novel solution. **2010-1차-14**

초기 연구에서 동물과 인간 피실험자는 이전에 볼 수 없던 새로운 해결책이 필요한 문제를 제시받았다.

02
acquisition
[ækwizíʃən]

[n] 습득; 구입한 것, 기업 인수, 매입 (한 물건)

[syn] addition, gain, procurement, purchase, recovery

T: You may be right, but I think that such texts might deprive them of the opportunities for **acquisition** provided by rich texts. **2020-B-2**

교사: 당신이 옳을 수도 있지만, 그러한 글은 내용이 풍성한 글에 의해 제공되는 습득의 기회를 그들에게서 박탈할 수도 있다고 생각한다.

03
peer
[piər]

[n] 1. 또래, 동년배
2. 귀족

[syn] 1. associate, rival, companion
2. nobelity

By examining their online production with **peers** and the teacher, she believes that CMC activities will guarantee more equalized opportunities for participation and make students' errors more salient and thus open to feedback and correction. **2015-B-서1**

또래 및 교사와 함께 온라인상의 결과를 검토함으로써, 그녀는 컴퓨터 매개 통신 활동이 참여를 위한 보다 동등한 기회를 보장하고, 학생들의 오류를 더욱 두드러지게 하여 피드백과 수정을 받아들이도록 할 것이라고 생각한다.

04
abstract
[æbstrǽkt]

[adj] 추상적인, 관념적인, 추상적인

[syn] abstruse, hypothetical, unreal, philosophical, complex

For a long time, up to the 16th century, English had been considered inferior to Latin and not equal to expressing **abstract** and complex thoughts. **2009-1차-9**

오랜 시간 동안인 16세기까지, 영어는 라틴어에 비해 열등하며, 추상적이고 복잡한 생각을 표현하는 데 충분하지 않은 것으로 간주되었다.

05 ☐ cognitive
[kάːgnitiv]

adj 인지의, 인식의

syn emotional, intellectual, mental, subjective, cerebral

Amyloid beta and tau proteins are toxic and they build up in patients with this disease, leading to **cognitive** decline. 2019-B-7

아밀로이드 베타와 타우 단백질은 독성이 있으며, 이 질환을 앓고 있는 환자들에게 이들이 축적되어 인지 기능의 저하를 초래한다.

06 ☐ account for

~의 이유가 되다, 설명하다, 차지하다

syn clarify, elucidate, explain, justify, resolve

For example, drivers with the worst accident or violation records do **account for** more than their share of accidents, but their numbers are relatively few, and they cause only a small percentage of all crashes.
2008-전국-5

예를 들어, 최악의 사고나 위반 기록을 가진 운전자는 그들 몫의 사고보다 더 많은 사고들의 이유가 되 지만, 그 수는 상대적으로 적고 모든 충돌 사고 중 적은 비율에 불과한다.

07 ☐ demonstrate
[démənstrèit]

v 입증하다, 증거를 들어가며 보여주다

syn display, determine, establish, exhibit, expose, indicate

A major reason why acupuncture is not widely understood is that it does not **demonstrate** direct healing effects. 2009-1차-11

침술이 널리 이해되지 않는 주된 이유는 침술이 직접적인 치유 효과를 입증하지 않기 때문이다.

08 ☐ fairly
[féərli]

adv 상당히, 꽤; 타당하게, 공정하게, 정직하게

syn adequately, kind of, moderately, quite, rather

People come into a world of **fairly** stable pre-existing relations. 2008-전국-2

사람들은 상당히 안정되어 있는, 이전부터 존재했던 관계의 세계 속으로 들어간다.

09 ☐ reject
[ridʒékt, ríːdʒekt]

v 거부하다, 거절하다; (직장·직책 등에) 불합격시키다

n 불량품

syn deny, dismiss, rebuff, refuse, renounce

It is unpardonable, on the other hand, to **reject** the ideology no matter how closely one conforms to the norms. 2011-1차-10

반면, 규범을 지키는 것에 아무리 근접하여도 이념을 거부하는 것은 용서할 수 없는 일이다.

10 ☐ revelation
[rèvəléiʃən]

n (뜻밖의) 사실, 폭로, (비밀 등을) 드러냄; (신의) 계시

syn announcement, discovery, epiphany, leak, news

The surprising **revelation** is but the latest in a series of cases in which "lost" pieces of artwork were rediscovered through art authentication.
2010-1차-13

놀라운 사실은 예술 작품의 진품 감정을 통해 "잃어버린" 예술 작품이 재발견된 일련의 사례 중 가장 최근 에 발생한 것이다.

11
☐ **occasion**
[əkéiʒən]

n 1. 경우, 때, 기회

2. 이유, 근거

3. 행사, 의식, 축하

v ~의 원인이 되다, ~을 야기하다

syn 1. incident, moment, opening, opportunity, possibility, time

2. reason, basis, circumstance, ground

3. celebration, ceremony

syn cause, create

This shift in styles is completely unconscious and automatic; indeed, it takes some concentration and hard introspection to realize that we each use a formal and an informal style on different **occasions**. 2008-전국-8

이러한 방식의 변화는 완전히 무의식적이고 자동적이다. 실제로, 우리가 각각의 다른 경우에서 형식적 · 비공식적인 방식을 사용한다는 것을 깨닫기 위해서는 약간의 집중과 면밀한 자기 성찰이 필요하다.

12
☐ **clarify**
[klǽrəfài]

v 1. 명확하게 하다, 분명히 말하다, 표현하다

2. 깨끗하게 하다, 정화하다

syn 1. analyze, clear up, define, formulate, interpret

2. purify, clean, cleanse

What is interesting, though, is the way the king **clarifies** his dissatisfaction. 2018-A-6

하지만 흥미로운 점은 왕이 불만을 명확하게 하는 방식이다.

13
☐ **dismiss**
[dismís]

v 1. (고려할 가치가 없다고) 일축하다, 묵살하다; (생각·느낌을) 떨쳐 버리다

2. 해고하다

syn 1. decline, disband, dissolve, expel, let go

2. depose, discharge, disqualify, fire

While we fret about the decreasing cogency of public debate, computers **dismiss** linear argument and promote fast, shallow romps across the information landscape. 2014-A-기10

우리는 공개 토론의 설득력이 감소하는 것에 대해 조마조마해하지만, 컴퓨터는 1차원적 논쟁을 일축하고 정보 환경에서 빠르고 피상적인 쾌주를 촉진시킨다.

14
☐ **cock**
[kɑːk]

n 수탉, (새의) 수컷

v (총·종의) 공이치기를 당기다, (주먹을) 뒤로 끌다

syn capon, chicken, chanticleer, cock-a-doodle-doo, cockerel

A young mouse said to his mother, "I saw a cat and a **cock** today." 2009-1차-38

"나는 오늘 고양이와 수탉을 보았어요."라고 어린 쥐는 엄마 쥐에게 말했다.

---

15 □ rattle
[rǽtl]

v 1. 덜그럭거리다, 덜컹거리다
2. 거침없이 말하다, 빠르게 읽다
3. 놀라게 하다, 당황하게 하다

syn 1. bounce, jar, jolt, knock, shake
2. babble, cackle, chat
3. disconcert, bewilder, bother, upset

n 1. 덜컹거리는 소리
2. (장난감의 종류인) 딸랑이

syn 1. bouncing

He slept, but no longer so quietly as at first. Now he stirred as a noise of wheels came **rattling** louder and louder along the road, until it rushed into the sleepy mist of David's rest—and there was the stage-coach.
2015-A-기8

그는 잠을 잤지만 더 이상 처음처럼 조용히 자지는 않았다. 이제 그는 바퀴 소리가 길을 따라 점점 더 크게 덜그럭거리는 소리에 동요했고, 그 소리가 David의 휴식의 안개 속으로 돌진할 때까지 동요됐다. 그리고 큰 역마차가 있었다.

16 □ perceptual
[pərséptʃuəl]

adj 지각(력)의

syn emotional, emotive, feeling, intuitive, noncognitive

Perceptual reorganization of the situation led to a solution.   2010-1차-14
상황의 지각적 재구성은 해결책으로 이어졌다.

17 □ juxtapose
[dʒʌkstəpóuz]

v (비교·대조를 위해) 병치하다, 나란히 놓다

syn appose, bring near, bring together, place in proximity, set side by side

While the palette is both the board on which the paint is placed and the paint itself, the palate is only **juxtaposed** to the canvas for gustatory compositions, unless one considers that the palate.   2021-A-11

팔레트가 페인트가 놓인 보드이자 페인트 그 자체인 반면, 우리가 그것을 미각이라고 여기지 않는 이상, 입천장은 미각의 조성을 위한 캔버스에 비견될 수 있을 것이다.

18 □ commercially
[kəmɔ́ːrʃəli]

adv 상업적으로, 영리적으로; 통상

syn economic, financial, monetary, profit-making, profitable

Finally, although there is little doubt that profit acts as a catalyst for some scientific discoveries, other less **commercially** profitable but equally important projects may be ignored.   2010-1차-11

마지막으로, 이윤이 일부 과학적 발견의 촉매제 역할을 하는 데는 의심의 여지가 거의 없으나, 똑같이 의미 있지만 상업적으로 덜 수익이 되는 프로젝트들이 무시될 수도 있다.

19 □ forbidden
[fərbídn]

adj 금지된

syn banned, closed, proscribed, refused, taboo

Your mind protects you—avoids pain—by refusing to think the **forbidden** thing.   2016-A-2

당신의 마음은 금지된 것에 대해 생각하는 것을 거부함으로써 고통을 피하여 당신을 보호한다.

20 terrified
[térəfàid]

adj (몹시) 두려워하는, 무서워하는, 겁이 난

syn alarmed, awed, frightened, frozen, scared

It soon became evident that the reason my father lived for the moment was because he was **terrified** of the future — terrified of facing the reality.

2008-전국-3

아버지가 그 순간을 살았던 이유는 그가 미래를 두려워했고 현실을 직면하는 것을 두려워했기 때문이라는 것이 곧 분명해졌다.

21 innovation
[ìnəvéiʃən]

n 혁신, 쇄신, 획기적인 것

syn modernization, addition, alteration, contraption, departure

Innovations are indebted to previous achievements.

2013-1차-7

혁신은 이전의 업적들에게 은혜를 입었다.

22 logically
[ládʒikəli]

adv 논리적으로, 논리상; 필연적으로

syn reasonably, by reason

Yet the propositions are not **logically** connected in terms of how we perceive the world.

2006-서울·인천-2

그러나 그 명제들이 우리가 세상을 인식하는 방법에 관해 논리적으로 연결되어 있지는 않다.

23 impairment
[impéərmənt]

n (신체적·정신적) 장애

syn deterioration, damage, destruction, ruination, wreckage

Psychopathy, whose symptoms include antisocial behavior, lack of guilt, and poverty of emotions, is the result of **impairments** to emotional learning that derive from disrupted functioning of the amygdala.

2013-1차-12

반사회적 행동, 죄책감의 결여, 감정의 빈곤과 같은 증상을 가지는 정신 병증은 편도체의 기능을 방해시키는 데서 비롯한 정서적 학습 장애의 결과이다.

24 lope
[loup]

v 천천히 달리다

syn gallop, trot, bound, canter, run

When I taught you at eight to ride a bicycle, **loping** along beside you.

2012-2차-2

네가 8살 때 나는 네 옆에서 천천히 달리며, 네게 자전거 타는 법을 가르쳐 주었지.

25 fickle
[fíkl]

adj 변덕스러운, 변화가 심한

syn volatile, inconstant

For it is a good general rule about men, that they are ungrateful, **fickle**, liars and deceivers, fearful of danger and greedy for gain.

2008-서울·인천-3

왜냐하면 배은망덕하고 변덕스러우며, 거짓말쟁이이자 사기꾼이며, 위험을 두려워하고 이득에 탐욕스럽다는 것이 사람들에 대한 합당한 일반적인 원리이기 때문이다.

26
☐ **apotheosis**
[əpὰ:θióusis]

n 절정, 극치, 절정기, 신격화

syn deification, elevation, idolization, immortalization

Of course, it is possible that future programs will not only produce Mozart-like compositions, but surpass the talented young Austrian and generate super-Mozart compositions—music that would reincarnate the **apotheosis** of the boy genius. 2013-1차-11

물론 미래의 프로그램은 모차르트와 같은 작곡을 할 수 있을 뿐만 아니라, 재능 있는 젊은 오스트리아인을 능가하고 모차르트를 뛰어넘는 작곡, 즉 천재 소년의 절정을 환생시키는 음악을 만들어 낼 수도 있다.

27
☐ **scenario**
[sinéəriòu]

n 시나리오, 각본

syn plot, scheme, book, outline, pages

An optimal **scenario** for development, and hence internalization, is the zone of proximal development(ZPD). 2008-전국-16

개발과 내새와를 위한 쇠쇠의 시나리오는 큰딥 빌딜 영역(ZPD)이다.

28
☐ **workout**
[wɔ́:rkàut]

n 운동

syn conditioning, drill, rehearsal, routine, session

Taebin finishes school, he goes to taekwondo. When he arrives, he puts on his **workout** clothes, and then he practices. 2014-A-기9

태빈이는 학교를 마치고 태권도를 하러 간다. 그는 도착하면, 운동복을 입고 연습을 한다.

29
☐ **slogan**
[slóugən]

n 구호, 슬로건

syn expression, jingle, phrase, rallying cry, saying

We are spurred to action by **slogans** and catchwords rather than by the concrete realities they embody. 2008-전국-1

우리는 그것들이 구현해내는 구체적 현실에 의해서라기보다는 구호와 캐치프레이즈에 의해서 행위하도록 자극받는다.

30
☐ **momentarily**
[mòuməntérəli]

adv 잠깐 (동안), 곧, 금방

syn briefly, immediately, instantly, temporarily, for a little while

A beautiful young woman, **momentarily** touched by his peacefulness, considered loving him, but continued on her way. 2015-A-기8

그의 평화스러움에 감동을 받은 아름다운 젊은 여성은 잠깐 동안 그를 사랑한다고 생각했지만, 그녀는 그녀가 가던 길을 계속해서 나아갔다.

31
☐ **hideous**
[hídiəs]

adj 흉측한, 흉물스러운, 끔찍한

syn abominable, appalling, awful, disgusting, dreadful

The world sprang at me in **hideous** reality, full of people with open pores, blackheads and impetigo. 2009-기출-39

세상은 흉측한 현실 속에서 튀어나왔는데, 이는 원형탈모, 검은 머리와 농가진을 가진 비참한 사람들로 가득차 있었다.

32
☐ besiege
[bisíːdʒ]

| v | 에워싸다, 포위하다, (잔뜩) 둘러 싸다, (질문 등을) 퍼붓다 | syn | surround, blockade, beleaguer, attack, seal off, circumvent |

If human beings paid attention to all the sights, sounds, and smells that **besiege** them, their ability to codify and recall information would be swamped. 　　　　　　　　　　　　　　　　　2003-전국-7

만약 인간이 자신을 에워싸는 모든 광경, 소리, 냄새에 주의를 기울인다면, 정보를 체계화하고 기억해 내는 능력은 궁지에 빠질 것이다.

33
☐ voyeurism
[vwɑːjəːrizm]

| n | 관음증 | syn | surveillance, bugging, observing, prying, surveyance |

It is **voyeurism** for capitalists. 　　　　　　　　　　　2009-1차-10

그것이 바로 자본주의자들에게 관음증이라고 할 수 있다.

34
☐ ere
[eər]

| prep | ~의 전에 | syn | before, prior, rather |

Whilst flowers are gay, Whilst eyes that change **ere** night. 　　2017-A-5

꽃은 즐거워하고, 눈은 밤이 오기 전까지 쉴 새 없이 즐거워한다.

35
☐ clod
[klɑːd]

| n | 흙, (점토) 덩어리 | syn | blockhead, boor, chump, clown, dimwit |

Neat people are bums and **clods** at heart. 　　　　　　　　2010-2차-2

야무진 사람들은 엉덩이가 무겁고 그 마음이 흙처럼 단단하다.

36
☐ gossamer
[ɡɑːsəmər]

| adj | (아주 가볍고) 고운, 섬세한 | syn | fibrous, silky, translucent, cobweb, fine, flimsy |
| n | 거미줄 | syn | web |

I can carry you away on **gossamer** wings of melody. 　　　　2018-A-6

나는 멜로디의 고운 날개 위로 당신을 데려다 줄 수 있다.

37
☐ behaviorism
[bihéivjərìzm]

| n | 행동주의 | syn | habit, attitude, formality |

In the first half of the 20th century, Gestalt psychology served as the foil to **behaviorism**. 　　　　　　　　　　　　　　　　　　2010-1차-14

20세기 전반기에, 인지주의 심리학은 행동주의를 저지하는 역할을 했다.

38
☐ prerogative
[prirɑ́ːɡətiv]

| n | 특권, 격식, 특혜 | syn | perquisite, advantage, appanage, authority, birthright |

It is easy to think of situations where indirectness is the **prerogative** of those in power. 　　　　　　　　　　　　　　　　　2004-서울·인천-5

간접성이 권력을 가진 자들의 특권인 상황을 떠올리는 것은 쉽다.

39

☐ **substantiate**
[səbstǽnʃièit]

ⓥ 입증하다, 실체화하다

syn affirm, confirm, corroborate, debunk, demonstrate

When our experiences do not **substantiate** our fears, we tend to discount the contradictory evidence.　　　　**2013-1차-13**
우리의 경험이 우리의 두려움을 입증하지 못할 때, 우리는 그 반박의 증거를 불신하는 경향이 있다.

40

☐ **ingrained**
[ingréind]

adj 몸에 깊이 밴, 뿌리 깊은

syn deep-seated, fixed, implanted, inbred, inherent

But it isn't easy to improve the **ingrained** behavior of drivers, whom some analysts blame for more than 90% of all traffic accidents.　　**2008-전국-5**
그러나 일부 분석가가 모든 교통사고의 90% 이상의 원인으로 지목하는 운전자의 몸에 깊이 밴 행태를 개선하는 것은 쉽지 않다.

Daily Quiz

Choose the synonyms.

01. acquisition ·
02. abstract ·
03. fairly ·
04. clarify ·
05. rattle ·
06. juxtapose ·
07. forbidden ·
08. lope ·
09. apotheosis ·
10. momentarily ·

· ⓐ briefly, immediately, instantly, temporarily
· ⓑ analyze, clear up, define, formulate, interpret
· ⓒ abstruse, hypothetical, unreal, philosophical
· ⓓ bounce, jar, jolt, knock, shake
· ⓔ banned, closed, proscribed, refused, taboo
· ⓕ gallop, trot, bound, canter, run
· ⓖ addition, gain, procurement, purchase, recovery
· ⓗ adequately, kind of, moderately, quite, rather
· ⓘ deification, elevation, idolization, immortalization
· ⓙ appose, bring near, bring together, place in proximity

Answer Key 01. ⓖ 02. ⓒ 03. ⓗ 04. ⓑ 05. ⓓ 06. ⓙ 07. ⓔ 08. ⓕ 09. ⓘ 10. ⓐ

⚡ **최빈출 어휘**

01
☐ **term**
[təːrm]

ⓥ (이름·용어로) 불리다, 일컫다　　syn nickname

ⓝ 1. 용어, 말; 맥락　　syn 1. language, name, style, word, phrase

　　2. 학기　　　　　　　　　　2. semester, session

It is thought that the cloud of ink hanging in the water forms a dummy squid **termed** a pseudomorph, which attracts and holds the attention of the predator allowing the animal to dart away to safety.　　2022-A-11
물에 떠 있는 먹물 구름은 '가상'이라고 불리는 가짜 오징어 형상을 만들어내는 것으로 여겨졌고, 그것은 포식자의 주의를 끌어서 그 동물이 안전한 곳으로 잽싸게 도망치도록 도와준다.

02
☐ **suppose**
[səpóuz]

ⓥ 생각하다, 추정하다, 추측하다, 가정하다, 만약 ~라고 하다　　syn deem, expect, presume, pretend, think

Most people **suppose** that first we think, and then we find words to express our thoughts.　　2008-전국-1
대부분의 사람들은 우리가 생각을 먼저 하고, 그 다음에 생각을 표현할 단어를 찾는다고 생각한다.

03
☐ **argument**
[áːrgjumənt]

ⓝ 주장, 논거; 논쟁, 언쟁; 논의　　syn altercation, bickering, brawl, clash, controversy

The court of appeals erred in rejecting the petitioner's **argument** that allowing the government to administer antipsychotic medication against his will.　　2013-1차-10
항소법원은 정부로 하여금 어떤 사람의 의지에 반하여 항정신성 의약품을 투약하게 하는 청원자의 주장을 거부함에 있어 실수를 했다.

04
☐ **available**
[əvéiləbl]

adj 이용할 수 있는, 접근 가능한; 시간이 있는　　syn accessible, applicable, convenient, feasible, free

They became **available** to the monolingual middle classes and non-academics in general.　　2009-1차-9
그들은 단일 언어를 사용하는 중산층과 비학자 계층들이 이용할 수 있는 것이 되었다.

05
☐ prevent
[privént]

| v | (~가 …하는 것을) 막다, 예방하다, 방지하다

syn avert, bar, block, forestall, halt

Such changes can **prevent** children from maintaining relationships with those outside their immediate family. 2021-B-11

그러한 변화는 아이들이 직계가족 외 사람들과의 관계를 유지하지 못하게 할 수도 있다.

06
☐ elaborateness
[ilǽbərətnəs]

| n | 복잡성, 정교함, 섬세함

syn complexity, confusion, difficulty

Complexity generally refers to the lexical variety and syntactic **elaborateness** of the learner's linguistic system. 2021-A-8

일반적으로 복잡성은 학습자 언어 체계의 어휘 다양성과 통사론적 정교함을 의미한다.

07
☐ comparison
[kəmpǽrisn]

| n | 비교, 비유

syn analogy, connection, contrast, correlation, example

My own size 5 feet are huge in **comparison**. 2010-2차-4

나의 5피트 길이의 발은 비교적 큰 편이다.

08
☐ convinced
[kənvínst]

| adj | 확신하는, 독실한, 투철한

syn indoctrinated, persuaded, talked into something

Years of watching him suffer under the double yoke of apartheid apartheid and tribalism **convinced** me that his was a hopeless case, so long as he persisted in clinging to tribal beliefs and letting the white man define his manhood. 2008-전국-3

인종차별 정책과 부족주의의 이중 멍에로 고통받는 그를 수년 동안 지켜보면서, 그가 부족의 신념을 고수하고 백인들로 하여금 그의 인간됨을 규정하도록 하는 한, 그에게는 희망이 있을 수 없다고 나는 확신했다.

09
☐ numerous
[núːmərəs]

| adj | 수많은

syn a myriad of, an array of, plentiful, a diversity of, plenty of

The **numerous** attempts to define the biological function of play show striking variations. 2011-1차-11

놀이의 생물학적 기능을 정의하려는 수많은 시도는 놀라운 변화를 보여준다.

10
☐ adjoin
[ədʒɔ́in]

| v | 인접하다, 붙어 있다

syn abut, approximate, border, butt, communicate

From the brief observation, it can be proposed that an extraposed CP is **adjoined** to the first phrasal constituent containing the NP out of which it is extraposed. 2019-A-9

간단히 살펴보자면, 앞으로 이동한 보문어구는 이동한 명사구를 포함하는 첫 번째 구문의 구성요소에 인접해 있음이 제안될 수 있다.

11
☐ **boundary**
[báundəri]

n 범위; 경계, 한계, 분계

syn borderline, bounds, confines, frontier, horizon

In the classroom today, there are a growing number of children who are being raised outside their parents' home cultures after moving across geographic **boundaries** because of their parents' employment. 2021-B-11
오늘날 교실에는 부모의 고용으로 인해 지리적 범위를 가로지른 후 부모의 가정 문화 밖에서 자란 아이들이 점점 늘어나고 있습니다.

12
☐ **mask**
[mæsk]

v 1. 막다, 가리다, 감추다
　2. 엄폐하다
　3. 행동을 방해하다

syn 1. camouflage, cloak, veil
　　2. cover up, conceal
　　3. interrupt, disturb, hinder

n 마스크, 복면; 가면, 탈

syn visor, affectation

That is because such activity may allow the brain to compensate for any initial biological changes related to dementia and **mask** the progression of the disease, say the scientists. 2011-1차-12
그러한 활동이 뇌가 치매와 관련된 초기 생물학적 변화를 상쇄하도록 하고 질병의 진행을 막기 때문이라고 과학자들은 말한다.

13
☐ **bottom-up**
[bàtəmʌ́p]

adj 하의상달식의, 세부적인 데서 출발하는

syn process-based

Whether they realize it or not, people often negotiate social relations from the **bottom-up** through interaction. 2008-전국-2
그들이 그것을 깨닫든 그렇지 못하든, 사람들은 상호작용을 통해서 하의상달식의 사회적 관계를 협상해나간다.

14
☐ **monologue**
[má:nəlò:g]

n 독백, 독백 형식의 극

syn discourse, harangue, lecture, sermon, soliloquy

Sitting weakly in the wheelchair, Vivian recites a poem and continues with a **monologue**. 2017-A-11
Vivian은 휠체어에 힘없이 앉아 시를 낭송하고 독백을 계속한다.

15
☐ **bitterly**
[bítərli]

adv 1. 비통하게, 쓰라리게; 격렬히
　　2. 몹시
　　3. 매섭게 추운

syn 1. fiercely, furiously, heatedly, hotly, indignantly
　　2. terribly, extremely

"Well – I suppose," she said slowly and **bitterly**, "it's because your father has no luck." 2011-1차-37
그녀는 "내 생각에… 너의 아버지는 운이 없으니까."라고 천천히 비통하게 말했다.

16
substantial
[səbstǽnʃəl]

adj (양·가치·중요성이) 상당한; 크고 튼튼한, 단단히 지은   syn considerable, significant

Among the musical disciples who assembled to receive Ichabod Crane's instructions in psalmody was Katrina Van Tassel, the daughter and only child of a **substantial** Dutch farmer.   2008-서울·인천-14

Ichabod Crane의 시편에 대한 가르침을 받기 위해 모인 음악 제자들 중에는 상당히 부유한 네덜란드 농부의 외동딸인 Katrina Van Tassel이 있었다.

17
skit
[skit]

n (무엇을 모방하며 조롱하는) 촌극, 희문   syn parody, satire, spoof, act, performance

A group of five writers developing funny **skits** can easily outperform a single person, just as a team pulling a rope is stronger than a single opponent.   2017-A-2

밧줄을 당기는 한 명의 상대보다 팀이 더 강한 것처럼 우기는 촌극을 개발하는 5명의 작가 모임은 쉽게 한 사람을 능가할 수 있다.

18
embody
[imbάːdi]

v (사상·특질을) 구현하다, 상징하다, 포함하다, 담다   syn demonstrate, epitomize, exemplify, exhibit, express

We are spurred to action by slogans and catchwords rather than by the concrete realities they **embody**.   2008-전국-1

우리는 그것들이 구현해내는 구체적 현실에 의해서라기보다는 구호와 캐치프레이즈에 의해서 행위하도록 자극받는다.

19
adolescent
[ædəlésnt]

adj 청소년기의   syn juvenile, minor, teenager, youngster, youth

Even a superficial acquaintance with the existence, through millennia of time, of numberless human beings helps to correct the normal **adolescent** inclination to relate the world to oneself instead of relating oneself to the world.   2014-A-기6

수천 년 동안 있었던 수없이 많은 인간들에 대한 존재의 피상적인 지식조차도 자신을 세상의 중심으로 생각하며 연관시키는 대신, 세상을 자신의 중심으로 연결 짓는 평범한 청소년기의 경향을 고치는 데 도움이 된다.

20
spacious
[spéiʃəs]

adj 널찍한, 공간이 많은   syn big, wide, large, broad

It was one of those **spacious** farmhouses, built in the noble style handed down from the first Dutch settlers.   2008-서울·인천-14

그것은 최초의 네덜란드 정착민이 물려준, 귀족적 양식으로 지어진 널찍한 농가 중 하나였다.

21
frenzy
[frénzi]

n 열광, 광분, 광란   syn burst, craze, excitement, fever, free-for-all

Why are crowds roused to **frenzy** by football matches?   2011-1차-11

왜 관중들은 축구 경기에 열광하는 것일까?

22
□ prefabricate
[pri:fǽbrikèit]

[v] 조립식으로 만들다;
사전에 만들다, 제조하다

[syn] erect, evolve, form, make, manufacture

Strategies employed for this purpose include avoidance, code switching, word coinage, appeal to authority, and using **prefabricated** patterns.

2019-B-4

이 목적을 위해서 사용되는 전략에는 회피, 언어 전환, 단어 조합, 권위에 대한 호소, 조립식 패턴 사용 등이 포함된다.

23
□ dime
[daim]

[n] 보잘것없는 것;
다임(미국의 10센트짜리 동전)

[syn] trifle, rope yarn, small beer, coin, copper, nickels, penny

I'm a **dime** a dozen, and so are you!

2011-1차-38

나는 정말 보잘것없고, 그건 당신도 그렇습니다!

24
□ penance
[pénəns]

[n] 속죄; 괴로운 일, 고행

[syn] absolution, atonement, contrition, forgiveness, penitence

The sinner may live a life spotted with infamy, but appropriate **penance** may absolve him from its consequences.

2011-1차-10

죄인은 악명으로 더럽혀진 삶을 살아야 할 수도 있지만, 적절한 속죄로 그 결과를 용서받을 수도 있다.

25
□ hardihood
[hάːrdihùd]

[n] 대담, 배짱, 용기; 뻔뻔스러움,
철면피; 힘, 활력; 불굴의 정신

[syn] daredevilry, shamelessness, adventurousness, audacity, brazenness

Among these, the most formidable was a burly, roaring, roistering blade, of the name of Brom Van Brunt, the hero of the country round which rang with his feats of strength and **hardihood**.

2008-서울·인천-14

이 중 가장 강력한 사람은 힘과 대담함의 위업이 울려 퍼졌던 전국 대회의 우승자인 Brom Van Brunt 라는 이름의 건장하고 포효하며 울부짖는 칼날이라는 별명을 가진 자였다.

26
□ breakable
[bréikəbl]

[adj] 연약한, 깨지기 쉬운

[syn] brittle, crisp, flimsy, frail, crispy

I kept waiting for the thud of your crash as I sprinted to catch up, while you grew smaller, more **breakable** with distance.

2012-2차-2

네가 더욱 작아서 먼 거리를 달리기에는 아직 약했을 때, 나는 자전거가 쿵쿵 넘어질 때를 기다리며 보았다가 재빨리 달려가 잡아주곤 했다.

27
□ welfare
[wélfeər]

[n] 복지, 안녕, 행복, 후생

[syn] aid, social insurance, relief, pogey, financial aid

While you serve their **welfare**, they are all yours, offering their blood, their belongings, their lives, and their children's lives so long as the danger is remote.

2008-서울·인천-3

당신이 그들의 안녕을 위해 봉사하는 동안에, 위험이 그들에게 멀리 떨어져 있는 한 그들의 피, 소유물, 생명, 자녀들도 모두 당신의 것이다.

28
☐ **impediment**
[impédəmənt]

n 장애(물), (언어 사용상의) 장애   syn barrier, bottleneck, burden, defect, deterrent

The philosopher Sean Nichols argues that a major problem for rationalism is that psychopaths, with no **impediments** in abstract reasoning, nevertheless see nothing wrong in harming other people.   2013-1차-12

철학자 Sean Nichols는 합리주의의 주요 문제가 추상적 추론을 하는 데는 문제가 없는 사이코패스가 다른 사람을 해치는 것에 대해서는 잘못을 전혀 느끼지 못하는 데 있다고 주장한다.

29
☐ **quay**
[ki:]

n 부두, 선창   syn berth, jetty, key, landing, levee

Through the wide doors of the sheds she caught a glimpse of the black mass of the boat, lying in beside the **quay** wall, with illumined portholes.   2008-전국-21

부두 벽 옆쪽에 놓여져 있고, 조명이 켜진 현창이 있는 검은 덩어리의 배를 그녀는 헛간의 넓은 문을 통해 엿볼 수 있었다.

30
☐ **bemoan**
[bimóun]

v 한탄하다   syn deplore, lament, mourn, regret, bewail

While we **bemoan** the decline of literacy, computers discount words in favor of pictures or video.   2014-A-기10

우리는 문해력의 쇠퇴를 매우 한탄하지만, 컴퓨터는 글보다 사진이나 비디오를 선호한다.

31
☐ **pre-existing**
[prì:igzístiŋ]

adj 이전부터 존재하는   syn above-mentioned, preceding, previous, antecedent, anterior

People come into a world of fairly stable **pre-existing** relations.   2008-전국-2

사람들은 상당히 안정되어 있는, 이전부터 존재했던 관계의 세계 속으로 들어간다.

32
☐ **procession**
[prəséʃən]

n 행렬, 행진   syn cortege, motorcade, succession, advance, cavalcade

As though they marched in **procession** before him, the countless figures of men who before his time have come out of nothingness into the world, lived their lives and again disappeared into nothingness.   2015-A-서3

마치 그의 이전 시대의 무수히 많은 사람들이 무에서 세상으로 나와 그들의 삶을 살다가 다시 무로 사라지는 것처럼 그들은 그의 눈 앞에서 행렬을 이루어 행진했다.

33
☐ **headmaster**
[hèdmǽstər]

n 교장   syn principal, superintendent, administrator, director

The **headmaster**, whose awareness of his pupils was always somewhat vague, thought that this bespectacled intruder was a new boy.   2009-1차-39

제자들에 대한 인식이 항상 다소 모호했던 교장 선생님은 안경을 쓴 이 불청객이 새로 전학 온 학생이라고 생각했다.

34
□ composure
[kəmpóuʒər]

n (마음의) 평안, 침착

syn aplomb, dignity, equanimity, equilibrium, fortitude

The **composure** of the eyes irritated him.　　　2016-A-9
그 눈의 평안이 그를 짜증나게 했다.

35
□ injection
[indʒékʃən]

n 1. 주사

2. (상황·사업 등의 개선을 위한 거액의) 자금 투입

syn 1. dose, needle, booster, dram, enema

2. cash infusion

So he gave it an **injection** and put it to sleep.　　　2009-1차-12
그래서 그는 그것에게 주사를 놓아주고 잠을 재웠다.

36
□ inching
[intʃiŋ]

adj 아주 조금씩 접근하는

syn dragging, crawling, groveling, hobbling, quailing

A student, Gyumin, led the group through the line. As the line moved, so did Gyumin, **inching** ever so closer to the front.　　　2017-A-8
학생 규민이 그룹을 이끌었다. 줄이 움직이자 규민도 앞쪽으로 아주 조금씩 가까워졌다.

37
□ derogatory
[dirá:gətò:ri]

adj 경멸하는, 비판적인

syn derogative, uncomplimentary, disparaging, insulting

They have a sort of **derogatory** attitude toward the government.
　　　2010-1차-9 변형
그들은 정부에 대해 약간 경멸하는 태도를 가지고 있다.

38
□ intriguing
[intrí:giŋ]

adj (분명한 해답이 없어서) 아주 흥미로운, 매력적인

syn absorbing, alluring, appealing

There is an **intriguing** phenomenon in English in which two semantically related constituents are separated, as shown below.　　　2020-B-1
영어에는 아래 보이는 것과 같이 의미론적으로 관련된 두 개의 구성 요소가 분리되는 아주 흥미로운 현상이 있다.

39
□ tolerate
[tá:lərèit]

v 1. 용인하다, 참다, 견디다

2. (약에) 내성이 있다

syn 1. abide, accept, brook, condone, countenance

2. have resistance

Each society regards its central ideologies as sacred and **tolerates** no questions with respect to them.　　　2011-1차-10
모든 사회는 핵심 이념을 성스럽게 여기며 그것에 대한 의문을 용인하지 않는다.

□ **crib**
[krib]

n 1. 요람, 유아용 침대
2. 오두막; 좁은 방; 곳간
3. 자습서; 커닝 페이퍼
4. 표절물

syn 1. cot
2. hut
3. pony, cheat sheet
4. plagiarism

Mami had sung me lullabies she'd learned from wives stationed at the embassy, thinking maybe she'd left the radio on beside my **crib** tuned to the BBC or Voice of America. **2022-A-5**

BBC 또는 Voice of America 방송에 맞춰진 라디오를 내 요람 옆에 틀어 놓고 나간 것이 아닐까 생각할 때, 어머니는 나에게 대사관에 배치된 부인들로부터 배운 자장가를 불러주었다.

Daily Quiz

Choose the synonyms.

01. prevent	·	· ⓐ abut, approximate, border, butt, communicate
02. elaborateness	·	· ⓑ erect, evolve, form, make, manufacture
03. adjoin	·	· ⓒ avert, bar, block, forestall, halt
04. bottom-up	·	· ⓓ daredevilry, shamelessness, adventurousness
05. bitterly	·	· ⓔ berth, jetty, key, landing, levee
06. skit	·	· ⓕ process-based
07. frenzy	·	· ⓖ burst, craze, excitement, fever, free-for-all
08. prefabricate	·	· ⓗ complexity, confusion, difficulty
09. hardihood	·	· ⓘ fiercely, furiously, heatedly, hotly, indignantly
10. quay	·	· ⓙ parody, satire, spoof, act, performance

Check Up

🚀 TOP 100 WORDS

⚬ DAY 01

☐ book	☐ rather than	☐ strategy	☐ requirement	☐ benefit
☐ violate	☐ prey	☐ genetic	☐ thematic	☐ formality
☐ render	☐ supervise	☐ condemn	☐ mainstream	☐ ornamentation
☐ rely on	☐ exhausted	☐ axis	☐ cut down	☐ arithmetic

⚬ DAY 02

☐ appropriate	☐ suffix	☐ facilitate	☐ notion	☐ closely
☐ constitute	☐ kindergarten	☐ attribute	☐ defeat	☐ patent
☐ palate	☐ compensate for	☐ junk	☐ simulation	☐ dare
☐ hook	☐ fearfully	☐ diminish	☐ translate	☐ sociological

⚬ DAY 03

☐ identify	☐ device	☐ norm	☐ neither	☐ decline
☐ surround	☐ acupuncture	☐ socialization	☐ extend	☐ property
☐ competent	☐ perceive	☐ top-down	☐ intimate	☐ practicality
☐ confusing	☐ chop down	☐ elastic	☐ detract	☐ incredible

⚬ DAY 04

☐ subject	☐ acquisition	☐ peer	☐ abstract	☐ cognitive
☐ account for	☐ demonstrate	☐ fairly	☐ reject	☐ revelation
☐ occasion	☐ clarify	☐ dismiss	☐ cock	☐ rattle
☐ perceptual	☐ juxtapose	☐ commercially	☐ forbidden	☐ terrified

⚬ DAY 05

☐ term	☐ suppose	☐ argument	☐ available	☐ prevent
☐ elaborateness	☐ comparison	☐ convinced	☐ numerous	☐ adjoin
☐ boundary	☐ mask	☐ bottom-up	☐ monologue	☐ bitterly
☐ substantial	☐ skit	☐ embody	☐ adolescent	☐ spacious

1. Choose proper synonyms with each word.

01. violate	·	·	ⓐ capon, chicken, cock-a-doodle-doo, cockerel
02. thematic	·	·	ⓑ brew, come on, dominate, emerge, hover
03. sullen	·	·	ⓒ analogy, connection, contrast, correlation
04. turn over	·	·	ⓓ churlish, dour, gloomy, glum, grumpy
05. loom	·	·	ⓔ confined, insular, limited, parochial, particular
06. protestant	·	·	ⓕ Congregationalist, Anglican, fundamentalist
07. cock	·	·	ⓖ plot, scheme, book, outline, pages
08. scenario	·	·	ⓗ deem, expect, presume, pretend, think
09. suppose	·	·	ⓘ breach, contravene, defy, disobey, disregard
10. comparison	·	·	ⓙ assign, convey, deliver, entrust, give up

2. Choose a proper word matching with translation.

01. It is apparent that all societies, even the most primitive, have ideologies and that these ideologies are an (ⓐ **intimidate** / ⓑ **intimate**) and important part of their culture.
가장 원시적인 사회까지도 포함해서 모든 사회에는 이념이 있고, 이러한 이념은 문화의 내밀하고 중요한 부분이라는 것이 분명해 보인다.

02. The most plausible theory is that they have developed a secret method of (ⓐ **locomotion** / ⓑ **location**) which they are able to conceal the instant a human eye falls upon them.
가장 그럴듯한 이론은 사람의 눈길이 그들에게 향하는 순간을 숨길 수 있는 비밀스러운 이동 방법을 그들이 개발했다는 것이다.

03. We are spurred to action by slogans and catchwords rather than by the concrete realities they (ⓐ **embed** / ⓑ **embody**).
우리는 그것들이 구현해내는 구체적 현실에 의해서라기보다는 구호와 캐치프레이즈에 의해서 행위하도록 자극받는다.

04. Strategies employed for this purpose include avoidance, code switching, word coinage, appeal to authority, and using (ⓐ **prefabricated** / ⓑ **preferable**) patterns.
이 목적을 위해 사용되는 전략에는 회피, 언어 전환, 단어 조합, 권위에 대한 호소, 조립식 패턴 사용 등이 포함된다.

05. Among these, the most formidable was a burly, roaring, roistering blade, of the name of Brom Van Brunt, the hero of the country round which rang with his feats of strength and (ⓐ **docility** / ⓑ **hardihood**).
이 중 가장 강력한 사람은 힘과 대담함의 위업이 울려 퍼졌던 전국 대회의 우승자인 Brom Van Brunt라는 이름의 건장하고 포효하며 울부짖는 칼날이라는 별명을 가진 자였다.

06. While we (ⓐ **bemoan** / ⓑ **please**) the decline of literacy, computers discount words in favor of pictures or video.
우리는 문자 이해력의 쇠퇴를 매우 한탄하지만, 컴퓨터는 글보다 사진이나 비디오를 선호한다.

07. The (ⓐ **composure** / ⓑ **composition**) of the eyes irritated him.
그 눈의 평안이 그를 짜증나게 했다.

08. They have a sort of (ⓐ **respectable** / ⓑ **derogatory**) attitude toward the government.
그들은 정부에 대해 약간 경멸적인 태도를 가지고 있다.

Answer Key

1. 01. ⓘ 02. ⓒ 03. ⓓ 04. ⓙ 05. ⓑ 06. ⓕ 07. ⓐ 08. ⓖ 09. ⓗ 10. ⓒ
2. 01. ⓑ 02. ⓐ 03. ⓑ 04. ⓐ 05. ⓑ 06. ⓐ 07. ⓐ 08. ⓑ

DAY 06

01
material
[mətíəriəl]

n 1. 자료, 소재
2. 직물, 천; 재료

adj 물질적인, 물리적인

syn 1. data, information
2. resource

syn actual, appreciable, earthly, perceptible, physical

Students view lecture **materials**, usually in the form of videos, as homework before class.　　2018-A-3

학생들은 일반적으로 비디오 형식의 강의 자료를 수업 전에 해야 할 숙제로 본다.

02
respectively
[rispéktivli]

adv 각각, 각자, 제각기

syn commonly, jointly, reciprocally

First of all, both /oʊ/ and /ɔ/ are tense in the phonological classification while they are separated as tense and lax, **respectively**, in the phonetic classification.　　2019-A-5

우선, /oʊ/ 및 /ɔ/는 둘 다 음운론적 분류에서 긴장모음에 속하며, 음성론적 분류에서는 각각 긴장모음과 이완모음으로 구분된다.

03
conduct
[kɑ́:ndʌkt]

v 실시하다, 지휘하다

n (특정한 장소나 상황에서의) 행동

syn attend, control, direct, handle

syn charge, handling, management, manipulation, oversight

Based on the findings of the questionnaire **conducted** in my class, I have noticed that four students each have a major learning style.　　2019-A-2

내 수업에서 실시한 설문조사 결과를 바탕으로, 나는 4명의 학생이 각각의 주된 학습 유형을 가지고 있음을 알게 되었다.

04
verbal
[və́:rbəl]

adj 언어의, 말로 된, 구두의; 동사의

syn rhetorical, unwritten, exact, expressed, lexical

Our failure to make these **verbal** distinctions is more than "a manner of speaking"; it is a manner of conceptualizing, of defining and distinguishing.　　2008-전국-1

우리가 어떤 언어들을 구분해서 사용하는 것을 실패한다는 것은 단순히 말하는 방식이 잘못된 것 이상을 의미하며, 이는 개념화 · 정의 · 구분의 방식이 실패했음을 의미한다.

---

05 cue
[kjuː]

n 단서, 암시, 계기;
(무엇을 하라는) 신호

syn clue, catchword, indication,
inkling, innuendo

Language elements of this function include different types such as conjunctions, cataphoric words, hedges, and back channel **cues**.

2020-A-5

이 기능의 언어 요소는 접속사, 후행사, 얼버무리기 및 비공식 단서와 같은 다양한 유형을 포함한다.

06 tourism
[túərizm]

n 관광업

syn ecotourism, business enterprise,
touristry

Finally, a group of people in the town decided that there was a third possibility **tourism**.

2008-서울·인천-2

마지막으로, 마을에 있는 한 무리의 사람들은 관광업의 제3의 가능성이 있다고 결정했다.

07 inference
[ínfərəns]

n 추론(한 것)

syn abstract thought, presumption,
reasoning, logical thinking,
derivation

To him, the praise seemed only to be a contrived lead-in to a critical **inference** of failure.

2008-서울·인천-1

그에게 칭찬은 실패에 대한 비판적 추론을 유도하는 인위적인 도입부에 불과한 것으로 보였다.

08 cross-cultural
[krɔ́ːskʌ̀ltʃərəl]

adj 비교문화적인,
다양한 문화들이 섞인

syn intercultural, transcultural,
inter-cultural, multicultural

It is important that educators support this growing community by maximizing the potential benefits of **cross-cultural** experiences while helping them navigate the challenges that arise.

2021-B-11

교육자들은 발생하는 과제들을 잘 나아가게 도우면서 비교문화적 경험의 잠재적인 이점을 극대화함으로써 성장 중인 이 공동체를 지원하는 것이 중요하다.

09 rod
[rɑːd]

n 막대, 회초리, 매

syn baton, cane, cylinder, ingot,
pin

But after Benjamin Franklin classified it as "electricity," a measure of control over it was achieved by the invention of the lightning **rod**.

2010-1차-10

그러나 Benjamin Franklin이 그것을 "전기"로 분류한 후, 피뢰침의 발명으로 인해 이를 통제할 수 있는 수단이 획득되었다.

10 gaze
[geiz]

v (가만히) 바라보다, 응시하다

syn admire, beam, bore, stare,
contemplate

In our mutual isolation of language and experience, we could only **gaze** in wonder, mystified that we had come to be sitting together.

2010-2차-4

언어와 경험의 상호 고립 속에서, 우리는 우리가 함께 앉게 되었다는 사실을 경이롭고 혼란스럽게 바라볼 수밖에 없었다.

11			
☐ **psychopath** [sáikəpæθ]	[n]	사이코패스(폭력성을 동반하는 이상 심리 소유자)	[syn] lunatic, maniac, psycho, sociopath, nutcase

The philosopher Sean Nichols argues that a major problem for rationalism is that **psychopaths**, with no impediments in abstract reasoning, nevertheless see nothing wrong in harming other people.　　2013-1차-12
철학자 Sean Nichols는 합리주의의 주요 문제가 추상적 추론을 하는 데는 문제가 없는 사이코패스가 다른 사람을 해치는 것에 대해서는 잘못을 전혀 느끼지 못하는 데 있다고 주장한다.

12			
☐ **coherent** [kouhíərənt]	[adj]	일관성 있는, 논리 정연한, 조리 있게 말하는	[syn] comprehensible, consistent, intelligible, logical, lucid

This text is not cohesive but it is **coherent**.　　2006-서울·인천-2
이 글은 응집력은 없지만 일관성은 있다.

13			
☐ **nucleus** [núːkliəs]	[n]	(원자)핵, 세포핵, 중심, 핵심	[syn] center, crux, embryo, focus, foundation

However, the cases in (4) cannot be explained by this rule because [ɬ] is syllabic and constitutes the nucleus, which is usually occupied by a vowel.　　2014-A-기11
그러나, (4)의 경우는 [ɬ]가 음절이고 일반적으로 모음이 차지하는 핵을 차지하기 때문에 이 규칙으로 설명되어질 수 없다.

14			
☐ **paradox** [pǽrədàːks]	[n]	역설, 역설적인 사람	[syn] absurdity, ambiguity, anomaly, enigma, inconsistency

This sociological fact, evident in every time and society, is a **paradox**.　　2011-1차-10
모든 시대와 사회에서 분명한 이 사회학적 사실은 역설이다.

15			
☐ **strip** [strip]	[v]	1. 빼앗다, 약탈하다, 박탈하다 2. 옷을 벗다; (껍질 등을) 벗기다, 　 떼어버리다 3. (허세·구실 등을) 없애다, 　 폭로하다	[syn] 1. deprive 2. bare, dismantle, expose 3. reveal, disclose
	[n]	가느다란 조각, 좁고 긴 땅	[syn] piece, shred, area

I was on the way to becoming a somebody in a world that regarded him as a nobody, a world that had **stripped** him of his manhood, of his power to provide.　　2008-전국-3
나는 그의 남자다움과 부양할 능력을 빼앗고, 그를 아무도 아닌 사람으로 여기는 세상에서 누군가가 되는 길에 있었다.

16
hormone
[hɔ́ːrmòun]

n 호르몬	

Melatonin – a **hormone** naturally produced by the pineal gland – is released when darkness falls, signaling to the body that it is time to rest.

2019-B-7

송과샘에서 자연적으로 생성되는 호르몬인 멜라토닌은 어둠이 내리면 분비되어서, 몸에 휴식 시간이 되었음을 알려준다.

17
gnaw
[nɔː]

v ~을 괴롭히다, 갉아먹다, 물어뜯다	syn chomp, eat, nibble, champ, chaw

Scientists made a splash last week when they presented a radical new view of DNA, solving a puzzle that has long **gnawed** at investigators and shedding light on diseases such as cancer, heart disease, and Alzheimer's.

2015-B-서2

과학자들은 지난주 DNA에 대해 근본적인 새로운 관념을 제시하면서 연구자들을 오랫동안 괴롭힌 퍼즐을 풀고 암, 심장병, 알츠하이머 병과 같은 질병에 대한 빛을 비추면서 큰 각광을 받았다.

18
alike
[əláik]

adv 1. 둘 다	syn 1. both
2. 비슷하게, 마찬가지로	2. likewise
adj 비슷한	syn similar

Men and societies are sustained by false notions and true notions **alike**, and what may seem true in one society may seem false in another, and the other way around.

2008-서울·인천-4

인간과 사회는 둘 다 거짓된 관념과 참된 관념에 의해 지탱되며, 한 사회에서 사실처럼 보이게 하는 것은 다른 쪽에서는 거짓으로 보일 것이며, 반대 경우도 마찬가지이다.

19
elderly
[éldərli]

adj 연세가 드신	syn aged, aging, old, retired

The technology around us changes, but the **elderly** don't.　　2011-1차-8

우리 주변의 기술은 변하지만, 노인은 변하지 않는다.

20
drain
[drein]

v 1. 지치다, 힘을 소모시키다	syn 1. exhaust
2. (액체를) 빼내다, 따라 내다	2. culvert, ditch, duct, pipe

I guess you must be **drained**.　　2020-B-4

내가 생각하기에 당신은 지쳤음에 틀림없는 것 같다.

21
remedy
[rémədi]

n 치료법, 치료약; 처리 방안, 해결책	syn antidote, countermeasure, cure-all, drug
v 바로잡다, 개선하다	syn fix, medicine

Acupuncture techniques used in Asia as daily **remedies** over a long history have now become distant to the general public.　　2009-1차-11

아시아에서 오랜 역사에 걸쳐 일상적인 치료법으로 사용된 침술은 이제 대중에게서 멀어졌다.

22
□ soundly
[sáundli]

[adv] (잠이 든 모양이) 깊이, 곤히; 견실하게, 믿음직하게

[syn] accurately, adequately, carefully, closely, completely

Some looked neither to the right nor to the left, and never knew he was there; some laughed to see how **soundly** he slept; and several, whose hearts were brimming with scorn, spoke aloud their criticism of David Swan. **2015-A-기8**

몇몇 사람들은 오른쪽이나 왼쪽도 돌아보지 않았고, 아무도 그가 거기에 있는 것을 전혀 몰랐으며, 또 몇몇은 그가 얼마나 깊이 잠들어 있는지를 보며 웃었고, 비웃음으로 가득 찬 마음을 가진 몇몇은 David Swan에 대해 큰소리로 비난하기도 했다.

23
□ magnificence
[mægnífəsns]

[n] 1. 호화; 장려, 웅장, 장엄; (예술품 등의) 기품, 훌륭함
2. 각하, 전하

[syn] 1. elegance, greatness, richness, splendor, beauty
2. Excellency

My contemporaries appeared obscure and attractive, grown-ups loomed in vague **magnificence**. **2009-1차-39**

나의 동시대인들은 모호하면서도 매력적인 듯했고, 어른들은 모호한 호화 속에서 사는 듯했다.

24
□ elevated
[éləvèitid]

[adj] 기분이 좋은; (지위가) 높은, 고상한

[syn] exalted, inflated, animated, elated, exhilarated

[after a long pause, astonished, **elevated**] Isn't that – isn't that remarkable? Biff – he likes me! **2011-1차-38**

(긴 침묵 후에, 놀라고, 점점 기분이 좋아져서) 그렇지 않나요? 놀랍지 않나요? Biff, 그는 나를 좋아해요!

25
□ obligatory
[əblígətɔ̀ːri]

[adj] 필수적인, 의무적인

[syn] compulsory, mandatory, requisite, unavoidable, binding

'Foot' is a prosodic unit above syllable, which consists of one **obligatory** strong syllable and optional weak syllables. **2021-A-6**

'운각'은 음절에 대한 운율 단위로, 필수적인 강음절 1개와 임의의 약음절들로 구성된다.

26
□ saintly
[séintli]

[adj] 성자 같은, 성스러운

[syn] angelic, pious, upstanding

The heretic, on the other hand, may lead a pure and virtuous life, perhaps almost **saintly** in character, but his conduct will not necessarily save him from damnation. **2011-1차-10**

반면에, 이단자는 거의 성인처럼 순수하고 도덕적인 삶을 살 수 있지만, 그의 행동이 그를 저주에서 반드시 구하지는 않을 것이다.

27
□ enraptured
[inræptʃərd]

[adj] 도취된, 황홀한

[syn] rapt, rapturous, joyous, ecstatic

As the **enraptured** Ichabod rolled his great green eyes over the fat meadow lands, his heart yearned after the damsel who was to inherit these domains. **2008-서울·인천-14**

무언가에 도취된 Ichabod가 무성한 초원 땅 위로 커다란 녹색 눈을 굴렸을 때, 그의 마음은 이 영토를 물려 받게 될 소녀를 갈망했다.

28

☐ **briskly**
[brískli]

adv 씩씩하게, 활발하게, 힘차게, 기분 좋게

syn nimbly, rapidly, vigorously, brusquely, enthusiastically

The watcher's heart stretches, elastic in its love and fear, toward him as we see him disappear, striding **briskly**.　　　2012-2차-2

그 파수꾼의 마음이 그를 향한 사랑과 두려움 속에서 휘청휘청하고 있을 때, 우리는 그가 씩씩하게 성큼성큼 걸어가며 사라지는 것을 보았다.

29

☐ **obligation**
[à:bləɡéiʃn]

n (법적·도의적) 의무, 마땅히 해야 할 일

syn legal duty, burden of proof, imperative, guardianship, keeping

The reason is that love is a link of **obligation** which men, because they are rotten, will break any time they think doing so serves their advantage; but fear involves dread of punishment, from which they can never escape.　　　2008-서울·인천-3

그 이유는 바로 사랑은 인간이 부패하였기 때문에 그들이 그렇게 하는 것이 자신의 이익에 도움이 된다고 생각할 때마다 깨뜨릴 만한 의무의 연결 고리이지만, 두려움은 결코 피할 수 없는 처벌에 대한 두려움을 포함하기 때문이다.

30

☐ **amygdala**
[əmíɡdələ]

n 편도체

syn limbic system, hippocampus, limbic brain, neural structure

Psychopathy, whose symptoms include antisocial behavior, lack of guilt, and poverty of emotions, is the result of impairments to emotional learning that derive from disrupted functioning of the **amygdala**.　　　2013-1차-12

반사회적 행동, 죄책감의 결여, 감정의 빈곤과 같은 증상을 가지는 정신 병증은 편도체의 기능을 방해시키는 데서 비롯한 정서적 학습장애의 결과이다.

31

☐ **nausea**
[nɔ́:ziə]

n 구역질, 메스꺼움

syn vomiting, abhorrence, aversion, biliousness, disgust

Her distress awoke a **nausea** in her body and she kept moving her lips in silent fervent prayer.　　　2008-전국-21

그녀의 고통은 몸에 구역질을 일으켰고 침묵의 열렬한 기도로 입술을 계속 움직였다.

32

☐ **retract**
[ritrǽkt]

v 1. (속으로) 들어가다, 움츠리다, 집어넣다, 오므리다
2. 철회하다, 취소하다

syn 1. shrink, purse
2. back down, back off, cancel, deny, withdraw

The articulatory difference between the two is that in the former the back of the tongue is lowered while in the latter it is raised toward the velum or **retracted** toward the uvula (without making contact in either case).　　　2014-A-기11

둘 사이의 조음적 차이점은 전자의 경우 혀의 뒤쪽이 내려가는 반면, 후자의 경우는 연구개 쪽으로 올라가거나 목젖 쪽으로 들어간다는 것이며, 두 경우 모두 접촉이 발생하지는 않는다.

33

resurgence
[resə́:rdʒəns]

[n] (활동의) 재기, 부활

[syn] comeback, rebirth, rebound, recovery, rejuvenation

The **resurgence** of neighborhoods, networks, and informal communities shows human creativity despite the supposed "death of community."

2008-전국-2

이웃 간의 관계, 네트워크 그리고 비공식적 공동체 모임들의 재기는 "공동체의 죽음"이라는 기존의 생각에도 불구하고 인간의 창조성을 보여준다.

34

genome
[dʒí:noum]

[n] 게놈(세포나 생명체의 유전자 총체)

[syn] DNA, epigenome, cell

Ever since decoding the human **genome**, scientists have been perplexed by the long strands of our DNA that appear to do nothing.

2015-B-서2

인간 게놈을 해독하기 시작한 후, 과학자들은 아무 일도 하지 않는 것처럼 보이는 DNA의 긴 가닥에 당황했다.

35

disillusion
[dìsilú:ʒən]

[v] 환상을 깨뜨리다, 환멸을 느끼게 하다

[syn] disappoint, embitter, disabuse

As I was too shy to **disillusion** him, I was put back in the bottom class to restart my unpromising academic career.

2009-1차-39

그의 환상을 깨뜨리기에는 내가 너무 부끄러웠기 때문에, 나는 가망 없는 학업 경력을 다시 시작하기 위해 최하위 반으로 돌아갔다.

36

pseudomorph
[súːdoumɔ̀ːrf]

[n] 가상; 위형, 부정규형

[syn] fake

It is thought that the cloud of ink hanging in the water forms a dummy squid termed a **pseudomorph**, which attracts and holds the attention of the predator allowing the animal to dart away to safety.

2022-A-11

물에 떠 있는 먹물 구름은 '가상'이라고 불리는 가짜 오징어 형상을 만들어내는 것으로 여겨졌고, 그것은 포식자의 주의를 끌어서 그 동물이 안전한 곳으로 잽싸게 도망치도록 도와준다.

37

grassroots
[grǽsrùːts]

[adj] 보통 사람들의, 민중의; 농목 지대의, 농민의

[syn] basic, central, constitutional, crucial, elemental, elementary

She organized a group which fought deforestation at the **grassroots** level.

2009-1차-13

그녀는 보통 사람들 수준에서 산림의 황폐화에 대항할 무리를 조직화했다.

38

knowledgeable
[nɑ́ːlidʒəbl]

[adj] 아는 것이 많은, 박식한

[syn] appreciative, brilliant, conscious, conversant

This is the distance between what a student can do alone and what he or she can do with scaffolded help from more **knowledgeable** others like teachers or more capable peers.

2018-A-7

이는 학생이 혼자 할 수 있는 것과 교사 또는 유능한 또래들처럼 더 아는 것이 많은 다른 사람들의 비계적인 도움으로 할 수 있는 것 사이의 거리이다.

39 □ dumbly
[dʌ́mli]

adv 말없이, 묵묵히

syn dully, foolishly, unintelligently

Biff's fury has spent itself, and he breaks down, sobbing, holding on to Willy, who **dumbly** fumbles for Biff's face. **2011-1차-38**

Biff의 분노는 스스로를 괴롭혔고, 그는 말없이 Biff의 얼굴을 더듬거리는 Willy를 붙잡고 흐느껴 울었다.

40 □ burly
[bə́ːrli]

adj 건장한

syn buirdly, beefy, robust, husky, strapping

Among these, the most formidable was a **burly**, roaring, roistering blade, of the name of Brom Van Brunt, the hero of the country round which rang with his feats of strength and hardihood. **2008-서울·인천-14**

이 중 가장 강력한 사람은 힘과 대담함의 위업이 울려 퍼졌던 전국 대회의 우승자인 Brom Van Brunt 라는 이름의 건장하고 포효하며 울부짖는 칼날이라는 별명을 가진 자였다.

Daily Quiz

Choose the synonyms.

01. respectively ·
02. inference ·
03. coherent ·
04. gnaw ·
05. soundly ·
06. elevated ·
07. enraptured ·
08. obligation ·
09. amygdala ·
10. nausea ·

· ⓐ chomp, eat, nibble, champ, chaw
· ⓑ legal duty, burden of proof, imperative, guardianship
· ⓒ comprehensible, consistent, intelligible, logical
· ⓓ vomiting, abhorrence, aversion, biliousness, disgust
· ⓔ limbic system, hippocampus, limbic brain
· ⓕ rapt, rapturous, joyous, ecstatic
· ⓖ exalted, inflated, animated, elated, exhilarated
· ⓗ commonly, jointly, reciprocally
· ⓘ accurately, adequately, carefully, closely, completely
· ⓙ abstract thought, presumption, reasoning

Answer Key 01. ⓗ 02. ⓙ 03. ⓒ 04. ⓐ 05. ⓘ 06. ⓖ 07. ⓕ 08. ⓑ 09. ⓔ 10. ⓓ

DAY 07

01 context
[kάːntekst]

n (어떤 일·글의) 맥락, 전후 사정, 문맥

syn background, situation, ambience, conditions, connection

Based on the information in the passage, identify the type of validity within the **context** of criterion-related validation and explain it with evidence. **2017-A-7**

주어진 지문의 정보를 바탕으로, 준거타당도의 맥락에서 타당도 유형을 식별하고, 증거와 함께 설명하시오.

02 nature
[néitʃər]

n 1. 천성, 본성, 본질
2. (동·식물 등의) 자연

syn 1. essence, mood, personality
2. environment, landscape

At first he had been merely a good actor, but as time went on, simulation became second **nature**. **2017-A-10**

처음에 그는 단지 이중적 삶을 산 것뿐이지만, 시간이 지남에 따라 모방적 삶은 제2의 천성이 되었다.

03 ambiguous
[æmbíɡjuəs]

adj 중의성을 띠는, 여러 가지로 해석할 수 있는, 분명히 규정되지 않은, 애매모호한

syn cryptic, dubious, enigmatic, equivocal, inconclusive

There are expressions that are **ambiguous** because of scope interaction between a quantifier and another quantifier or between a quantifier and a negative expression. **2018-A-9**

수량 형용사와 또 다른 수량 형용사 사이 또는 수량 형용사와 부정 표현 사이의 범위 상호작용으로 인해 중의성을 띠는 표현들이 있다.

04 interact
[íntərækt]

v 소통하다, 교류하다, 상호작용을 하다

syn collaborate, combine, connect, cooperate, merge

For example, the ways a doctor and a patient will **interact** are largely prescribed in the roles of "doctor" and "patient." **2008-전국-2**

예를 들어, 의사와 환자가 소통하는 방법은 대체로 의사와 환자의 역할 안에서 미리 정해질 것이다.

05
☐ **embed**
[imbéd]

v 1. (언어학에서) 내포절을 넣다
2. (단단히) 박다, 끼워 넣다   syn 2. bury, ingrain, inlay, insert, lodge

Let us refer to this reading as '**embedded** reading.' In the embedded reading, it is asked whether Mark knew the answer yesterday.   2020-A-6
이 읽기를 '내포적 읽기'라고 간주하자. 내포적 읽기에서는 Mark가 어제 정답을 알았는지 여부에 관한 물음을 받는다.

06
☐ **regarding**
[rigá:rdiŋ]

prep ~에 관하여   syn respecting, as regards, as to, in regard to, with reference to

Then, have them discuss and write the similarities and differences between Korea and the UK **regarding** the greeting customs.   2021-B-8
그런 다음, 인사 관습에 관하여 한국과 영국의 유사점과 차이점에 대해 토론하고 작성하게 하라.

07
☐ **overcome**
[óuvərkʌm]

v 해결하다, 극복하다; (남을) 이기다; 꼼짝 못하게 되다, 압도하다   syn lurch, expel, come through, nose, get the better of

This could be easily **overcome** by changing the word "but" to "and."   2008-서울·인천-1
"하지만"이라는 단어를 "그리고"로 변경하면 이는 쉽게 해결할 수 있다.

08
☐ **automatic**
[ɔ̀:təmǽtik]

adj 자동의, 무의식적인, 반사적인   syn automated, electric, electronic, mechanical, mechanized

This shift in styles is completely unconscious and **automatic**; indeed, it takes some concentration and hard introspection to realize that we each use a formal and an informal style on different occasions.   2008-전국-8
이러한 방식의 변화는 완전히 무의식적이고 자동적이다. 실제로, 우리가 각각의 다른 경우에서 형식적 · 비공식적인 방식을 사용한다는 것을 깨닫기 위해서는 약간의 집중과 면밀한 자기 성찰이 필요하다.

09
☐ **judgment**
[dʒʌ́dʒmənt]

n 1. 판단, 심판, 심사, 평가; 추정; 판단력, 분별력, 견식
2. 재판, 심판, 선고   syn 1. acumen, awareness, experience, intelligence
2. punishment

Tone is chiefly controlled by the words the writer chooses, words that color ideas, evoke desired emotions, and imply **judgments**.   2009-1차-37
어조는 주로 작가가 선택하는 단어들에 의해서 통제되며, 이때 그 단어들은 생각에 색을 입히고 원하는 감정을 불러일으키고, 판단을 암시한다.

10
☐ **simultaneously**
[sàiməltéiniəsli]

adv 동시에, 일제히   syn together, as one, concurrently, in concert, synchronously

When they came into this glare, each of them turned **simultaneously** to gaze upon the other's face.   2019-B-3
그들이 밝은 곳에 들어갔을 때, 그들 모두 동시에 상대방의 얼굴을 응시했다.

11 ☐ **criticism** [krítəsizm]	n 비판, 비난, 비평, 평론	syn disapproval, reproval, flack, potshot, faultfinding

Many people begin their **criticism** with sincere praise followed by the word "but" and ending with a critical statement.　　2008-서울·인천-1

많은 사람들이 진지한 칭찬에 이어 "그러나"라는 단어로 비판을 시작하고 비판적인 말로 끝낸다.

12 ☐ **pedagogy** [pédəgòudʒi]	n 교육학	syn education, apprenticeship, background

Task-based language teaching(TBLT) holds a central place in current second language acquisition research and also in language **pedagogy**.
2018-A-10

과제기반 언어교육 기법(TBLT)은 현재 제2언어 습득 연구와 언어교육학에서 중심적인 위치를 차지하고 있다.

13 ☐ **protest** [próutest]	v 항의하다, 반대하다, 이의를 제기하다	syn object to
	n 항의, 반대, 이의, 시위	syn challenge, demonstration, dissent, objection, outcry

Creativity is evident in all newly forming ethnic communities and movements to **protest** social inequality.　　2008-전국-2

창조성은 새롭게 형성되는 민족 공동체와 사회적 불평등에 항의하는 운동에서 명백히 나타난다.

14 ☐ **horribly** [hɔ́ːrəbli]	adv 1. 끔찍하게, 무시무시하게 2. 지독하게	syn 1. terribly, badly, dreadfully 2. fiercely, boldly, brutally

The cock was **horribly** scary.　　2009-38

그 수탉은 끔찍하게 무서웠다.

15 ☐ **depending on**	~에 따라	syn according to

Depending on how much time is spent in a country, the level of fluency can vary, but it would not be unlikely for a TCK to be capable of speaking three or more languages by the end of high school.　　2021-B-11

한 국가에서 보내는 시간에 따라 유창함의 수준은 다를 수 있지만, TCK가 고등학교를 마칠 때까지 3개 이상의 언어를 말하지 못할 것 같지는 않다.

16 ☐ **artistic** [ɑːrtístik]	adj 예술적인, 예술의; 예술적 감각이 있는	syn aesthetic, creative, decorative, dramatic, imaginative

Science and technology are, in essence, **artistic**.　　2013-1차-7

과학과 기술은 본질적으로 예술적이다.

17 □ realistically
[rìːəlístikəli]

[adv] 현실적으로 말해서, 현실성 있게, 사실적으로

[syn] businesslike, down-to-earth, practically, pragmatically, prudently

Convinced we are justified and acting **realistically**, we are quick to defend our aggressive stance. 2013-1차-13

우리에게 정당한 명분이 있고, 현실적으로 행위하고 있음을 확신할 때, 우리는 재빨리 우리의 적극적 입장을 옹호한다.

18 □ cavalier
[kæ̀vəlíər]

[adj] 멋있는, 무신경한, 허세를 부리는

[syn] curt, haughty, offhand, superior, disdainful

Telling a salesperson to walk away from the table and kissing off a sale is a bit **cavalier** for an expert who's never had to make a living by making a quota. 2020-A-8

판매원에게 협상 테이블에서 물러나 판매를 그만두라고 말하는 것은 일정량을 채워서 생계를 유지할 필요가 없는 전문가에게는 멋있게 보이는 일일 수도 있다.

19 □ outdoor
[áutdɔːr]

[adj] 야외의, 옥외의

[syn] rustic, outside, alfresco, casual, free

I like the summer clothing and the **outdoor** activities. 2010-2차-1

나는 여름 옷과 야외 활동을 좋아한다.

20 □ china
[tʃáinə]

[n] 도자기, 고령토, 자기 그릇

[syn] ceramics, crockery, porcelain, pottery, service

A little lamp with a white **china** shade stood upon the table and its light fell over a photograph which was enclosed in a frame of crumpled horn. 2016-A-9

흰색 도자기 갓이 달린 작은 등불이 탁자 위에 놓여 있었고, 그 빛이 구겨진 뿔 틀에 둘러싸인 사진 위를 비춰주었다.

21 □ care for

1. ~을 (대단히) 좋아하다, 사랑하다
2. ~을 보살피다, 돌보다

[syn] 1. admire, cherish
2. take care of, carry, conduct, control

Would you **care for** some coffee? 2008-전국-8

커피 좋아하세요?

22 □ pharmacology
[fɑ̀ːrməkɑ́ːlədʒi]

[n] 약물학, 약리학

[syn] biology, materia-medica, posology, biochemistry

The government wanted to use **pharmacology** to force a mental state upon him. 2013-1차-10

정부는 그에게 정신 상태를 강요하기 위해 약물학을 사용하기를 원했다.

23 whistle
[hwísl]

n 호루라기 (소리); 휘파람   syn blast

v 휘파람을 불다, 휘파람 소리를 내다   syn blare, hiss, fife, flute

The boat blew a long mournful **whistle** into the mist.   2008-전국-21

그 배는 길고 애절한 애도의 호루라기 소리를 옅은 안개 속으로 불어넣었다.

24 rectitude
[réktitjùːd]

n 1. 정직, 청렴, 강직   syn 1. decency, honesty, integrity, morality, probity

2. (판단의) 올바름, 정확함   2. honesty, correctness, accuracy

3. 똑바로, 곧음   3. uprightness, straightness

Their sloppiness is merely the unfortunate consequence of their extreme moral **rectitude**.   2010-2차-2

그들의 어리석음은 지나친 도덕적 정직함의 불운한 결과일 뿐이다.

25 perish
[périʃ]

v (끔찍하게) 죽다, 비명횡사하다, 소멸되다; 닳다   syn cease, crumble, disappear, disintegrate, pass away

Who would **perish** of excess?   2019-A-10

누가 과잉으로 죽을까?

26 humane
[hjuːméin]

adj 인도적인, 인정 있는, 잔혹하지 않은   syn approachable, benevolent, considerate, cordial, democratic

The results desired by society may be irrational, superstitious, selfish, or **humane**, but the results desired by scientists are only that our systems of classification produce predictable results.   2010-1차-10

사회가 원하는 결과는 비합리적·미신적·이기적·인도적일 수도 있지만, 과학자들이 원하는 결과는 우리의 분류 체계가 예측 가능한 결과를 생성한다는 것이다.

27 olfactory
[ɑːlfǽktəri]

adj 후각의   syn aromatic, balmy, effluvious, fetid

The stimuli from these cells in combination with saliva and the **olfactory** sense generate taste.   2021-A-11

이러한 세포의 자극은 타액 및 후각과 결합하여 미각을 생성한다.

28 unpardonable
[ʌnpáːrdnəbl]

adj 용서할 수 없는, 변명의 여지가 없는   syn indefensible, inexcusable, inexpiable, intolerable, reprehensible

It is **unpardonable**, on the other hand, to reject the ideology no matter how closely one conforms to the norms.   2011-1차-10

반면, 규범을 지키는 것에 아무리 근접하여도 이념을 거부하는 것은 용서할 수 없는 일이다.

29 □ shingle
[ʃíŋgl]

ⓝ 1. 지붕널, 조약돌
2. 간판

syn 1. pebble
2. sign, signboard

As the enraptured Ichabod rolled his great green eyes over the fat meadow lands, his heart yearned after the damsel who was to inherit these domains, and his imagination expanded with the idea, how they might be readily turned into cash and **shingle** palaces in the wilderness.

2008서울·인천-14

무언가에 도취된 Ichabod가 무성한 초원 땅 위로 커다란 녹색 눈을 굴렸을 때, 그의 마음은 이 영토를 물려 받게 될 소녀를 갈망했고, 그의 상상력은 그 유산들이 얼마나 즉각적으로 현금화되고, 멋진 지붕이 있는 궁전을 이 황야에 지을 수 있을런지에까지 이르렀다.

30 □ hustle
[hʌ́sl]

ⓥ (사람을 거칠게) 밀치다; 재촉하다

syn jog, rush, shove, bulldoze, bustle

ⓝ 밀식, 혼잡

Where two weeks ago, holding a hand, he'd dawdle, dreamy, slow, he now is **hustled** forward by the pull of something far more powerful than school.

2012-2차-2

2주 전에 그는 손을 잡고서 꿈을 꾸듯 천천히 꾸물거렸는데, 지금은 학교보다 더 강력한 그 무엇인가의 이끌림에 의해서 밀쳐지고 있다.

31 □ sustain
[səstéin]

ⓥ 1. 지탱하다, 떠받치다
2. (피해를) 받다, 입다
3. 계속하다, 유지하다

syn 1. support, hold up
2. undergo, suffer
3. keep up, maintain

Men and societies are **sustained** by false notions and true notions alike, and what may seem true in one society may seem false in another, and the other way around.

2008-서울·인천-4

인간과 사회는 둘 다 거짓된 관념과 참된 관념에 의해 지탱되며, 한 사회에서 사실처럼 보이게 하는 것은 다른 쪽에서는 거짓으로 보일 것이며, 반대 경우도 마찬가지이다.

32 □ underpinning
[ʌ́ndərpìniŋ]

ⓝ 1. (벽 등의) 토대, 받침대, 지주, 버티는 물건
2. 기초, 기반, 지지, 응원

syn 1. base, basis, foundation, groundwork
2. support

The adoption of norms enables us to reason about what is right and wrong, but these norms have an emotional **underpinning** that intrinsically provides a connection between morality and action.

2013-1차-12

규범의 채택은 우리가 옳고 그른 것에 대해 추론할 수 있게 해주지만, 이러한 규범은 본질적으로 도덕성과 행동 사이의 연관성을 제공하는 정서적 토대를 가지고 있다.

33 □ railing
[réiliŋ]

ⓝ 난간, 철책

syn safety rail, taffrail, ledger board, guardrail

She gripped with both hands at the iron **railing**.

2008-전국-21

그녀는 철 난간을 양손으로 꽉 잡았다.

34
□ immense
[iméns]

[adj] 광활한, 엄청난, 어마어마한

[syn] boundless, colossal, endless, enormous, extensive

At length I wandered towards these mountains, and have ranged through their **immense** recesses, consumed by a burning passion which you alone can gratify.   2014-A-기15

마침내 나는 이 산들을 향해 여기저기 돌아다녔고, 당신만이 만족할 수 있는 불타는 열정에 휩싸인 채 그들의 광활한 숲속을 돌아다녔다.

35
□ disparage
[dispǽridʒ]

[v] 폄하하다

[syn] belittle, decry, defame, degrade, denigrate

He **disparaged** education, I extolled it; he believed all that the white man said about him without protesting against racial segregation, I did not.

2008-전국-3

그는 교육을 폄하했는데, 나는 그것을 칭찬했으며, 그는 인종차별에 항의하지 않는 그에 대해 그 백인이 말한 것을 모두 믿었지만, 나는 믿지 않았다.

36
□ entourage
[áːnturàːʒ]

[n] 1. 주위, 환경
2. (주요 인물의) 수행단

[syn] 1. surrounding, environment
2. retinue, associates, attendants, companions, company

The realization that genes are surrounded by an **entourage** of promoters and suppressors expands the list of possible targets for intervention considerably.   2015-B-서2

촉진 물질과 압력 물질에 의해 주위가 둘러싸인 유전자는 일련의 잠재적 간섭 목표를 상당히 팽창시킨다.

37
□ blur
[bləːr]

[n] 흐릿한 형체, (기억이) 희미한 것

[v] 흐릿해지다, 흐릿하게 만들다

[syn] darken, dim, muddy, obscure, soften

When faced with anything I am really reluctant to see, like an animal killed and plastered across the road, I still have the defence of taking off my glasses and returning the world to the safe **blur** of childhood. 2009-1차-39

길 건너편의 죽고 회반죽이 된 동물처럼 내가 보기를 정말 꺼리는 일에 직면했을 때, 나는 내 안경을 벗고 세상을 어린 시절의 안전한 흐릿함으로 되돌릴 수 있는 방어력을 여전히 가지고 있다.

38
□ make-up
[méikʌp]

[n] 1. 기질, 구성 (요소·방식)

2. 화장품

[syn] 1. composition, construction, style, constitution, formation

2. cosmetic

Somewhere in his **make-up** there was a strange twist or quirk.   2017-A-10

그의 기질 어딘가에 이상한 비틀림이나 별난 점이 있었다.

39
☐ **drafty**
[drǽfti]

[adj] 통풍이 잘 되는, 외풍이 있는

[n] 생맥주

Man: At a nickel a minute from a payphone in a **drafty** corridor, yeah.

2022-B-3

남자: 통풍이 잘 되는 복도에 있는 1분에 10센트짜리 공중전화로 할게요.

40
☐ **overtly**
[ouvə́ːrtli]

[adv] 명백히, 공공연하게

[syn] apparently, certainly, definitely, distinctly, evidently

The relationships between propositions are **overtly** signalled by means of lexical repetition.

2006-서울·인천-2

명제들 간의 관계는 어휘의 반복에 의하여 명백히 표시된다.

Daily Quiz

Choose the synonyms.

01. ambiguous	·	· ⓐ biology, materia-medica, posology, biochemistry
02. automatic	·	· ⓑ cryptic, dubious, enigmatic, equivocal, inconclusive
03. criticism	·	· ⓒ pebble, sign, signboard
04. protest	·	· ⓓ decency, honesty, integrity, morality, probity
05. cavalier	·	· ⓔ approachable, benevolent, considerate, cordial
06. china	·	· ⓕ ceramics, crockery, porcelain, pottery, service
07. pharmacology	·	· ⓖ automated, electric, electronic, mechanical
08. rectitude	·	· ⓗ disapproval, reproval, flack, potshot, faultfinding
09. humane	·	· ⓘ challenge, demonstration, dissent, objection
10. shingle	·	· ⓙ curt, haughty, offhand, superior, disdainful

Answer Key 01. ⓑ, 02. ⓖ, 03. ⓗ, 04. ⓘ, 05. ⓙ, 06. ⓕ, 07. ⓐ, 08. ⓓ, 09. ⓔ, 10. ⓒ

⚡ 최빈출 어휘

01
☐ **topic**
[tá:pik]

ⓝ 주제, 화제

ⓢⓨⓝ affair, argument, business, case, field

Students listen to a recorded conversation about the **topic** of the lesson.
2016-A-1

학생들은 수업 주제에 대해 녹음된 대화를 듣는다.

02
☐ **focused**
[fóukəst]

ⓐⓓⓙ 중점을 둔, 집중한, 집중적인

ⓢⓨⓝ attract, concentrate, direct, fixate, meet

In general, though, the early evidence suggests that organizations **focused** on employees' capacity for growth will experience significant advantages.
2015-A-기1

그러나 일반적으로, 초기의 증거가 직원의 성장을 위한 잠재력에 중점을 둔 조직은 상당한 이점을 경험할 것이라고 시사한다.

03
☐ **establish**
[istǽbliʃ]

ⓥ 1. (지위·명성을) 확고히 하다
2. 설립하다, 설정하다; 수립하다

ⓢⓨⓝ 1. authorize, confirm
2. authorize, base, build, create, enact

He will put some things behind, will pass an invisible boundary; new, universal, and more liberal laws will begin to **establish** themselves around and within him;
2014-A-기14

그는 몇 가지를 뒤에 남겨 두고, 보이지 않는 경계를 통과할 것이며, 새롭고 보편적이며 보다 자유로운 법률이 그 주위와 그 내면에서 스스로 확고히 하기 시작할 것이다.

04
☐ **symptom**
[símptəm]

ⓝ 증상, (불길한) 징후, 조짐

ⓢⓨⓝ manifestation, syndrome, evidence, expression, index

According to a new study in the *Journal of Child Psychology and Psychiatry*, some children who receive behavioral interventions to treat autism might be able to age out of their **symptoms**, outgrowing them like last year's shoes.
2019-A-13

아동 심리학 및 정신의학 학술지의 새로운 연구에 따르면, 자폐증 치료를 위해 행동 중재를 받는 일부 어린이는 증상에서 벗어나 성장할 수 있고, 마치 작년의 신발이 작아지는 것과 같이 성장할 수 있다.

05 □ **domain**
[douméin]

n 영토, 소유지; 영역, 분야, 범위　　syn province, land, arena, sphere, orbit

As the enraptured Ichabod rolled his great green eyes over the fat meadow lands, his heart yearned after the damsel who was to inherit these **domains**, and his imagination expanded with the idea, how they might be readily turned into cash and shingle palaces in the wilderness.
2008-서울·인천-14

무언가에 도취된 Ichabod가 무성한 초원 땅 위로 커다란 녹색 눈을 굴렸을 때, 그의 마음은 이 영토를 물려 받게 될 소녀를 갈망했고, 그의 상상력은 그 유산들이 얼마나 즉각적으로 현금화되고, 멋진 지붕이 있는 궁전을 이 황야에 지을 수 있을런지에까지 이르렀다.

06 □ **interrupt**
[ìntərʌ́pt]

v 중단시키다, 방해하다, 가로막다; 차단하다, 끊다　　syn break off, cut off, cut short, disturb, halt

We **interrupt** our program for a special police message.　　**2021-B-3**
우리는 특별 경찰 성명을 위해 프로그램을 중단시킨다.

07 □ **phenomenon**
[finá:mənən]

n 현상, 경이로운 사람　　syn anomaly, aspect, circumstance, episode, event

Identify ONE **phenomenon** or sound rule from <A> that changes the pronunciation of (i) in <B> and explain how your answer applies to the given words.　　**2020-A-7**

〈B〉의 (i) 발음을 바꾸는 현상 또는 소리 규칙 한 가지를 〈A〉에서 식별하고, 주어진 단어에 당신의 답변이 어떻게 적용되는지 설명하시오.

08 □ **sensible**
[sénsəbl]

adj 현명한, 양식 있는, 합리적인, 실용적인, ~을 의식하고 있는　　syn astute, down-to-earth, intelligent, judicious, logical

It seemed like a perfectly **sensible** idea.　　**2015-A-기9**
그것은 완벽하게 현명한 생각이다.

09 □ **attraction**
[ətrǽkʃən]

n 끌림; 명소, 명물; 매력　　syn allure, appeal, attractiveness, interest

The **attraction** to the inanimate happens all over the world. Berlin Walls fall because people want things, and they want the culture created by things.　　**2009-1차-10**

무생물에 대한 끌림은 전 세계에서 발생한다. 베를린 장벽은 사람들이 사물을 원하고, 사물이 만든 문화를 원하기 때문에 무너진다.

10 □ **noticeable**
[nóutisəbl]

adj 뚜렷한, 현저한, 분명한　　syn apparent, appreciable, distinct, eye-catching, marked

Just this disinterested love of a free play of the mind on all subjects, for its own sake, — it is **noticeable**.　　**2006-서울·인천-20**
모든 주제에 대한 마음의 자유로운 작용에 대한 이 무관심한 사랑은 그 자체로도 뚜렷하다.

11
☐ **moderate**
[mάːdərət]

adj 약간의, 보통의, 중간의;
중도의, 온건한

v 누그러지다, 완화되다

syn balanced, bearable, cautious,
conservative

syn assuage, pacify

The source of his **moderate** fame was a short documentary film about a group of Shoshone Indians living in southern Nevada.　　2020-B-5

그의 약간의 명성의 원천은 남부 네바다 주에 사는 Shoshone 인디언 무리에 대한 단편 다큐멘터리 영화였다.

12
☐ **dilettante**
[dìlitάːnti]

n 딜레탕트, 호사가

syn green, rookie, tenderfoot,
artsy fartsy, dabbling

An amateur or a **dilettante** is someone not quite up to par, a person not to be taken very seriously, one whose performance falls short of professional standards.　　2010-1차-9

아마추어 또는 딜레탕트란 수준에 미치지 못하는 사람, 매우 진지하게 받아들이지 않는 사람, 수행능력이 전문적 기준에 미치지 못하는 사람이다.

13
☐ **solitude**
[sάːlətuːd]

n 고독

syn emptiness, isolation, loneliness,
seclusion, silence

In proportion as he simplifies his life, the laws of the universe will appear less complex, and **solitude** will not be **solitude**, nor poverty nor weakness.　　2014-A-기14

그가 자신의 삶을 단순화함에 따라, 우주의 법칙은 덜 복잡해 보일 것이며, 고독은 더 이상 고독이 아닐 것이고, 가난도 나약함도 그렇지 않을 것이다.

14
☐ **appoint**
[əpɔ́int]

v 1. 정하다, 지명하다, 임명하다

2. 비품을 갖추다

syn 1. assign, choose, designate,
elect, establish

2. arm, furnish, equip, gear

This is my playes last scene, here heavens **appoint**.　　2017-A-11

이것은 하늘이 정해 준 내 인생의 연극 마지막 장면이다.

15
☐ **salient**
[séiliənt]

adj 가장 두드러진, 현저한;
가장 중요한, 핵심적인

syn arresting, conspicuous,
pertinent, weighty, jutting

By examining their online production with peers and the teacher, she believes that CMC activities will guarantee more equalized opportunities for participation and make students' errors more **salient** and thus open to feedback and correction.　　2015-B-서1

또래 및 교사와 함께 온라인 상의 결과를 검토함으로써, 그녀는 컴퓨터 매개 통신 활동이 참여를 위한 보다 동등한 기회를 보장하고, 학생들의 오류를 더욱 두드러지게 하여 피드백과 수정을 받아들이도록 할 것이라고 생각한다.

16
☐ clipping
[klípiŋ]

[n] 오려 낸 조각　　　　　[syn] cutting, part, piece

Someday sloppy people will make family scrapbooks into which they will put newspaper **clippings**, postcards, locks of hair, and the dried corsage from their senior prom.　　　　2010-2차-2

훗날 엉성한 이상주의적 사람들은 가족 스크랩북을 만들어, 신문기사 조각, 엽서, 한 줌의 머리카락, 졸업 파티에서 가져온 말린 작은 꽃 장식을 넣을 것이다.

17
☐ admirable
[ǽdmərəbl]

[adj] 감탄스러운, 존경스러운　　　　[syn] attractive, commendable, excellent, exquisite, great

There was a time when it was **admirable** to be an amateur poet or a dilettante scientist, because it meant that the quality of life could be improved by engaging in such activities.　　　　2010-1차-9

아마추어 시인이니 딜레탕트 과학자가 되는 것에 대해 감탄할 때가 있었는데, 왜냐하면 이는 그러한 활동에 참여함으로써 삶의 질이 향상될 수 있다는 것을 의미했기 때문이다.

18
☐ foresee
[fɔːrsíː]

[v] ~일 것이라고 생각하다,　　　[syn] anticipate, discern, envisage,
예견하다　　　　　　　　　　expect, forecast, foretell

I think he **foresees** celebrity status for himself upon the appearance of the medical journal article he will no doubt write about me.　　　　2017-A-11

그가 나에 대해 쓸 것이 틀림없는 그 의학저널 기사의 등장으로 그는 그 자신이 유명해질 것이라 생각한다고 나는 믿는다.

19
☐ stubborn
[stʌ́bərn]

[adj] 다루기 힘든, 완고한,　　　[syn] adamant, determined, dogged,
고집스러운, 완강한, 고질적인　　headstrong, inflexible

He couldn't whip me as he used to when I was a child, for I was growing stronger and more **stubborn** every day.　　　　2008-전국-3

내가 어렸을 때 그가 그랬던 것처럼 그가 나를 채찍질을 할 수 없었던 이유는 내가 날이 갈수록 더욱 힘이 세지고 다루기 힘들어졌기 때문이었다.

20
☐ liberal
[líbərəl]

[adj] 1. 자유주의적인, 진보적인,　　[syn] 1. enlightened, flexible, lenient,
진보주의자의　　　　　　　　　　humanistic, permissive
2. 관대한, 너그러운, 개방적인,　　2. free, kind, altruistic,
편견 없는　　　　　　　　　　　beneficent
3. 많은, 풍부한　　　　　　　　3. plentiful, plenty, rich, ample

He must be **liberal** to implement the policy.　　　　2014-A-기14 변형

그가 그 정책을 이행하는 것을 볼 때 그는 틀림없이 자유주의자이다.

21
☐ superficially
[sùːpərfíʃəli]

[adv] 표면적으로; 천박하게　　　[syn] apparently, seemingly,
ostensibly

The following text is **superficially** cohesive but makes no sense and is therefore not.　　　　2006-서울·인천-2

다음 글은 표면적으로는 일관성이 있지만 앞뒤가 맞지 않기 때문에 일관성 있다고 말할 수 없다.

22
☐ **Alzheimer's disease**

알츠하이머 병

syn presenile dementia, senile psychosis

The more active you keep your neural circuits throughout life, the less likely it is that your brain will succumb to dementia or **Alzheimer's disease.** 　　　　　　　2011-1차-12

평생 동안 신경 회로를 더 활발하게 유지할수록, 뇌가 치매나 알츠하이머 병에 굴복할 가능성이 줄어든다.

23
☐ **gigantic**
[dʒaigǽntik]

adj 거대한

syn enormous, huge, colossal, gargantuan, immense

FELICITY: [*tensely*] It sounded like the cry of a **gigantic** hound! 　2021-B-3

FELICITY: (강렬하게) 거대한 사냥개의 외침처럼 들려!

24
☐ **reclaim**
[rikléim]

v 1. 되찾다, 돌려 달라고 하다

2. (늪지 등을) 매립하다, 개간하다, 간척지를 만들다

3. 환원되다, 복구되다

syn 1. convert, recover, rescue, restore, salvage

2. bury, cultivate

3. recover, refurbish, repair

With too many lost years to **reclaim**, we had everything and nothing to say. 　　　　　　　　　　2010-2차-4

되찾아야 할 잃어버린 세월이 너무 많아서, 우리는 시시콜콜하게 말할 것이 많았다.

25
☐ **celebrate**
[séləbrèit]

v 축하하다, 기념하다, 찬양하다, 기리다

syn honor, laud, observe, perform, praise

They relax and get down to playing war, **celebrating** my son's life. 　　　　　　　　　　　　2018-A-11

그들은 긴장을 풀고 전쟁놀이를 하며, 내 아들의 삶을 축하한다.

26
☐ **Never-Never land**

꿈의 나라, 낙원

syn Cloudcuckooland, Cockaigne, Fiddler's Green, Neverland

Sloppy people live in **Never-Never land.** 　　　2010-2차-2

어리석은 사람들은 현실에는 존재할 수 없는 꿈의 나라에 산다.

27
☐ **maturation**
[mæ̀tʃuréiʃən]

n 1. (과일·술 등의) 성숙, 익음; (사람의) 성숙, 성인이 됨
2. 생식세포의 분열

syn 1. discharge, infection, purulence, pus, suppuration

Something had to account for that, and **maturation**, in this research at least, is the best answer. 　　　　　2019-A-13

그것을 설명해야 할 무언가가 있었고, 적어도 이 연구에서는 성숙이 최선의 답이다.

28
□ bacillus
[bəsíləs]

n 간균, 바실루스

syn bacterium, bug, germ, microorganism, pathogen

But when those disorders were classified as "**bacillus** infections," courses of action were suggested that led to more predictable results. 2010-1차-10

그러나 이러한 장애가 "간균 감염"으로 분류되었을 때, 더 예측 가능한 결과를 가져오게 하는 행동 과정이 제안되었다.

29
□ foreboding
[fɔːrbóudiŋ]

n (불길한) 예감

syn apprehension, dread, augury, premonition, apprehensiveness

FELICITY: Yes, there's something **foreboding** in the air, it is as if one of us... 2021-B-3

FELICITY: 그래, 허공에 뭔가 불길한 예감이 있어. 마치 우리 중 하나가...

30
□ neural
[núrəl]

adj 신경(계통)의

syn audiovisual, auditory, aural, neurological, olfactory

The more active you keep your **neural** circuits throughout life, the less likely it is that your brain will succumb to dementia or Alzheimer's disease. 2011-1차-12

평생 동안 신경 회로를 더 활발하게 유지할수록, 뇌가 치매나 알츠하이머 병에 굴복할 가능성이 줄어든다.

31
□ peerless
[píərlis]

adj (뛰어나기가) 비할 데 없는

syn nonpareil, unrivaled, incomparable, one and only

From the moment his only study was how to gain the affections of the **peerless** daughter of Van Tassel. 2008-서울·인천-14

그 순간부터 그의 유일한 고민은 Van Tassel의 뛰어나기가 비할 데 없는 딸의 애정을 얻는 방법에 관한 것이었다.

32
□ wavering
[wéivəriŋ]

adj 흔들리는, 펄럭이는, 떨리는, 주저하는

syn changing, fluctuating, oscillating, vacillating, variable

The mornings we turn back to are no more than forty minutes longer than before, but they feel vastly different flimsy, strange, **wavering**. 2012-2차-2

우리가 되돌아보고자 하는 그 아침들은 그 이전에 비해서 40분 이상 길지는 않았지만, 그들은 평소와는 대단히 다른 얄팍하고, 낯설고, 흔들리는 듯한 느낌을 받았다.

33
□ disciple
[disáipl]

n 제자, 신봉자

syn believer, follower, adherent, apostle, buff, cohort, devotee

Among the musical **disciples** who assembled to receive Ichabod Crane's instructions in psalmody was Katrina Van Tassel, the daughter and only child of a substantial Dutch farmer. 2008-서울·인천-14

Ichabod Crane의 시편에 대한 가르침을 받기 위해 모인 음악 제자들 중에는 상당히 부유한 네덜란드 농부의 외동딸인 Katrina Van Tassel이 있었다.

34 □ eradicate
[irǽdəkèit]

[v] 박멸하다, 근절하다, 뿌리뽑다

[syn] abolish, annihilate, eliminate, erase, expunge

It has given rise to the regulatory agencies and big-business conglomerates whose goal is to **eradicate** or control insects.　2013-1차-13

이로 인해 곤충 박멸 또는 통제를 목표로 하는 규제 기관과 대규모 사업을 하는 대기업이 생겨났다.

35 □ anguish
[ǽŋgwiʃ]

[n] (극심한) 괴로움, 비통

[syn] distress, hurt, torture, torment, suffering

Amid the seas she sent a cry of **anguish**.　2008-전국-21

그녀는 바다 한가운데에서 괴로움의 외침을 보냈다.

36 □ anecdote
[ǽnikdòut]

[n] 일화, 개인적인 진술

[syn] episode, gag, narration, narrative, reminiscence

The man feels the lecturer uses imperfect quotes and **anecdotes**.　2013-1차-3

그 남자는 강사가 불완전한 인용구와 일화를 사용하고 있다고 느낀다.

37 □ clinging
[klíŋiŋ]

[adj] 고수하는; 몸에 달라붙는, 매달리는

[syn] adherent, agglutinant, coherent, osculant, persistent

Years of watching him suffer under the double yoke of apartheid and tribalism convinced me that his was a hopeless case, so long as he persisted in **clinging** to tribal beliefs and letting the white man define his manhood.　2008-전국-3

인종차별 정책과 부족주의의 이중 멍에로 고통받는 그를 수년 동안 지켜보면서, 그가 부족의 신념을 고수하고 백인들로 하여금 그의 인간됨을 규정하도록 하는 한, 그에게는 희망이 있을 수 없다고 나는 확신했다.

38 □ sassy
[sǽsi]

[adj] 대담한, 멋진; 건방진

[syn] cocky, fresh, cheeky

She came on, **sassy**, olive-skinned, hula-hooping her hips, a basket of bananas on her head.　2022-A-5

그녀는 대담하게, 올리브색 피부를 하고, 엉덩이로는 훌라후프를 돌리며, 바나나가 든 소쿠리를 머리 위에 이고 왔다.

39 □ hobble
[hɑ́:bl]

[n] 절뚝거림; 곤경, 장애물

[syn] limp, lameness, haltingness

[v] 1. 다리를 절다, 절뚝거리다

2. (짐승이 달아나지 못하게) 두 다리를 묶다; 방해하다

[syn] 1. falter, halt, shuffle, stagger, stumble

2. hamper, hinder

Her slow, delicate **hobble** betrays her age and the status she held and lost.　2010-2차-4

그녀의 느리고 연약해 보이는 절뚝거림은 그녀의 나이와 그녀가 유지하고 잃어버린 지위와 상반된다.

40
babble
[bǽbl]

v (알아듣기 어렵게) 지껄이다, 횡설수설하다

syn drivel, gibberish, blubbering, burble, chatter

He had to hold his breath to keep from laughing as the others **babbled** about reincarnation.　　　2021-A-4

다른 사람들이 환생에 대하여 이러쿵저러쿵 지껄일 때 그는 웃지 않기 위해 숨을 참아야만 했다.

Daily Quiz

Choose the synonyms.

01. establish ·
02. domain ·
03. sensible ·
04. noticeable ·
05. dilettante ·
06. admirable ·
07. stubborn ·
08. superficially ·
09. gigantic ·
10. maturation ·

· ⓐ green, rookie, tenderfoot, artsy fartsy, dabbling
· ⓑ discharge, infection, purulence, pus, suppuration
· ⓒ authorize, conform, base, build, create, enact
· ⓓ attractive, commendable, excellent, exquisite
· ⓔ adamant, determined, dogged, headstrong
· ⓕ enormous, huge, colossal, gargantuan, immense
· ⓖ province, land, arena, sphere, orbit
· ⓗ astute, down-to-earth, intelligent, judicious
· ⓘ apparently, seemingly, ostensibly
· ⓙ apparent, appreciable, distinct, eye-catching

Answer Key 01. ⓒ 02. ⓖ 03. ⓗ 04. ⓙ 05. ⓐ 06. ⓓ 07. ⓔ 08. ⓘ 09. ⓕ 10. ⓑ

DAY 09

01
☐ **vowel**
[váuəl]

n 모음, 모음자

adj 모음의   syn choral, operatic, verbal, lyric

While all **vowels** of English (except [ə]) can occur in stressed syllables, many of these vowels reveal alternations with an [ə] in reduced syllables in morphologically related words, as shown in (1).   **2017-A-3**

[ə]를 제외한 모든 영어 모음은 강세가 있는 음절에서 나타날 수 있지만, 이러한 모음 중 상당수는 (1)에서 보이는 것과 같이 형태학적으로 관련된 단어의 축약된 음절에서 [ə]의 대안으로 나타난다.

02
☐ **assessment**
[əsésmənt]

n 1. 평가 (행위), 사정

     2. (세금) 부과, 과세

syn 1. appraisal, estimate, judgment, estimation, rating

      2. taxation

So, I did all the periodic **assessments** by myself, not asking students to evaluate their own work.   **2019-B-8**

그래서 나는 학생들에게 그들 자신의 작업을 평가하도록 하지 않고, 모든 정기 평가를 혼자 처리했다.

03
☐ **derive**
[diráiv]

v 1. 비롯되다, 기원을 두다

     2. (다른 물체·근원에서) 이끌어 내다, 얻다

     3. 추론하다

syn 1. originate, spin off

      2. acquire, assume, collect, determine, develop

      3. deduce, infer, reason

The rationality of morality might **derive** from a priori truths about what is right, or from arguments that it is rational for people to agree with others to be moral.   **2013-1차-12**

도덕성의 합리성은 옳은 것에 대한 선험적 진실이나 다른 사람들이 도덕적이라고 동의하는 것이 합리적이라는 주장에서 비롯될 수 있다.

04
☐ **metaphor**
[métəfɔr]

adj 은유, 비유   syn analogy, symbol, allegory, metonymy, trope

Metaphor can in one way be defined as a figure of speech.   **2021-A-5**

은유는 비유적 표현의 한 방식으로 정의될 수 있다.

05
☐ **progress**
[prɑ́:ɡres]

[n] 발전, 진전, 진척, 진행; (앞으로) 나아감

[syn] advance, continue, keep going, proceed, dash

I will continue observing his **progress** as his way of learning is of great interest.
2018-A-1
나는 그의 학습방식에 관심이 많기 때문에 그의 발전을 계속 관찰할 것이다.

06
☐ **curriculum**
[kəríkjuləm]

[n] 교육과정

[syn] syllabus, modules, schedule, subjects, program of studies

Curriculum design is a series of systematic efforts to develop a curriculum that satisfies the target learners as well as teachers.
2020-A-2
교육과정 설계는 교사뿐만 아니라 대상 학습자도 만족하는 교육과정을 개발하기 위한 일련의 체계적인 노력이다.

07
☐ **complicated**
[kɑ́:mpləkéitid]

[adj] 복잡한

[syn] arduous, convoluted, fancy, intricate, knotty

To find the reason, I held group conferences with the students and discovered that the indicators for organization were too **complicated** for them to understand.
2021-B-6
그 이유를 찾기 위해, 나는 학생들과 그룹 회의를 열었고 조직화를 판단하는 지표가 그들이 이해하기에 너무 복잡하다는 것을 발견했다.

08
☐ **shed**
[ʃed]

[n] 헛간, 보관하는 곳, 작업장, 창고

[syn] discard, drop, jettison, scrap

Through the wide doors of the **sheds** she caught a glimpse of the black mass of the boat, lying in beside the quay wall, with illumined portholes.
2008-전국-21
부두 벽 옆쪽에 놓여져 있고, 조명이 켜진 현창이 있는 검은 덩어리의 배를 그녀는 헛간의 넓은 문을 통해 엿볼 수 있었다.

09
☐ **referent**
[réfərənt]

[n] (단어의) 지시 대상(물), 관계항

[syn] antecedent, denotation, denotatum, designatum, significate

The reflexive pronoun should have the antecedent in the sentence from which it picks up its reference as shown in (2), with the coindexed NPs indicating the same **referent**.
2015-A-기10
재귀대명사는 (2)에서 보이는 것과 같이 선행사의 참조를 선택하는 문장에서 선행사를 가져야 하며, 동일한 지시 대상을 나타내는 공동 색인된 명사구와 함께 있어야 한다.

10
☐ **anxiety**
[æŋzáiəti]

[n] 불안(감), 염려, 걱정거리, 열망

[syn] angst, apprehension, concern, disquiet, doubt, dread, jitters, misery

In turn, it leads to **anxiety**.
2004-서울·인천-7 변형
이는 차례로 불안으로 이어진다.

| 11 ☐ **convincingly**
[kənvínsiŋli] | [adv] 설득력 있게, 납득이 가도록 | [syn] adequately, competently, sufficiently, suitably |

Nichols argues **convincingly** that what is wrong with psychopaths is not their reasoning but their emotions. 2013-1차-12

Nichols는 사이코패스에게 잘못된 것은 그들의 논리가 아니라 감정이라고 설득력 있게 주장한다.

| 12 ☐ **imperative**
[impérətiv] | [adj] 1. 필수적인, 반드시 해야 하는

2. 긴급한

[n] 명령, 명령법 | [syn] 1. compulsory, critical, crucial, essential, authoritative
2. urgent, immediate

[syn] command |

The knowledge in this case is **imperative** for the perception of coherence in the text. 2006-서울·인천-2

이런 경우에서의 지식은 글의 일관성을 인식하는 데 필수적이다.

| 13 ☐ **crash**
[kræʃ] | [n] 1. 충돌, 추락, 사고
2. 요란한 소리, 굉음

[v] 충돌하다, 들이받다, 추락하다 | [syn] 1. accident, collapse, debacle
2. blast, clash

[syn] smash, crunch, dash, disintegrate, fracture |

The problem is that pinpointing which drivers are to blame for **crashes**, why accidents happen and how to stop them remains elusive. 2008-전국-5

어떤 운전자에게 충돌에 대한 책임이 있는지, 사고가 왜 발생했는지와 사고를 어떻게 막을 것인지를 정확히 찾아내기 힘들다는 것이 문제이다.

| 14 ☐ **partial**
[pɑːrʃəl] | [adj] 1. 불완전한, 부분적인

2. ~을 매우 좋아하는, 편애하는, 편파적인 | [syn] 1. limited, imperfect, part, sectional, fractional
2. biased, prejudiced, one-sided |

These explanations are, therefore, only **partial** solutions to the problem. 2011-1차-11

따라서, 이러한 설명은 문제에 대한 불완전한 해결책일 뿐이다.

| 15 ☐ **fury**
[fjúəri] | [n] 1. 분노, 격분, 격노(한 상태)

2. (고대 그리스 신화 속의) 복수의 세 여신 | [syn] 1. acrimony, energy, ferocity, frenzy, furor |

[at the peak of his **fury**] Pop, I'm nothing! 2011-1차-38

(분노가 절정에 이르러) 아빠, 나는 아무것도 아니야!

16

☐ **consistent with**

~와 일치하는

[syn] consistent, consistently

All your pride of personality demands that you remain **consistent with** yourself. 2006-서울·인천-1

성격에 대한 당신의 모든 자부심은 당신이 당신 자신과 일치되는 것을 필요로 한다.

17

☐ **lantern**

[læntərn]

[n] 전등, 랜턴, 손전등

[syn] beacon, flashlight, kerosene lamp, torch, gaslight

He tears the paper **lantern** off the light bulb. 2009-1차-40

그는 종이 전등을 찢어버리며 전구를 끈다.

18

☐ **maturity**

[mətʃúərəti]

[n] 1. 성숙, 원숙, 성인, 완성, 다 자란 상태

2. (일정 기한의) 만기

[syn] 1. ability, capability, experience, manhood, maturation

2. expiration

If that is what **maturity** means in human relationships – the arrival at identity by way of relative insignificance – then I would define historical consciousness as the projection of that maturity through time. 2014-A-기6

상대적 무의미함을 거쳐 정체성에 도달하는 것이 인간 관계에서의 성숙이 의미하는 바라면 나는 역사적 의식을 시간을 통한 성숙의 투영으로 정의할 것이다.

19

☐ **assemble**

[əsémbl]

[v] 1. 모이다, 모으다, 집합시키다

2. 조립하다

[syn] 1. make, compound, amass, gather, rig up, collect

2. put together

Among the musical disciples who **assembled** to receive Ichabod Crane's instructions in psalmody was Katrina Van Tassel, the daughter and only child of a substantial Dutch farmer. 2008-서울·인천-14

Ichabod Crane의 시편에 대한 가르침을 받기 위해 모인 음악 제자들 중에는 상당히 부유한 네덜란드 농부의 외동딸인 Katrina Van Tassel이 있었다.

20

☐ **religion**

[rilídʒən]

[n] 종교

[syn] church, creed, cult, doctrine, denomination

Thus, in all **religions** sinners may sometimes be "saved," but unbelievers never. 2011-1차-10

따라서, 모든 종교에서 죄인은 때때로 "구원"받을 수 있지만, 믿지 않는 사람은 결코 그렇지 않다.

21

☐ **attributable**

[ətríbjutəbl]

[adj] ~가 원인인, ~에 기인하는

[syn] mature, matured, owed

Some of this may be **attributable** to patients' learning to manage their symptoms, but it's also possible that the brain, which is still developing into our late 20s, is improving too. 2019-A-13

이 중 일부는 환자가 자신의 증상을 관리하는 방법을 배운 것이 원인일 수도 있지만, 20대 후반에 아직도 성장하고 있는 뇌가 나아지고 있는 중일 가능성도 있다.

22 exaggerated
[igzǽdʒərèitid]

adj 1. 과장된, 부풀린, 지나친

2. (신체 일부가) 비대해진, 비정상적으로 커진

syn 1. abstract, distorted, excessive, extravagant, fabricated

2. bloated, enlarged

The speaker in this poem draws a contrast between the qualities often praised in **exaggerated** love poetry and the actuality of his mistress' physical attributes. 　　　　　　　　　2009-1차-37

이 시의 화자는 과장된 애정시에서 자주 예찬되는 내용과 자신의 연인의 물리적 속성의 실제를 대비시키고 있다.

23 reconsider
[rì:kənsídər]

v 1. 고쳐 생각하다, 재고하다

2. (투표를) 재심에 부치다

syn 1. amend, reassess, reevaluate, reexamine, rethink

T: Well, they have **reconsidered** the role of the traditional classroom and home. 　　　　　　　　　2018-A-3

교사: 글쎄요, 그들은 전통적인 교실과 가정의 역할에 대해 고쳐 생각해왔어요.

24 reek
[ri:k]

v 지독한 악취를 풍기다; (의심스러운) 기미가 있다

n 지독한 악취

syn emit, fume, smell, smoke, steam, strench

syn effluvium, fetor, mephitis, stench, stink

Then in the breath that from my mistress **reeks**. 　　　　2009-1차-37

그때 내 연인의 숨결에서 지독한 악취가 풍겼다.

25 log
[lɔ:g; lɑ:g]

v 1. 일지에 기록하다
2. (특정 시간 동안) 운항하다
3. 벌목하다

n 1. 일지, 기록
2. 통나무

syn 1. record
2. clock up
3. lumber

syn 1. chart, diary, journal
2. chunk, piece, timber, wood, block

The teacher hands out the checklist and has students keep a daily **log** after school for one week. 　　　　　　　　2016-A-1

교사는 체크리스트를 나눠주고 학생들에게 방과후 일주일 동안 매일 일지를 쓰도록 한다.

26 in tow

뒤에 데리고, (배가) 예인되어

The second time I saw her I was 23, arriving in China on an indulgent post-graduate-school adventure, with a Caucasian boyfriend in **tow**. 　　　　　　　　　2010-2차-4

그녀를 두 번째로 봤을 때 나는 23살이었는데, 그녀는 뒤에 데리고 다니던 백인 남자친구와 함께 제멋대로인 대학원 생활을 떠나 중국에 도착해 있었다.

27 imbibe
[imbáib]

Ⓥ (술을) 마시다; (정보를) 흡수하다   syn guzzle, ingest, quaff, absorb

Study after study seemed to suggest that people who **imbibed** one alcoholic beverage per day—a 12-ounce beer, a 6-ounce glass of wine, or a 1.5-ounce shot of spirits—had healthier hearts than did people who abstained from drinking altogether.   2018-A-14

연구를 거듭한 결과, 하루에 12온스의 맥주, 6온스의 와인, 1.5온스의 증류주 등을 마시는 사람들이 술을 완전히 끊은 사람들보다 더 건강한 정신을 가진 것 같다고 발표했다.

28 catalogue
[kǽtəlɔ̀ːg]

Ⓝ (상품·자료의) 목록, 카탈로그   syn archive, catalog, directory, inventory, prospectus

Someday they are planning to alphabetize all their books and set up home **catalogues**.   2010-2차-2

훗날 그들은 모든 책을 알파벳 순으로 배열하고 홈 카탈로그를 만들 것이다.

29 tremble
[trémbl]

Ⓥ (몸을) 떨다, 떨리다; (가볍게) 흔들리다, 떨리다   syn flutter, quiver, shiver, shudder, throb

His hand was steady when he began to read, but it **trembled** a little by the time he had finished.   2019-B-3

그가 쪽지를 읽기 시작했을 때는 그의 손이 떨리지 않았지만, 끝낼 무렵에는 조금 떨렸다.

30 obesity
[oubíːsəti]

Ⓝ 비만, 비대   syn bulk, chubbiness, fatness, overweight, paunchiness

The **obesity** gene, the premature aging gene, and the breast cancer gene, for example, have already been patented.   2010-1차-11

예를 들어, 비만 유전자, 조기 노화 유전자 및 유방암 유전자는 이미 특허를 받았다.

31 transnational
[trænznǽʃənəl]

adj 초국가적인   syn cross-border, cross-national, supranational, transboundary, intercountry

Given the modern context in which the migration and **transnational** flow is increasing, understanding TCKs' lives will be a valuable resource for international and global education.   2021-B-11

이주와 초국가적 흐름이 증가하고 있는 현대적 맥락을 고려할 때, TCK의 삶을 이해하는 것은 국제적 이고 글로벌한 교육을 위한 귀중한 자원이 될 것이다.

32 protrusion
[proutrúːʒən]

Ⓝ (몸의) 부기; 돌출, 돌출부   syn projection, protuberance, swelling

The ornamentation, a **protrusion** shaped like a boxing glove, appears on some males on both legs, some on neither, and many on just one leg.   2011-1차-13

권투 글러브 모양의 부기인 그 장식은 일부 남성의 양쪽 다리에 나타나며, 일부 경우에는 양쪽 다리에 모두 나타나지 않기도 하고, 많은 경우에는 한쪽 다리에만 나타난다.

33
□ **ameliorate**
[əmíːljərèit]

ⓥ 개선하다, 개량하다

syn bounce back, reform, surge, recover, recuperate

We have to **ameliorate** the function of the system. 2007-전국-1 변형
우리는 시스템의 기능을 개선해야 한다.

34
□ **intestine**
[intéstin]

ⓝ 내장, 창자, 위장

syn gut, entrails, one's inside(s), stomach

In the region of their **intestines** the animals have a special sac-like organ.
2022-A-11
동물들은 내장 부위에 특이한 주머니 모양의 기관을 갖고 있다.

35
□ **ripe**
[raip]

adj 익은, 숙성한; 고약한

syn overripe, aged, mellowed, ripened, mellow

She was a blooming lass of fresh eighteen; **ripe** and melting and rosy-cheeked, and universally famed, not merely for her beauty, but her vast expectations. 2008-서울·인천-14
그녀는 꽃 핀 갓 18살의 아가씨였는데, 그녀는 사람의 마음을 녹이는 잘 익은 장밋빛 뺨을 가졌으며 그녀의 아름다움뿐만 아니라 그녀의 엄청난 기대로도 널리 유명했다.

36
□ **invoke**
[invóuk]

ⓥ 1. (느낌을) 불러일으키다
  2. (법·규칙 등을) 적용하다; (근거로 이론 등을) 들다
  3. 부르다, 들먹이다

syn 1. arouse
2. apply, enforce, resort to
3. appeal to, conjure, adjure, beg, beseech

They had killed it — just to be safe — to crush the fear **invoked** by the creature's presence. 2013-1차-13
단지 안전해지기 위해서, 그들은 그 식물의 존재가 불러일으킨 두려움을 이기기 위해 그것을 죽였다.

37
□ **whacking**
[hwǽkiŋ]

adj 엄청난, 어마어마한

syn enormous, whopping

adv 몹시

syn very

There are **whacking** amount of words which overwhelm us.
2003-전국-18 변형
우리를 압도하는 엄청난 양의 단어들이 존재한다.

38
□ **mortgage**
[mɔ́ːrgidʒ]

ⓝ 담보 대출(금), 융자(금)

syn contract, deed, pledge, title

ⓥ 저당 잡히다

syn debt

My father asked my mother to sell something of his, or cash a bond, or take out another **mortgage** on the house. 2020-B-5
아버지는 어머니에게 그의 물건을 팔거나, 채권을 현금으로 바꾸거나, 아니면 집에서 또 다른 담보 대출을 인출하도록 요청했다.

39

☐ **soak**

[souk]

ⓥ (액체) 젖다, 잠기다, 담그다   [syn] absorb, bathe, dip, drink, drown

ⓝ (액체 속에) 담그기, 담가 두기

Growing up is largely a matter of growing out of that condition: we **soak** in impressions, and as we do so we dethrone ourselves – or at least most of us do – from our original position at the center of the universe.

2014-A-기6

성장한다는 것은 대체로 그 조건하에서 성장하는 것의 문제이다. 우리는 인상을 받는 것들에 푹 젖어 있고, 그렇게 하면서 적어도 우리 대부분은 우리를 중심에서 밀어내거나 최소한 우주의 중심에 우리를 원래 놓았던 그곳에서 밀어낸다.

40

☐ **dun**

[dʌn]

[adj] 회갈색의   [syn] cloudy, dark, dim, dirty, dismal

If snow be white, why then her breasts are **dun**.   **2009-1차-37**

눈이 하얀색이라면, 그녀의 가슴은 회갈색쯤 되었다.

Daily Quiz

Choose the synonyms.

01. vowel	·	· ⓐ guzzle, ingest, quaff, absorb
02. derive	·	· ⓑ antecedent, denotation, denotatum, designatum
03. referent	·	· ⓒ compulsory, critical, crucial, essential, authoritative
04. convincingly	·	· ⓓ limited, imperfect, part, sectional, fractional
05. imperative	·	· ⓔ choral, operatic, verbal, lyric
06. partial	·	· ⓕ emit, fume, smell, smoke, stream, strench
07. maturity	·	· ⓖ mature, matured, owed, unsettled, comeuppance
08. attributable	·	· ⓗ ability, capability, experience, manhood, maturation
09. reek	·	· ⓘ originate, spin off, acquire, assume, collect
10. imbibe	·	· ⓙ adequately, competently, sufficiently, suitably

Answer Key   01. ⓔ 02. ⓘ 03. ⓑ 04. ⓙ 05. ⓒ 06. ⓓ 07. ⓗ 08. ⓘ 09. ⓕ 10. ⓐ

⚡ 최빈출 어휘

01 □ course
[kɔːrs]

[n] 1. 과정; 강의, 강좌, (학)과목　　[syn] 1. class, curriculum, period
　　 2. 진행, 전진, 추세　　　　　　　　 2. progress, development, procedure

[v] 빠르게 흐르다　　　　　　　　　[syn] flow, run

However, I kept the same procedure over the **course** period since I believe maintaining consistency is crucial in order not to confuse students.
　　　　　　　　　　　　　　　　　　　　　　　　　　　　2019-B-8

그러나, 학생들을 혼동시키지 않기 위해선 일관성을 유지하는 것이 중요하다고 생각하기 때문에, 나는 과정 기간 동안 동일한 절차를 유지했다.

02 □ request
[rikwést]

[n] 요청, 신청, 요구　　　　　　　　[syn] application

[v] 요청하다, 요구하다, 신청하다　　[syn] appeal, call, demand, desire

All languages provide a means for asking questions, making **requests**, making assertions, and so on.　　　　　　　　　　　　　2008-전국-4

모든 언어는 질문, 요청, 주장 등을 할 수 있는 수단을 제공한다.

03 □ patient
[péiʃənt]

[n] 환자　　　　　　　　　　　　　　[syn] invalid, sufferer, the sick

[adj] 참을성 있는, 인내심 있는　　　[syn] calm, forgiving, gentle, quiet, tolerant

For example, the ways a doctor and a **patient** will interact are largely prescribed in the roles of "doctor" and "**patient**."　　　　　2008-전국-2

예를 들어, 의사와 환자가 소통하는 방법은 대체로 의사와 환자의 역할 안에서 미리 정해질 것이다.

04 □ competence
[kάːmpətəns]

[n] 능력, 능숙함, 능숙도; 법률 권한　[syn] appropriateness, competency, expertise, fitness, know-how

As using these types of language is associated with discourse and strategic **competence**, the ability to use them in an effective way constitutes part of communicative **competence**.　　　　　　　　　　　2020-A-5

이러한 유형의 언어를 사용하는 것은 담화 및 전략적 능력과 관련이 있기 때문에, 이를 효과적으로 사용하는 능력은 의사소통 능력의 일부를 구성한다.

05 ☐ **corresponding** [kɔ̀ːrəspáːndiŋ]	adj ~에 해당하는, 상응하는	syn analogous, comparable, reciprocal, interrelated

Identify the step in <B> that does not match with its **corresponding** suggestion in <A>. 　　2018-A-10

⟨A⟩에 해당하는 내용과 일치하지 않는 ⟨B⟩의 단계를 식별하시오.

06 ☐ **medium** [míːdiəm]	n 매체, 수단	syn channel, form, instrument
	adj 중간의	syn median

Of course you can't, for the simple reason that this behavioral strategy can only work when the animal is surrounded by a **medium** that will support the ink cloud for a sufficient period to allow the escape. 　　2022-A-11

이 행동 전략은 먹물 구름을 지원하는 매체에 동물이 탈출할만큼 충분한 기간 동안 둘러싸여 있을 때에만 식동될 수 있다는 탄순한 이유 때문에, 당신은 단연히 그렇게 하지 못할 것이다.

07 ☐ **principal** [prínsəpəl]	n 교장, 학장, 총장	syn administrator, chief, dean
	adj 주요한, 주된	syn major, main

I then asked my school's **principal** to show me the results of their placement tests to gain an understanding of their levels of linguistic proficiency and background experience. 　　2020-A-2

그런 다음 그들의 언어능력 수준과 배경 경험을 이해하기 위하여 학교 교장 선생님께 그들의 배치고사 결과를 나에게 보여달라고 요청했다.

08 ☐ **recall** [rikɔ́ːl]	v 기억해 내다, 상기하다	syn remind
	n 기억(하는 능력)	syn anamnesis, memory, recollection, reminiscence

Even though most cannot **recall** what the initials stand for, they believe that knowing which options they have if a settlement can't be reached empowers them a bit. 　　2020-A-8

비록 대부분의 사람들은 그 머릿글자가 무엇을 의미하는지 기억해 낼 수 없지만, 합의에 도달할 수 없는 경우 어떤 선택지가 있는지 아는 것은 그들에게 조금은 힘이 된다고 생각한다.

09 ☐ **homonymy** [həmánəmi]	n 동음이의어; 동명이인	syn homophone, homographs

Linguistic expressions are often ambiguous, and **homonymy** is one source of ambiguity. 　　2015-A-서4

언어적 표현은 종종 모호하며, 동음이의어는 모호성의 원인 중 하나이다.

10 ☐ **comprehend** [kàːmprihénd]	v (충분히) 이해하다	syn appreciate, assimilate, discern

I suggested that he didn't have to try to **comprehend** all the details. 　　2018-A-1

나는 그가 모든 세부 사항을 이해하려고 노력할 필요가 없다고 제안했다.

11
☐ **concerned with**

~에 관심있는, 관련 있는

syn revolve around, focus on, concentrate on, apply, relate

Then, any prince who has relied on their words and has made no other preparations will come to grief; because people are less **concerned with** offending a man who makes himself loved than one who makes himself feared. 2008-서울·인천-3

그렇게 되면, 그들의 말에 의지하여 어떠한 준비도 하지 않은 왕자는 비탄에 빠지게 될 것이며, 이는 왜냐하면 사람들은 자신을 두렵게 하는 사람보다 자신을 사랑해 주는 사람들의 마음에 상처를 주는 것에 관심이 덜하기 때문이다.

12
☐ **amateur**
[ǽmətər]

n 1. 아마추어 (선수), 비전문가, 비숙련자, 풋내기
2. 애호가, 예찬가

adj 취미로 하는, 직업적이 아닌, 아마추어의

syn 1. abecedarian, apprentice, aspirant
2. admirer, fan

syn beginner, dabbler

But originally, "**amateur**," from the Latin verb *amare*, "to love," referred to a person who loved what he was doing. 2010-1차-9

하지만 원래 "사랑하다"라는 의미를 가진 라틴어 동사 'amare'에서 온 "아마추어"란, 그가 하는 것을 사랑하는 사람을 의미한다.

13
☐ **neuroscience**
[núrousàiəns]

n 신경 과학

syn brain science, neurobiology, neurophysiology

At this point, **neuroscience** has a long way to go. 2013-1차-10

이 점에서 신경 과학은 갈 길이 멀다.

14
☐ **wag**
[wæg]

v (개가 꼬리를) 흔들다

syn card, clown

n 익살쟁이, 게으름뱅이

syn comedian, comic, humorist

Gellert stood in the doorway of the castle and **wagged** his tail and put his head on one side, but he would not leave the castle. 2009-1차-38

Gellert은 성의 현관에 서서 그의 꼬리를 흔들며, 그의 머리를 한 켠에 기대고 서 있었지만, 그는 성을 떠나지는 않았다.

15
☐ **nut**
[nʌt]

n 멍청이, 바보; 미치광이

syn idiot, dolt, crank

v (머리로) 들이받다, 박치기를 하다

syn stone, utricle

After an emphasis on improving the designs of cars and roads in recent years, the auto-safety focus now is reverting to what used to be called "the **nut** behind the wheel." 2008-전국-5

최근 몇 년 동안 자동차와 도로의 디자인을 개선하는 데 중점을 둔 후, 이제 자동차 안전의 초점은 "운전대를 잡은 멍청이"라고 불리는 것으로 되돌아 가고 있다.

16
□ debate
[dibéit]

☑ 1. 토론하다, 토의하다, 논의하다   [syn] 1. deliberate, wrangle
   2. 숙고하다   2. consider

n 토론, 토의, 논의; 논쟁, 논란   [syn] answer, bicker, contest

In my class, students were expected to develop **debating** skills in English.
2019-B-8
내 수업에서, 학생들은 영어로 토론하는 기술을 발전시킬 것을 기대했다.

17
□ transport
[trænspɔ́ːt]

☑ 수송하다   [syn] rail, raft, advect

n 수송, 차량, 이동 (방법)   [syn] freight, wheelbarrow

They planned to chop down trees from the forest and **transport** them to the factory to turn them into wood-chips.   **2008-서울·인천-2**
그들은 숲에서 나무를 베고, 그것들을 잘게 썬 나무 조각으로 만들기 위해 공장으로 수송할 계획이었다.

18
□ uncomfortable
[ənkʌ́mfərtəbəl]

adj 불편한   [syn] annoying, awkward, bitter, difficult, distressing

The woman is **uncomfortable** with new technology.   **2011-1차-6**
그 여자는 새로운 기술을 불편해한다.

19
□ solely
[sóulli]

adv 오로지, 단지; 단독으로   [syn] completely, entirely, merely, exclusively, individually

These people find themselves learning languages in a contrived way based on the changing tides of tourist groups **solely** for marketing purposes.   **2020-A-10**
이 사람들은 오로지 마케팅 목적을 위해서만, 관광 단체의 변화하는 흐름을 기반으로 계획적으로 언어를 배우고 있는 것으로 보인다.

20
□ alien
[éiliən]

adj 생경한; 외국의, 이국의   [syn] exotic, incongruous, unusual, conflicting, contrary

n 외국인 체류자   [syn] exile

She was almost 80, surprisingly **alien** and shockingly small.   **2010-2차-4**
그녀는 거의 80세였고, 깜짝 놀랄 만큼 생경했고 충격적일 정도로 작았다.

21
□ fertile
[fɔ́ːrtl]

adj 비옥한, 기름진; 생식력 있는; 결실을 낳는; 활동하기에 좋은   [syn] abundant, arable, fruitful, lush, productive

Scientists can measure this in the lab, but they don't know how much more **fertile** the new, carbon-enhanced environment will be for plants.
2016-A-11
과학자들이 실험실에서 이것을 측정할 수는 있지만, 그 새로운 탄소 강화 환경이 식물에게 얼마나 더 비옥할지는 모른다.

22

□ proximal

[prɑ́:ksəməl]

[adj] 근접한, 몸 중심부 쪽의

[syn] adjacent, adjoining, immediate, nearby, neighboring

An optimal scenario for development, and hence internalization, is the zone of **proximal** development(ZPD). 2008-전국-16

개발과 내재화를 위한 최적의 시나리오는 근접 발달 영역(ZPD)이다.

23

□ creep

[kri:p]

[v] 살금살금 움직이다, (살살) 기다

[syn] glide, inch, lurk, slink

[n] 소름끼치게 싫은 사람

[syn] slither

Ghosts of old things **creep** into his consciousness; the voices outside of himself whisper a message concerning the limitations of life. 2015-A-서3

옛것의 유령이 그의 의식 속으로 살금살금 들어오고, 그 자신 바깥의 목소리가 생명의 한계에 관한 메시지를 속삭인다.

24

□ cheerleader

[tʃíərlìːdər]

[n] 치어리더, 지지자

[syn] champion, defender, exponent, promoter, supporter

Don't you ever want to be a **cheerleader**? 2009-2차-3

너는 정말로 치어리더가 되고 싶지 않아?

25

□ receptiveness

[riséptivnəs]

[n] 감수성, 수용성

[syn] acceptance, broad-mindedness, impartiality, interest, observance

I particularly like the outdoor street markets and the integrity and **receptiveness** of the people who work there. 2015-A-기2

나는 특히 야외 길거리 시장과 그곳에서 일하는 사람들의 성실성과 감수성을 좋아한다.

26

□ beak

[bi:k]

[n] 1. (새의) 부리;
(크고 뾰족한) 매부리코
2. 권위 있는 위치에 있는 사람, 판사

[syn] 1. snout, bill, mandible, muzzle, neb

It had long strong legs with big claws and it had a big **beak** and suddenly it made a horrible noise. 2009-1차-38

그것은 길고 강한 다리와 발톱 그리고 큰 부리를 가지고 있었는데, 갑자기 끔찍한 소리를 냈다.

27

□ psyched

[saikt]

[adj] 들뜬, 흥분한

[syn] animated, aroused, awakened, beside oneself, charged

Well–she went to this psychoanalyzer–she was "**psyched**," and biff!–bang!–home she comes with an unsuppressed desire to leave her husband. 2016-A-4

음, 그녀는 이 정신 분석가에게 갔다. 그녀는 "들떴고", 그리고 뻥 소리가 났다. 그녀는 남편을 떠나고 싶은 통제되지 않은 욕망을 안고 집에 온다.

28

☐ **mystify**
[místifai]

|v| 혼란스럽게 만들다, 얼떨떨하게 만들다

|syn| baffle, confound, deceive, perplex, puzzle

In our mutual isolation of language and experience, we could only gaze in wonder, **mystified** that we had come to be sitting together.　2010-2차-4
언어와 경험의 상호 고립 속에서, 우리는 우리가 함께 앉게 되었다는 사실을 경이롭고 혼란스럽게 바라볼 수밖에 없었다.

29

☐ **prohibition**
[pròuibíʃn]

|n| 1. 금지(법, 규정)

2. (미국의) 금주법 시행 시대 (1920년~1933년)

|syn| 1. constraint, embargo, exclusion, injunction, prevention

Usually, people who never drink abstain for a reason, such as religious **prohibitions** or medical concerns.　2019-A-14
일반적으로, 술을 절대 마시지 않는 사람들은 종교적 금지나 의학적 문제와 같은 이유로 금주한다.

30

☐ **corsage**
[kɔːrsáːʒ]

|n| 작은 꽃 장식, 코르사지

|syn| garland, wreath, boutonniere

Someday sloppy people will make family scrapbooks into which they will put newspaper clippings, postcards, locks of hair, and the dried **corsage** from their senior prom.　2010-2차-2
훗날 엉성한 이상주의적 사람들은 가족 스크랩북을 만들어, 신문기사 조각, 엽서, 한 줌의 머리카락, 졸업 파티에서 가져온 말린 작은 꽃 장식을 넣을 것이다.

31

☐ **irritability**
[ìrətəbíləti]

|n| 과민성, 화를 잘 냄, 성급함, 자극 감수성

|syn| irritation, anger, annoyance, impatience, peevishness

Thus it creates maximum inconvenience, frustration and **irritability** among its human cargo, thereby reducing its owner's life span.　2019-B-5
따라서 그것은 인간의 불편함, 좌절감, 과민성을 극대화하여 소유자의 수명을 단축시킨다.

32

☐ **unconstrained**
[ʌ̀nkənstréind]

|adj| 제한받지 않는

|syn| corrupt, depraved, dissipated, dissolute, fast

It contends that the point of school in those early years is not to prepare for academic study but to allow children to explore the world, learn social skills and have free, **unconstrained** fun.　2010-1차-12
그러한 초창기 학교의 중점은 학업을 준비하는 것이 아니라 아이들이 세상을 탐험하고, 사회적 기술을 배우고, 자유롭고 제한받지 않는 재미를 누릴 수 있도록 하는 것이라고 주장한다.

33

☐ **indebt**
[indét]

|v| ~에게 은혜를 입히다, ~에게 빚을 지게 하다

|syn| constrain, oblige, bind, force, restrain

Innovations are **indebted** to previous achievements.　2013-1차-7
혁신은 이전의 업적들에게 은혜를 입었다.

34
□ anthropology
[ænθrəpá:lədʒi]

| n 인류학 | syn folklore, sociology |

In **anthropology**, the marginal person has often been seen as the one most likely to accept change and to be willing to deal with the foreigner (e.g., the anthropologist) who comes along and asks such seemingly stupid questions.　　　　　　　　　　2020-A-9

인류학에서, 주변인은 변화를 받아들일 가능성이 가장 크고, 어리석어 보이는 질문을 가져와 물어보는 인류학자 같은 외국인을 기꺼이 맞이할 수 있는 사람으로 여겨져 왔다.

35
□ efficiently
[ifíʃəntli]

| adv 효율적으로, 능률적으로, 유효하게 | syn accurately, adroitly, aptly, cleanly, expertly |

What does seem clear is that the boxing glove detracts the insect's ability to fly **efficiently**, which suggests its function is to attract females.　　　　　　　　　　2011-1차-13

분명해 보이는 것은 권투 글러브라는 별명의 기관이 곤충의 효율적으로 비행할 능력을 저하시킨다는 것 인데, 이는 그 기능이 암컷을 유혹하는 것임을 시사한다.

36
□ handicap
[hǽndikæp]

| n 불리한 조건, 핸디캡, 결점 | syn affliction, barrier, burden, disability, drawback |
| v 불리하게 만들다 | syn cripple, hamper, hamstring, hinder, impede |

"No" response is a most difficult **handicap** to overcome.　　2006-서울·인천-1

"아니오"라는 응답은 극복하기 가장 불리한 조건이다.

37
□ taxonomic
[tæksá:nəmik]

| adj 분류학상의, 분류의 |

Squid and octopus are molluscs, **taxonomic** relatives of the garden slug and snail.　　　　　　　　　　2022-A-11

오징어와 문어는 연체동물로, 정원 민달팽이와 달팽이의 분류학상의 친척이다.

38
□ beset
[bisét]

| v 1. 포위하다, 에워싸다 | syn 1. surround, besiege |
| 　 2. 괴롭히다 | 　 2. needle, devil, hassle, harass |

But the problem was that there were a host of fearful adversaries who **beset** every portal to her heart, keeping a watchful and angry eye upon each other, but ready to fly out in the common cause against any new competitor.　　　　　　　　　　2008-서울·인천-14

그러나 문제는 그녀의 마음으로 들어가는 모든 문을 포위하고, 서로를 경계하고 분노하는 눈으로 지켜보 다가, 새로운 경쟁자들에 맞서 공동의 명분으로 맹렬히 덤벼들 준비가 된 무서운 적들이 많다는 것이다.

39
□ misrepresent
[mìsreprizént]

| v (정보를) 잘못 전하다 | syn confuse, cover up, disguise, distort, exaggerate |

I **misrepresented** things to them.　　　　　　　　　　2009-1차-40

나는 그들에게 내 의사를 잘못 전달했다.

☐ **freckle**
[frékl]

ⓝ 주근깨   [syn] blemish, blotch, mole, daisy, dot

My son, **freckles** like specks of nutmeg on his cheeks, chest narrow as the balsa keel of a model boat, long hands cool and thin as the day they guided him out of me, speaks up as a host for the sake of the group.

2018-A-11

뺨에 육두구 반점과 같은 주근깨가 있고, 모형 보트의 발사 용골처럼 가슴이 좁은 내 아들을, 나에게서 그들이 데려가, 모임을 위한 파티의 개최자로서 말한다.

Daily Quiz

Choose the synonyms.

01. course	ⓐ adjacent, adjoining, immediate, nearby, neighboring
02. competence	ⓑ homophone, homographs
03. recall	ⓒ deliberate, wrangle, consider
04. homonymy	ⓓ anamnesis, memory, recollection, reminiscence
05. neuroscience	ⓔ appropriateness, competency, expertise, fitness
06. wag	ⓕ class, curriculum, period
07. debate	ⓖ completely, entirely, merely, exclusively, individually
08. solely	ⓗ exotic, incongruous, unusual, conflicting, contrary
09. alien	ⓘ brain science, neurobiology, neurophysiology
10. proximal	ⓙ card, clown

Check Up

🚀 TOP 100 WORDS

DAY 06

☐ material	☐ respectively	☐ conduct	☐ verbal	☐ cue
☐ tourism	☐ inference	☐ cross-cultural	☐ rod	☐ gaze
☐ psychopath	☐ coherent	☐ nucleus	☐ paradox	☐ strip
☐ hormone	☐ gnaw	☐ alike	☐ elderly	☐ drain

DAY 07

☐ context	☐ nature	☐ ambiguous	☐ interact	☐ embed
☐ regarding	☐ overcome	☐ automatic	☐ judgment	☐ simultaneously
☐ criticism	☐ pedagogy	☐ protest	☐ horribly	☐ depending on
☐ artistic	☐ realistically	☐ cavalier	☐ outdoor	☐ china

DAY 08

☐ topic	☐ focused	☐ establish	☐ symptom	☐ domain
☐ interrupt	☐ phenomenon	☐ sensible	☐ attraction	☐ noticeable
☐ moderate	☐ dilettante	☐ solitude	☐ appoint	☐ salient
☐ clipping	☐ admirable	☐ foresee	☐ stubborn	☐ liberal

DAY 09

☐ vowel	☐ assessment	☐ derive	☐ metaphor	☐ progress
☐ curriculum	☐ complicated	☐ shed	☐ referent	☐ anxiety
☐ convincingly	☐ imperative	☐ crash	☐ partial	☐ fury
☐ consistent with	☐ lantern	☐ maturity	☐ assemble	☐ religion

DAY 10

☐ course	☐ request	☐ patient	☐ competence	☐ corresponding
☐ medium	☐ principal	☐ recall	☐ homonymy	☐ comprehend
☐ concerned with	☐ amateur	☐ neuroscience	☐ wag	☐ nut
☐ debate	☐ transport	☐ uncomfortable	☐ solely	☐ alien

1. Choose proper synonyms with each word.

01. conduct	·	·	ⓐ arouse, apply, enforce, resort to
02. rod	·	·	ⓑ make, compound, amass, gather, rig up
03. interrupt	·	·	ⓒ baton, cane, cylinder, ingot, pin
04. reclaim	·	·	ⓓ appropriateness, competency, expertise, fitness
05. metaphor	·	·	ⓔ completely, entirely, merely, exclusively, individually
06. shed	·	·	ⓕ break off, cut off, cut short, disturb, halt
07. assemble	·	·	ⓖ convert, recover, rescue, restore, salvage
08. invoke	·	·	ⓗ attend, control, direct, handle
09. competence	·	·	ⓘ analogy, symbol, allegory, metonymy, trope
10. solely	·	·	ⓙ discard, drop, jettison, scrap

2. Choose a proper word matching with translation.

01. Her slow, delicate (ⓐ **hobble** / ⓑ **hedge**) betrays her age and the status she held and lost.
그녀의 느리고 연약해 보이는 절뚝거림은 그녀의 나이와 그녀가 유지하고 잃어버린 지위와 상반된다.

02. Some of this may be (ⓐ **attributable** / ⓑ **attribute**) to patients' learning to manage their symptoms, but it's also possible that the brain, which is still developing into our late 20s, is improving too.
이 중 일부는 환자가 자신의 증상을 관리하는 방법을 배운 것이 원인일 수도 있지만, 20대 후반에 아직도 성장하고 있는 뇌가 나아지고 있는 중일 가능성도 있다.

03. The teacher hands out the checklist and has students daily (ⓐ **lapse** / ⓑ **log**) after school for one week.
교사는 체크리스트를 나눠주고 학생들에게 방과후 일주일 동안 매일 일지를 쓰도록 한다.

04. His hand was steady when he began to read, but it (ⓐ **trembled** / ⓑ **troubled**) a little by the time he had finished.
그가 쪽지를 읽기 시작했을 때는 그의 손이 떨리지 않았지만, 끝낼 무렵에는 조금 떨렸다.

05. Gellert stood in the doorway of the castle and (ⓐ **swayed** / ⓑ **wagged**) his tail and put his head on one side, but he would not leave the castle.
Gellert은 성의 현관에 서서 그의 꼬리를 흔들며, 그의 머리를 한 켠에 기대고 서 있었지만, 그는 성을 떠나지는 않았다.

06. In our mutual isolation of language and experience, we could only gaze in wonder, (ⓐ **mistook** / ⓑ **mystified**) that we had come to be sitting together.
언어와 경험의 상호 고립 속에서, 우리는 우리가 함께 앉게 되었다는 사실을 경이롭고 혼란스럽게 바라볼 수밖에 없었다.

07. Thus it creates maximum inconvenience, frustration and (ⓐ **irritability** / ⓑ **amusement**) among its human cargo, thereby reducing its owner's life span.
따라서 그것은 인간의 불편함, 좌절감, 과민성을 극대화하여 소유자의 수명을 단축시킨다.

08. The problem was that there were a host of fearful adversaries who (ⓐ **satisfy** / ⓑ **beset**) every portal to her heart, keeping a watchful and angry eye upon each other.
문제는 그녀의 마음으로 들어가는 모든 문을 포위하고, 서로를 경계하고 분노한 눈으로 지켜보는 무서운 적들이 많다는 것이다.

Answer Key

1. 01. ⓗ 02. ⓒ 03. ⓕ 04. ⓖ 05. ⓘ 06. ⓙ 07. ⓑ 08. ⓐ 09. ⓓ 10. ⓔ
2. 01. ⓐ 02. ⓐ 03. ⓑ 04. ⓐ 05. ⓑ 06. ⓑ 07. ⓐ 08. ⓑ

⚡ 최빈출 어휘

01
□ **feature**
[fíːtʃər]

n 1. 특성, 특징, 특색

2. (행사의) 인기거리, 볼거리

3. (신문·잡지 등의) 연재 기사

v 특별히 포함하다, 특징으로 삼다

syn 1. characteristic, aspect, detail, character, component

2. attraction, specialty

3. article, column, item, piece

syn emphasize, characterize

With regard to the word 'shed,' identify ONE corpus-based **feature** described in <A> for each dictionary in <B>, respectively.   2021-A-12

〈B〉의 각 사전과 관련해 〈A〉에서 설명된 말뭉치 기반의 특성 하나를 'shed'라는 단어와 관련하여 각각 식별하시오.

02
□ **evaluation**
[ivæljuéiʃən]

n 1. 평가, 사정

2. (수학) 값을 구함

syn 1. appraisal, assessment, decision, interpretation

2. calculation

T: I agree. Okay, then, I think we are ready to move on to the next **evaluation** criterion.   2020-B-2

교사: 동의합니다. 자, 이제 다음 평가 기준으로 넘어갈 준비가 된 것 같습니다.

03
□ **theory**
[θíːəri]

n 1. 이론, 학설

2. 의견, 생각, 지론

syn 1. hypothesis, approach, belief, doctrine

2. argument, assumption, code, concept, idea

This top-down **theory** is more likely to emphasize persistent inequalities of power.   2008-전국-2

이런 상의하달식 이론은 끊임없이 지속되는 권력의 불평등을 부각할 확률이 더욱 높다.

04
□ **enhance**
[inhǽns]

v (좋은 점·가치·지위를) 높이다, 향상시키다

syn add to, appreciate, augment, boost, build up

Teachers can employ a variety of techniques when teaching reading that will help **enhance** students' reading comprehension.   2020-A-10

교사는 읽기를 가르칠 때 학생들의 읽기 이해력을 높이는 데 도움이 되는 다양한 기술을 사용할 수 있다.

05
□ **practical**
[prǽktikəl]

[adj] 실용적인, 실제적인, 타당한, 현실성 있는, 실현 가능한

[syn] businesslike, down-to-earth, constructive, efficient, factual

Ringelmann's questions were **practical** ones: How many oxen should be yoked in one team?　　　　　　　2017-A-2

'한 팀에 얼마나 많은 황소가 멍에를 메어야 하는가?'라는 Ringelmann의 질문은 실용적인 질문이었다.

06
□ **fright**
[frait]

[n] 놀람, 두려움, 섬뜩한 일

[syn] consternation, dismay, horror, panic, trepidation

When I came to my castle, for so I think I call'd it even after this, I fled into it like one pursued; whether I went overby the ladder as first contriv'd, or went in at the hole in the rock, which I call'd a door I cannot remember; nor, nor could I remember the next morning, for never **frighted** hare fled to cover, or fox to earth, with more terror of mind than I to this retreat.　　　　2019-A-7

나의 성에 왔을 때, 심지어 이 일 뒤에도 나는 그것을 나의 성이라 불렀던 것 같다고 생각하기 때문에, 나는 쫓기는 자처럼 그 성에 숨어 들었으며, 내가 처음에 계획했던 대로 사다리를 넘어갔는지 아니면 내가 문이라고 불렀던 바위 속 구멍으로 들어갔는지는 기억나지 않고, 그 다음 날 아침도 기억나지 않는데, 왜냐하면 이 성에 나보다 더 두려운 마음을 가지고 들어온 토끼나 여우조차도 없을 것이기 때문이었다.

07
□ **questionnaire**
[kwèstʃənéər]

[n] 설문지

[syn] application, census, sampling, survey, canvass

Read the **questionnaire** in <A> and the teacher's note in <B>, and follow the directions.　　　　　　　2021-A-1

⟨A⟩의 설문지와 ⟨B⟩의 교사의 메모를 읽고 지시를 따르시오.

08
□ **differentiate**
[dìfərénʃièit]

[v] 1. 구분 짓다, 구별하다

2. 차별하다

[syn] 1. separate, know apart, tell, individualize, secern

2. discriminate

I needed to **differentiate** the item from the others.　　2008-서울·인천-4 변형

나는 그 항목을 나머지 것들과 구분 지을 필요가 있었다.

09
□ **classical**
[klǽsikəl]

[adj] 고전주의의, 고전적인; 고대 그리스·로마의; 클래식의

[syn] classic, humanistic, Doric, greek, grecian

The man thinks **classical** literature shouldn't be taught in class.　　　　　　　2013-1차-3

그 남자는 수업시간에 고전 문학작품은 가르쳐지지 않아야 한다고 생각한다.

10
□ **mistress**
[místris]

[n] 1. (보통 기혼 남자의) 연인, 정부

2. 여교사; 여자 주인

[syn] 1. concubine, girlfriend, paramour, prostitute

My **mistress'** eyes are nothing like the sun.　　　　　2009-1차-37

내 연인의 눈이 태양처럼 빛나지는 않았다.

11 ☐ flaw
[flɔː]

| n | 결점, 흠, 결함 | syn | blemish, defect, failing, fault |

She wanted my father to succeed, perhaps even more than he did, and to this day I still think this was her greatest **flaw.**　　　2020-B-5

그녀는 나의 아버지가 그가 이미 했던 것보다 아마 더 큰 성공을 거두기를 원하였고, 지금까지도 나는 이것이 그녀의 가장 큰 결점이라고 생각한다.

12 ☐ maximum
[mǽksəməm]

| adj | 최대의, 최고의 | syn | best, maximal, utmost |
| n | 최대, 최고 | syn | ceiling, peak, apex, apogee, climax |

But even though a group outperforms an individual, the group does not usually work at **maximum** efficiency.　　　2017-A-2

그러나 집단이 개인을 능가하더라도, 일반적으로 집단은 최대의 효율로 작업하지 않는다.

13 ☐ violation
[vàiəléiʃən]

| n | 위반, 위배, 방해, 침해, 침입, (신성) 모독 | syn | abuse, contravention, infraction, encroachment, infringement |

For example, drivers with the worst accident or **violation** records do account for more than their share of accidents, but their numbers are relatively few, and they cause only a small percentage of all crashes.　　　2008-전국-5

예를 들어, 최악의 사고나 위반 기록을 가진 운전자는 그들 몫의 사고보다 더 많은 사고들의 이유가 되지만, 그 수는 상대적으로 적고 모든 충돌 사고 중 적은 비율에 불과한다.

14 ☐ psychoanalysis
[sàikouənǽləsis]

| n | 정신 분석 | syn | analysis, therapy |

But **psychoanalysis** has found out how to save us from that.　　　2016-A-4

하지만 정신 분석은 우리를 그것으로부터 어떻게 구할 수 있는지 알아냈다.

15 ☐ synthesize
[sínθəsàiz]

| v | (화학 물질을) 종합하다; 합성하다, 통합하다 | syn | incorporate, amalgamate, arrange, blend, harmonize |

Lum concludes that "marginal people who fall may be rootless or alienated; those who rise may be **synthesizers**."　　　2020-A-9

Lum은 "낙심한 주변인들은 뿌리를 내리지 못하거나 소외될 수 있으나 그러한 상황을 딛고 일어서는 사람들은 문화적 종합인일 수 있다."라고 결론을 내린다.

16 ☐ knee
[niː]

| n | 무릎 | syn | patella, popliteal |
| v | 무릎으로 치다, 밀다 | syn | push |

Christopher Austin inched forward on his hands and **knees** with only a headlamp to light his way.　　　2013-1차-9

Christopher Austin은 그의 손과 무릎을 앞으로 약간 움직였고 그의 길을 밝히기 위한 유일한 방법인 헤드램프를 비추었다.

17

☐ **clamp**
[klæmp]

|v| (죔쇠로) 고정시키다, 꽉 물다, 꽉 잡혀 있다 |syn| brace, clinch, secure, make fast

|n| 죔쇠, 조이는 기구 |syn| clench

Crushing the tongue against the roof of the mouth drives the food mass into the taste buds, and this **clamping** or sucking motion intensifies and prolongs the flavor.   2021-A-11

혀를 입천장에 대고 부수는 것은 음식 덩어리를 미뢰로 들어가게 하며, 이러한 고정 또는 빨기 동작은 풍미를 강화하고 연장시킨다.

18

☐ **reorganization**
[riːɔ̀ːrgənizéiʃən]

|n| 재구성, 재편성, 개편 |syn| restructuring, reconstitution, reestablishment

Perceptual **reorganization** of the situation led to a solution.   2010-1차-14

상황의 인식적 재구성은 해결책으로 이어졌다.

19

☐ **unconscious**
[ʌnkɑ́ːnʃəs]

|adj| 1. 무의식적인; 부지불간의 |syn| 1. innate, instinctive, latent
　　　2. 의식을 잃은, 의식이 없는   　　2. comatose, paralyzed, senseless, cold

|n| 무의식 |syn| subconscious

It stays there shut up in your **unconscious** mind, and it festers.   2016-A-2

그것은 당신의 무의식적인 마음속에 갇혀 있고, 곪아간다.

20

☐ **yoke**
[jouk]

|n| 멍에, 굴레 |syn| burden, chain, enslavement

|v| 멍에를 씌우다 |syn| knot

Years of watching him suffer under the double **yoke** of apartheid and tribalism convinced me that his was a hopeless case, so long as he persisted in clinging to tribal beliefs and letting the white man define his manhood.   2008-전국-3

인종차별 정책과 부족주의의 이중 멍에로 고통받는 그를 수년 동안 지켜보면서, 그가 부족의 신념을 고수하고 백인들로 하여금 그의 인간됨을 규정하도록 하는 한, 그에게는 희망이 있을 수 없다고 나는 확신했다.

21

☐ **vertebrate**
[vɔ́ːrtəbrət]

|n| 척추동물 |syn| beast, creature

Austin later reported that his find was a new species, Paedophryne amauensis, the smallest known **vertebrate** in the world.   2013-1차-9

훗날 Austin은 그가 발견한 것이 세상에서 가장 덜 알려진 척추동물인 페도프린 아마우엔시스라는 새로운 종이라고 발표했다.

22

☐ **ruin**
[rúːin]

|v| 망치다, 파멸시키다, 파산시키다 |syn| devastate, destroy, crush, bankrupt, decimate

The picnic was **ruined**.   2006-서울·인천-2

소풍을 망쳤다.

23 disrupt
[disrʌ́pt]

v 1. 방해하다, 지장을 주다

2. 분열시키다, 붕괴하다

syn 1. disturb, rattle, agitate, bollix, confuse

2. break up, shatter

Psychopathy, whose symptoms include antisocial behavior, lack of guilt, and poverty of emotions, is the result of impairments to emotional learning that derive from **disrupted** functioning of the amygdala.

2013-1차-12

반사회적 행동, 죄책감의 결여, 감정의 빈곤과 같은 증상을 가지는 정신 병증은 편도체의 기능을 방해시키는 데서 비롯된 정서적 학습장애의 결과이다.

24 pinpoint
[pínpɔint]

v 정확히 찾아내다, 보여주다; 이유를 정확히 집어내다

adj 정확한, 정확히 조준한

n 사소한 일

syn diagnose, identify, recognize, distinguish, finger

syn exact, precise

syn trifle

The problem is that **pinpointing** which drivers are to blame for crashes, why accidents happen and how to stop them remains elusive.

2008-전국-5

어떤 운전자에게 충돌에 대한 책임이 있는지, 사고가 왜 발생했는지와 사고를 어떻게 막을 것인지를 정확히 찾아내기 힘들다는 것이 문제이다.

25 slumber
[slʌ́mbər]

v 1. 졸다, 잠을 자다

2. (할 일 없이) 허송세월하다

n 잠, 수면

syn 1. doze, lie down, deposit, lie

2. waste time

syn loaf, loll

Or as a teacher, to confront your first classroom filled with sullen, squirmy, **slumbering**, solipsistic students?

2014-A-기6

또는 교사로서 음침하고, 우물쭈물하고, 졸고, 독신주의적인 학생들로 가득 찬 첫 번째 교실에 맞서기 위해서인가?

26 devalue
[diːvǽljuː]

v 가치를 낮춰 보다, 평가 절하하다

syn decrease, devaluate, lower, revalue, undervalue

The word that has been most cheapened and **devalued** in our language is "love."

2008-전국-1

우리 언어 가운데 가장 저평가되고 가치를 낮춰 보는 단어는 "사랑"이다.

27 abide
[əbáid]

v 1. 유지하다, 참다, 견디다, 머무르다

2. 기다리다

syn 1. accept, stand for, tolerate, acknowledge, bear

2. wait for

But Time, to make me grieve, Part steals, lets part **abide**; And shakes this fragile frame at eve; With throbbings of noontide.

2015-A-기6

그러나 시간은 나를 슬프게 하기 위해, 일부는 훔쳐가고, 일부는 유지되도록 한다. 그리고 저녁에는 연약한 육체를 흔들고, 한낮에는 두근거리게 한다.

28
☐ **haze**
[heiz]

ⓝ 연무, 실안개, 희부연 것

ⓥ 연무로 뒤덮이다

syn cloud, dimness, film, fog, fumes

Up to the age of five I enjoyed the privileges of myopia, seeing the world in a glorious **haze** like an impressionist painting.　　2009-1차-39

5살이 될 때까지 나는 근시의 특권을 누렸는데, 이는 마치 인상주의 그림의 영광스러운 연무 속의 세상 같은 것을 보는 느낌이었다.

29
☐ **enclose**
[inklóuz]

ⓥ (담·울타리 등으로) 둘러싸다, 두르다, 에워싸다; 동봉하다

syn block off, encase, encircle, encompass, hem in

A little lamp with a white china shade stood upon the table and its light fell over a photograph which was **enclosed** in a frame of crumpled horn.　　2016-A-9

흰색 도자기 갓이 달린 작은 등불이 탁자 위에 놓여 있었고, 그 빛이 구겨진 뿔 틀에 둘러싸인 사진 위를 비춰주었다.

30
☐ **burgeoning**
[bə́ːrdʒəniŋ]

adj 급성장하는, 급증하는

syn prosper, snowball, blossom, bud, expand

It needed to establish a regular and uniform orthographical system and to expand its vocabulary to meet the increased demands caused by the demise of Latin and by developments in science and new discoveries throughout the **burgeoning** Empire.　　2009-1차-9

라틴어의 멸망과 과학 발전 및 급성장하는 제국 전역의 새로운 발견으로 인한 증가된 수요를 충족시키기 위해 규칙적이고 균일한 철자 체계를 구축하고 어휘를 확장해야 했다.

31
☐ **efficiency**
[ifíʃənsi]

ⓝ 효율(성), 능률, 효율화 (방안)

syn ability, adaptability, capability, competence, energy

But even though a group outperforms an individual, the group does not usually work at maximum **efficiency**.　　2017-A-2

그러나 집단이 개인을 능가하더라도, 일반적으로 집단은 최대의 효율로 작업하지 않는다.

32
☐ **meticulously**
[mətíkjuləsli]

adv 꼼꼼하게, 좀스럽게

syn assiduously, carefully, completely, comprehensively, conscientiously

Four hours or two weeks into the excavation, the desk looks exactly the same, primarily because the sloppy person is **meticulously** creating new piles of paper with new headings and scrupulously stopping to read all the old book catalogs before he throws them away.　　2010-2차-2

발굴 작업의 4시간 후와 2주 후의 책상은 정확히 똑같아 보였는데, 이는 엉뚱한 사람이 새 제목을 가진 새로운 논문 더미를 꼼꼼하게 작성하고, 고지식하게 멈춰서 모든 오래된 책의 카탈로그를 용의주도하게 읽은 후 버리기 때문이다.

33
☐ **one-shot**
[wʌ́nʃɑ̀t]

adj 1회 한의, 한 번으로 완전한

syn formerly, heretofore, hitherto, once, then

n 1회 한의 간행물, 1회만의 공연

syn one off

Since I believe that **one-shot** assessment at the end of the course is not effective for enhancing student learning, I carried out assessment periodically over the whole course period.　　　2019-B-8

과정의 종료 시점에서 진행하는 단 한 번의 평가는 학생의 학습을 향상시키는 데 효과적이지 않다고 생각하기 때문에, 나는 전체 과정 기간에 걸쳐 주기적으로 평가를 실시했다.

34
☐ **pliable**
[pláiəbl]

adj 유연한, 고분고분한; 순응적인, 잘 휘어지는

syn docile, flexible, limber, malleable, manageable

The good news in the research was that if you exposed struggling children to certain intensive reading and math interventions in pre-kindergarten and kindergarten, when their minds were still at their most **pliable**, you could significantly reduce or even eliminate that lag.　　　2010-1차-12

연구에서 좋은 소식은 어린이집과 유치원에서 어려움을 겪고 있는 아이들에게 집중적 읽기와 수 조정을 노출시키면, 그들의 사고방식이 아직 가장 유연할 때 그 지연을 크게 줄이거나 없앨 수 있다는 것이다.

35
☐ **jaunt**
[dʒɔːnt]

n 짧은 여행

syn excursion, jog, junket, ramble, safari

"Medieval Monsters" takes the visitor on a **jaunt** through Europe's Middle Ages via its beasties.　　　2020-A-11

"Medieval Monsters"는 당대의 상징적 짐승들을 통해 유럽의 중세 시대를 탐험하는 곳으로 방문객들을 짧은 여행으로 안내한다.

36
☐ **buck**
[bʌk]

n 1. (화폐의) 달러
　 2. 수사슴, 수토끼

syn 1. dollar
　 2. bull, stag, hart

v 날뛰다

A **buck** an hour! Do you gather my meaning?　　　2011-1차-38

시간당 1달러! 내 말 알아들어?

37
☐ **sac**
[sæk]

n 주머니, 낭

syn pollen sac, embryonic sac

In the region of their intestines the animals have a special **sac**-like organ.　　　2022-A-11

동물들은 내장 부위에 특이한 주머니 모양의 기관을 갖고 있다.

38
☐ **pilgrimage**
[pílgrəmidʒ]

n 순례, 성지 참배

syn crusade, excursion, expedition, tour, trip

My **pilgrimages** last mile; and my race.　　　2017-A-11

내 순례의 마지막 구간이며, 내 인생의 마지막 구간이다.

39

□ **entomologist**
[èntəmáləʤist]

[n] 곤충학자

[syn] butterfly collector, bugologist, bug-hunter, zoologist

One **entomologist** said that all these devices do is amuse us; they are otherwise ineffective.   2013-1차-13

한 곤충학자는 이러한 장치들이 하는 모든 일은 우리를 기쁘게 만드는 일뿐이며, 그렇지 않으면 그들은 쓸모가 없다고 말한다.

40

□ **revert**
[rivə́ːrt]

[v] 되돌아가다, 복귀하다;
(발길을) 돌리다

[syn] degenerate, go back, hark back, react, regress

After an emphasis on improving the designs of cars and roads in recent years, the auto-safety focus now is **reverting** to what used to be called "the nut behind the wheel."   2008-전국-5

최근 몇 년 동안 자동차와 도로의 디자인을 개선하는 데 중점을 둔 후, 이제 자동차 안전의 초점은 "운전대를 잡은 멍청이" 라고 불리는 것으로 되돌이 가고 있다.

Daily Quiz

Choose the synonyms.

01. enhance	·	· ⓐ analysis, therapy
02. questionnaire	·	· ⓑ burden, chain, enslavement
03. classical	·	· ⓒ blemish, defect, failing, fault
04. flaw	·	· ⓓ devastate, destroy, crush, bankrupt, decimate
05. psychoanalysis	·	· ⓔ classic, humanistic, Doric, greek, grecian
06. yoke	·	· ⓕ diagnose, identify, recognize, distinguish, finger
07. ruin	·	· ⓖ application, census, sampling, survey, canvass
08. pinpoint	·	· ⓗ cloud, dimness, film, fog, fumes
09. haze	·	· ⓘ add to, appreciate, augment, boost, build up
10. meticulously	·	· ⓙ assiduously, carefully, completely, comprehensively

Answer Key 01. ⓘ 02. ⓖ 03. ⓔ 04. ⓒ 05. ⓐ 06. ⓑ 07. ⓓ 08. ⓕ 09. ⓗ 10. ⓙ

⚡ 최빈출 어휘

01 □ likely
[láikli]

adj 그럴듯한, 할 것 같은, 그럴싸한   syn acceptable, expected, fair, feasible, inclined, possible, prone, reasonable

The most **likely** interpretation here is that the performer played the harpsichord as if it were a piano.   2004-서울·인천-3
여기서 가장 그럴듯한 해석은 연주자가 하프시코드를 마치 피아노인 것처럼 연주했다는 것이다.

02 □ negotiation
[nigòuʃiéiʃən]

n 협상, 교섭, 절충, 협의   syn arbitration, compromise, conference, consultation, debate

According to W. Ury and R. Fisher's best-selling book, you can walk away from any **negotiation**.   2020-A-8
W. Ury와 R. Fisher의 베스트셀러 책에 따르면, 당신은 어떤 협상이든 그만둘 수 있다.

03 □ promote
[prəmóut]

v 촉진하다, 홍보하다; 승진시키다   syn advertise, advocate, benefit, bolster, boost

Mr. Kim and Ms. Jo, English teachers, attended a workshop for language teachers where they both gained a lot of useful information to **promote** student learning.   2019-B-8
영어 교사인 김 선생님과 조 선생님은 언어를 가르치는 선생님을 위한 연수에 참석하여 학생들의 학습을 촉진하는 데 유용한 정보를 많이 얻었다.

04 □ relevant
[réləvənt]

adj 관련 있는, 적절한; 유의미한   syn admissible, applicable, compatible, consistent, germane

According to this argument, the learning of skills is assumed to start with the explicit provision of **relevant** declarative knowledge and, through practice, this knowledge can hopefully convert into ability for use.   2018-A-1
이 주장에 따르면, 기술의 학습은 관련 있는 선언적 지식의 명시적 제공에서 시작하는 것으로 추정되고, 바라건대 연습을 통해 이 지식이 사용할 만한 능력으로 바뀔 수 있다.

05 ☐ **reduce**
[ridúːs]

ⓥ 줄이다, 축소하다, 낮추다, 인하하다; 체중을 줄이다

syn curtail, cut, cut down, diminish, dwindle

When it comes to climate, what counts is not only what humans do to **reduce** the buildup of greenhouse gases, but also how the earth responds.
2016-A-11

기후와 관련하여 중요한 것은 인간이 온실가스 축적을 줄이기 위해 하는 일뿐만 아니라 지구가 이에 반응하는 방식이다.

06 ☐ **motivate**
[móutɪvèit]

ⓥ 동기를 부여하다, 이유가 되다; 이유를 말하다

syn drive, galvanize, incline, inspire, prompt

John **motivated** Sue to study harder.
2019-B-6

John은 Sue에게 더 열심히 공부하도록 동기를 부여했다.

07 ☐ **autism**
[ɔ́ːtizm]

ⓝ 자폐증

syn mutism

There's no shortage of therapies for **autism**, some of which work well, some not so well.
2019-A-13

자폐증에 대한 치료법은 부족하지는 않은데, 일부는 효과가 있고 또 일부는 효과가 잘 없을 뿐이다.

08 ☐ **routine**
[ruːtíːn]

ⓝ 관례; 판에 박힌 일, 일상의 일

syn act, custom, cycle, drill, groove

adj 일상의, 정기적인; 틀에 박힌

syn habitual, conventional, ordinary, periodic, regular

A negotiation **routine** may have a sequence of four components.
2020-B-4

협상 관례는 네 가지 구성 요소에서 일련의 순서를 가질 수 있다.

09 ☐ **administer**
[ədmínistər]

ⓥ 1. 약을 투여하다
2. 관리하다, 운영하다
3. (정식으로) 주다, 부여하다

syn 1. medicate
2. carry out, conduct, execute
3. apply, authorize, deliver

The court of appeals erred in rejecting the petitioner's argument that allowing the government to **administer** antipsychotic medication against his will.
2013-1차-10

항소법원은 정부로 하여금 어떤 사람의 의지에 반하여 항정신성 의약품을 투약하게 하는 청원자의 주장을 거부함에 있어 실수를 했다.

10 ☐ **constant**
[káːnstənt]

adj 끊임없는, 거듭되는, 변함없는

syn consistent, continual, nonstop, perpetual, regular

ⓝ 정수, 상수(수학)

syn whole number

From the very beginning of school we make books and reading a **constant** source of possible failure and public humiliation.
2018-A-2

학창 시절의 아주 처음부터 우리는 책과 독서를 잠재적 실패와 공개적 굴욕의 끊임없는 원천으로 여긴다.

11 ☐ intrinsically
[intrínsikəli]

| adv 본질적으로 | syn alone, as such, by and of itself, by definition, by its very nature |

The adoption of norms enables us to reason about what is right and wrong, but these norms have an emotional underpinning that **intrinsically** provides a connection between morality and action.　　　2013-1차-12

규범의 채택은 우리가 옳고 그른 것에 대해 추론할 수 있게 해주지만, 이러한 규범은 본질적으로 도덕성과 행동 사이의 연관성을 제공하는 정서적 토대를 가지고 있다.

12 ☐ distress
[distrés]

| n 1. (정신적) 고통, 괴로움 | syn 1. pain, agony, ache, affliction, anguish |

2. 고충, 곤경, 역경 　　　2. hardship, adversity, bummer, calamity, catastrophe

| v 괴롭히다, 고통스럽게 하다 | syn annoy, vex |

More recently, though, a backlash has been growing against the pre-academic approach among educators and child psychologists who believe that kindergarten should be a garden of delight, not a place of stress and **distress**.　　　2010-1차-12

하지만 더욱 최근에는, 유치원은 스트레스와 고통의 장소가 아닌 즐거움의 정원이어야 한다고 믿는 교육자와 아동 심리학자들 사이에서 공교육 시작 전의 교육 방식에 대한 반발이 커지고 있다.

13 ☐ effectiveness
[iféktivnis]

| n 효과, 유효(성) | syn capability, clout, effect, efficacy, efficiency |

T: What does the literature say about its **effectiveness**?　　　2018-A-3

교사: 문헌은 그 효과에 대해 뭐라고 말하나요?

14 ☐ urge
[əːrdʒ]

| n (강한) 충동, 욕구 | syn desire, appetite, compulsion, craving, impulse |

| v (~하도록) 충고하다, 설득하려 하다, 강력히 권고하다, 촉구하다 | syn advise, advocate, appeal to, ask, commend |

According to another, it serves as an innate **urge** to exercise a certain faculty.　　　2011-1차-11

다른 이론에 따르면, 그것은 어떤 재능을 발현시키기 위한 내적 충동으로써 기능한다.

15 ☐ contestant
[kəntéstənt]

| n 1. 참가자 | syn 1. aspirant, candidate, challenger, contender, entrant |

2. 이의 신청자, 항변자 　　　2. demurrant, rebutter

At a high school English writing contest, **contestants** were given the instructions in the box and completed their compositions.　　　2014-A-기7

고등학교 영어 작문 대회에서, 참가자들은 박스 안의 지시문을 제시받고 영작을 완료했다.

16
☐ bonsai
[báːnsai]

[n] 분재, 분재술

[syn] topiary, grasses, alpines, shrubs, cacti

Cruelly tethered since her birth, they are like **bonsai** trees, miniature versions of what should have been. *2010-2차-4*

태어날 때부터 잔인하게 묶인 그들은 마치 분재 나무와 같아야 했던 축소형 모델 같다.

17
☐ coordination
[kouɔ̀ːrdənéiʃən]

[n] 1. 조직(화), 합동, 조화, (신체 동작의) 조정력
2. 등위 관계

[syn] 1. engineering, planning, strategy, organization, plans

Second, **coordination** losses, caused by "the lack of simultaneity of their efforts," also interfere with performance. *2017-A-2*

둘째로, "노력의 동시성 결핍"으로 야기되는 조직화 손실 역시 성과를 방해한다.

18
☐ prescribed
[priskráibd]

[adj] 미리 정해진, 규정된

[syn] arbitrary, recommended, ethical, magistral, prescriptive

For example, the ways a doctor and a patient will interact are largely **prescribed** in the roles of "doctor" and "patient." *2008-전국-2*

예를 들어, 의사와 환자가 소통하는 방법은 대체로 의사와 환자의 역할 안에서 미리 정해질 것이다.

19
☐ neglected
[nigléktid]

[adj] 경시된, 방치된, 도외시된

[syn] decayed, deserted, ignored, overlooked, spurned

With the right software, they could help make science tangible or teach **neglected** topics like art and music. *2014-A-기10*

적절한 소프트웨어를 사용하면, 과학을 실체화하거나 미술 및 음악과 같이 경시되는 주제를 가르치는 데 도움이 될 수 있다.

20
☐ affection
[əfékʃən]

[n] 1. (이성에 대한) 애정; 애착, 보살핌
2. 질병, 질환

[syn] 1. affectionateness, fondness, protectiveness, respect
2. malady, disease

From the moment his only study was how to gain the **affections** of the peerless daughter of Van Tassel. *2008-서울·인천-14*

그 순간부터 그의 유일한 고민은 Van Tassel의 뛰어나기가 비할 데 없는 딸의 애정을 얻는 방법에 관한 것이었다.

21
☐ quantitative
[kwάːntətətiv]

[adj] 양적인

[syn] perceptible, significant, calculable, mensurable, assessable

They attack play with **quantitative** methods without paying attention to its aesthetic quality. *2011-1차-11*

그들은 미학적 내용에는 주의를 기울이지 않고, 정량적인 방법으로 그 놀이를 공격한다.

해커스임용 트랜쉬 · Sam Park 전공영어 기출보카 1800+

22

☐ **inherent**
[inhíərənt]

adj 내재하는

syn built-in, constitutional, intrinsic, deep-rooted, deep-seated, essential

A woman's purse, which after all does have some **inherent** capacity for breaking down, hardly ever does.　　　　　　　　2019-B-5

여자 지갑은 고장나는 것과 관련된 그 내재된 능력으로 인해 거의 그렇게 되는 법이 없다.

23

☐ **grab**
[græb]

v 1. (와락·단단히) 붙잡다, 움켜잡다, ~을 잡으려고 하다

2. 횡령하다, 가로채다, 빼앗다

3. 마음을 사로잡다, 자극하다

n 와락 잡아채려고 함

syn 1. catch, clutch, grasp, grip

2. embezzle, misappropriate, snatch, steal, deprive

3. capture, captivate, arouse

syn capture

You vengeful, spiteful mut! [Biff breaks from Happy. Willy, in fright, starts up the stairs. Biff **grabs** him.]　　　　　　　2011-1차-38

복수심과 앙심으로 가득찬 너란 녀석! (Biff는 Happy에게서 떨어진다. Willy는 겁에 질려 계단을 올라 간다. Biff가 그를 붙잡는다.)

24

☐ **ungrateful**
[ʌngréitfəl]

adj 배은망덕한, 감사할 줄 모르는, 은혜를 모르는

syn unappreciative, unthankful, thankless

For it is a good general rule about men, that they are **ungrateful**, fickle, liars and deceivers, fearful of danger and greedy for gain.　　2008-서울·인천-3

왜냐하면 배은망덕하고 변덕스러우며, 거짓말쟁이이자 사기꾼이며, 위험을 두려워하고 이득에 탐욕스 럽다는 것이 사람들에 대한 합당한 일반적인 원리이기 때문이다.

25

☐ **reincarnate**
[rì:inkɑ́:rneit]

v 환생하다

adj 환생한, 다시 태어난

syn rebirth, metempsychosis, samsara

syn reborn, redivivus

Of course, it is possible that future programs will not only produce Mozart-like compositions, but surpass the talented young Austrian and generate super-Mozart compositions – music that would **reincarnate** the apotheosis of the boy genius.　　　　　　　2013-1차-11

물론 미래의 프로그램은 모차르트와 같은 작곡을 할 수 있을 뿐만 아니라, 재능 있는 젊은 오스트리아인 을 능가하고 모차르트를 뛰어넘는 작곡, 즉 천재 소년의 절정을 환생시키는 음악을 만들어 낼 수도 있다.

26

☐ **introspection**
[intrəspékʃən]

n 자기 성찰, 내성

syn reflection, contemplation, meditation

This shift in styles is completely unconscious and automatic; indeed, it takes some concentration and hard **introspection** to realize that we each use a formal and an informal style on different occasions.　　2008-전국-8

이러한 방식의 변화는 완전히 무의식적이고 자동적이다. 실제로, 우리가 각각의 다른 경우에서 형식적· 비공식적인 방식을 사용한다는 것을 깨닫기 위해서는 약간의 집중과 면밀한 자기 성찰이 필요하다.

27

☐ **acquaintance**
[əkwéintəns]

n 지식; 아는 사람, 지인; 면식, 친분　　syn associate, colleague, friend, companion, neighbor

Even a superficial **acquaintance** with the existence, through millennia of time, of numberless human beings helps to correct the normal adolescent inclination to relate the world to oneself instead of relating oneself to the world.　　　　　　　　　　　　　　　　　　　　　　　　　　2014-A-기6

수천 년 동안 있었던 수없이 많은 인간들에 대한 존재의 피상적인 지식조차도 자신을 세상의 중심으로 생각하며 연관시키는 대신, 세상을 자신의 중심으로 연결 짓는 평범한 청소년기의 경향을 고치는 데 도움이 된다.

28

☐ **spur**
[spəːrd]

v 자극하다, 박차를 가하다　　syn arouse, drive, propel, push, spark

We are **spurred** to action by slogans and catchwords rather than by the concrete realities they embody.　　　　　　　　　　　　2008-전국-1

우리는 그것들이 구현해내는 구체적 현실에 의해서라기보다는 구호와 캐치프레이즈에 의해서 행위하도록 자극받는다.

29

☐ **brimming**
[brímiŋ]

adj 넘쳐흐르는, 가득차게 부은　　syn filled, crammed, crowded, full, flush

Some laughed to see how soundly he slept; and several, whose hearts were **brimming** with scorn, spoke aloud their criticism of David Swan.
　　　　　　　　　　　　　　　　　　　　　　　　　　　　　　2015-A-기8

몇몇 사람들은 그가 얼마나 깊이 잠들어 있는지를 보며 웃었고, 비웃음으로 가득찬 마음을 가진 몇몇은 David Swan에 대해 비난하기도 하였다.

30

☐ **standstill**
[stǽndstil]

n 멈춤, 정지　　syn dead end, deadlock, impasse, stalemate, arrest

After a year of this my mother noticed that my education was at a **standstill** and sent me to the oculist.　　　　　　　　2009-1차-39

이 일이 있고 난 1년이 지난 후 어머니는 나의 교육이 멈춰있음을 깨닫고 나를 안과 의사에게 보냈다.

31

☐ **strive**
[straiv]

v 노력하다, 힘쓰다, 분투하다　　syn aim, endeavor, go all out, seek

He paid at the desk and forgetting to take up the odd penny of his change, being called back by the cashier, and finally, **striving** to hide his blushes as he left the shop by examining the parcel to see if it was securely tied.
　　　　　　　　　　　　　　　　　　　　　　　　　　　　　　2016-A-9

그는 계산대에서 계산하면서 잔돈 받는 것을 잊어버렸는데, 계산원이 그를 다시 불렀을 때 물건 꾸러미가 잘 묶였는지 확인하고 가게를 떠나며 그의 부끄러움을 감추고자 노력했다.

32

☐ **aphoristic**
[æ̀fərístik]

adj 격언체의, 경구적인, 금언적인　　syn apothegmatic, compact, crisp, concise, epigrammatic

The sentence seems to be very **aphoristic** for us.　　2009-1차-10 변형

그 문장은 우리들에게 참 좋은 격언인 것 같다.

33
☐ **bliss**
[blis]

n 축복, 더 없는 행복, 지복

syn euphoria, happiness, joy, paradise, beatitude

Love, how it sells poor **bliss** for proud despair!   2017-A-5
사랑이란 그 대단한 절망에 비해 얼마나 초라한 축복이던가!

34
☐ **secrete**
[sikríːt]

v 1. 분비하다
2. (특히 작은 것을) 감추다, 은닉하다, 비밀로 하다, 숨기다

syn 1. excrete
2. hide, conceal

In this situation species such as the deep-water squid *Heteroteuthis* **secrete** a luminescent ink, creating a brief flash of light which is thought to confuse a potential predator just long enough for an escape to be affected.   2022-A-11
이 상황에서 심해 오징어 'Heteroteuthis' 같은 종은 발광 먹물을 분비하여, 잠재적인 포식자를 혼란스럽게 하는 것으로 생각되는 짧은 빛의 섬광을 만든다.

35
☐ **ashamed**
[əʃéimd]

adj 부끄러운, 창피한, 수치스러운; 꺼려지는

syn apologetic, bashful, contrite, distraught, distressed

In any case, the child who has made the mistake knows he has made it, and feels foolish, stupid, and **ashamed**, just as any of us would in his shoes.   2018-A-2
어쨌든, 실수를 저지른 아이는 자신이 저지른 것을 알고, 우리 중 누구라도 그의 입장이 되어보면 그러하듯이 자기 자신을 어리석고 멍청하게 여기고 부끄러워할 것이다.

36
☐ **foil**
[fɔil]

n 저지, 패배, 격퇴

syn contrast, antithesis, defense

v 좌절시키다, 저지하다

syn thwart, counterblow, defense

In the first half of the 20th century, Gestalt psychology served as the **foil** to behaviorism.   2010-1차-14
20세기 전반기에, 인지주의 심리학은 행동주의를 저지하는 역할을 했다.

37
☐ **dire**
[daiər]

adj 끔찍한, 대단히 심각한, 엄청난, 지독한, 몹시 나쁜

syn acute, critical, desperate, drastic, extreme

The WHO report was a sober warning of a **dire** future, but globally, progress is slowly being made.   2020-A-12
세계 보건 기구의 그 보고서는 일종의 끔찍한 미래에 대한 진지한 경고였지만, 전세계적으로 진전은 천천히 이루어지고 있다.

38
☐ **sacred**
[séikrid]

adj 성스러운, 신성시되는, 종교적인

syn cherished, divine, hallowed, religious, revered

Each society regards its central ideologies as **sacred** and tolerates no questions with respect to them.   2011-1차-10
모든 사회는 핵심 이념을 성스럽게 여기며 그것에 대한 의문을 용인하지 않는다.

39

☐ **conscientious**
[kɑ̀ːnʃiénʃəs]

[adj] 성실한, 양심적인

[syn] painstaking, careful, scrupulous

We're really proud of you, Johnnie, for raising your grades this term, and by continuing the same **conscientious** efforts next term, your algebra grade can be up with all the others. **2008-서울·인천-1**

우리는 Johnnie 너가 이번 학기에 성적을 올린 것에 대해 정말 자랑스럽고, 다음 학기에도 이와 같은 성실한 노력을 계속하면 대수학 성적과 같이 다른 모든 성적도 함께 오를 수 있어.

40

☐ **emblematic**
[èmbləmǽtik]

[adj] 전형적인, 상징적인

[syn] typical, characteristic, emblematical, exemplary, figurative

Dweck points to one **emblematic** growth mindset CEO who hired according to "runway," not pedigree, preferring big state university graduates and military veterans to Ivy Leaguers. **2015-A-기1**

Dweck은 학벌이 아닌 "활주로 방식"에 따라 직원을 고용했고, 아이비리그 출신보다 평범한 주립대학 졸업생과 군 예비역을 선호한 전형적인 성장 마인드를 가진 최고 경영자를 지목한다.

해커스임용 도원우 · Sam Park 전공영어 기출보카 1800+

Daily Quiz

Choose the synonyms.

01. negotiation ·

02. motivate ·

03. intrinsically ·

04. effectiveness ·

05. bonsai ·

06. inherent ·

07. ungrateful ·

08. introspection ·

09. brimming ·

10. aphoristic ·

· ⓐ apothegmatic, compact, crisp, concise, epigrammatic

· ⓑ capability, clout, effect, efficacy, efficiency

· ⓒ arbitration, compromise, conference, consultation

· ⓓ unappreciative, unthankful, thankless

· ⓔ topiary, grasses, alpines, shrubs, cacti

· ⓕ built-in, constitutional, intrinsic, deep-rooted

· ⓖ filled, crammed, crowded, full, flush

· ⓗ alone, as such, by and of itself, by definition

· ⓘ reflection, contemplation, meditation

· ⓙ drive, galvanize, incline, inspire, prompt

Answer Key 01. ⓒ, 02. ⓙ, 03. ⓗ, 04. ⓑ, 05. ⓔ, 06. ⓕ, 07. ⓓ, 08. ⓘ, 09. ⓖ, 10. ⓐ

⚡ 최빈출 어휘

01 utterance
[ʌ́tərəns]

n 말, 입 밖에 냄, 발언

syn assertion, pronouncement, announcement, articulation, asseveration

For learning to be effective, such help should be provided to a student through interaction like the teacher's **utterances** offered to aid the student in the above dialogue. **2018-A-7**

효과적인 학습을 위해, 위의 대화에서 나타나는 학생을 돕기 위해 제공되는 교사의 말과 같은 상호작용을 통한 도움이 학생에게 제공되어야 한다.

02 assign
[əsáin]

v 1. 맡기다, 배정하다, 부과하다; 선임하다, 파견하다, 배치하다
2. 양도하다, 위탁하다
3. (시일을) 정하다

syn 1. accredit, allow, appoint, attach, authorize
2. transfer
3. fix, set, appoint

In a world they never made, people must learn to play their **assigned** parts. **2008-전국-2**

자신들이 결코 만든 적 없는 세상 속에서, 사람들은 그들에게 맡겨진 역할을 수행하도록 학습해야 한다.

03 instead of

~ 대신에

syn contrary to, in reverse, on the contrary, oppositely

Actually, I was wondering why you gave us a test **instead of** going directly into the textbook. **2018-A-13**

사실, 당신은 교과서에 바로 들어가는 대신 우리에게 시험을 왜 치게 했는지 궁금했다.

04 label
[leibəl]

n 라벨, 상표

syn marker, tag, logo, item number, stamp

v 꼬리표를 붙이다; (필요한 정보를) 적다

syn characterize, classify, define

The experiment shows that American mothers used twice as many object **labels** as Japanese mothers. **2015-A-서1**

실험에 따르면 미국인 어머니는 일본인 어머니보다 물건 표시용 라벨을 두 배 더 많이 사용했다.

05
despite
[dispáit]

prep ~에도 불구하고, 자기도 모르게, 엉겁결에

syn in spite of, although, even with, even though, in contempt of

Despite the survey results, not all employees will be happier in growth mindset organizations, Dweck acknowledges. 2015-A-기1

설문조사의 결과에도 불구하고, 모든 직원들이 성장 사고방식의 조직에서 더 행복해지는 것은 아니라고 Dweck은 인정한다.

06
participant
[pɑːrtísəpənt]

n 참가자, 피실험자

syn subject, member, partner, player

Instead of randomly assigning **participants** to drinking and non-drinking groups, though, 47 of the 54 studies compared people who were already having one drink daily to people who were already teetotaling. 2018-A-14

참가자들을 음주 및 비음주 그룹에 무작위로 할당하는 대신, 54개의 연구 중 47개에서는 이미 매일 술 한 잔을 마신 사람들과 이미 금주한 사람들을 비교했다.

07
treatment
[tríːtmənt]

n 1. 치료, 처치

2. 대우, 처우, 처리; (예술 작품 등을) 다룸, 논의

syn 1. cure, hospitalization, medication, operation

2. handling, approach, management

Both groups had received similar **treatments**. 2019-A-13

두 집단 모두 비슷한 치료를 받았다.

08
supply
[səplái]

v 제공하다, 공급하다

n 공급, 비축(량); 보급품

syn provide, endow, furnish

syn bed, cornice, retrofit, rim

Some are more difficult to **supply** than others, and in some cases there are several possible answers. 2008-서울·인천-15

일부는 다른 것보다 제공하기가 더 어렵고, 경우에 따라 몇 가지 가능한 답변이 있다.

09
passion
[pǽʃən]

n 열정; 격정, 격노, 울화통

syn affection, anger, ardor, dedication, devotion

The fact is, Susan has practiced very hard and with great **passion**. 2012-2차-1

사실은, Susan이 엄청난 열정으로 매우 열심히 연습했다.

10
impressionist
[impréʃənist]

adj 인상주의의

n 1. 인상파 화가

2. 유명인의 흉내를 내는 연예인

syn 1. classicist, romanticist

2. mime, actor, copycat

Up to the age of five I enjoyed the privileges of myopia, seeing the world in a glorious haze like an **impressionist** painting. 2009-1차-39

5살이 될 때까지 나는 근시의 특권을 누렸는데, 이는 마치 인상주의 그림의 영광스러운 연무 속의 세상 같은 것을 보는 느낌이었다.

11 □ compound
[kάːmpaund]

v	~로 구성되다, 혼합하다	syn	combine, mix, associate
n	복합체, 화합물, 혼합물	syn	admixture, alloy, amalgam, amalgamation
adj	합성의, 복합의	syn	aggregate

It matters not whether these ideas are **compounded** into myths or into scientific truths about the universe.　　　　2008-서울·인천-4

이러한 생각이 신화로 구성되는지 아니면 우주에 대한 과학적 진리로 구성되는지는 중요하지 않다.

12 □ alternation
[ɔ̀ːltərnéiʃən]

| n | 교대, 교체 | syn | interchange, rotation, shift, transposition, variation |

While all vowels of English (except [ə]) can occur in stressed syllables, many of these vowels reveal **alternations** with an [ə] in reduced syllables in morphologically related words, as shown in (1).　　　　2017-A-3

[ə]를 제외한 모든 영어 모음은 강세가 있는 음절에 나타날 수 있지만, 이러한 모음 중 상당수는 (1)에서 보이는 것과 같이 형태학적으로 관련된 단어의 축약된 음절에서 [ə]의 대안으로 나타난다.

13 □ justify
[dʒʌ́stəfài]

| v | 정당화하다, 타당함을 보여주다, 해명하다, 옹호하다 | syn | advocate, condone, confirm, countenance, defend |

Convinced we are **justified** and acting realistically, we are quick to defend our aggressive stance.　　　　2013-1차-13

우리에게 정당한 명분이 있고, 현실적으로 행위하고 있음을 확신할 때, 우리는 재빨리 우리의 적극적 입장을 옹호한다.

14 □ gasp
[gæsp]

| n | 헐떡거림, 숨막힘 | syn | exclamation, whoop |
| v | 숨이 턱 막히다, 헉 하고 숨을 쉬다, 숨을 제대로 못 쉬다 | syn | blow, ejaculation, gulp |

With the last **gasp** for life of Gellert, John heard the cry of his child from beneath the overturned cot.　　　　2009-1차-38

Gellert의 마지막 헐떡임과 동시에, John은 뒤집힌 아기침대 아래에서 들려오는 그의 아이의 울부짖음을 들었다.

15 □ enculturation
[inkʌ̀ltʃəréiʃən]

| n | 문화화, 문화 적응 | syn | acculturation, fostering, socialization, fosterage, upbringing |

These different emotions are a result of the unique kind of **enculturation** that has shaped the individual's personality.　　　　2008-서울·인천-5

이러한 서로 다른 감정들은 개인의 성격을 형성시킨 독특한 종류의 문화화의 결과이다.

16 ☐ incidental
[insədéntl]

[adj] 부수적인, 우연한, ~에 따르기 마련인, 부수적인 일의

[syn] accidental, ancillary, casual, coincidental, random

For example, some have wondered if **incidental** L2 learning is possible as a consequence of doing something else in the L2. **2018-A-1**

예를 들어, 몇몇 사람들은 제2언어 학습에서 다른 무언가를 수행한 결과로써 부수적인 제2언어 학습이 가능할지 궁금해했다.

17 ☐ perplex
[pərpléks]

[v] 당황하게 만들다

[syn] astonish, astound, baffle, befuddle, bewilder

Ever since decoding the human genome, scientists have been **perplexed** by the long strands of our DNA that appear to do nothing. **2015-B-서2**

인간 게놈을 해독하기 시작한 후, 과학자들은 아무 일도 하지 않는 것처럼 보이는 DNA의 긴 가닥에 당황했다.

18 ☐ infection
[infékʃən]

[n] 감염, 전염병

[syn] bug, disease, epidemic, flu

But when those disorders were classified as "bacillus **infections**," courses of action were suggested that led to more predictable results. **2010-1차-10**

그러나 이러한 장애가 "간균 감염"으로 분류되었을 때, 더 예측 가능한 결과를 가져오게 하는 행동 과정이 제안되었다.

19 ☐ editor
[édətər]

[n] 편집자, 편집장

[syn] copyholder, copyreader, deskman, newspaperperson

When the late Lord Northcliffe found a newspaper using a picture of him which he didn't want published, he wrote the **editor** a letter. **2011-1차-9**

고 Northcliffe 경은 그가 출판하고 싶지 않은 자신의 사진을 사용한 신문을 발견했을 때, 그 편집자에게 편지를 썼다.

20 ☐ surge
[sərdʒ]

[n] (강한 감정이) 치밀어 오름

[syn] deluge, flood, flow, growth, outpouring

[v] (재빨리) 밀려들다; (강한 감정이) 휘감다

[syn] climb, flow, grow, rise, stream

He would never have been so simple to leave a mark in a place where 'twas ten thousand to one whether I should ever see it or not, and in the sand too, which the first **surge** of the sea upon a high wind would have defac'd entirely. **2019-A-7**

그는 만분의 일이라도 내가 볼 수 있는 가능성이 있는 곳에 흔적을 남길 만큼 단순한 존재는 아니었을 것이고, 강한 바람으로 인한 바다의 첫 치밀어 오름으로 그것을 완전히 제거했을 수도 있었던 것이었다.

21 ☐ ecosystem
[íːkousistəm]

[n] (특정 지역의) 생태계

[syn] environs, ecological community

From an early age, Silva saw the damage that reckless business interests were doing to Brazil's **ecosystem**. **2009-1차-13**

Silva는 어릴 때부터 앞뒤를 가리지 않는 기업의 이윤 추구가 브라질의 생태계에 미치는 피해를 목격했다.

22
☐ **scorn**
[skɔːrn]

ⓝ 경멸, 멸시

ⓥ 경멸하다, 멸시하다

syn ridicule, sarcasm, mockery

syn mock, contempt

But disapproval, praise, amusement, **scorn**, and indifference, were all one, or rather all nothing, and had no influence on the sleeping David Swan.

2015-A-기8

그러나 못마땅함, 칭찬, 오락, 경멸, 무관심은 모두 하나이거나 오히려 아무것도 아니었고, 잠자는 David Swan에게는 영향을 미치지 않았다.

23
☐ **moustache**
[mʌ́stæʃ]

ⓝ 콧수염

syn barba, fiber, fur, grass, haircut

A deep-focus **moustache** appeared on an art mistress whom I had considered beautiful.

2009-1차-39

내가 아름답다고 생각했던 여자 예술가에게 긴 콧수염이 자랐다.

24
☐ **roistering**
[rɔ́istəriŋ]

adj 울부짖는, 떠들썩하니 노는

syn jollify, revel, make happy, carouse, riot

Among these, the most formidable was a burly, roaring, **roistering** blade, of the name of, the hero of the country round which rang with his feats of strength and hardihood.

2008-서울·인천-14

이 중 가장 강력한 사람은 힘과 대담함의 위업이 울려 퍼졌던 전국 대회의 우승자인 Brom Van Brunt 라는 이름의 건장하고 포효하며 울부짖는 칼날이라는 별명을 가진 자였다.

25
☐ **sprint**
[sprint]

ⓥ 빨리 달려 가다, 전력 질주하다

ⓝ 단거리 경기

syn dart, scamper, scoot

syn dash, rush

I kept waiting for the thud of your crash as I **sprinted** to catch up.

2012-2차-2

나는 자전거가 쿵쿵 넘어질 때를 기다리며 보았다가 재빨리 달려가 잡아주곤 했다.

26
☐ **greedy**
[grí:di]

adj 탐욕스러운, 욕심 많은

syn covetous, grasping, acquisitive, avaricious, prehensile

For it is a good general rule about men, that they are ungrateful, fickle, liars and deceivers, fearful of danger and **greedy** for gain. 2008-서울·인천-3

왜냐하면 배은망덕하고 변덕스러우며, 거짓말쟁이이자 사기꾼이며, 위험을 두려워하고 이득에 탐욕스 럽다는 것이 사람들에 대한 합당한 일반적인 원리이기 때문이다.

27
☐ **philosophical**
[filəsá:fikəl]

adj 철학의, 철학에 관련된; 달관한 듯한, 냉철한

syn abstract, logical, metaphysical, profound, rational

The traditional **philosophical** responses to the problem of moral motivation have been rationalist: We should be more moral because it would be irrational to do otherwise. 2013-1차-12

도덕적 동기의 문제에 대한 전통적인 철학적 반응은 이성주의적이었다. 그렇지 않게 행위하는 것은 비 합리적이기 때문에 우리는 더 도덕적이어야만 하는 것이다.

28
☐ glimpse
[glimps]

| n | 엿보기, 잠깐 언뜻 봄 | syn | flash, glance |

| v | 짧은 접촉을 하다; 잠깐 언뜻 보다 | syn | check out, peek, descry, espy |

Through the wide doors of the sheds she caught a **glimpse** of the black mass of the boat, lying in beside the quay wall, with illumined portholes.

2008-전국-21

부두 벽 옆쪽에 놓여져 있고, 조명이 켜진 현창이 있는 검은 덩어리의 배를 그녀는 헛간의 넓은 문을 통해 엿볼 수 있었다.

29
☐ nightmare
[náitmer]

| n | 아주 힘든 일; 악몽 | syn | dream, fantasy, hallucination, horror, ordeal |

In practice, computers make our worst educational **nightmares** come true.

2014-A-기10

실제로, 컴퓨터는 교육적으로 실현하기 아주 힘든 것들을 실현하게 해 준다.

30
☐ infinitely
[ínfənitli]

| adv | 무한하게, 한없이, 대단히, 엄청 | syn | unbelievably, boundlessly, very, very much |

Indeed, socialization goes on throughout life and people prove almost **infinitely** capable of learning and unlearning social roles.

2008-전국-2

실제로, 사회화는 인생 전반에 걸쳐 이루어지며, 사람들은 사회적 역할을 배우며 또 새로 배우는 일을 거의 무한하게 할 수 있음을 보여준다.

31
☐ compromise
[kά:mprəmàiz]

| n | 타협, 절충, 절충해서 나온 내용 | syn | accommodation, accord, adjustment, arrangement |

| v | 타협하다 | syn | bargain |

The dog and I have attained a **compromise**; more of a bargain, really.

2015-A-기9

그 개와 나는 정말로 얻는 것이 더 많은 타협을 했다.

32
☐ flinch
[flintʃ]

| v | 움찔하다, 주춤하다 | syn | balk, blanch, blink, cower, cringe |

Flinching from this unusual clarity I went to school and sat in my usual place at the morning assembly, unrecognizable in a nose-pinching pair of wire-framed specs.

2009-1차-39

이 비정상적인 선명도에서 벗어나 나는 학교에 갔고 아침 조회에서 평소 자리에 앉았는데, 코를 찌르는 철사 안경 때문에 물건이 식별되지 않는 상황이었다.

33
☐ compress
[kəmprés]

| v | 꾹 누르다, 압축하다; 요약하다 | syn | condense, summarize |

When threatened the animal has the ability to **compress** the ink sac and squirt a jet of the liquid from its anus.

2022-A-11

위협을 받으면 그 동물은 먹물 주머니를 꾹 눌러서, 항문에서 액체를 분출할 수 있다.

34
☐ **stainless**
[stéinlis]

[n] 스테인리스제 식기류

[syn] stainless utensil

[adj] 때 끼지 않은, 얼룩지지 않은; 녹슬지 않는; 흠 없는, 결백한

[syn] chaste, exemplary, immaculate, pure, spotless

An acupuncture needle is just a thin piece of **stainless** steel without pharmacological properties. **2009-1차-11**

침술 바늘은 약리학적 특성이 없는 그저 얇은 스테인리스 스틸 조각이다.

35
☐ **kinesthetic**
[kìnəsθétik]

[adj] 운동 감각(성)의

[syn] bodily, physical, corporal, corporeal, proprioceptive

A fourth category is **kinesthetics** (also called haptics), meaning touching or making physical contact with someone. **2017-A-8**

네 번째 범주는 촉각이라고도 하는 운동 감각으로, 누군가를 만지거나 신체적 접촉을 하는 것을 의미한다.

36
☐ **tether**
[téðər]

[v] (동물이 멀리 가지 못하게 말뚝에) 묶다

[syn] shackle

[n] 밧줄, 사슬

[syn] cord, harness, leash, rope

Cruelly **tethered** since her birth, they are like bonsai trees, miniature versions of what should have been. **2010-2차-4**

태어날 때부터 잔인하게 묶인 그들은 마치 분재 나무와 같아야 했던 축소형 모델 같다.

37
☐ **hummable**
[hʌ́məbl]

[n] 쉽게 흥얼거릴 수 있는

[syn] danceable, singable, tuneful, catchy, melodically

No, Bachweist, what I want from you is the following: a few ceremonial pieces on demand, **hummable**, naturally. **2018-A-6**

아니, Bachweist, 내가 당신에게 원하는 것은 다음과 같아. 주문한 몇 개의 의식용 음악, 자연스럽게 흥얼거릴 수 있는 것 말이지.

38
☐ **sob**
[sάbiŋ]

[v] 흐느껴 울다

[syn] wail, weep, bawl, bewail

Biff's fury has spent itself, and he breaks down, **sobbing**, holding on to Willy, who dumbly fumbles for Biff's face. **2011-1차-38**

Biff의 분노는 스스로를 괴롭혔고, 그는 말없이 Biff의 얼굴을 더듬거리는 Willy를 붙잡고 흐느껴 울었다.

39
☐ **formidable**
[fɔ́ːrmidəbl]

[adj] 강력한, 가공할, 어마어마한

[syn] overwhelming, arduous, awesome

Among these, the most **formidable** was a burly, roaring, roistering blade, of the name of Brom Van Brunt, the hero of the country round which rang with his feats of strength and hardihood. **2008-서울·인천-14**

이 중 가장 강력한 사람은 힘과 대담함의 위업이 울려 퍼졌던 전국 대회의 우승자인 Brom Van Brunt 라는 이름의 건장하고 표효하며 울부짖는 칼날이라는 별명을 가진 자였다.

☐ **mercy**
[mɔ́:rsi]

[n] 자비, 고마운 일

[syn] benevolence, blessing, charity, clemency, forgiveness

Remember how it felt to have your parents unexpectedly produce a younger sibling, or abandon you to the tender **mercies** of kindergarten?

2014-A-기6

부모님이 예기치 않게 동생을 낳거나, 당신을 유치원의 부드러운 자비 속으로 넘겨버리던 느낌을 기억하는가?

Daily Quiz

Choose the synonyms.

01. assign ·

02. treatment ·

03. impressionist ·

04. alternation ·

05. incidental ·

06. surge ·

07. moustache ·

08. sprint ·

09. philosophical ·

10. flinch ·

· ⓐ cure, hospitalization, medication, operation

· ⓑ balk, blanch, blink, cower, cringe

· ⓒ accidental, ancillary, casual, coincidental, random

· ⓓ accredit, allow, appoint, attach, authorize

· ⓔ dart, scamper, scoot

· ⓕ barba, fiber, fur, grass, haircut

· ⓖ classicist, romanticist

· ⓗ deluge, flood, flow, growth, outpouring

· ⓘ abstract, logical, metaphysical, profound, rational

· ⓙ interchange, rotation, shift, transposition, variation

⚡ 최빈출 어휘

01
□ **specific**
[spisífik]

| adj 특정한, 구체적인, 명확한, 분명한 | syn clear-cut, definite, definitive, different, distinct, exact |

| n 특성, 특질 | syn characteristic, trait, feature, property, peculiarity |

Although it is obvious that **specific** languages differ from each other on the surface, if we look closer we find that human languages are surprisingly similar. 　　　　　　　2008-전국-4

비록 표면적으로 특정 언어들은 서로 다른 것이 분명하지만, 자세히 살펴보면 인간 언어들은 놀랍게도 비슷함을 우리는 발견한다.

02
□ **compose**
[kəmpóuz]

| v 1. 구성하다 | syn 1. belong to, build, comprise, consist of, constitute |
| 2. 작곡하다; 작문하다 | 2. conceive, design, devise, form, invent |

The audience is **composed** mostly of people who love it. 　　2014-A-기4

관객은 대부분 그것을 사랑하는 사람들로 구성된다.

03
□ **sort**
[sɔ:rt]

| n 종류, 부류, 유형 | syn array, character, description, kind, lot |
| v 분류하다, 구분하다 | syn categorize, classify |

My father said nothing, but I sensed that he was planning some **sort** of retaliation. 　　　　　　　　2008-전국-3

나의 아버지는 아무 말도 하지 않았지만, 나는 그가 어떤 종류의 복수를 계획하고 있음을 감지했다.

04
□ **emphasize**
[émfəsàiz]

| v 1. 강조하다, 두드러지게 하다 | syn 1. accentuate, affirm, assert, highlight, indicate |
| 2. 역설하다 | |

You don't need to **emphasize** that. 　　　　　　　　2011-1차-9

당신은 그것을 강조할 필요가 없다.

05
☐ **accomplish**
[əkάːmpliʃ]

v 성취하다, 완수하다, 해내다

syn achieve, attain, bring about, carry out, conclude

Computers have the potential to **accomplish** great things.　2014-A-기10
컴퓨터는 엄청난 일을 성취할 수 있는 잠재력을 가지고 있다.

06
☐ **literal**
[lítərəl]

adj 문자 그대로의, 직역의; 상상력이 부족한

syn accurate, actual, authentic, true, unvarnished

Her **literal** mind would require some time to discover the significance of it, but he thought she would be able to see that he forgave her for all she had done to him.　2018-B-2
문자 그대로의 의미만을 아는 그녀가 그것의 중요성을 발견하는 데는 시간이 좀 필요하지만, 그는 그녀가 그에게 저지른 모든 일에 대해 그가 그녀를 용서했다는 것을 알 수 있을 것이라고 생각했다.

07
☐ **inanimate**
[inǽnəmət]

adj 무생물의, 죽은, 죽은 것 같은

syn azoic, dead, defunct, dull, exanimate

Inanimate objects are classified scientifically into three major categories.　2019-B-5
무생물은 과학적으로 세 가지 주요 범주로 분류된다.

08
☐ **chain**
[tʃein]

n 1. 사슬, 쇠줄; 목걸이, 띠
　 2. 일련, 연쇄

syn 1. bracelet, cable
　　 2. conglomerate, group, string, alternation, catena

v (사슬로) 묶다, 매다

syn attach, confine, enslave, handcuff, shackle

I should fret to break the **chain**.　2019-A-10
나는 사슬을 끊기 위해 초조해질 것이다.

09
☐ **diagnose**
[dáiəgnòus]

v 1. 진단하다
　 2. 분석하다, 판단하다

syn 1. examine
　　 2. identify, analyze, determine

A third-grade high school English teacher, Ms. Park, wanted to **diagnose** students' speaking ability.　2012-2차-3
고등학교 3학년 영어를 맡고 있는 박 선생님은 학생들의 발화 능력을 진단해 보기를 원했다.

10
☐ **glide**
[glaid]

n 1. 활음(/j/, /w/)
　 2. 미끄러짐

v 미끄러지듯 가다, 활공하다

syn descend, drift, flit, float, fly

In a number of dialects of British English, a **glide** is inserted in certain environments, as shown in (1) and (2).　2018-B-1
영국 영어의 여러 방언에서, 활음이 (1)과 (2)와 같이 특정 환경에서 삽입된다.

11
☐ **appointment**
[əpɔ́intmənt]

n 1. 약속

2. 임명, 지명
3. (책임 있는) 직위, 직책

syn 1. assignment, consultation, date

2. appointee, nominee
3. approval, certification, responsibility

I'm just waiting for a friend. It's an **appointment** made twenty years ago.

2019-B-3

나는 그저 친구를 기다리고 있는 중이다. 이것은 20년 전에 한 약속이다.

12
☐ **rubber**
[rʌ́bər]

n 고무, 지우개

syn elastic

Not a paper will go unturned; not a **rubber** band will go unboxed.

2010-2차-2

종이도 뒤집지 않은 상태일 것이고, 고무줄도 상자에서 꺼내지지 않을 것이다.

13
☐ **flourish**
[flə́ːriʃ]

v 번성하다, 번창하다, 잘 자라다

n 과장된 동작

syn bloom, blossom, boom, develop, do well

syn embellishment, ornamentation, quirk, twist, curl

From the 16th century onwards, English **flourished**.   2009-1차-9

영어는 16세기부터 계속해서 번성했다.

14
☐ **apparently**
[əpǽrəntli]

adv 1. 겉보기에, 외관상으로는
2. 명백히

syn 1. allegedly, ostensibly, seemingly
2. obviously, clearly, evidently

Helen was living, **apparently**, in peace and happiness with good old Joe.

2016-A-4

겉보기에, Helen은 선량하고 나이든 Joe와 함께 평화롭고 행복하게 살고 있었다.

15
☐ **chasm**
[kǽzəm]

n (사람·집단 사이의) 단절, 큰 차이; (지면·바위의) 깊은 틈

syn gulf, cleavage, crater, crevasse

On the other hand, they may cross cultural boundaries and leap cultural **chasms**.   2020-A-9

한편, 그들은 문화적 경계를 넘어 문화적 단절을 뛰어넘을 수 있다.

16
☐ **unbox**
[ʌ̀nbáks]

v 상자에서 꺼내다

syn take out, unload, uncrate, unlade

Not a paper will go unturned; not a rubber band will go **unboxed**.

2010-1차-2

종이도 뒤집지 않은 상태일 것이고, 고무줄도 상자에서 꺼내지지 않을 것이다.

17
☐ **mist**
[mist]

| n | 엷은 안개, 스프레이, 분무 | syn | cloud, dew, drizzle, fog |
| v | 뿌옇게 되다 | syn | becloud, befog, blur, dim, drizzle |

The boat blew a long mournful whistle into the **mist**.　　2008-전국-21
그 배는 길고 애절한 애도의 호루라기 소리를 엷은 안개 속으로 불어넣었다.

18
☐ **antipsychotic**
[æ̀ntisaikátik]

| adj | 향정신성(병)의 | | |
| n | 향정신병약 | syn | antipsychotic agent, antipsychotic drug, neuroleptic, major tranquilizer |

The court of appeals erred in rejecting the petitioner's argument that allowing the government to administer **antipsychotic** medication against his will.　　2013-1차-10
항소법원은 정부로 하여금 어떤 사람의 의지에 반하여 향정신성 의약품을 투약하게 하는 청원자의 주장을 거부함에 있어 실수를 했다.

19
☐ **fan**
[fæn]

n	1. 팬, 지지자, 옹호자	syn	1. admirer, follower, supporter
	2. 선풍기, 환풍기		2. blade, draft, leaf, propeller, vane
v	부채질을 하다	syn	ventilate, wind

Yes, I am her **fan**. I want her to win and somehow I feel like it's going to happen.　　2012-2차-1
네, 저는 그녀의 팬이에요. 나는 그녀가 우승하기를 바라고 어쨌든 나는 그렇게 되었으면 해요.

20
☐ **horn**
[hɔːrn]

| n | 뿔; 뿔피리 | syn | collide, run into, shove, smack, batter |

A little lamp with a white china shade stood upon the table and its light fell over a photograph which was enclosed in a frame of crumpled **horn**.　　2016-A-9
흰색 도자기 갓이 달린 작은 등불이 탁자 위에 놓여 있었고, 그 빛이 구겨진 뿔 틀에 둘러싸인 사진 위를 비춰주었다.

21
☐ **romp**
[rɑːmp]

| n | 쾌주, 수월한 승리 | syn | rout, antic, cakewalk, cavort, dance |
| v | (떠들어 대며) 즐겁게 뛰놀다 | | |

While we fret about the decreasing cogency of public debate, computers dismiss linear argument and promote fast, shallow **romps** across the information landscape.　　2014-A-기10
우리는 공개 토론의 설득력이 감소하는 것에 대해 조마조마해하지만, 컴퓨터는 1차원적 논쟁을 일축하고 정보 환경에서 빠르면서 피상적인 쾌주를 촉진시킨다.

☐ **might well**

(~하는 것도) 무리가 아니다,
당연하다, 아마 ~일 것이다

syn could well, may well, as well

In an informal setting the same speaker **might well** say 'Want some coffee'?

2008-전국-8

비공식적인 환경에서는 같은 화자가 '커피 원해'라고 말을 해도 무리가 아닌가요?

☐ **biochemical**
[bàioukémǝkǝl]

adj 생화학적인

syn organic

n 생화학 물질

syn zymology, chemistry,
enzymology, zymurgy

Structuring someone's **biochemical** milieu to render him or her mentally competent is a total dream.

2013-1차-10

누군가를 정신적으로 강하게 만들기 위해 누군가의 생화학적 조건을 조작하는 것은 완전히 망상이다.

☐ **strained**
[streind]

adj 왜곡된, 긴장한, 불편한,
부자연스러운, 억지로 꾸민

syn awkward, laboured

Credibility would be **strained**, and we probably would not achieve our objectives of changing Johnnie's attitude toward his studies.

2008-서울·인천-1

신뢰성이 왜곡될 것이고, 우리는 아마도 그의 연구에 대한 Johnnie의 태도를 바꾸려는 우리의 목표를 달성하지 못할 것이다.

☐ **obstinate**
[á:bstǝnǝt]

adj 고집 센, 완강한, 난감한,
없애기 힘든

syn adamant, dogmatic,
headstrong, inflexible,
intransigent

They also had to put up with long hours, **obstinate** building contractors, and capricious zoning boards.

2021-A-4

그들은 또한 고집 센 건축업자들과 변덕스러운 건축과 공무원들을 긴 시간 동안 인내해야만 했다.

☐ **virtuous**
[vɜːrtʃuǝs]

adj 도덕적인, 고결한

syn honest, honorable, noble,
principled, righteous

The heretic, on the other hand, may lead a pure and **virtuous** life, perhaps almost saintly in character, but his conduct will not necessarily save him from damnation.

2011-1차-10

반면에, 이단자는 거의 성인처럼 순수하고 도덕적인 삶을 살 수 있지만, 그의 행동이 그를 저주에서 반드시 구하지는 않을 것이다.

☐ **nook**
[nuk]

n (아늑하고 조용한) 구석, 곳

syn corner, building, area

Old Baltus Van Tassel's stronghold was situated in one of those green, sheltered, fertile **nooks**.

2008-서울·인천-14

Old Baltus Van Tassel의 요새는 푸르고, 안전하고, 비옥한 구석에 자리 잡고 있었다.

28
☐ **stride**
[straid]

v 성큼성큼 걷다

n (성큼성큼 걷는) 걸음

syn stalk, stomp, traipse, tramp, clump

The watcher's heart stretches, elastic in its love and fear, toward him as we see him disappear, **striding** briskly.　　　2012-2차-2
그 파수꾼의 마음이 그를 향한 사랑과 두려움 속에서 휘청휘청하고 있을 때, 우리는 그가 씩씩하게 성큼성큼 걸어가며 사라지는 것을 보았다.

29
☐ **grief**
[griːf]

n 비탄, 비통; 고민

syn dolor, brokenheartedness, sorrow, heartache, heartbreak

Then, any prince who has relied on their words and has made no other preparations will come to **grief**.　　　2008-서울·인천-3
그렇게 되면, 그들의 말에 의지하여 어떠한 준비도 하지 않은 왕자는 비탄에 빠지게 될 것이다.

30
☐ **antisocial**
[æ̀ntisóuʃəl]

adj 반사회적인; 비사교적인

syn alienated, introverted, standoffish, ascetic, asocial

Psychopathy, whose symptoms include **antisocial** behavior, lack of guilt, and poverty of emotions, is the result of impairments to emotional learning that derive from disrupted functioning of the amygdala.
　　　2013-1차-12
반사회적 행동, 죄책감의 결여, 감정의 빈곤과 같은 증상을 가지는 정신 병증은 편도체의 기능을 방해시키는 데서 비롯한 정서적 학습장애의 결과이다.

31
☐ **maze**
[meiz]

n 미로, 퍼즐, (규칙이 많아서) 종잡을 수 없이 복잡한 것

syn bewilderment, convolution, entanglement, hodgepodge, imbroglio

She felt her cheek pale and cold and, out of a **maze** of distress, she prayed to God to direct her, to show her what was her duty.　　　2008-전국-21
그녀는 뺨이 창백해지고 차가워지는 것을 느꼈고, 고통의 미로 속에서 그녀를 이끌어 달라고, 자신의 의무가 무엇인지 보여 달라고 신께 기도했다.

32
☐ **resentment**
[rizéntmənt]

n 분노, 억울함, 분개

syn acrimony, animosity, animus, annoyance, antagonism

A dull **resentment** against his life awoke within him.　　　2016-A-9
그의 삶에 대한 흐릿한 분노가 그의 안에서 깨어났다.

33
☐ **devastated**
[dévəstèitid]

adj 황폐한, 엄청난 충격을 받은

syn ravage, raze, ruin, wreck, desecrate

It wasn't just the trees that were **devastated** so were the lives of many Brazilians who depended on the rain forest.　　　2009-1차-13
나무뿐만이 아니라, 열대우림에 의존해서 사는 많은 브라질 사람들의 삶 또한 황폐해졌다.

34
☐ **ethnic**
[éθnik]

adj 민족의, 종족의; 민족 전통적인   syn indigenous, national, traditional, tribal, native

Creativity is evident in all newly forming **ethnic** communities and movements to protest social inequality.   2008-전국-2

창조성은 새롭게 형성되는 민족 공동체와 사회적 불평등에 항의하는 운동에서 명백히 나타난다.

35
☐ **dummy**
[dʌ́mi]

adj 가짜의, 모조의   syn replica

n 인체 모형, 마네킹, 모조품   syn imitation, fake

It is thought that the cloud of ink hanging in the water forms a **dummy** squid termed a pseudomorph, which attracts and holds the attention of the predator allowing the animal to dart away to safety.   2022-A-11

물에 떠 있는 먹물 구름은 '가상'이라고 불리는 가짜 오징어 형상을 만들어내는 것으로 여겨졌고, 그것은 포식자의 주의를 끌어서 그 동물이 안전한 곳으로 잽싸게 도망치도록 도와준다.

36
☐ **intruder**
[intrúːdər]

n 불청객, 불법 침입자   syn burglar, criminal, infiltrator, interloper, invader

The headmaster, whose awareness of his pupils was always somewhat vague, thought that this bespectacled **intruder** was a new boy.   2009-1차-39

제자들에 대한 인식이 항상 다소 모호했던 교장 선생님은 안경을 쓴 이 불청객이 새로 전학 온 학생이라고 생각했다.

37
☐ **mollusc**
[máːləsk]

n 연체 동물   syn bivalve, shellfish

Squid and octopus are **molluscs**, taxonomic relatives of the garden slug and snail.   2022-A-11

오징어와 문어는 연체동물로, 정원 민달팽이와 달팽이의 분류학상의 친척이다.

38
☐ **lumber**
[lʌ́mbər]

n 목재, (헌 가구 등의) 잡동사니   syn timber, plod, shuffle, slog, trudge

A piece of wood can be bought from a **lumber** store.   2006-서울·인천-2

나무 조각은 목재 상점에서 구입할 수 있다.

39
☐ **petitioner**
[pətíʃənər]

n 청원인, 탄원인, 진정인   syn claimant, appellant, aspirant, candidate

The court of appeals erred in rejecting the **petitioner**'s argument that allowing the government to administer antipsychotic medication against his will.   2013-1차-10

항소법원은 정부로 하여금 어떤 사람의 의지에 반하여 향정신성 의약품을 투약하게 하는 청원자의 주장을 거부함에 있어 실수를 했다.

□ **incubation**
[iŋkjubéiʃən]

ⓝ 잠복기, 알 품기, (세균 등의) 배양   syn arrangement, construction, education, establishment, formation

However, research indicates the importance of preparatory work on a problem and an **incubation** period, followed by elaboration and other activities, to develop the idea.   2010-1차-14

그러나, 연구는 아이디어를 개발하기 위해, 문제에 대한 준비 작업과 잠복기, 정교화 및 기타 활동이 뒤 따르는 계획 기간의 중요성을 시사한다.

Daily Quiz

Choose the synonyms.

01. literal   ⓐ alienated, introverted, standoffish, ascetic
02. chain   ⓑ accurate, actual, authentic, true, unvarnished
03. flourish   ⓒ bracelet, cable
04. chasm   ⓓ corner, building, area, chimney corner
05. antipsychotic   ⓔ bloom, blossom, boom, develop, do well
06. biochemical   ⓕ adamant, dogmatic, headstrong, inflexible
07. obstinate   ⓖ zymology, organic, chemistry, enzymology
08. nook   ⓗ antipsychotic agent, antipsychotic drug, neuroleptic
09. antisocial   ⓘ cleavage, crater, crevasse, fissure, gorge
10. ethnic   ⓙ indigenous, national, traditional, tribal, native

Answer Key 01. ⓑ, 02. ⓒ, 03. ⓔ, 04. ⓘ, 05. ⓗ, 06. ⓖ, 07. ⓕ, 08. ⓓ, 09. ⓐ, 10. ⓙ

⚡ 최빈출 어휘

01 consecutive
[kənsékjutiv]

adj 1. 연속적인, 연이은

2. 결과를 나타내는

syn 1. ensuing, successive, constant, chronological, connected

2. resultative

Do NOT copy more than FOUR **consecutive** words from <A> and <B>.

2021-A-8

〈A〉와 〈B〉에 있는 단어들을 4단어 연속으로 베끼지 마시오.

02 literature
[lítərətʃər]

n 문학, 문헌

syn article, biography, brochure, composition, drama

The man thinks classical **literature** shouldn't be taught in class.

2013-1차-3

그 남자는 수업시간에 고전 문학작품은 가르쳐지지 않아야 한다고 생각한다.

03 criterion
[kraɪtiríən]

n 기준

syn benchmark, norm, precedent, touchstone, yardstick

T: So, why don't we start with the first **criterion**? I went with Textbook A.

2020-B-2

교사: 그럼 첫 번째 기준부터 시작하는 게 어떨까요? 저는 A 교과서를 선택했습니다.

04 disorder
[disɔ́ːrdər]

n 1. (신체 기능의) 장애, 이상

2. 엉망, 어수선함

3. 난동, 무질서

v 어지럽히다, 혼란시키다

syn 1. illness, affliction, ailment

2. anarchy, ataxia, derangement, confusion, disarrangement

3. chaos, complication, disturbance

syn mix up, disarrange, clutter

The findings imply that while brain exercises can hold off the symptoms of the neurological **disorder** for a while, they do not address its root cause.

2011-1차-12

이 발견은 뇌 운동이 신경장애의 증상을 잠시 동안은 억제할 수 있지만, 근본 원인을 해결하지 못한다는 것을 의미한다.

05
□ contribute
[kəntríbjuːt]

[v] 1. 기여하다, 이바지하다, (~의) 원인이 되다
2. 기부하다, 기증하다

[syn] 1. assist, help, lead
2. add, commit, devote, give, grant

He **contributed** to the sports broadcasting industry. 　2013-1차-8
그는 스포츠 방송 산업에 기여했다.

06
□ frame
[freim]

[n] 틀, 액자, 뼈대

[v] 틀에 넣다, 테를 두르다

[syn] construct, enclose, erect, fabricate, mold

A little lamp with a white china shade stood upon the table and its light fell over a photograph which was enclosed in a **frame** of crumpled horn.　2016-A-9
흰색 도자기 갓이 달린 작은 등불이 탁자 위에 놓여 있었고, 그 빛이 구겨진 뿔 틀에 둘러싸인 사진 위를 비춰주었다.

07
□ elicit
[ilísit]

[v] (정보·반응을) 끌어내다

[syn] bring out, evoke, extort, extract, obtain

Those tasks were expected to **elicit** communicative language use in the classroom.　2018-A-10
이러한 과제는 교실에서 의사소통 언어 사용을 끌어낼 것으로 예상되었다.

08
□ widespread
[wáidspred]

[adj] 널리 퍼진, 광범위한

[syn] all over the place, boundless, broad, common

By the eighteenth century printed materials were so **widespread** as to bring on fear of a "literacy crisis."　2006-서울·인천-3
18세기에 인쇄된 자료는 "문해력 위기"에 대한 두려움을 야기할 정도로 아주 널리 퍼졌다.

09
□ motive
[móutiv]

[n] 동기, 이유

[syn] aim, cause, consideration, emotion, feeling

[adj] 움직이게 하는, 원동력이 되는

But all of us, being idealists at heart, like to think of **motives** that sound good.　2011-1차-9
그러나 우리 모두 마음속으로는 이상주의자이기 때문에 좋게 들리는 동기를 생각하고 싶어한다.

10
□ largely
[láːrdʒli]

[adv] 대체로, 크게, 주로

[syn] broadly, chiefly, generally, mostly, predominantly

For example, the ways a doctor and a patient will interact are **largely** prescribed in the roles of "doctor" and "patient."　2008-전국-2
예를 들어, 의사와 환자가 소통하는 방법은 대체로 의사와 환자의 역할 안에서 미리 정해질 것이다.

빈출 어휘

11
☐ **zapper**
[zǽpər]

ⓝ 해충 박멸 장치

syn attacker, carper, caviler, censor, complainant

Bug **zappers**, those glowing fixtures in suburban yards, keep those fears at bay, killing billions of insects each year. 　2013-1차-13
도시 근교에 설치된 이러한 빛을 내는 시설물인 해충 박멸 장치는 그런 두려움을 궁지로 몰아내고, 매년 엄청난 수의 벌레를 죽이고 있다.

12
☐ **intercultural**
[íntərkə̀ltʃərəl]

adj 다른 문화 간의

syn cross-cultural

Non-verbal communication is an important aspect of **intercultural** communication. 　2017-A-8
비언어적 의사소통은 다른 문화 간 의사소통의 중요한 양상이다.

13
☐ **dissatisfaction**
[dìssætisfǽkʃən]

ⓝ 불만

syn annoyance, anxiety, boredom, complaint, disapproval

What is interesting, though, is the way the king clarifies his **dissatisfaction**. 　2018-A-6
하지만 흥미로운 점은 왕이 불만을 명확하게 하는 방식이다.

14
☐ **circuit**
[sə́ːrkit]

ⓝ (전기) 회로; 순환, 순회 (노선), 연맹전

syn course, district, lap, route, tour

The more active you keep your neural **circuits** throughout life, the less likely it is that your brain will succumb to dementia or Alzheimer's disease. 　2011-1차-12
평생 동안 신경 회로를 더 활발하게 유지할수록, 뇌가 치매나 알츠하이머 병에 굴복할 가능성이 줄어든다.

15
☐ **competing**
[kəmpíːtiŋ]

adj 경쟁하는, 겨루는; (시합 등에) 참가하는

syn battle, challenge, clash, contend, contest

Their purpose was to scare off **competing** traders and keep the waterways clear for colonial powers. 　2020-A-11
그들의 목적은 경쟁하는 상인들에게 겁을 주어 쫓아내고 식민지 열강을 위해 수로를 깨끗하게 유지하는 것이었다.

16
☐ **wrinkle**
[ríŋkl]

ⓥ (얼굴에) 주름을 잡다, 찡그리다; 주름이 지다

ⓝ 주름, 구김살

syn contraction, corrugation, crease, crumple, depression

I searched her **wrinkled** face for something familiar, some physical proof that we belonged to each other. 　2010-2차-4
나는 그녀의 주름진 얼굴에서 우리가 서로에게 속해있다는 친숙한 어떠한 물리적 증거를 찾아보았다.

교원임용 교육 1위, 해커스임용 teacher.Hackers.com

17 involvement
[invə́:lvmənt]

n 1. 개입, 관련, 관여, 연루

2. 몰두, 열중

syn 1. connection, association, entanglement

2. engrossment, intentness

In addition, industry **involvement** has made government control more difficult because researchers depend less and less on federal funding.
2010-1차-11

또한, 연구자들이 연방 자금에 점점 더 의존하지 않기 때문에 기업의 개입은 정부의 통제를 더욱 어렵게 했다.

18 weakly
[wíːkli]

adv 힘없이

Sitting **weakly** in the wheelchair, Vivian recites a poem and continues with a monologue.
2017-A-11

Vivian은 휠체어에 힘없이 앉아 시를 낭송하고 독백을 계속한다.

19 collision
[kəlíʒən]

n 충돌 (사고), 부딪침

syn accident, blow, bump

We both knew that we were on a **collision** course.
2008-전국-3

우리가 충돌하고 있었음을 우리 둘 다 알고 있었다.

20 quit
[kwit]

v 1. 그만두다

2. (살던 곳을) 떠나다

syn 1. stop, abandon, cease

2. leave, depart, drop, go

For some days I haunted the spot where these scenes had taken place; sometimes wishing to see you, sometimes resolved to **quit** the world and its miseries for ever.
2014-A-기15

며칠 동안이나 나는 이런 일들이 발생했던 장소에 이끌렸으며, 때로는 당신이 보고 싶어서, 때로는 세상과 그것의 비참함을 영원히 그만두고자 결심해서 그랬다.

21 prominent
[prɑ́ːmənənt]

adj 중요한, 유명한, 눈에 잘 띄는

syn outstanding, arresting, beetling

The less **prominent** words in a sentence are called function words. Examples of function words are pronouns, articles, prepositions, and conjunctions.
2006-서울·인천-11

문장에서 덜 중요한 단어는 기능어라고 불린다. 기능어의 예시는 대명사, 관사, 전치사, 접속사가 있다.

22 kingdom
[kíŋdəm]

n 1. ~계(동물계, 식물계, 균계)

2. 왕국

syn 2. commonwealth, country

In the animal **kingdom**, it is common for males to have ornamentation, like bright feathers, to impress females of their species, but a newly identified species of dancing fly found in the forested regions of Mount Fuji in Japan adds something new to the game of sexual display.
2011-1차-13

동물계에서는, 수컷이 밝은 깃털과 같은 장식을 하고 같은 종의 암컷에게 깊은 인상을 주는 것이 일반적이지만, 일본 후지산 숲 지역에서 발견되어 새롭게 식별된 종인 춤추는 파리는 성적 유혹의 시합에 새로운 요소를 추가한다.

23
□ **artifact**
[áːrtəfækt]

| n | 1. 문화재, 공예품 | syn | 1. handicraft |
| | 2. 인공물, 인위 구조 | | 2. commodity, crop, device |

Artifact study: It is designed to help students discern the cultural significance of certain unfamiliar objects from the target culture.
2021-B-8

문화재 연구는 학생들이 학습 대상 문화에서 친숙하지 않은 특정 물체의 문화적 중요성을 식별할 수 있도록 설계되었다.

24
□ **crony**
[króuni]

| n | 친구 | syn | acquaintance, associate, buddy |

The same applies to Harry himself and his two **cronies** at the far table.
2019-A-6

Harry 그 자신과 저 멀리 떨어져 있는 테이블에 있는 그의 두 친구도 마찬가지이다.

25
□ **superstitious**
[sùːpərstíʃəs]

| adj | 미신적인, 미신을 믿는 | syn | apprehensive, credulous, fearful, gullible |

The results desired by society may be irrational, **superstitious**, selfish, or humane, but the results desired by scientists are only that our systems of classification produce predictable results.
2010-1차-10

사회가 원하는 결과는 비합리적·미신적·이기적·인도적일 수도 있지만, 과학자들이 원하는 결과는 우리의 분류 체계가 예측 가능한 결과를 생성한다는 것이다.

26
□ **receptor**
[riséptər]

| n | (인체의) 수용기, 감각기 | syn | receipt, receptive, receipts, precept, raptor |

Receptor cells on the tongue are responsible for sensing particular flavors.
2021-A-11

혀 위에 있는 수용감각기는 특정한 맛을 분간하는 역할을 한다.

27
□ **pardonable**
[páːrdənəbl]

| adj | 용서할 수 있는, 해명이 되는 | syn | defendable, defensible, excusable, justifiable, passable |

It is **pardonable** to violate the norms if only one accepts the ideology.
2011-1차-10

한 사람이라도 그 이념을 받아들인다면 규범을 위반하는 것은 용서받을 수 있다.

28
□ **damsel**
[dǽmzəl]

| n | 소녀, 처녀 | syn | maid, damosel, demoiselle |

As the enraptured Ichabod rolled his great green eyes over the fat meadow lands, his heart yearned after the **damsel** who was to inherit these domains, and his imagination expanded with the idea, how they might be readily turned into cash and shingle palaces in the wilderness.
2008-서울·인천-14

무언가에 도취된 Ichabod가 무성한 초원 땅 위를 커다란 녹색 눈으로 둘러 보았을 때, 그의 마음은 이 영토를 물려 받게 될 소녀를 갈망했고, 그의 상상력은 그 유산들이 얼마나 즉각적으로 현금화되고, 멋진 지붕이 있는 궁전을 이 황야에 지을 수 있을런지에까지 이르렀다.

29
□ dreamy
[drí:mi]

adj 1. (표정이) 꿈을 꾸는 듯한, 공상적인
2. 덧없는, 어렴풋한

syn 1. fanciful, gentle, introspective, nightmarish, otherworldly
2. elusive, vague

Where two weeks ago, holding a hand, he'd dawdle, **dreamy**, slow, he now is hustled forward by the pull of something far more powerful than school.
2012-2차-2

2주 전에 그는 손을 잡고서 꿈을 꾸듯 천천히 꾸물거렸는데, 지금은 학교보다 더 강력한 그 무엇인가의 이끌림에 의해서 밀쳐지고 있다.

30
□ sociologist
[sòusiá:lədʒist]

n 사회학자

syn demographist, social scientist, population scientist, psephologist, demographer

The **sociologist** is not interested in the notions that prevail in various societies but only in the fact that some notions do prevail and help to determine the unique character of the lives that people live in these societies.
2008-서울·인천-4

사회학자는 다양한 사회에 팽배한 개념에는 관심이 없지만, 이러한 사회 속에서 사는 사람들 삶의 독특한 성격을 결정하는 데 일부 개념들이 도움이 된다는 사실에만 관심이 있다.

31
□ ubiquitous
[ju:bíkwətəs]

adj 어디에나 있는, 아주 흔한

syn everywhere, omnipresent, pervasive, universal, all-over

Norms that prohibit harm to others are virtually **ubiquitous** across cultures because of this "affective resonance."
2013-1차-12

타인에 대한 피해를 금지하는 규범은 이러한 "정서적 공명"으로 인해 사실상 문화 전반에 걸쳐 어디에나 널리 퍼져 있다.

32
□ grip
[grip]

v 꽉 잡다, 움켜잡다

syn twitch, nip, squeeze, tweet, bite

n 꽉 붙잡음, 움켜쥠; 쥐는 방식, 통제, 지배

She **gripped** with both hands at the iron railing.
2008-전국-21

그녀는 철 난간을 양손으로 꽉 잡았다.

33
□ misery
[mízəri]

n 1. 비참함, 빈곤

2. 고통, 고민, 고생

syn 1. agony, anguish, despair, discomfort, gloom
2. distress, unhappiness

For some days I haunted the spot where these scenes had taken place; sometimes wishing to see you, sometimes resolved to quit the world and its **miseries** for ever.
2014-A-기15

며칠 동안이나 나는 이런 일들이 발생했던 장소에 이끌렸으며, 때로는 당신이 보고 싶어서, 때로는 세상과 그것의 비참함을 영원히 그만두고자 결심해서 그랬다.

34
□ whip
[wɪp]

v 채찍질하다

n 채찍, (정당의) 원내 총무   syn cane, bat, belt, birch

He couldn't **whip** me as he used to when I was a child, for I was growing stronger and more stubborn every day.   2008-전국-3
내가 어렸을 때 그가 그랬던 것처럼 그가 나를 채찍질할 수 없었던 이유는 내가 날이 갈수록 더욱 힘이 세지고 다루기 힘들어졌기 때문이었다.

35
□ ill-fitting
[ìlfítiŋ]

adj (크기·모양이) 안 맞는   syn billowing, floppy, oversize

They called the idle double helixes "junk DNA," thinking they were nothing but leftovers from **ill-fitting** assembly parts, useless bits of this and that, last season's models.   2015-B-서2
그들은 일하지 않는 이중 나선을 "쓸데없는 DNA"라고 불렀고, 이와 동시에 이들을 맞지 않는 조립 부품에서 남은 것, 시기가 지난 이런저런 쓸데없는 부분일 뿐이라고 생각했다.

36
□ plastered
[plǽstərd]

adj 회반죽이 된, 술이 취한   syn bashed, blitzed, bombed, buzzed, crocked

When faced with anything I am really reluctant to see, like an animal killed and **plastered** across the road, I still have the defence of taking off my glasses and returning the world to the safe blur of childhood.   2009-1차-39
길 건너편의 죽고 회반죽이 된 동물처럼 내가 보기를 정말 꺼리는 일에 직면했을 때, 나는 내 안경을 벗고 세상을 어린 시절의 안전한 흐릿함으로 되돌릴 수 있는 방어력을 여전히 가지고 있다.

37
□ squirt
[skwəːrt]

v (액체·가스 등을 가늘게) 분출하다,   syn spurt, spray
(물줄기 등을) 쏘다

When threatened the animal has the ability to compress the ink sac and **squirt** a jet of the liquid from its anus.   2022-A-11
위협을 받으면 동물은 먹물 주머니를 압축하여, 이것의 항문에서 액체를 분출할 수 있다.

38
□ delicate
[délikət]

adj 1. 연약한, 여린, 부서지기 쉬운   syn 1. fragile, weak
      2. 섬세한, 우아한   2. sophisticated, delightful, elegant, exquisite,

Her slow, **delicate** hobble betrays her age and the status she held and lost.   2010-2차-4
그녀의 느리고 연약해 보이는 절뚝거림은 그녀의 나이와 그녀가 유지하고 잃어버린 지위와 상반된다.

39
□ facetiously
[fəsíːʃəsli]

adv 익살맞게, 농담으로   syn jokingly, ironically, jocosely, jovially, ludicrously

"I want to come back as a cat," he'd said, smiling **facetiously** into the candlelight at the Eskeridge dinner table.   2021-A-4
그는 "나는 고양이로 환생했으면 좋겠어."라고 에스커리지 식당의 식탁 촛불을 향해 웃으며 익살맞게 말했다.

40

□ continental
[kàːntənéntl]

[adj] (유럽) 대륙의, 대륙풍의

[n] (유럽 대륙에 사는) 유럽인

[syn] global, multicultural, worldwide, intercontinental, universal

Yes, there is going to be a semi-final for the **Continental** Grand Prize.

2012-2차-1

네, 유럽 대륙 최고의 상을 위한 준결승전이 있을 거예요.

Daily Quiz

Choose the synonyms.

01. consecutive	·	· ⓐ ensuing, successive, constant, chronological
02. disorder	·	· ⓑ agony, anguish, despair, discomfort, gloom
03. elicit	·	· ⓒ aim, cause, consideration, emotion, feeling
04. motive	·	· ⓓ course, district, lap, route, tour
05. zapper	·	· ⓔ illness, affliction, ailment
06. circuit	·	· ⓕ accident, blow, bump
07. collision	·	· ⓖ acquaintance, associate, buddy
08. crony	·	· ⓗ everywhere, omnipresent, pervasive, universal
09. ubiquitous	·	· ⓘ attacker, carper, caviler, censor, complainant
10. misery	·	· ⓙ bring out, evoke, extort, extract, obtain

Check Up

◦ DAY 11

☐ feature	☐ evaluation	☐ theory	☐ enhance	☐ practical
☐ fright	☐ questionnaire	☐ differentiate	☐ classical	☐ mistress
☐ flaw	☐ maximum	☐ violation	☐ psychoanalysis	☐ synthesize
☐ knee	☐ clamp	☐ reorganization	☐ unconscious	☐ yoke

◦ DAY 12

☐ likely	☐ negotiation	☐ promote	☐ relevant	☐ reduce
☐ motivate	☐ autism	☐ routine	☐ administer	☐ constant
☐ intrinsically	☐ distress	☐ effectiveness	☐ urge	☐ contestant
☐ bonsai	☐ coordination	☐ prescribed	☐ neglected	☐ affection

◦ DAY 13

☐ utterance	☐ assign	☐ instead of	☐ label	☐ despite
☐ participant	☐ treatment	☐ supply	☐ passion	☐ impressionist
☐ compound	☐ alternation	☐ justify	☐ gasp	☐ enculturation
☐ incidental	☐ perplex	☐ infection	☐ editor	☐ surge

◦ DAY 14

☐ specific	☐ compose	☐ sort	☐ emphasize	☐ accomplish
☐ literal	☐ inanimate	☐ chain	☐ diagnose	☐ glide
☐ appointment	☐ rubber	☐ flourish	☐ apparently	☐ chasm
☐ unbox	☐ mist	☐ antipsychotic	☐ fan	☐ horn

◦ DAY 15

☐ consecutive	☐ literature	☐ criterion	☐ disorder	☐ contribute
☐ frame	☐ elicit	☐ widespread	☐ motive	☐ largely
☐ zapper	☐ intercultural	☐ dissatisfaction	☐ circuit	☐ competing
☐ wrinkle	☐ involvement	☐ weakly	☐ collision	☐ quit

1. Choose proper synonyms with each word.

01.	feature	·	· ⓐ characteristic, aspect, detail, character, component
02.	practical	·	· ⓑ businesslike, down-to-earth, constructive
03.	coordination	·	· ⓒ allegedly, ostensibly, seemingly
04.	reincarnate	·	· ⓓ could well, may well, as well
05.	label	·	· ⓔ marker, tag, logo, item number, stamp
06.	alternation	·	· ⓕ interchange, rotation, shift, transposition
07.	apparently	·	· ⓖ all over the place, boundless, broad, common
08.	might well	·	· ⓗ course, district, lap, route, tour
09.	widespread	·	· ⓘ engineering, planning, strategy, organization
10.	circuit	·	· ⓙ rebirth, metempsychosis, samsara

2. Choose a proper word matching with translation.

01. The good news in the research was that if you exposed struggling children to certain intensive reading and math interventions in kindergarten, when their minds were still at their most (ⓐ **flattered** / ⓑ **pliable**), you could significantly reduce or even eliminate that lag.
연구에서 좋은 소식은 유치원에서 어려움을 겪고 있는 아이들에게 집중적 읽기와 수 조정을 노출시키면, 그들의 사고방식이 아직 가장 유연할 때 그 지연을 크게 줄이거나 없앨 수 있다는 것이다.

02. My (ⓐ **passages** / ⓑ **pilgrimages**) last mile; and my race.
내 순례의 마지막 구간이며, 내 인생의 마지막 구간이다.

03. The adoption of norms enables us to reason about what is right and wrong, but these norms have an emotional underpinning that (ⓐ **intrinsically** / ⓑ **intimately**) provides a connection between morality and action.
규범의 채택은 우리가 옳고 그른 것에 대해 추론할 수 있게 해주지만, 이러한 규범은 본질적으로 도덕성과 행동 사이의 연관성을 제공하는 정서적 토대를 가지고 있다.

04. In a world they never made, people must learn to play their (ⓐ **assessed** / ⓑ **assigned**) parts.
자신들이 결코 만든 적 없는 세상 속에서, 사람들은 그들에게 맡겨진 역할을 수행하도록 학습해야 한다.

05. I searched her (ⓐ **worn** / ⓑ **wrinkled**) face for something familiar, some physical proof that we belonged to each other.
나는 그녀의 주름진 얼굴에서 우리가 서로에게 속해있다는 친숙한 어떠한 물리적 증거를 찾아보았다.

06. We both knew that we were on a (ⓐ **collusion** / ⓑ **collision**) course.
우리는 충돌하고 있었음을 우리 둘 다 알고 있었다.

07. Norms that prohibit harm to others are virtually (ⓐ **ubiquitous** / ⓑ **utopian**) across cultures because of this "affective resonance."
타인에 대한 피해를 금지하는 규범은 이러한 "정서적 공명"으로 인해 사실상 문화 전반에 걸쳐 어디에나 널리 퍼져 있다.

08. "I want to come back as a cat," he'd said, smiling (ⓐ **meticulously** / ⓑ **facetiously**) into the candlelight at the Eskeridge dinner table.
그는 "나는 고양이로 환생했으면 좋겠어."라고 에스커리지 식당의 식탁 촛불을 향해 웃으며 익살맞게 말했다.

Answer Key

1. 01. ⓐ 02. ⓑ 03. ⓘ 04. ⓙ 05. ⓔ 06. ⓕ 07. ⓒ 08. ⓓ 09. ⓖ 10. ⓗ
2. 01. ⓑ 02. ⓑ 03. ⓐ 04. ⓑ 05. ⓑ 06. ⓑ 07. ⓐ 08. ⓑ

⚡ 최빈출 어휘

01
tense
[tens]

adj 긴장한, 신경이 날카로운   syn strained, close, firm, stiff, rigid

n (동사의) 시제

The **tense** vowels in words like 'nightingale' and 'ivory' do not undergo trisyllabic laxing although these words contain the minimum of three syllables required by the trisyllabic laxing rule.   2017-A-4

'나이팅게일' 및 '상아'와 같은 단어의 긴장모음은 3음절 이완 규칙에 필요한 최소 3음절을 포함하지만 3음절 이완을 받지는 않는다.

02
draft
[dræft]

n 1. (완성본이 아닌) 초안, 원고   syn 1. blueprint, outline, abstract, delineation, preliminary form

    2. (은행이 발행한) 어음   2. bill

This semester I have been using a checklist in my English writing class to help my students revise their **drafts** by themselves.   2021-B-6

이번 학기에는 학생들이 초안을 스스로 수정해볼 수 있도록 영어 작문 수업에서 체크리스트를 사용했다.

03
rating
[réitiŋ]

n 1. 평가, 순위   syn 1. appraisal, assessment, category, valuation, class

    2. 시청률, 청취율   2. viewing rate, viewership

    3. (영화의) 관람등급   3. grade, viewing class

Ms. Park developed a scoring rubric and **rating** scales to evaluate students' performances.   2012-2차-3

박 선생님은 채점 기준과 학생들의 성취도를 평가하는 평가 체계를 발전시켰다.

04
screen
[skri:n]

v 가리다, 차단하다, 보호하다, (특히 범인 등을) 은닉하다   syn block, shelter, protect

n (텔레비전·컴퓨터) 화면   syn display

He had still to replace a lock on one of the doors of the **screened** porch.   2022-B-1

그는 가려진 현관문 중 하나의 자물쇠를 교체해야 했다.

05
□ species
[spíːʃiːz]

[n] 종(생물 분류의 기초 단위)   [syn] breed, category, description

In the animal kingdom, it is common for males to have ornamentation, like bright feathers, to impress females of their **species**, but a newly identified species of dancing fly found in the forested regions of Mount Fuji in Japan adds something new to the game of sexual display.   2011-1차-13

동물계에서는, 수컷이 밝은 깃털과 같은 장식을 하고 같은 종의 암컷에게 깊은 인상을 주는 것이 일반적이지만, 일본 후지산 숲 지역에서 발견되어 새롭게 식별된 종인 춤추는 파리는 성적 유혹의 시합에 새로운 요소를 추가한다.

06
□ trigger
[trígər]

[v] 촉발시키다   [syn] bring about, cause, generate

[n] 방아쇠, 계기, 도화선

Nobody knows for sure what might **trigger** outgassing, but preventing a global temperature increase of more than 2 degrees Celsius is considered essential.   2016-A-11

가스 방출을 촉발시키는 원인은 아무도 모르지만, 지구 온도가 섭씨 2도 이상 상승하는 것을 방지하는 것은 중요하게 여겨진다.

07
□ productivity
[pròudʌktívəti]

[n] 생산성   [syn] capacity, fertility, yield

M. Ringelmann, a French agricultural engineer, was one of the first researchers to study the relationship between process loss and group **productivity**.   2017-A-2

프랑스의 농업 엔지니어인 M. Ringelmann은 공정 손실과 집단 생산성 간의 관계를 연구한 최초의 연구자 중 한 명이다.

08
□ transformation
[trænsfərmèiʃn]

[n] 변화, 탈바꿈, 변신, 변형, 변환   [syn] conversion, metamorphosis, renewal, revolution, shift

Learning a second language(L2) may be viewed as the gradual **transformation** of performance from controlled to less controlled.   2018-A-1

제2언어를 학습하는 것은 아주 조심스러운 것에서 덜 조심스러운 언어 수행능력으로 점진적으로 변화되는 것으로 보여질 수 있다.

09
□ corpus
[kɔ́ːrpəs]

[n] 말뭉치, 코퍼스   [syn] compilation, core, entirety

A **corpus** is a collection of texts of written or spoken language from various sources presented in electronic form.   2021-A-12

말뭉치는 전자식 형식으로 보여지는 다양한 출처의 서면 또는 구어 텍스트들을 모아 놓은 것이다.

10
□ transition
[trænzíʃən]

[n] 변천, 이행, 변화   [syn] changeover, conversion

T: Yes, that's the benefit of this kind of project. I can see some improvement in your use of **transitions**.   2017-A-1

교사: 네, 그것이 바로 이런 종류의 프로젝트의 이점입니다. 저는 당신의 연결사 사용에서 약간의 개선을 확인할 수 있습니다.

11 □ confrontation
[kɑːnfrəntèiʃən]

[n] 대립, 대치 　　　　　　　　 [syn] challenge

To have competed with such a man would have been madness; Ichabod was afraid of **confrontation** with him. 　　　　2008-서울·인천-14

그런 남자와 경쟁하는 것은 광기였을 것이고, Ichabod는 그와의 대립을 두려워했다.

12 □ crop
[krɑːp]

[v] (머리를) 아주 짧게 깎다 　　　 [syn] trim short

[n] (농)작물, 수확량 　　　　　　 [syn] output, produce, product, yield, byproduct

She stroked my asymmetrically **cropped** hair. 　　　　2010-2차-4

그녀는 엉망으로 아주 짧게 깎은 내 머리카락을 쓰다듬어 주었다.

13 □ flapping
[flǽpiŋ]

[adj] 흩날리는, 회전운동을 하는 　 [syn] swaying

Pumping, pumping for your life, screaming with laughter, the hair **flapping** behind you like a handkerchief waving goodbye. 　2012-2차-2

당신의 삶을 축복하고 또 축복하며, 웃음기 묻은 울음으로, 당신 뒤로 손수건처럼 흩날리는 머리카락이 흔들릴 때 이별의 인사를 했다.

14 □ confusion
[kənfjúːʒən]

[n] 혼탁, 혼란, 혼동, 당혹 　　　 [syn] bewilderment, disorientation, distraction, embarrassment

I went daily to school and kept my eyes politely on the blackboard where I could see only chalky **confusion**. 　　　　2009-1차-39

나는 매일 학교에 갔고, 분필이 묻은 혼탁함만 볼 수 있는 칠판에 조심스럽게 눈을 고정시켰다.

15 □ linear
[líniər]

[adj] 1. 1차원의
　　　 2. (직)선의, 선으로 된, 길이의 　 [syn] 2. consecutive, streaked

While we fret about the decreasing cogency of public debate, computers dismiss **linear** argument and promote fast, shallow romps across the information landscape. 　　　　2014-A-기10

우리는 공개 토론의 설득력이 감소하는 것에 대해 조마조마해하지만, 컴퓨터는 1차원적 논쟁을 일축하고 정보 환경에서 빠르고 피상적인 쾌주를 촉진시킨다.

16 □ deliberately
[dilíbərətli]

[adv] 의도적으로, 고의로, 신중하게, 　 [syn] consciously, knowingly, 찬찬히 　　　　　　　　　　　　 pointedly, purposely

The answer is still open, but, at present, it appears that people learn faster, more and better when they **deliberately** apply themselves to learning.
2018-A-1

정답은 아직 열려 있지만, 현재 기준에서 사람들은 학습에 의도적으로 자신을 적용해볼 때 더 빠르게, 더 잘 배우는 것으로 보인다.

17
realism
[ríːəlìzm]

n 현실주의, 사실성, 사실주의,
리얼리즘

syn reality, truth, verisimilitude,
naturalness, verity

I don't want **realism**.   2009-1차-40
나는 현실주의를 원하지 않는다.

18
projection
[prədʒékʃən]

n 1. 예상, 추정
2. 투사, 투영

syn 1. prediction, estimate, forecast
2. bump, bunch, eaves, hook,
extension

If that is what maturity means in human relationships – the arrival at
identity by way of relative insignificance – then I would define historical
consciousness as the **projection** of that maturity through time.
    2014-A-기6
상대적 무의미함을 거쳐 정체성에 도달하는 것이 인간 관계에서의 성숙이 의미하는 바라면 나는 역시적
의식을 시간을 통한 성숙의 투영으로 정의할 것이다.

19
blade
[bleid]

n (칼·도구 등의) 날,
(엔진·헬리콥터 등의) 날개깃

syn leaf blade, leafage, leaf, foliage

Among these, the most formidable was a burly, roaring, roistering **blade**,
of the name of Brom Van Brunt, the hero of the country round which rang
with his feats of strength and hardihood.   2008-서울·인천-14
이 중 가장 강력한 사람은 힘과 대담함의 위업이 울려 퍼졌던 전국 대회의 우승자인 Brom Van Brunt
라는 이름의 건장하고 포효하며 울부짖는 칼날이라는 별명을 가진 자였다.

20
heretic
[hérətik]

n 이단자

syn apostate, cynic, pagan,
sectarian, skeptic

The **heretic**, on the other hand, may lead a pure and virtuous life, perhaps
almost saintly in character, but his conduct will not necessarily save him
from damnation.   2011-1차-10
반면에, 이단자는 거의 성인처럼 순수하고 도덕적인 삶을 살 수 있지만, 그의 행동이 그를 저주에서 반
드시 구하지는 않을 것이다.

21
predicative
[prédəkèitiv]

adj 서술 용법의, 서술적인

syn predative, productive,
eradicative, reductive

n 서술문, 술어

syn predicate

The vast majority of adjectives in English can appear in both attributive
and **predicative** positions.   2019-B-1
대부분의 영어 형용사는 한정 및 서술 용법의 위치에 모두 나타날 수 있다.

22
☐ privilege
[prívəlidʒ]

n 특권, 특혜, 특전

v 특혜를 주다

syn advantage, allowance, benefit

Up to the age of five I enjoyed the **privileges** of myopia, seeing the world in a glorious haze like an impressionist painting.　　　2009-1차-39

5살이 될 때까지 나는 근시의 특권을 누렸는데, 이는 마치 인상주의 그림의 영광스러운 연무 속의 세상 같은 것을 보는 느낌이었다.

23
☐ reputation
[rèpjutéiʃn]

n 평판, 명성

syn character, fame, honor, influence, name

And critics, of course, as a way of making a **reputation**.　　　2018-A-6

물론, 비평가들은 평판을 만드는 자들이다.

24
☐ nutmeg
[nʌ́tmeg]

n 육두구(육두구 나무의 열매로 양념·향미료로 쓰임)

My son, freckles like specks of **nutmeg** on his cheeks, chest narrow as the balsa keel of a model boat, long hands cool and thin as the day they guided him out of me, speaks up as a host for the sake of the group.　　　2018-A-11

빰에 육두구 반점과 같은 주근깨가 있고, 모형 보트의 발사 용골처럼 가슴이 좁은 내 아들을, 나에게서 그들이 데려가, 모임을 위한 파티의 개최자로서 말한다.

25
☐ stupendous
[stuːpéndəs]

adj 엄청나게 큰, 거대한

syn astonishing, astounding, breathtaking, colossal, dynamite

Sloppy people carry in their mind's eye a heavenly vision, a precise plan, that is so **stupendous**, so perfect, it can't be achieved in this world or the next.　　　2010-2차-2

어리석은 사람들은 이 세상의 것 같지 않은 환상과 정확한 계획을 마음속에 담고 있는데, 그것은 정말 엄청나게 크고 완벽해서, 이 세상이나 다음 세상에서도 성취될 수 없다.

26
☐ variable
[véəriəbl]

n 변수

syn parameter

adj 변동이 심한, 가변적인, 변화를 줄 수 있는

syn fickle, fluctuating, volatile, fluid, irregular

After the researchers corrected for other **variables**, the subjects with the better outcomes seemed simply to have matured out of the condition.　　　2019-A-13

연구자들이 다른 변수를 수정한 후, 더 나은 결과를 가진 피실험자는 그 조건하에서 그저 성숙해진 것처럼 보였다.

27
☐ **incantation**
[ìnkæntéiʃən]

n (마술을 걸기 위한) 주문

syn enchantment, hymn, chant, abracadabra, bewitchment

Certain physical disorders were formerly classified as "demonic possession," and this suggested that we "drive the demons out" by whatever spells and **incantations** we could think of. 2010-1차-10

이전에 특정 신체장애는 "악령 빙의"로 분류되었으며, 이는 우리가 생각할 수 있는 모든 주문과 주술로 "악령을 쫓아 내야 함"을 암시했다.

28
☐ **draggle**
[drǽgl]

v 옷자락을 질질 끌다, 적시다, 질질 끌어 더럽히다

syn bedraggle, drag, pull, tow

The woman looked at it and then at her – at her intense little face and **draggled**, once fine clothes. 2021-B-2

그 여자는 그것을 보았고, 그녀의 강렬한 작은 얼굴과 한때는 아주 고급이었을 옷을 질질 끌며 가는 그 녀를 바라보았다.

29
☐ **incidentally**
[ìnsədéntəli]

adv 부수적으로; 그런데, 그건 그렇고, 우연히

syn casually, remotely, accidentally, as a by-product, as side effect

Most only deal **incidentally** with the question of what play is and what it means for the player. 2011-1차-11

대부분의 경우 놀이가 무엇이며, 놀이가 놀이자에게 어떤 의미인지에 대한 문제만 부수적으로 다루어야 한다.

30
☐ **conquest**
[kɑ́ːŋkwest]

n 극복, 정복, 획득, 점령지

syn gaining control, conquering, seizure, subjugation, subjection

When he entered the house, the **conquest** of his heart was complete. 2008-서울·인천-14

그가 집에 들어갔을 때, 그의 마음에 대한 극복이 완료되었다.

31
☐ **flimsy**
[flímzi]

adj 1. 조잡한, 엉성하게 만든, 얇은, 잘 찢어지는
2. 얄팍한, 믿기지 않는

syn 1. chiffon, decrepit, feeble, insubstantial, rickety
2. unconvincing, implausible

The mornings we turn back to are no more than forty minutes longer than before, but they feel vastly different **flimsy**, strange, wavering. 2012-2차-2

우리가 되돌아보고자 하는 그 아침들은 그 이전에 비해서 40분 이상 길지는 않았지만, 그들은 평소와는 대단히 다른 얄팍하고, 낯설고, 흔들리는 듯한 느낌을 받았다.

32
☐ **ethnographic**
[èθnəgrǽfik]

adj 민족지학상의, 민족지적인

syn ethnographical

Based on his **ethnographic** study of three Indonesian groups, Karl Heider concluded that four of the emotions – sadness, anger, happiness, and surprise – tend to be what he classifies as basic cross-cultural emotions. 2008-서울·인천-5

세 개의 인도네시아 집단에 대한 민족지학상의 연구를 바탕으로, Karl Heider는 슬픔, 분노, 행복, 놀라움이라는 네 가지 감정을 기본적인 다문화적 감정으로 분류한다.

33
conglomerate
[kənglá:mərit]

[n] 대기업; 집합체, 복합체   [syn] cartel, chain, group, syndicate

[adj] 둥글게 뭉친, 덩어리가 된   [syn] amassed, assorted, blended, clustered, massed

It has given rise to the regulatory agencies and big-business **conglomerates** whose goal is to eradicate or control insects.   2013-1차-13

이로 인해 곤충 박멸 또는 통제를 목표로 하는 규제 기관과 대규모 사업을 하는 대기업이 생겨났다.

34
amid
[əmíd]

[prep] 가운데에, ~으로 에워싸인   [syn] middle, amidst, mid

Amid the seas she sent a cry of anguish.   2008-전국-21

그녀는 바다 한가운데에서 괴로움의 외침을 보냈다.

35
gratify
[grǽtəfài]

[v] 기쁘게 하다; 만족시키다   [syn] delight, enchant, please, thrill

At length I wandered towards these mountains, and have ranged through their immense recesses, consumed by a burning passion which you alone can **gratify**.   2014-A-기15

마침내 나는 이 산들을 향해 여기저기 돌아다녔고, 당신만이 만족할 수 있는 불타는 열정에 휩싸인 채 그들의 광활한 숲속을 돌아다녔다.

36
tribalism
[tráibəlizəm]

[n] 부족 중심주의, 부족 의식   [syn] genetic, national, ancestral, ethnological, folk

Years of watching him suffer under the double yoke of apartheid apartheid and **tribalism** convinced me that his was a hopeless case, so long as he persisted in clinging to tribal beliefs and letting the white man define his manhood.   2008-전국-3

인종차별 정책과 부족주의의 이중 멍에로 고통받는 그를 수년 동안 지켜보면서, 그가 부족의 신념을 고수하고 백인들로 하여금 그의 인간됨을 규정하도록 하는 한, 그에게는 희망이 있을 수 없다고 나는 확신했다.

37
meantime
[mí:ntàim]

[adv] 그동안에, 중간 시간; 동시에   [syn] interim, interregnum, interval, meanwhile

In the **meantime**, sentences with a preverbal adverb such as *carefully* cannot be so paraphrased as illustrated in (3).   2015-B-서4

한편, "신중하게"와 같이 동사 앞에 나오는 부사를 사용하는 문장은 (3)에서 설명한 것처럼 바꾸어 쓸 수 없다.

38
populist
[pá:pjulist]

[n] 인민주의자; 대중 영합주의자   [syn] socialist, egalitarian

[adj] 인민당의; 일반 대중의   [syn] autonomous, constitutional

When **populist** President Lula came to power in 2002, Silva was the obvious choice for Environment Minister.   2009-1차-13

인민주의자였던 Lula 대통령이 2002년에 권력을 잡았을 때, Silva는 환경부 장관으로서 분명한 선택지였다.

39
☐ **obsolete**
[ɑ̀ːbsə́liːt]

[adj] (더 이상) 쓸모가 없는, 한물간, 구식의

[syn] outdated, out-of-date, outmoded, disused, noncurrent

The old lock, aluminum frozen by corrosion, had been deliberately rendered **obsolete** by manufacturers. 　2022-B-1

부식돼서 꼼짝하지 않는 오래된 알루미늄 자물쇠는 제조업체에서 의도적으로 쓸모가 없게 만들었다.

40
☐ **infamy**
[ínfəmi]

[n] 악명, 오명, 악행

[syn] notoriety, opprobrium, abomination, atrocity, disapprobation

The sinner may live a life spotted with **infamy**, but appropriate penance may absolve him from its consequences. 　2011-1차-10

죄인은 악명으로 더럽혀진 삶을 살아야 할 수도 있지만, 적절한 속죄로 그 결과를 용서받을 수도 있다.

Daily Quiz

Choose the synonyms.

01. rating
02. species
03. corpus
04. confusion
05. linear
06. realism
07. heretic
08. privilege
09. incantation
10. incidentally

ⓐ apostate, cynic, pagan, sectarian, skeptic
ⓑ appraisal, assessment, category, valuation, class
ⓒ enchantment, hymn, abracadabra, bewitchment
ⓓ casually, remotely, accidentally, as a by-product
ⓔ bewilderment, disorientation, distraction
ⓕ advantage, allowance, benefit
ⓖ consecutive, streaked
ⓗ reality, truth, verisimilitude, naturalness, verity
ⓘ compilation, core, entirety
ⓙ breed, category, description

Answer Key 01. ⓑ, 02. ⓙ, 03. ⓘ, 04. ⓔ, 05. ⓖ, 06. ⓗ, 07. ⓐ, 08. ⓕ, 09. ⓒ, 10. ⓓ

⚡ 최빈출 어휘

01
☐ **sequence**
[síːkwəns]

[n] (일련의) 순서, 연속적인 사건 [syn] series, arrangement, array, progression, string, chain

[v] 차례로 배열하다 [syn] order

This is because English treats them differently: the consonant **sequences** in (2a)–(2c) are two consonant clusters while the one in (2d) is a single sound. 2020-A-4

이것은 영어가 그것들을 다르게 취급하기 때문이다. (2a)–(2c)의 자음 순서는 두 개의 자음 군집인 반면에 (2d)의 경우는 단일 소리이다.

02
☐ **current**
[kɜːrənt]

[adj] 현재의, 지금의, 통용되는 [syn] modern, ongoing, present, prevailing, fad

[n] (물·공기의) 흐름, 해류, 기류 [syn] flood, river, stream, tide

Considering the **current** trend in teaching and learning, I believe that students should be provided with more opportunities to be exposed to learning condition. 2018-A-1

교육과 학습의 현재 추세를 고려한다면, 나는 학생들이 학습 조건에 노출될 수 있는 더 많은 기회를 제공받아야 한다고 생각한다.

03
☐ **spell**
[spel]

[n] 1. 주문
2. 한동안의 일

[syn] 1. allure, amulet, bewitchment

[v] (어떤 단어의) 철자를 말하다, 철자를 맞게 쓰다, 맞춤법에 맞게 글을 쓰다

[syn] add up to, augur, indicate

Certain physical disorders were formerly classified as "demonic possession," and this suggested that we "drive the demons out" by whatever **spells** and incantations we could think of. 2010-1차-10

이전에 특정 신체장애는 "악령 빙의"로 분류되었으며, 이것은 우리가 생각할 수 있는 모든 주문과 주술로 "악령을 쫓아 내야 함"을 암시했다.

04 classification
[klæsəfikéiʃən]

[n] 분류, 유형, 범주　　　　　　[syn] allocation, allotment, analysis

Society regards as true the systems of **classification** that produce the desired results.　　　2010-1차-10

사회는 원하는 결과를 산출하는 분류 체계를 사실로 간주한다.

05 intelligibility
[intèlədʒəbíləti]

[n] 명료(도), 알기 쉬움; 명료한 것　　[syn] accuracy, certainty, clearness

This criterion, mutual **intelligibility**, is usually employed to distinguish between two different languages.　　　2011-1차-14

상호 명료도라는 이 기준은 일반적으로 서로 다른 두 언어를 구별하는 데 사용된다.

06 meanwhile
[míːnwàil]

[adv] 한편, 그 동안에　　　　　[syn] meantime, till, ad interim

Meanwhile, observations, though not conclusive, have been pointing in the wrong direction.　　　2016-A-11

한편, 결정적인 것은 아니지만, 관측은 뭔가 잘못되고 있음을 알려주고 있다.

07 undergo
[ə̀ndərɡóu]

[v] 받다, 겪다　　　　　　　[syn] endure, experience, go through

The tense vowels in words like 'nightingale' and 'ivory' do not **undergo** trisyllabic laxing although these words contain the minimum of three syllables required by the trisyllabic laxing rule.　　　2017-A-4

'나이팅게일' 및 '상아'와 같은 단어의 긴장모음은 3음절 이완 규칙에 필요한 최소 3음절을 포함하지만 3음절 이완을 받지는 않는다.

08 collaborative
[kəlǽbərèitiv]

[adj] 공동의, 협업의　　　　　[syn] collective, combining, joint

Class time is reserved for activities such as interactive discussions or **collaborative** work supervised by the teacher.　　　2018-A-3

수업시간은 대화형 토론이나 교사가 지도하는 공동 작업과 같은 활동을 위한 시간으로 예정되어 있다.

09 conform
[kənfɔ́ːrm]

[v] 1. (관습 등에) 따르다, 순응하다　[syn] 1. attune, comply, coordinate
　　2. ~에 일치하다　　　　　　　　2. correspond, match, agree

Indeed, it is a significant sociological fact that the pressure to believe them is frequently stronger than the pressure to **conform** to the norms of conduct to which they are related.　　　2011-1차-10

사실, 그것들을 믿게 만드는 압력이 그들과 관련된 행동 규범을 따르라는 압력보다 종종 더 강하다는 것은 중요한 사회학적 사실이다.

10 negotiate
[nigóuʃièit]

[v] 1. 협상하다, 성사시키다　　　[syn] 1. bargain, agree, arrange
　　2. (도로 등을) 넘다, 지나다　　　　2. traverse, cross, hurdle

Whether they realize it or not, people often **negotiate** social relations from the bottom-up through interaction.　　　2008-전국-2

그들이 그것을 깨닫든 깨닫지 못하든, 사람들은 상호작용을 통해서 하의상달식의 사회적 관계를 협상해나간다.

11
☐ **fate**
[feit]

n 운명, 숙명

syn chance, circumstance, consequence, destiny, effect

It's Bob, sure as **fate**. I was certain I'd find you here if you were still in existence. **2019-B-3**

확실히 Bob이다. 네가 아직 살아 있다면 여기서 너를 찾을 것이라고 확신했다.

12
☐ **span**
[spæn]

n (사람의 짧은) 일생; (지속되는) 기간, 시간; 폭, 범위

syn interval, length, period, space, spell

v (얼마의 기간에) 걸쳐 이어지다

syn last, go on

My **spans** last inch, my minutes last point; And gluttonous death will instantly unjoynt My body, 'and soule. **2017-A-11**

나의 일생이 마지막으로 1분 남았고, 나의 시간은 마지막 지점에 다다랐으며, 탐욕스러운 죽음이 내 몸과 영혼을 내가 죽자마자 한탄하지는 않을 것이다.

13
☐ **knock**
[nɑːk]

v 두드리다, 치다, 찧다, 부딪치다

syn beat, pound, rap, bump

n 노크 소리

syn hammering, beating, blow, box

She **knocked** on our door in the morning. **2009-1차-12**

그녀는 아침에 우리 문을 두드렸다.

14
☐ **dull**
[dʌl]

adj 1. 흐릿한, 칙칙한, 윤기 없는
2. 따분한, 재미없는

syn 1. drab, cloudy, dim
2. boring, uninteresting, dim, dumb

v 둔해지다, 약해지다, 누그러지다

A **dull** resentment against his life awoke within him. **2016-A-9**

그의 삶에 대한 흐릿한 분노가 그의 안에서 깨어났다.

15
☐ **biotechnology**
[bàiouteknáːlədʒi]

n 생명 공학

syn engineering, technology, engineering science

Like the corporate pursuit of computer technology, profit-motivated **biotechnology** creates several concerns. **2010-1차-11**

컴퓨터 기술에 대한 기업의 목표와 마찬가지로, 이익을 추구하는 생명 공학은 몇 가지 문제를 야기한다.

16
☐ **adversary**
[ǽdvərsèri]

n (언쟁·전투에서) 적, 상대방

syn antagonist, attacker, competitor, enemy, foe

Our belief in insects as **adversaries** shapes our interactions with them. **2013-1차-13**

곤충에 대한 적으로서의 우리의 신념은 곤충과의 상호작용 형태를 구체화한다.

17
☐ **rotten**
[rάːtn]

adj 1. 썩은, 부패한, 부식한
2. 형편없는, 끔찍한

adv 대단히, 아주

syn 1. decayed, moldy
2. bad, crappy, stinking, stinky, lousy

The reason is that love is a link of obligation which men, because they are **rotten**, will break any time they think doing so serves their advantage; but fear involves dread of punishment, from which they can never escape.

2008-서울·인천-3

그 이유는 바로 사랑은 인간이 부패하였기 때문에 그들이 그렇게 하는 것이 자신의 이익에 도움이 된다고 생각할 때마다 깨뜨릴 만한 의무의 연결 고리이지만, 두려움은 결코 피할 수 없는 처벌에 대한 두려움을 포함하기 때문이다.

18
☐ **thoroughly**
[θɜːrouli]

adv 철두철미하게, 대단히, 완전히, 철저히

syn assiduously, carefully, completely, comprehensively, conscientiously

Prepare **thoroughly** and practice in public.

2011-1차-7

철두철미하게 준비하고 사람들 앞에서 연습하라.

19
☐ **revere**
[riviər]

v 존경하다, 숭배하다

syn admire, adore, appreciate, cherish, exalt

You can learn a lot about a society by examining who or what it **reveres**.

2020-A-11

사회가 존경하는 사람이나 대상을 조사함으로써 사회에 대해 많은 것을 배울 수 있다.

20
☐ **cheat**
[tʃiːt]

v 1. 속이다, 사기 치다; 부정행위를 하다
2. 바람을 피우다

n 속임수를 쓰는 사람, 사기꾼

syn 1. defraud, bilk, deceive
2. have an affair, betray

syn charlatan, con artist, crook, hypocrite, impostor

Did she feel **cheated**, I wondered, by the distance, by the time we had not spent together?

2010-2차-4

나는 궁금한 게 그녀는 우리가 함께 지내지 않으면서 멀리 떨어져 있었을 때, 속았다는 기분이 들었을까?

21
☐ **shrink**
[ʃrɪŋk]

v 줄어들다, 오그라지다

n 정신과 의사, 심리학자

syn decrease, diminish, drop off, dwindle, fall off

I look into my glass; And view my wasting skin, And say, "Would God it came to pass, My heart had **shrunk** as thin!"

2015-A-기6

나는 내 잔을 들여다보면서, 점점 약해지는 내 피부를 보고, "신께서 잠시 지나가시니, 제 영혼이 완전히 줄어들어서 얇아졌네요!"라고 말했다.

22

☐ **sway**
[swei]

ⓥ 1. (마음을) 동요시키다

2. (천천히) 흔들리다

ⓝ 1. 흔들림, 진동, 동요
2. 세력, 지배력; 통치권

syn 1. influence, affect, dominate, impress, inspire
2. swing, waver, wobble

syn 1. wobble, rocking
2. clout, amplitude, authority, command, control

She stood among the **swaying** crowd in the station at the North Wall.

2008-전국-21

그녀는 North Wall에 있는 역에서 동요하고 있는 군중들 사이에 섰다.

23

☐ **imaginative**
[imǽdʒənətiv]

adj 상상력이 풍부한, 창의적인

syn artistic, extravagant, fanciful, fantastic, ingenious

If he be an **imaginative** boy a door is torn open and for the first time he looks out upon the world, seeing, as though they marched in procession before him, the countless figures of men who before his time have come out of nothingness into the world, lived their lives and again disappeared into nothingness.

2015-A-서3

만약 그가 상상력이 풍부한 소년이라면 문이 확 젖혀지고 처음으로 세상을 바라보며, 마치 그의 이전 시대의 무수히 많은 사람들이 무에서 세상에 나와 그들의 삶을 살다가 다시 무로 사라지는 것처럼 그들은 그의 눈 앞에서 행렬을 이루어 행진했다.

24

☐ **steadfast**
[stédfæst]

adj (태도·목표가) 변함없는

syn abiding, adamant, ardent, dedicated, faithful

In everything I have done, I have been **steadfast**, resolute — some would say in the extreme.

2017-A-11

내가 해온 모든 일에서 나는 변함없으며 단호했고, 어떤 사람들은 더 극단적으로 칭찬할 수도 있다.

25

☐ **indulgent**
[ɪndʌ́ldʒənt]

adj 제멋대로 하게 놔두는,
(남의 결점에) 너그러운, 관대한

syn considerate, fond, kindly, permissive, tolerant

The second time I saw her I was 23, arriving in China on an **indulgent** post-graduate-school adventure, with a Caucasian boyfriend in tow.

2010-2차-4

그녀를 두 번째로 봤을 때 나는 23살이었는데, 그녀는 뒤에 데리고 다니던 백인 남자친구와 함께 제멋대로인 대학원 생활을 떠나 중국에 도착해 있었다.

26

☐ **manipulate**
[mənípjulèit]

ⓥ (교묘하게) 조종하다, 다루다,
조작하다, 처리하다;
어긋난 뼈를 제자리에 넣다

syn employ, shape, wield, feel, finger

For at least 10,000 years, humans have been **manipulating** their own brains by drinking alcohol.

2018-A-14

적어도 10,000년 동안, 인간은 술을 마시면서 그들 자신의 뇌를 조종해왔다.

27
☐ **anus**
[éinəs]

n 항문

syn anal

When threatened the animal has the ability to compress the ink sac and squirt a jet of the liquid from its **anus**.   2022-A-11
위협을 받으면 그 동물은 먹물 주머니를 꾹 눌러서, 항문에서 액체를 분출할 수 있다.

28
☐ **scar**
[skɑːr]

n 흉터, 반흔, 상흔

syn blister, crater, defect, discoloration, disfigurement

v 상처를 남기다

The light showed a pale, square-jawed face with keen eyes, and a little white **scar** near his right eyebrow.   2019-B-3
그 빛은 예리한 눈을 가진 창백한 사각턱의 얼굴과 그의 오른쪽 눈썹 근처에 있는 작은 하얀색 흉터를 비추었다.

29
☐ **clone**
[kloun]

v 복제하다

syn duplicate, replicate

n 클론, 복제 (생물), 복제품

syn reproduction, copy, double, duplicate, twin

First is the concern that only the rich will have access to such life-saving technologies as genetic screening and **cloned** organs.   2010-1차-11
첫째는 오직 부유한 사람들만이 유전자 검사, 복제 장기 같은 생명을 구하는 기술의 혜택에 접근할 수 있다는 우려이다.

30
☐ **barge in**

불쑥 들어오다, 끼어들다

syn break in, burst in, collide, infringe, interrupt

In 1886 the neo-Impressionists **barged in**, eating up exhibition space and edging out Impressionism itself.   2021-B-10
1886년 신인상파가 불쑥 들어와, 전시 공간을 차지하고 인상파 자체를 쫓아냈다.

31
☐ **forested**
[fɔ́ːristid]

adj 숲으로 뒤덮인

syn arboraceous, jungly, lumbering, sylvan, timbered

In the animal kingdom, it is common for males to have ornamentation, like bright feathers, to impress females of their species, but a newly identified species of dancing fly found in the **forested** regions of Mount Fuji in Japan adds something new to the game of sexual display.   2011-1차-13
동물계에서는, 수컷이 밝은 깃털과 같은 장식을 하고 같은 종의 암컷에게 깊은 인상을 주는 것이 일반적이지만, 일본 후지산 숲 지역에서 발견되어 새롭게 식별된 종인 춤추는 파리는 성적 유혹의 시합에 새로운 요소를 추가한다.

32
☐ **snatch**
[snætʃ]

v 강탈하다, 자취를 없애다; 죽이다; 와락 붙잡다, 잡아채다

syn snatch up, swoop up, snap, prehend

Suddenly a thief **snatches** the bag and drives off.   2007-서울·인천-2
갑자기 도둑이 가방을 강탈해서 떠난다.

33
☐ **perilously**
[pérələsli]

adv 위험하게, 위험이 내포되어; 모험적으로

syn acutely, badly, grievously, intensely, severely

The mornings we turn back to are no more than forty minutes longer than before, but they feel vastly different flimsy, strange, wavering in the eddies of this change, empty, unanchored, **perilously** light since the red hat vanished from our sight.   2012-2차-2

우리가 되돌아보고자 하는 그 아침들은 그 이전에 비해서 40분 이상 길지는 않았지만, 그들은 빨간 모자가 우리의 시선에서 사라진 이래로 이러한 변화, 그리고 텅 빈, 안정감이 없는, 그리고 위험할 정도로 가벼운 불빛 속에서 평소와는 대단히 다른 얄팍하고, 낯설고, 흔들리는 듯한 느낌을 받았다.

34
☐ **lass**
[læs]

n 아가씨, 처녀

syn Lolita, lassie, girl, bobbysoxer, bobby-socker

She was a blooming **lass** of fresh eighteen; ripe and melting and rosy-cheeked, and universally famed, not merely for her beauty, but her vast expectations.   2008-서울·인천-14

그녀는 꽃 핀 갓 18살의 아가씨였는데, 그녀는 사람의 마음을 녹이는 잘 익은 장밋빛 뺨을 가졌으며 그녀의 아름다움뿐만 아니라 그녀의 엄청난 기대로도 널리 유명했다.

35
☐ **perpetuate**
[pərpétʃueit]

v 영속시키다, 끊이지 않게 하다

syn eternize, maintain, preserve, conserve, continue

Propaganda generated by these institutions simplifies the complexities of our relationship with the creatures and feeds us hostile images that **perpetuate** a militaristic stance toward thousands of species.   2013-1차-13

이러한 기관에 의해 만들어진 선전적 세뇌는 우리와 그 생물들과의 관계의 복잡성을 단순화시키고, 우리에게 수 천 개 종을 향한 전투적 입장을 영속시키는 적대적인 이미지를 주입시킨다.

36
☐ **sincere**
[sinsíər]

adj 진실된, 진정한, 진심 어린

syn real, artless, honorable, true

Many people begin their criticism with **sincere** praise followed by the word "but" and ending with a critical statement.   2008-서울·인천-1

많은 사람들이 진지한 칭찬에 이어 "그러나"라는 단어로 비판을 시작하고 비판적인 말로 끝낸다.

37
☐ **prevalent**
[prévələnt]

adj 널리 퍼져 있는, 일반적인

syn common, commonplace, everyday, extensive, frequent

Combining teaching methods is more **prevalent** these days.   2013-1차-6

교수기법을 결합하는 것은 오늘날 더욱 널리 퍼져 있다.

38
☐ **dart away**

잽싸게 도망가다

syn run away quickly, start off, run away suddenly, rush out

It is thought that the cloud of ink hanging in the water forms a dummy squid termed a pseudomorph, which attracts and holds the attention of the predator allowing the animal to **dart away** to safety.   2022-A-11

물에 떠 있는 먹물 구름은 '가상'이라고 불리는 가짜 오징어 형상을 만들어내는 것으로 여겨졌고, 그것은 포식자의 주의를 끌어서 그 동물이 안전한 곳으로 잽싸게 도망치도록 도와준다.

39

☐ **jockey**

[dʒɑ́:ki]

ⓥ (남을 앞서기 위해) 다투다

ⓝ (경마에서 말을 타는) 기수

syn direct, guide, handle, move, navigate

Hands in pockets, they stand around, jostling, **jockeying** for place, small fights breaking out and calming.   2018-A-11

그들은 주머니에 손을 넣고, 자리를 차지하기 위해 밀치고 다투며, 주위를 어슬렁거렸고, 작은 싸움들이 일어났다가 진정되었다.

40

☐ **phony**

[fóuni]

adj 가짜의, 허위의, 겉치레의

ⓝ 가짜, 위조품; 사기꾼, 위선자

syn bogus, counterfeit, forged, sham, spurious

Will you take that **phony** dream and burn it before something happens?
2011-1차-38

무슨 일이 일어나기 전에 그 가짜 꿈을 가져다 태워 버리겠습니까?

Daily Quiz

Choose the synonyms.

01. sequence	·	· ⓐ accuracy, certainty, clearness
02. intelligibility	·	· ⓑ series, arrangement, array, progression, string, chain
03. meanwhile	·	· ⓒ meantime, till, ad interim
04. span	·	· ⓓ defraud, bilk, deceive
05. rotten	·	· ⓔ assiduously, carefully, completely, comprehensively
06. thoroughly	·	· ⓕ interval, length, period, space, spell
07. cheat	·	· ⓖ abiding, adamant, ardent, dedicated, faithful
08. steadfast	·	· ⓗ decayed, moldy
09. clone	·	· ⓘ break in, burst in, collide, infringe, interrupt
10. barge in	·	· ⓙ duplicate, replicate

Answer Key 01. ⓑ 02. ⓐ 03. ⓒ 04. ⓕ 05. ⓗ 06. ⓔ 07. ⓓ 08. ⓖ 09. ⓙ 10. ⓘ

⚡ 최빈출 어휘

01 involve
[ɪnvάːlv]

[v] 1. 관련시키다; 수반하다

2. 종사시키다

[syn] 1. affect, associate, catch, commit, comprise

2. employ

Remember, cultural norms **involving** language use differ from country to country. 2016-A-8

언어 사용과 관련된 문화적 규범은 국가마다 다르다는 것을 기억하라.

02 physical
[fɪ́zikəl]

[adj] 1. 신체의, 육체의
2. 물질의, 물리적인

[n] 신체검사, 건강 진단

[syn] 1. bodily, vesceral
2. tangible, natural, real, substantial, concrete

And for at least the last few decades, researchers have wondered whether alcohol had a positive effect on **physical** health. 2018-A-14

그리고 적어도 지난 수십 년 동안, 연구자들은 술이 신체 건강에 긍정적인 영향을 미치는지 궁금해했다.

03 novel
[nάːvəl]

[adj] (이전에 볼 수 없던) 새로운, 신기한

[n] 소설

[syn] different, innovative

[syn] fiction, narrative, novella, paperback, prose, story, tale

In the early studies, animal and human subjects were presented with problems that required a **novel** solution. 2010-1차-14

초기 연구에서 동물과 인간 피실험자는 이전에 볼 수 없던 새로운 해결책이 필요한 문제를 제시받았다.

04 sloppy
[slάːpi]

[adj] 1. 엉성한, 대충 하는, 헐렁한

2. 질펀한, 몹시 감상적인

[syn] 1. awkward, careless, clumsy, dirty, mediocre

I've finally figured out the difference between neat people and **sloppy** people. 2010-2차-2

나는 드디어 깔끔한 사람과 엉성한 사람의 차이를 알아냈다.

05
□ personality
[pə̀ːrsənǽləti]

[n] 개성, 인격, 성격; 유명인

[syn] charisma, charm, identity, makeup, nature, psyche

If you don't talk, you can't have a **personality**.　　2009-2차-3
만약 당신이 말을 하지 않는다면, 개성을 가질 수 없다.

06
□ authority
[əθɔ́ːrəti]

[n] 권위, 지휘권, 재가, 인가

[syn] force, government, jurisdiction, rule, ascendancy

Each event diminishes your **authority** at just the moment at which you think you have become an authority.　　2014-A-기6
모든 사건은 당신이 권위자가 되었다고 생각하는 바로 그 순간에 당신의 권위를 깎아내린다.

07
□ confront
[kənfrʌ́nt]

[v] (문제에) 맞서다, 닥치다; 정면으로 부딪치다, 마주치다

[syn] encounter, meet, oppose, face

Out there will be the world **confronting** us both; we will both know we are surrounded by mystery, tremendous things that do not reveal themselves to us.　　2016-A-2
우리 둘 다 맞서야 할 세상이 바깥에 있을 것이며, 우리 둘은 우리에게 드러나지 않는 수수께끼와 엄청난 것들에 둘러싸여 있다는 것을 알게 될 것이다.

08
□ appreciate
[əpríːʃièit]

[v] 1. 고마워하다

2. 진가를 알아보다, 인정하다

3. 환영하다, (제대로) 인식하다

[syn] 1. acknowledge, be thankful, be grafeful, be appreciative, be indebted

2. admire, adore, applaud, cherish

3. realize, acknowledge, comprehend, fathom

S: I went over your feedback on my essay, and I really **appreciate** it.　　2018-A-8
학생: 제 에세이에 대한 당신의 피드백을 검토했고, 정말 감사합니다.

09
□ challenging
[tʃǽlindʒiŋ]

[adj] 힘이 드는, 도전적인, 도전 의식을 북돋우는, 항의하는

[syn] claiming, confronting, defying, demanding, denouncing

They're going well, but I find scoring students' writing quite **challenging**.　　2021-B-1
잘 진행되고는 있지만, 학생들의 글쓰기를 채점하는 것은 상당히 힘이 든다고 생각한다.

10
□ lightning
[láitniŋ]

[n] 번개, 번갯불

[syn] bolt, fulmination, firebolt

[adj] 아주 빠른; 급작스러운

[syn] zippy

Lightning that mocks the night; Brief even as bright.　　2017-A-5
밤을 조롱하는 번개는 밝은 만큼이나 짧다.

---

11 □ track
[træk]

☑ (자취를 따라) 뒤쫓다, 추적하다   syn chase, run after

ⓝ 1. 길; 자국   syn 1. path, record, step, trail, clue
     2. 철도 선로, 궤도   2. rail, lane, orbit

I or his father **track** him on the way.   2012-2차-2
나 또는 그의 아버지가 달려가는 그를 뒤쫓았다.

---

12 □ coral
[kɔ́ːrəl]

ⓝ 산호   syn apricot, bittersweet, cantaloupe, carrot, peach

Coral is far more red than her lips' red.   2009-1차-37
그녀의 붉은 입술보다 산호가 훨씬 더 붉은 색이었다.

---

13 □ varying
[véːəriŋ]

adj 가지각색의; 변화하는, 바뀌는   syn changeable, changing, differing, fluctuating, shifting

Instead of speculating about the answers to these questions, Ringelmann set up teams of **varying** sizes and measured their collective power.
     2017-A-2

이러한 질문에 대한 답을 추측하는 대신, Ringelmann은 가지각색 규모의 팀을 구성하고 그들의 집단적 힘을 측정했다.

---

14 □ volunteer
[vàːləntíər]

ⓝ 지원자, 자원 봉사자   syn servant, ministrant

☑ 자원하다; 자원 봉사로 하다   syn come forward, enlist, sign up, step forward

In a new study of 1,157 mentally healthy **volunteers** over age 65, researchers found that while those who remained intellectually stimulated by reading or playing card games were less likely to show symptoms of cognitive decline over a 12-year follow-up, they also showed significantly faster mental deterioration once they were diagnosed with dementia, compared with people who did not engage in mentally stimulating activity.   2011-1차-12

65세 이상의 정신적으로 건강한 1,157명의 지원자들에 대한 새로운 연구에서, 읽기나 카드 게임을 함으로써 계속 지적으로 활발했던 사람들은 12년 이상의 후속 연구에서 인지적 감소의 증상이 나타날 가능성이 적었던 반면, 그들이 일단 치매를 진단받은 후부터는 정신적으로 자극을 주는 활동에 참여하지 않은 사람들에 비해 상당히 더 빠른 정신적 퇴보 증상을 보여주었다.

---

15 □ seize
[siːz]

☑ 1. 꽉 붙잡다   syn 1. grab, catch, snatch, clasp
     2. 장악하다, 점령하다, 체포하다, 붙잡다   2. abduct, ambush, apprehend, arrest

She felt him **seize** her hand.   2008-전국-21
그녀는 그가 그녀의 손을 꽉 붙잡는 것을 느꼈다.

16
□ stroke
[strouk]

| v | (동물의 털을) 쓰다듬다 | syn | pat, brush, caress, rub |

n	1. 타격, 치기, 일격	syn	1. blow, hit, knock
	2. 수완, 공적, 업적		2. achievement, feat, hit
	3. 뇌졸중		3. apoplexy, seizure

She **stroked** my asymmetrically cropped hair.   2010-2차-4
그녀는 엉망으로 아주 짧게 깎은 내 머리카락을 쓰다듬어 주었다.

17
□ spectrum
[spéktrəm]

| n | 범위; (빛의) 스펙트럼, 빛띠 | syn | rainbow, chromatic spectrum, hue cycle |

We have today a **spectrum** of print styles that reflects every possible
visual relationship between word and image.   2006-서울·인천-12
오늘날 우리는 단어와 이미지 사이의 가능한 모든 시각적 관계를 반영하는 다양한 인쇄 범위를 가지고
있다.

18
□ revulsion
[rɪvʌ́lʃən]

| n | 혐오감, 역겨움; 공포감, 충격 | syn | distaste, loathing, repulsion, abhorrence, abomination |

The evaluative quality of taste or the recognition and judgment of flavor
can be processed only in the brain, and, as with the visual imagery of
painting, the quality of taste is assessed in relationship to a history of
tastes, and the pleasure or **revulsion** generated relates in large part to the
familiarity of the flavor.   2021-A-11
맛의 평가적 측면 및 풍미의 인식과 판단은 뇌에서만 처리될 수 있으며, 회화의 시각적 이미지와 마찬
가지로 맛의 질은 미각의 이력과 관련하여 평가되는데, 대부분의 경우 생성된 쾌락 또는 혐오감은 맛
의 친숙함과 관련이 있다.

19
□ insight
[ínsàit]

| n | 통찰력, 이해, 간파 | syn | acumen, intuition, judgment, observation, understanding |

Currently, **insight** is described as seeing clearly into the heart of a situation
or problem through a nonconscious process.   2010-1차-14
현재, 통찰력은 무의식적인 과정을 통해 상황이나 문제의 핵심을 명확하게 보는 것으로 묘사된다.

20
□ bourgeois
[búərʒwɑ]

| adj | 물질 만능주의적인, 속물적인, 자본주의적인 | syn | materialistic, Victorian, common, conservative, philistine |

| n | 중산층, 속물 |

MABEL: I may be very naive and – **bourgeois** – but I don't see the good of
      a new science that breaks up homes.   2016-A-4
MABEL: 제가 매우 멍청하고 물질 만능주의적일 수도 있지만 가정을 부수는 새로운 과학이 뭐가 좋
은지 모르겠네요.

21
☐ **apartheid**
[əpáːrtait]

n 인종차별 정책

syn discrimination, racism, separation

Years of watching him suffer under the double yoke of apartheid **apartheid** and tribalism convinced me that his was a hopeless case, so long as he persisted in clinging to tribal beliefs and letting the white man define his manhood. **2008-전국-3**

인종차별 정책과 부족주의의 이중 멍에로 고통받는 그를 수년 동안 지켜보면서, 그가 부족의 신념을 고수하고 백인들로 하여금 그의 인간됨을 규정하도록 하는 한, 그에게는 희망이 있을 수 없다고 나는 확신했다.

22
☐ **miniature**
[míniətʃər]

adj 아주 작은, 소형의; 축소된

syn tiny, scaled-down, small

n 축소 모형, (사람을 그린) 세밀화

syn baby, midget, model, toy, insignificancy

Their **miniature** size makes them ideal predators for even smaller invertebrate, including the mites that are their prey in the moist leaves of tropical forests. **2013-1차-9**

그들의 아주 작은 크기는 그것들을 열대우림의 촉촉한 잎들에 있는 그들의 먹이인 진드기를 포함하는 훨씬 더 작은 무척추동물들의 이상적인 포식자로 만든다.

23
☐ **virtually**
[vɜːrtʃuəli]

adv 1. 사실상, 거의

2. 가상으로

syn 1. basically, essentially, nearly, practically, around

Norms that prohibit harm to others are **virtually** ubiquitous across cultures because of this "affective resonance." **2013-1차-12**

타인에 대한 피해를 금지하는 규범은 이러한 "정서적 공명"으로 인해 사실상 문화 전반에 걸쳐 어디에나 널리 퍼져 있다.

24
☐ **openness**
[óupənnəs]

n 솔직함, 마음이 열려 있음, 편협하지 않음

syn acceptance, broad-mindedness, impartiality, interest, observance

I particularly like the outdoor street markets and the strength and **openness** of the people there. **2015-A-기2**

나는 특히 야외 길거리 시장과 그곳 사람들의 기운과 솔직함을 좋아한다.

25
☐ **actuality**
[æktʃuǽləti]

n 실제, 실재, 현실, 사실

syn achievement, actualization, attainment, fact, materiality

The speaker in this poem draws a contrast between the qualities often praised in exaggerated love poetry and the **actuality** of his mistress' physical attributes. **2009-1차-37**

이 시의 화자는 과장된 애정시에서 자주 예찬되는 내용과 자신의 연인의 물리적 속성의 실제를 대비시키고 있다.

26

☐ **insane**
[inséin]

adj 제정신이 아닌, 정신 이상의   syn batty, bizarre, crazy, deranged, idiotic

It breaks into your consciousness in disguise, masks itself in dreams, makes all sorts of trouble. In extreme cases it drives you **insane**.   2016-A-4

그것은 변장한 상태로 당신의 의식 속으로 침투하고, 꿈 속에서 스스로를 감추고, 모든 종류의 문제를 만든다. 극단적인 경우 그것은 당신을 제정신이 아니게 만든다.

27

☐ **contorted**
[kəntɔ́:rtid]

adj 일그러진, 왜곡된   syn deform, writhe, bend, convolute, curve

I touched her feet, and her face **contorted** with the memory of her childhood pain.   2010-2차-4

나는 그녀의 발을 만졌고, 어린 시절의 고통에 대한 기억으로 그녀의 얼굴이 일그러졌다.

28

☐ **comparable**
[kɑ́:mpərəbl]

adj 비교할 만한, 비슷한   syn commensurate, equal, proportionate, tantamount, a match for

By letting chance dictate who goes into which group, researchers are more likely to end up with truly **comparable** groups.   2018-A-14

누가 어떤 집단에 들어가는지를 우연에 따라 결정함으로써, 연구자들은 엄밀히 비교가능한 집단을 처리하게 될 가능성이 더 크다.

29

☐ **tentative**
[téntətiv]

adj 잠정적인, 머뭇거리는, 자신 없는   syn unsettled, acting, ad interim, conjectural, contingent

Someday they will go through their wardrobes and mark certain items for **tentative** mending.   2010-2차-2

훗날 그들은 옷장을 뒤져서 간단하게 일시적으로 수선해야 할 것들에 표시를 해 둘 것이다.

30

☐ **cunning**
[kʌ́niŋ]

adj 정교한, 교활한, 기묘한   syn Machiavellian, acute, deep, keen, sharp

n 교활함, 간계

With the **cunning** typical of its breed, the automobile never breaks down while entering a filling station.   2019-B-5

그 품종의 정교함으로 인해, 주유소에 들어가는 동안 그 자동차는 결코 고장나지 않는다.

31

☐ **catalyst**
[kǽtəlist]

n 촉매(제), 기폭제   syn impetus, incentive, motivation, stimulant, adjuvant

Finally, although there is little doubt that profit acts as a **catalyst** for some scientific discoveries, other less commercially profitable but equally important projects may be ignored.   2010-1차-11

마지막으로, 이윤이 일부 과학적 발견의 촉매제 역할을 하는 데는 의심의 여지가 거의 없으나, 똑같이 의미 있지만 상업적으로 덜 수익이 되는 프로젝트들이 무시될 수도 있다.

32
☐ **optimism**
[á:ptəmizm]

⒩ 낙관론, 낙관주의 　　　　syn anticipation, certainty, confidence, elation, enthusiasm

That is one of the characteristics that makes salespeople successful: irrational **optimism** in the face of certain defeat. 　　　2020-A-8
영업사원을 성공하게 하는 특징 중 하나는 특정한 패배에 직면해서 보여주는 비합리적인 낙관론이다.

33
☐ **freak**
[fri:k]

⒩ (~에) 광적으로 관심이 많은 사람, 괴짜, 괴물(같은 사람)　　syn aberration, anomaly, geek, monster, mutant

adj 아주 기이한, 희한한, 별난　　syn abnormal, unusual, exceptional

The fact that so many were asymmetric led the researchers to believe that it was more than a **freak** of nature. 　　　2011-1차-13
너무 많은 새들이 다리 하나로 서 있다는 사실이 연구자들로 하여금 그것이 자연의 기이한 현상이라고 하기에는 그 이상이라고 믿게 하였다.

34
☐ **all the more**

훨씬 더, 더욱 더

The water is made **all the more** effective because long thin species produce long thin pseudomorphs and more round species produce rounder clouds of ink. 　　　2022-A-11
기다랗고 얇은 생물 종이 기다랗고 얇은 가상 형태를 생성하고, 더 둥근 모양의 생물 종이 더 둥근 먹물 구름을 생성하기 때문에 물은 훨씬 더 효과적이게 된다.

35
☐ **life-expectancy**
[lòifikspéktensi]

⒩ 기대 수명　　syn longevity, all one's natural life, expectation of life, life cycle, life span

Technology and science can extend **life-expectancy**. 　　　2011-1차-8
기술과 과학은 기대 수명을 연장할 수 있다.

36
☐ **morsel**
[mó:rsəl]

⒩ (특히 음식의) 작은 양, 조각　　syn plug, crumb, chaw, bite, cud

It is not to be wondered at, that so tempting a **morsel** soon found favor in his eyes. 　　　2008-서울·인천-14
매혹적인 한 사람을 유혹했는데 그의 눈에 금방 들게 된 것은 놀라운 일이 아니다.

37
☐ **fixture**
[fikstʃər]

⒩ 1. 붙박이 세간, 설치물　　syn 1. accessory, component, device, equipment, appendage

2. 경기　　2. game, event, match, bout

Bug zappers, those glowing **fixtures** in suburban yards, keep those fears at bay, killing billions of insects each year. 　　　2013-1차-13
도시 근교에 설치된 이러한 빛을 내는 시설물인 해충 박멸 장치는 그런 두려움을 궁지로 몰아내고, 매년 엄청난 수의 벌레를 죽이고 있다.

38
□ assertion
[əsɜ́ːrʃən]

n (사실임을) 주장; (권리 등의) 행사

syn affirmation, allegation, contention, insistence, pronouncement

All languages provide a means for asking questions, making requests, making **assertions**, and so on. 2008-전국-4

모든 언어는 질문, 요청, 주장 등을 할 수 있는 수단을 제공한다.

39
□ epiphany
[ipífəni]

n (큰) 깨달음

syn insight, enlightenment

When she saw "Chiquita Banana" on TV, the speaker had an **epiphany** that her dream did not need to be hampered by her Spanish roots. 2022-A-5

그녀가 TV에서 "Chiquita Banana"를 보았을 때, 화자는 자신의 꿈이 모국어인 스페인어에 의해 방해받을 필요가 없다는 깨달음을 얻게 되었다.

40
□ molecular
[məlékjulər]

adj 부분의, 분자의, 분자로 뙨, 분자에 의한

syn atomic, infinitesimal, little, minute, subatomic

Maintaining that molar rather than **molecular** behavior should be studied, the Gestalt psychologists focused on perception in learning. 2010-1차-14

인지 심리학자들은 부분적 행위보다는 행태 전반을 연구해야 한다고 주장하면서, 학습에 있어서의 인지 과정에 초점을 맞추었다.

Daily Quiz

Choose the synonyms.

01. authority ·   · ⓐ acknowledge, be thankful, be grateful
02. appreciate ·   · ⓑ anticipation, certainty, confidence, elation
03. track ·   · ⓒ force, government, jurisdiction, rule, ascendancy
04. varying ·   · ⓓ changeable, changing, differing, fluctuating, shifting
05. seize ·   · ⓔ grab, catch, snatch, clasp
06. bourgeois ·   · ⓕ chase, run after
07. openness ·   · ⓖ deform, writhe, bend, convolute, curve
08. contorted ·   · ⓗ materialistic, Victorian, common, conservative
09. tentative ·   · ⓘ acceptance, broad-mindedness, impartiality
10. optimism ·   · ⓙ unsettled, acting, ad interim, conjectural, contingent

Answer Key 01. ⓒ 02. ⓐ 03. ⓕ 04. ⓓ 05. ⓔ 06. ⓗ 07. ⓘ 08. ⓖ 09. ⓙ 10. ⓑ

⚡ 최빈출 어휘

01
☐ **means**
[miːnz]

n 1. 수단, 방법, 방도
2. (개인이 가진) 돈, 재력, 수입

syn 1. way, method, aid, channel
2. wealth, resources, money

All languages provide a **means** for asking questions, making requests, making assertions, and so on. **2008-전국-4**

모든 언어는 질문, 요청, 주장 등을 할 수 있는 수단을 제공한다.

02
☐ **attach**
[ətǽtʃ]

v 1. 붙이다, 첨부하다
2. 중요성을 두다, 가치를 두다
3. 소속시키다, 가입시키다

syn 1. add, adhere, affix, connect, fix
2. attribute, ascribe, allocate
3. join, accompany, affiliate, associate

When Ringelmann had individuals and groups pull on a rope **attached** to a pressure gauge, groups performed below their theoretical capabilities. **2017-A-2**

Ringelmann이 개인과 집단에게 압력 측정기에 붙인 밧줄을 당겨보게 했을 때, 집단은 이론적으로 예상되는 능력 이하로 작업을 수행했다.

03
☐ **interlocutor**
[intərlάːkjutər]

n 대화자, 대화 상대; 교섭 담당자

syn interrogator, interviewer, questioner, speaker, talker

When problems in conveying meaning occur in conversational interactions, **interlocutors** need to interrupt the flow and negotiate meaning in order to overcome communication breakdowns and to understand what the conversation is about. **2020-B-4**

대화 상호작용에서 의미 전달에 문제가 발생하면, 대화자들은 소통 실패를 극복하고 대화 내용이 무엇인지에 대해 이해하기 위해 흐름을 중단하고 의미를 협상해야 한다.

04
☐ **demand**
[dimǽnd]

n 요구 (사항)

syn appeal, application, call, claim

It needed to establish a regular and uniform orthographical system and to expand its vocabulary to meet the increased **demands** caused by the demise of Latin and by developments in science and new discoveries throughout the burgeoning Empire. **2009-1차-9**

라틴어의 멸망과 과학 발전 및 급성장하는 제국 전역의 새로운 발견으로 인한 증가된 수요를 충족시키기 위해 규칙적이고 균일한 철자 체계를 구축하고 어휘를 확장해야 했다.

05
□ repetition
[rèpətíʃən]

n 반복, 되풀이

syn litany, recurrence, reiteration, repeat, rhythm

The relationships between propositions are overtly signalled by means of lexical **repetition**.　　　　2006-서울·인천-2

명제들 간의 관계는 어휘의 반복에 의하여 명백히 표시된다.

06
□ precede
[prisíːd]

v 1. ~보다 중요하다, ~에 우선하다
2. ~에 앞서다, 선행하다
3. ~보다 우월하다

syn 1. prioritize
2. foreshadow, predate, presage, antecede, antedate
3. achieve superiority

We understand how much has **preceded** us, and how unimportant we are in relation to it.　　　　2014-A-기6

우리는 우리보다 중요한 것이 얼마나 많은지, 그리고 우리가 그것과 관련하여 얼마나 중요하지 않은 지 이해한다.

07
□ paraphrase
[pǽrəfrèiz]

n 윤문, 다른 말로 바꾸어 표현한 것

v 윤문하다,
다른 말로 바꾸어 표현하다

syn rephrase, transcribe, rehash, disambiguate, recapitulate

One can represent the two **paraphrases** using the schemata in (2a) and (2b), respectively.　　　　2015-B-서4

(2a)와 (2b)의 도식을 각각 사용하여 두 가지의 윤문을 구현할 수 있다.

08
□ decade
[dékeid]

n 10년(특히 1910~1919년이나 1990~1999년과 같은 기간)

syn decagon, decapod, decennary, decennium, decemvir

And for at least the last few **decades**, researchers have wondered whether alcohol had a positive effect on physical health.　　　　2018-A-14

그리고 적어도 지난 수십 년 동안, 연구자들은 술이 신체 건강에 긍정적인 영향을 미치는지 궁금해했다.

09
□ evident
[évədənt]

adj 분명한, 눈에 띄는

syn conspicuous, indisputable, noticeable, obvious, palpable

This sociological fact, **evident** in every time and society, is a paradox.　　　　2011-1차-10

모든 시대와 사회에서 분명한 이 사회학적 사실은 역설이다.

10
□ be aware of

~을 의식하다, 알다

syn acknowledge, comprehend, fathom, grasp, know

Without **being aware of** it, each speaker of any language has mastered a number of language styles.　　　　2008-전국-8

어떤 언어의 화자는 의식하지 못한 채 많은 언어 양식을 숙달했다.

빅데이터로 MASTER 기출편

DAY 19

해커스임용 도원우 · Sam Park 전공영어 기출보카 1800+

DAY 19　165

11
☐ **opponent**
[əpóunənt]

⊓ (논쟁 등의) 상대, 반대자

syn adversary, aspirant, candidate, challenger, competitor

A group of five writers developing funny skits can easily outperform a single person, just as a team pulling a rope is stronger than a single **opponent**.　　　　2017-A-2

밧줄을 당기는 한 명의 상대보다 팀이 더 강한 것처럼, 웃기는 촌극을 개발하는 5명의 작가 모임은 쉽게 한 사람을 능가할 수 있다

12
☐ **precisely**
[prisáisli]

adv 바로, 꼭, 정확히, 신중하게

syn absolutely, accurately, as well, correctly, literally

HENRIETTA: **Precisely**. The forbidden impulse is there full of energy which has simply got to do something.　　　　2016-A-4

HENRIETTA: 정확해. 금지된 충동은 단순히 무언가를 해야만 하는 에너지로 가득차 있어.

13
☐ **vanish**
[vǽniʃ]

v (갑자기) 사라지다, 없어지다

syn disappear, die, dissolve, evaporate, fade

The mornings we turn back to are no more than forty minutes longer than before, but they feel vastly different flimsy, strange, wavering in the eddies of this change, empty, unanchored, perilously light since the red hat **vanished** from our sight.　　　　2012-2차-2

우리가 되돌아보고자 하는 그 아침들은 그 이전에 비해서 40분 이상 길지는 않았지만, 그들은 빨간 모자가 우리의 시선에서 사라진 이래로 이러한 변화, 그리고 텅 빈, 안정감이 없는, 그리고 위험할 정도로 가벼운 불빛 속에서 평소와는 대단히 다른 얄팍하고, 낯설고, 흔들리는 듯한 느낌을 받았다.

14
☐ **pore**
[pɔ:r]

⊓ (땀) 구멍

syn foramen, opening, orifice, outlet, stoma

v 숙고하다, 골똘히 생각하다, 열심히 연구하다

syn ponder

The world sprang at me in hideous reality, full of people with open **pores**, blackheads and impetigo.　　　　2009-1차-39

세상은 흉측한 현실 속에서 튀어나왔는데, 이는 원형탈모, 검은 머리와 농가진을 가진 비참한 사람들로 가득차 있었다.

15
☐ **soap**
[soup]

⊓ 비누

syn cleanser, detergent

v 비누칠을 하다

The agency is also taking steps to curb use of antibacterials in some consumer goods, requiring manufacturers to prove that antibacterials are better than simple **soap** and water in keeping germs at bay.　　　　2020-A-12

그 기관은 또한 일부 소비자의 항균제 사용을 억제하기 위한 조치를 취하고 있으며, 제조업체에게 항균제가 평범한 비누와 물보다 세균을 억제하는 데 더 낫다는 것을 증명하도록 요구한다.

16 ☐ humiliation
[hjuːmìliéiʃən]

n 굴욕, 창피, 굴복; 면목 없음   syn confusion, degradation, disgrace, ignominy, indignity

From the very beginning of school we make books and reading a constant source of possible failure and public **humiliation**.   2018-A-2

학창 시절의 아주 처음부터 우리는 책과 독서를 잠재적 실패와 공개적 굴욕의 끊임없는 원천으로 여긴다.

17 ☐ scatter plot

산포도, 산점도

The **scatter plot** below includes high school seniors' CEE scores from 2014 and their college Grade Point Averages (GPAs) in the fall of 2016.   2017-A-9

아래 산포도에는 2014년 고등학생의 대학 입학 점수와 2016년 가을의 대학 평균 평점이 포함되어 있다.

18 ☐ persistent
[pərsístənt]

adj 끊임없이 지속되는, 반복되는; 끈질긴, 집요한   syn constant, continual, endless, enduring, incessant

This top-down theory is more likely to emphasize **persistent** inequalities of power.   2008-전국-2

이런 상의하달식 이론은 끊임없이 지속되는 권력의 불평등을 부각할 확률이 더욱 높다.

19 ☐ fret
[fret]

v 조마조마하다; 고민하다   syn ache, cry, lament, regret, wail

While we **fret** about the decreasing cogency of public debate, computers dismiss linear argument and promote fast, shallow romps across the information landscape.   2014-A-기10

우리는 공개 토론의 설득력이 감소하는 것에 대해 조마조마해하지만, 컴퓨터는 1차원 논쟁을 일축하고 정보 환경에서 빠르면서 피상적인 쾌주를 촉진시킨다.

20 ☐ saddle
[sǽdl]

v 1. (책임·부담을) 떠맡기다, 지우다   syn 1. burden, load
   2. 안장을 얹다

n (말·자전거·오토바이 등의) 안장   syn howdah, pillion, seat

We've come to assume that just about any bug we're **saddled** with – from strep to staph – can be wiped out with a quick round of antibiotics.   2020-A-12

연쇄상구균에서 포도상구균에 이르기까지 우리가 떠맡고 있는 거의 모든 박테리아는 항생제로 빠르게 제거할 수 있다고 우리는 생각하게 되었다.

21 ☐ aesthetic
[esθétik]

adj 미학적인, 심미적인, 미적인, 미를 살려 만든   syn artistic, creative, esthetic, artful, gorgeous

n 미적 특질, 미학(적 특질)

They attack play with quantitative methods without paying attention to its **aesthetic** quality.   2011-1차-11

그들은 미학적 내용에는 주의를 기울이지 않고, 정량적인 방법으로 그 놀이를 공격한다.

22

☐ **stuff**
[stʌf]

⟦n⟧ 일, 것

⟦syn⟧ substance, things, being, effects, impedimenta

⟦v⟧ (빽빽히) 채워 넣다, 채우다

⟦syn⟧ cram, fill, pack

Philip Danby had only been joking, but he had said it in a serious tone in order to humor those idiot New Age clients who actually seemed to believe in the **stuff**.　　　　　　　　2021-A-4

Philip Danby는 단지 농담을 할 뿐이었지만, 그는 그것을 꽤 심각한 어조로 말했는데 이는 그것을 정말로 믿는 것처럼 보이는 멍청한 신세대 고객들을 웃기기 위한 것이었다.

23

☐ **astonished**
[əstá:niʃt]

⟦adj⟧ 깜짝 놀란, 크게 놀란

⟦syn⟧ amaze, astound, bewilder, boggle, confound

[**astonished**] What're you doing? What're you doing? [to Linda] Why is he crying?　　　　　　　　2011-1차-38

(깜짝 놀라며) 뭐하는 거야? 지금 뭐해? (Linda에게) 그는 왜 우는 거죠?

24

☐ **squirmy**
[skwɜ:mi]

⟦adj⟧ 우물쭈물하는;
꿈틀거리는, 꼼지락거리는

Or as a teacher, to confront your first classroom filled with sullen, **squirmy**, slumbering, solipsistic students?　　　　　　　　2014-A-기6

또는 교사로서 음침하고, 우물쭈물하고, 졸고, 독신주의적인 학생들로 가득찬 첫 번째 교실에 맞서기 위해서인가?

25

☐ **cheapen**
[tʃí:pən]

⟦v⟧ 저평가하다, 격을 낮추다, (값을) 낮추다, 가치를 떨어뜨리다

⟦syn⟧ debase, degrade, demean, denigrate, disparage

The word that has been most **cheapened** and devalued in our language is "love."　　　　　　　　2008-전국-1

우리 언어 가운데 가장 저평가되고 가치를 낮춰 보는 단어는 "사랑"이다.

26

☐ **wasting**
[wéistiŋ]

⟦adj⟧ 점점 약해지는, 소모성의

⟦syn⟧ blow, consume, deplete, dissipate, divert

I look into my glass; And view my **wasting** skin, And say, "Would God it came to pass, My heart had shrunk as thin!"　　　　　　　　2015-A-기6

나는 내 잔을 들여다보면서, 점점 약해지는 내 피부를 보고, "신께서 잠시 지나가시니, 제 영혼이 완전히 줄어들어서 얇아졌네요!"라고 말했다.

27

☐ **sword**
[sɔ:rd]

⟦n⟧ 칼, 검

⟦syn⟧ blade, dagger, weapon, bill

He took his **sword** and drove it into the side of Gellert.　　　　　　　　2009-1차-38

그는 칼을 꺼내 들고 Gellert 쪽으로 달려 들어갔다.

28
☐ **dependency**
[dipéndənsi]

[n] 종속, 의존; 속국   [syn] addiction, colony, need

In the syllable structure of English words, **dependencies** between peaks and codas provide evidence for the existence of rhyme as a constituent of syllable.   2016-A-5

영어 단어의 음절 구조에서 정점부와 종결부 사이의 종속성은 음절의 구성 요소로서 운율이 존재한다는 증거를 제공한다.

29
☐ **demise**
[dimáiz]

[n] 멸망, 종말; 죽음, 사망   [syn] collapse, departure, dissolution, downfall, extinction

It needed to establish a regular and uniform orthographical system and to expand its vocabulary to meet the increased demands caused by the **demise** of Latin and by developments in science and new discoveries throughout the burgeoning Empire.   2009-1차-9

라틴어의 멸망과 과하 반점 및 급성장하는 제국 전역의 새로운 발견으로 인한 증가된 수요를 충족시키기 위해 규칙적이고 균일한 철자 체계를 구축하고 어휘를 확장해야 했다.

30
☐ **speculate**
[spékjulèit]

[v] 추측하다, 짐작하다; 투기하다   [syn] contemplate, figure out, guess, hypothesize, read

Instead of **speculating** about the answers to these questions, Ringelmann set up teams of varying sizes and measured their collective power.   2017-A-2

이러한 질문에 대한 답을 추측하는 대신, Ringelmann은 가지각색 규모의 팀을 구성하고 그들의 집단적 힘을 측정했다.

31
☐ **excavation**
[èkskəvéiʃən]

[n] 발굴, 땅파기, 발굴지   [syn] dig, mining, removal, burrow, cavity

Four hours or two weeks into the **excavation**, the desk looks exactly the same, primarily because the sloppy person is meticulously creating new piles of paper with new headings and scrupulously stopping to read all the old book catalogs before he throws them away.   2010-2차-2

발굴 작업의 4시간 후와 2주 후의 책상은 정확히 똑같아 보였는데, 이는 엉뚱한 사람이 새 제목을 가진 새로운 논문 더미를 꼼꼼하게 작성하고, 고지식하게 멈춰서 모든 오래된 책의 카탈로그를 용의주도하게 읽은 후 버리기 때문이다.

32
☐ **alleviate**
[əlíːvièit]

[v] 완화하다   [syn] relieve, allay, assuage, ease, mitigate, lighten

Research has shown that low doses of melatonin along with bright light therapy can realign the sleep-wake cycle and **alleviate** symptoms of seasonal affective disorder.   2019-B-7

연구에 따르면 태양광 쬐기 요법과 더불어 저용량의 멜라토닌은 수면-각성 주기를 재정렬하고, 계절성 정서 장애의 증상을 완화시킬 수 있다.

33
☐ **predictor**
[pridíktər]

ⓝ 예측 변수

syn prognosticator, seer, witch, astrologer, augur

The pre-academic camp seemed to dominate the debate in the late 1990s, drawing on some emerging research that showed that children's abilities at the beginning of kindergarten were powerful **predictors** of later success.   2010-1차-12

유치원 초반의 학생들 능력이 이후의 학업적 성공의 매우 뛰어난 예측 변수라는 새로 생겨난 연구 결과에 힘입어, 1990년대 후반에는 예비 학업 캠프가 논쟁에서 우위를 점하는 것처럼 보였다.

34
☐ **inheritance**
[inhérətəns]

ⓝ 1. 유전(성)
2. 상속 재산, 유산

syn 1. heredity
2. bequest, estate, heritage, legacy

I cannot get rid of either that past **inheritance** or my recent acquisitions.   2020-A-9

나는 유전된 것이나 최근에 습득한 것들 중 그 어느 것도 없앨 수가 없다.

35
☐ **Mandarin**
[mǽndərin]

ⓝ 1. 표준 중국어
2. 고위 공무원, 관료

syn 1. Chinese
2. bureaucrat, civil servant, functionary, public servant

In China, for example, a northern Chinese speaker of the Beijing dialect (also known as **Mandarin**) cannot understand the speech of a southern Chinese speaker of Cantonese, and vice versa.   2011-1차-14

예를 들어, 중국에서 표준 중국어로 일컬어지는 북경 방언을 사용하는 북부 중국어 화자는 광동어를 사용하는 남부 중국어 화자의 말을 이해할 수 없으며, 그 반대의 경우도 마찬가지이다.

36
☐ **make a face**

얼굴을 찌푸리다, 침울한 표정을 짓다

Perhaps they will just giggle, or nudge each other, or **make a face**.   2018-A-2

아마도 그들은 그냥 피식 웃거나, 서로를 쿡 찌르거나, 얼굴을 찌푸릴 것이다.

37
☐ **porch**
[pɔːrtʃ]

ⓝ (지붕이 있고 벽이 둘러진) 현관

syn veranda, enterance

He had still to replace a lock on one of the doors of the screened **porch**.   2022-B-1

그는 가려진 현관문 중 하나의 자물쇠를 교체해야 했다.

38
☐ **credibility**
[krèdəbíləti]

ⓝ 신뢰성

syn legitimacy, rigor, believable, plausibleness, cred

Credibility would be strained, and we probably would not achieve our objectives of changing Johnnie's attitude toward his studies.   2008-서울·인천-1

신뢰성이 왜곡될 것이고, 우리는 아마도 그의 연구에 대한 Johnnie의 태도를 바꾸려는 우리의 목표를 달성하지 못할 것이다.

39
☐ **tract**
[trækt]

n 1. 소책자, 글
2. (넓은) 지역, 지대

syn 1. booklet, pamphlet
2. area, lot, estate, expanse, parcel, distsrict

They feared it would damage public health. A 1795 **tract** listed the physical consequences of excessive reading.　　　2006-서울·인천-3

그들은 그것이 공중 보건을 해칠 것이라고 두려워했다. 1795년의 한 소책자는 과도한 독서의 신체적 결과들을 나열했다.

40
☐ **shockingly**
[ʃάkiŋli]

adv 깜짝 놀랄 만큼, 지독하게, 엄청나게

syn cruelly, disgracefully, indecently, wrongly

She was almost 80, surprisingly alien and **shockingly** small.　　　2010-2차-4

그녀는 거의 80세였고 깜짝 놀랄 만큼 생경했고 충격적일 정도로 작았다.

Daily Quiz

Choose the synonyms.

01. interlocutor ·
02. repetition ·
03. opponent ·
04. vanish ·
05. humiliation ·
06. fret ·
07. dependency ·
08. speculate ·
09. credibility ·
10. shockingly ·

· ⓐ contemplate, figure out, guess, hypothesize, read
· ⓑ addiction, colony, need
· ⓒ adversary, aspirant, candidate, challenger
· ⓓ litany, recurrence, reiteration, repeat, rhythm
· ⓔ cruelly, disgracefully, indecently, wrongly
· ⓕ confusion, degradation, disgrace, ignominy
· ⓖ interrogator, interviewer, questioner, speaker
· ⓗ legitimacy, rigor, plausibleness, cred, believable
· ⓘ disappear, die, dissolve, evaporate, fade
· ⓙ ache, cry, lament, regret, wail

Answer Key 01. ⓖ 02. ⓓ 03. ⓒ 04. ⓘ 05. ⓕ 06. ⓙ 07. ⓑ 08. ⓐ 09. ⓗ 10. ⓔ

DAY 20

01 ☐ **excerpt** [éksəːrpt]	ⓝ 발췌, 인용	syn extract, fragment, passage, piece, portion

Below are an **excerpt** from a reading text and part of a student's think-aloud data generated while reading it.   **2014-A-기10**
다음은 읽기 지문에서 발췌한 내용과 이를 읽는 동안 생성된 한 학생의 소리내어 생각하기 데이터의 일부이다.

02 ☐ **lexical** [léksikəl]	adj 어휘의	syn rhetorical, unwritten, exact, expressed, lingual, literal, oral, phrasal

Complexity generally refers to the **lexical** variety and syntactic elaborateness of the learner's linguistic system.   **2021-A-8**
일반적으로 복잡성은 학습자 언어 체계의 어휘 다양성과 통사론적 정교함을 의미한다.

03 ☐ **engage**
[ingéidʒ]
	ⓥ 1. ~에 참여하다, 참가하다
	
	   2. (주의·관심을) 사로잡다, 끌다
	   3. (~로) 고용하다
		syn 1. participate in, join in, take part in
		2. captivate, catch
		3. employ, enlist, appoint, bespeak, charter

To develop English writing abilities, my students **engaged** in writing activities.   **2019-B-8**
영어 작문 능력을 개발하기 위해 학생들은 작문 활동에 참여했다.

04 ☐ **control** [kəntróul]	ⓥ 통제하다, 지배하다	syn administer, command, conduct, dominate, govern, authorize
	ⓝ 지배, 단속, 관리; 억제, 제어	syn authority, curb, discipline, domination, force

Tone is chiefly **controlled** by the words the writer chooses.   **2009-1차-37**
어조는 주로 작가가 선택하는 단어들에 의해서 주로 통제된다.

05
☐ crucial
[krúːʃəl]

| adj | 결정적인, 중대한 | syn | central, compelling, deciding, decisive, essential |

Hence, the notion of mutual intelligibility is **crucial** in specifying when two languages are the "same" language. 　　　　2011-1차-14

이런 이유로, 상호 명료도의 개념은 두 언어가 "동일한" 언어임을 명시하는 데 결정적이다.

06
☐ distribution
[dìstrəbjúːʃən]

| n | 분포, 분배; 나누어 줌, 배부, 배급, 유통 | syn | circulation, delivery, disposal, dissemination, handling |

We can see that [l] and [ɫ] are in complementary **distribution**. 　2014-A-기11

우리는 [l]과 [ɫ]이 상보적 분포 관계에 있음을 알 수 있다.

07
☐ adjustment
[ədʒʌstmənt]

| n | 적응; 수정, 조정 | syn | alteration, arrangement, improvement, modification, readjustment |

As historian Geoffrey Elton pointed out, "History teaches those **adjustments** and insights which help the adolescent to become adult, surely a worthy service in the education of youth." 　　2014-A-기6

역사학자 Geoffrey Elton은 "역사는 청소년이 성인이 되도록 하는 적응력과 통찰력을 가르치며, 이는 분명히 청소년 교육에 가치 있는 기능을 한다."라고 주목했다.

08
☐ gesture
[dʒéstʃər]

| n | 몸짓, 제스처 | syn | action, body language, expression, indication, nod |
| v | 가리키다, 나타내다; 몸짓을 하다 | syn | signal, sign, indicate, beckon |

First, there is kinesics, which is the use of **gestures** or body language. 　　　　　　2017-A-8

첫째, 몸짓이나 신체 언어를 사용하는 운동학이 있다.

09
☐ dialect
[dáiəlèkt]

| n | 방언, 사투리 | syn | accent, idiom, jargon, lingo |

In a number of American English **dialects**, /ou/ is realized as a diphthong [ou] or a monophthong [o]. 　　　2021-B-4

많은 미국 영어의 방언에서, /ou/는 이중모음 [ou] 또는 단모음 [o]으로 인식된다.

10
☐ existence
[igzístəns]

| n | 1. 존재, 실재, 현존 2. (힘들게 근근이 살아가는) 생활, 생계 | syn | 1. presence 2. continuation, presence, reality, survival, world |

In the syllable structure of English words, dependencies between peaks and codas provide evidence for the **existence** of rhyme as a constituent of syllable. 　　　2016.A.5

영어 단어의 음절 구조에서 정점부와 종결부 사이의 종속성은 음절의 구성 요소로서 운율이 존재한다는 증거를 제공한다.

11
☐ **stimulate**
[stímjulèit]

ⓥ 1. 흥미를 불러일으키다, 격려하다, 고무하다
2. 자극하다
3. 흥분시키다, 활성화시키다

syn 1. encourage, inspire, spur
2. arouse, incite, prompt
3. excite, quicken

These promising newly found effects of this hormone have attracted much attention and have **stimulated** further research to make humans healthier and happier. **2019-B-7**

이 호르몬의 새로 발견된 이러한 유망한 효과는 많은 관심을 끌었고, 인간을 더 건강하고 행복하게 만들기 위한 추가적인 연구에 대한 흥미를 불러일으켰다.

12
☐ **frightened**
[fráitnd]

adj 무서워하는, 겁먹은

syn afraid, anxious, fearful, panicky, spooked

I was **frightened** when I saw it. **2009-1차-38**

그것을 보았을 때 나는 무서웠다.

13
☐ **ginger**
[dʒíndʒər]

adj 연한 적갈색의

ⓝ 1. 생강; 생강색, 연한 적갈색
2. 원기, 기운, 자극

syn 2. air, animation, ardor, backbone, boldness

She was holding an old, thin, **ginger** cat with a little green collar. **2009-1차-12**

그녀는 작은 녹색 목걸이를 한 늙고 마른 연한 적갈색 고양이를 안고 있었다.

14
☐ **sheltered**
[ʃéltərd]

adj 보호를 받는, 걱정이 없는; 비바람이 들이치지 않는

syn protected, shady, curtained, screened, veiled

They don't have to kowtow to anybody; they sleep sixteen hours a day; and yet they get fed and **sheltered** and even loved. **2021-A-4**

그들은 그 누구에게도 아부를 떨 필요가 없고, 그들은 하루에 16시간을 자며, 그들은 먹이를 얻고 보호를 받고 또 사랑까지 받는다.

15
☐ **complementary**
[kɑ̀:mpləméntəri]

adj 상보성의, 서로 보완하는

syn integral, interdependent, reciprocal, correlative, correspondent

We can see that [l] and [ł] are in **complementary** distribution. **2014-A-기11**

우리는 [l]과 [ł]이 상보적 분포 관계에 있음을 알 수 있다.

16
☐ contradictory
[kà:ntrədíktəri]

adj 반박의, 모순되는

syn antithetical, conflicting, contrary, incompatible, inconsistent

When our experiences do not substantiate our fears, we tend to discount the **contradictory** evidence. 　　　　　**2013-1차-13**
우리의 경험이 우리의 두려움을 입증하지 못할 때, 우리는 그 반박의 증거를 불신하는 경향이 있다.

17
☐ stall
[stɔːl]

v 움직이지 않게 하다, 시동이 꺼지다

n 가판대, 좌판; 마구간, 외양간

syn halt, hamper, hinder, interrupt, postpone

They're the deciders, the guys with administrative approval to greenlight a project or stop it cold – in this case to determine which genes step forward to produce a protein and which ones remain **stalled**, waiting for that second chance. 　　　　　**2015-B-서2**
그들은 프로젝트를 승인하거나 멈출 수 있는 행정적 승인을 받은 결정권자이며, 이 경우 단백질을 생산하기 위해 어떤 유전자가 앞으로 나아갈 것인지와 어떤 유전자가 움직이지 않는 상태로 남아 있을 것인지를 결정하고 두 번째 기회를 기다린다.

18
☐ instinctive
[instíŋktiv]

adj 본능적인, 본능에 따른

syn spontaneous, natural, self-generated

According to this perspective, emotions are seen as **instinctive** behaviors that stimulate physiological processes in the brain. 　　　　　**2008-서울·인천-5**
이러한 관점에 따르면, 감정은 뇌의 생리적 과정을 자극하는 본능적인 행동으로 간주된다.

19
☐ noble
[nóubl]

adj 1. 고결한, 고귀한 기품 있는

　　 2. 웅장한, 장려한

n 상류층, 귀족

syn 1. imperial, patrician, highborn, kingly, lordly

syn 2. dignified, benevolent, splendid

syn aristocrat, aristocracy

When John D. Rockefeller Jr. wished to stop newspaper photographers from snapping pictures of his children, he too appealed to the **nobler** motive. 　　　　　**2011-1차-9**
John D. Rockefeller Jr.가 신문 사진작가들이 아이들의 스냅 사진을 찍지 못하게 막으려고 했을 때, 그는 더욱 고결한 동기에 호소했다.

20
☐ subsequent
[sʌ́bsikwənt]

adj 차후의, 그 다음의

syn consecutive, consequent, ensuing, following, successive

Language transfer refers to the effects of the learner's previous language knowledge or performance on **subsequent** language learning. 　　　　　**2019-A-11**
언어 전이란 학습자의 기존 언어 지식 또는 수행 능력이 차후 언어 학습에 미치는 영향을 의미한다.

21 □ **tap**
[tæp]

ⓥ 1. (나무에서) 수액을 받다
2. (가볍게) 톡톡 두드리다
3. 도청하다

syn 1. drain, penetrate, pump
2. knock, pat, touch, beat, bob
3. eavesdrop

As a child, instead of going to school, she worked in the forest **tapping** rubber from the trees to help support her ten brothers and sisters.
2009-1차-13

그녀는 아이일 때 학교에 가는 대신, 열 명의 형제자매를 돕기 위해 나무에서 나오는 고무액을 받는 일을 했다.

---

22 □ **gland**
[glænd]

ⓝ 분비샘, 분비선

syn secretory organ, secreter

In the wall of this sac there is a **gland** which secretes a brown or black liquid rich in the pigment melanin, this is ink.
2022-A-11

이 주머니의 벽에는 멜라닌 색소가 풍부한 갈색 또는 검은색 액체를 분비하는 분비샘이 있는데, 이것이 먹물이다.

---

23 □ **spec**
[spek]

ⓝ 안경(spectacle), 설명서, 사양

ⓥ 디자인하다, 만들다

syn play, plunge, venture

Flinching from this unusual clarity I went to school and sat in my usual place at the morning assembly, unrecognizable in a nose-pinching pair of wire-framed **specs**.
2009-1차-39

이 비정상적인 선명도에서 벗어나 나는 학교에 갔고 아침 조회에서 평소 자리에 앉았는데, 코를 찌르는 철사 안경 때문에 물건이 식별되지 않는 상황이었다.

---

24 □ **bemuse**
[bimjúːz]

ⓥ 어리벙벙하게 하다, 멍하게 만들다; 생각에 잠기게 하다

syn amaze, bewilder, daze, muddle, perplex

In an outcome somewhat **bemusing** to Larson, his own composition was judged to have been composed by the computer, while the computer-generated music was judged to be the authentic Bach.
2013-1차-11

Larson에게 다소 어리벙벙한 결과인데, 그의 작곡은 컴퓨터로 작곡된 것으로 판단되었고, 컴퓨터로 생성된 음악은 진정한 바흐의 것으로 판단되었다.

---

25 □ **lapse**
[læps]

ⓝ 1. 과실, 실수, 깜박함
2. (사건 간 시간적) 경과

ⓥ 1. 실수하다
2. 끝내다; 소멸되다

syn 1. mistake, blunder, breach
2. interval, gap

syn 1. slip, fall, decline
2. cease, degenerate, descend, deteriorate

The largest part of the traffic-accident problem has been shown to involve **lapses** by normal drivers rather than errors by just a few problem cases.
2008-전국-5

교통사고 문제의 가장 큰 부분은 그저 소수의 문제 사례에 의한 과실보다는 일반 운전자의 과실과 관련이 있는 것으로 나타났다.

26
☐ **insignificance**
[insignífikəns]

| n | 무의미, 무가치; 사소한 일, 하찮음; 비천한 신분 |
| syn | immateriality, inconsequence, indifference, meanness, molehill |

If that is what maturity means in human relationships – the arrival at identity by way of relative **insignificance** – then I would define historical consciousness as the projection of that maturity through time.

2014-A-기6

상대적 무의미함을 거쳐 정체성에 도달하는 것이 인간 관계에서의 성숙이 의미하는 바라면 나는 역사적 의식을 시간을 통한 성숙의 투영으로 정의할 것이다.

27
☐ **decoy**
[díːkɔi]

| v | 유인하다, 꾀어내다 |
| syn | bait, lure |

Can you imagine a slug squirting out ink to leave a pseudomorph hanging in the air to **decoy** a bird predator while the slug made its escape?

2022-A-11

민달팽이가 탈출하는 동안 조류 포식자를 유인하기 위해 공중에 매달려 있는 가상 형태를 남기기 위한 먹물을 분출하는 민달팽이를 상상할 수 있는가?

28
☐ **drowsily**
[dráuzili]

| adv | 졸린 듯이, 꾸벅꾸벅 |
| syn | languidly, slowly, sluggishly, tiredly |

The spring murmured **drowsily** beside him and a deep sleep fell upon David Swan.

2015-A-기8

봄이 David Swan 곁에서 졸린 듯이 중얼거렸고, 그는 깊은 잠에 들었다.

29
☐ **chalky**
[tʃɔ́ːki]

| adj | 분필이 묻은 |
| syn | blanced, milky, dull, pale, white |

| n | 백악질 토양 |

I went daily to school and kept my eyes politely on the blackboard where I could see only **chalky** confusion.

2009-1차-39

나는 매일 학교에 갔고, 분필이 묻은 혼탁함만 볼 수 있는 칠판에 조심스럽게 눈을 고정시켰다.

30
☐ **agony**
[ǽgəni]

| n | (극도의) 고통, 괴로움 |
| syn | anguish, misery, passion, torment, torture |

It had cost him ten and eleven pence; but what an **agony** of nervousness it had cost him!

2016-A-9

이는 그에게 10파운드와 11펜스를 지불하게 했지만, 그것은 그에게 얼마나 큰 긴장감의 고통을 안겨줬던가!

31
☐ **desirous**
[dizáiərəs]

| adj | ~을 갈망하는, 바라는, 원하는 |
| syn | wishful, acquisitive, ambitious, amorous, anxious |

We have always been **desirous** of things.

2009-1차-10

우리는 항상 사물을 갈망했다.

32

☐ **frail**
[freil]

adj 연약한, 노쇠한, 허약한,
부서지기 쉬운

syn decrepit, feeble, fragile, infirm,
sickly

Virtue, how **frail** it is!　　　　　　　　　　　　　　2017-A-5
미덕이라는 것이, 얼마나 연약한지!

33

☐ **bulldoze**
[búldòuz]

v 1. 불도저로 밀다, 부수다

2. (강력히) 밀고 나가다,
강요하다

syn 1. flatten, raze, shove, drive,
elbow

2. enforce, harass

A neat person would just **bulldoze** the desk.　　　　　　2010-2차-2
깔끔한 사람은 책상을 완전히 불도저로 밀듯이 치울 수도 있다.

34

☐ **nudge**
[nʌdʒ]

v 쿡 찌르다, 살살 밀다

n 쿡 찌르기

syn dig, jab, jog, poke, prod

Perhaps they will just giggle, or **nudge** each other, or make a face.
　　　　　　　　　　　　　　　　　　　　　　　　　　　2018-A-2
아마도 그들은 그냥 피식 웃거나, 서로를 쿡 찌르거나, 얼굴을 찌푸릴 것이다.

35

☐ **prolific**
[prəlífik]

adj 다작하는, 다산하는, 열매를
많이 맺는, 먹이가 풍부한

syn creative, rich, abounding,
abundant, bountiful

Leonardo da Vinci just became even more **prolific**.　　　　2010-1차-13
레오나르도 다빈치는 이제 훨씬 더 다작하게 되었다.

36

☐ **heraldry**
[hérəldri]

n (가문의) 문장, 문장학, 메신저

syn blazonry, coat, emblem, ensign,
escutcheon

King Henry VI's rule over his land was symbolized through **heraldry**, which
featured an antelope with horns thought to be sharp enough to cut down
trees.　　　　　　　　　　　　　　　　　　　　　　　　2020-A-11
국왕 헨리 6세의 국가 통치는 문장을 통해 상징화되었는데, 이는 나무를 자르기에 충분할 정도로 날카
로운 뿔이 있는 영양을 특징으로 한다.

37

☐ **spiteful**
[spáitfəl]

adj 앙심을 품은, 악의적인

syn barbed, catty, cruel, hateful,
malicious

You vengeful, **spiteful** mut! [Biff breaks from Happy. Willy, in fright, starts
up the stairs. Biff grabs him.]　　　　　　　　　　　　　2011-1차-38
복수심과 앙심으로 가득찬 너란 녀석! (Biff는 Happy에게서 떨어진다. Willy는 겁에 질려 계단을 올라
간다. Biff가 그를 붙잡는다.)

38
☐ fly out

1. 갑자기 맹렬히 덤벼들다, 갑자기 화를 내다
2. 뛰어나가다, 비행기로 출발하다

[syn] 1. get angry, lose one's temper
2. run out, pop up

But the problem was that there were a host of fearful adversaries who beset every portal to her heart, keeping a watchful and angry eye upon each other, but ready to **fly out** in the common cause against any new competitor. 2008-서울·인천-14

그러나 문제는 그녀의 마음으로 들어가는 모든 문을 포위하고, 서로를 경계하고 분노한 눈으로 지켜보다가, 새로운 경쟁자들에 맞서 공동의 명분으로 맹렬히 덤벼들 준비가 된 무서운 적들이 많다는 것이다.

39
☐ sibling
[síbliŋ]

[n] 형제자매, 동기

[syn] brother, relative, sister, kin, kinfolk

Remember how it felt to have your parents unexpectedly produce a younger **sibling**, or abandon you to the tender mercies of kindergarten? 2014-A-기6

부모님이 예기치 않게 동생을 낳거나, 당신을 유치원의 부드러운 자비 속으로 넘겨버리던 느낌을 기억하는가?

40
☐ inhabitant
[inhǽbitənt]

[n] (특정 지역의) 서식 동물, 주민

[syn] local, resident, resident, occupant, dweller

Some species of octopus and squid are **inhabitants** of the ocean depths. 2022-A-11

문어와 오징어의 일부 종은 심해 서식동물이다.

Daily Quiz

Choose the synonyms.

01. crucial	·	· ⓐ spontaneous, natural, self-generated
02. dialect	·	· ⓑ central, compelling, deciding, decisive, essential
03. sheltered	·	· ⓒ languidly, slowly, sluggishly, tiredly
04. complementary	·	· ⓓ consecutive, consequent, ensuing, following
05. contradictory	·	· ⓔ antithetical, conflicting, contrary, incompatible
06. instinctive	·	· ⓕ protected, shady, curtained, screened, veiled
07. subsequent	·	· ⓖ accent, idiom, jargon, lingo
08. gland	·	· ⓗ integral, interdependent, reciprocal, correlative
09. bemuse	·	· ⓘ secretory organ, secreter
10. drowsily	·	· ⓙ amaze, bewilder, daze, muddle, perplex

Answer Key 01. ⓑ, 02. ⓖ, 03. ⓕ, 04. ⓗ, 05. ⓔ, 06. ⓐ, 07. ⓓ, 08. ⓘ, 09. ⓙ, 10. ⓒ

Check Up

🚀 TOP 100 WORDS

DAY 16

☐ tense	☐ draft	☐ rating	☐ screen	☐ species
☐ trigger	☐ productivity	☐ transformation	☐ corpus	☐ transition
☐ confrontation	☐ crop	☐ flapping	☐ confusion	☐ linear
☐ deliberately	☐ realism	☐ projection	☐ blade	☐ heretic

DAY 17

☐ sequence	☐ current	☐ spell	☐ classification	☐ intelligibility
☐ meanwhile	☐ undergo	☐ collaborative	☐ conform	☐ negotiate
☐ fate	☐ span	☐ knock	☐ dull	☐ biotechnology
☐ adversary	☐ rotten	☐ thoroughly	☐ revere	☐ cheat

DAY 18

☐ involve	☐ physical	☐ novel	☐ sloppy	☐ personality
☐ authority	☐ confront	☐ appreciate	☐ challenging	☐ lightning
☐ track	☐ coral	☐ varying	☐ volunteer	☐ seize
☐ stroke	☐ spectrum	☐ revulsion	☐ insight	☐ bourgeois

DAY 19

☐ means	☐ attach	☐ interlocutor	☐ demand	☐ repetition
☐ precede	☐ paraphrase	☐ decade	☐ evident	☐ be aware of
☐ opponent	☐ precisely	☐ vanish	☐ pore	☐ soap
☐ humiliation	☐ scatter plot	☐ persistent	☐ fret	☐ saddle

DAY 20

☐ excerpt	☐ lexical	☐ engage	☐ control	☐ crucial
☐ distribution	☐ adjustment	☐ gesture	☐ dialect	☐ existence
☐ stimulate	☐ frightened	☐ ginger	☐ sheltered	☐ complementary
☐ contradictory	☐ stall	☐ instinctive	☐ noble	☐ subsequent

1. Choose proper synonyms with each word.

01.	trigger	·	· ⓐ alteration, arrangement, improvement, modification
02.	flapping	·	· ⓑ swaying
03.	conform	·	· ⓒ halt, hamper, hinder, interrupt, postpone
04.	adversary	·	· ⓓ absolutely, accurately, as well, correctly, literally
05.	coral	·	· ⓔ bring about, cause, generate
06.	spectrum	·	· ⓕ attune, comply, coordinate
07.	paraphrase	·	· ⓖ antagonist, attacker, competitor, enemy, foe
08.	precisely	·	· ⓗ apricot, bittersweet, cantaloupe, carrot, peach
09.	adjustment	·	· ⓘ rainbow, chromatic spectrum, hue cycle
10	stall	·	· ⓙ rephrase, transcribe, rehash, disambiquate

2. Choose a proper word matching with translation.

01. Hands in pockets, they stand around, jostling, (ⓐ **jockeying** / ⓑ **joking**) for place, small fights breaking out and calming.
그들은 주머니에 손을 넣고, 자리를 차지하기 위해 밀치고 다투며, 주위를 어슬렁거렸고, 작은 싸움들이 일어났다가 진정되었다.

02. Instead of (ⓐ **specifying** / ⓑ **speculating**) about the answers to these questions, Ringelmann set up teams of varying sizes and measured their collective power.
이러한 질문에 대한 답을 추측하는 대신, Ringelman은 가지각색 규모의 팀을 구성하고 그들의 집단적 힘을 측정했다.

03. I touched her feet, and her face (ⓐ **contorted** / ⓑ **concerted**) with the memory of her childhood pain.
나는 그녀의 발을 만졌고, 어린 시절의 고통에 대한 기억으로 그녀의 얼굴이 일그러졌다.

04. From the very beginning of school we make books and reading a constant source of possible failure and public (ⓐ **grief** / ⓑ **humiliation**).
학창 시절의 아주 처음부터 우리는 책과 독서를 잠재적 실패와 공개적 굴욕의 끊임없는 원천으로 여긴다.

05. Below are an (ⓐ **excerpt** / ⓑ **except**) from a reading text and part of a student's think-aloud data generated while reading it.
다음은 읽기 지문에서 발췌한 내용과 이를 읽는 동안 생성된 한 학생의 소리내어 생각하기 데이터의 일부이다.

06. Complexity generally refers to the (ⓐ **semantic** / ⓑ **lexical**) variety and syntactic elaborateness of the learner's linguistic system.
일반적으로 복잡성은 학습자 언어 체계의 어휘 다양성과 통사론적 정교함을 의미한다.

07. They're the deciders, the guys with administrative approval to greenlight a project or stop it cold—in this case to determine which genes step forward to produce a protein and which ones remain (ⓐ **stern** / ⓑ **stalled**), waiting for that second chance.
그들은 프로젝트를 승인하거나 멈출 수 있는 행정적 승인을 받은 결정권자이며, 이 경우 단백질을 생산하기 위해 어떤 유전자가 앞으로 나아갈 것인지와 어떤 유전자가 움직이지 않는 상태로 남아 있을 것인지를 결정하고 두 번째 기회를 기다린다.

08. Language transfer refers to the effects of the learner's previous language knowledge or performance on (ⓐ **prerequisite** / ⓑ **subsequent**) language learning.
언어 전이란 학습자의 기존 언어 지식 또는 수행 능력이 차후 학습에 미치는 영향을 의미한다.

Answer Key

1. 01. ⓔ 02. ⓑ 03. ⓕ 04. ⓖ 05. ⓗ 06. ⓘ 07. ⓙ 08. ⓓ 09. ⓐ 10. ⓒ
2. 01. ⓐ 02. ⓑ 03. ⓐ 04. ⓑ 05. ⓐ 06. ⓐ 07. ⓑ 08. ⓑ

DAY 21

01
☐ **in terms of**

~에 관해, ~의 점에서 　　　　　 syn from the viewpoint

Yet the propositions are not logically connected **in terms of** how we perceive the world. 　　　　　　　　　　　　　　2006-서울·인천-2

그러나 그 명제들이 우리가 세상을 인식하는 방법에 관해 논리적으로 연결되어 있지는 않다.

02
☐ **illustrate**
[íləstrèit]

v 1. 분명히 보여주다, 실증하다,　　　 syn 1. clarify, delineate, depict,
　　 실제로 보여주다 　　　　　　　　　　 embody, emphasize
　 2. 삽화를 쓰다, 넣다 　　　　　　　　 2. adorn, delineate, depict

Minsu's case may **illustrate** that point. At the beginning of the semester, Minsu introduced himself as a book lover. 　　　　　　　2018-A-1

민수의 경우가 그 점을 분명히 보여줄 수 있다. 학기 초에, 민수는 자신을 책 애호가로 소개했다.

03
☐ **corrective**
[kəréktiv]

adj 수정의, 교정의, 바로잡는　　　 syn curative, disciplinary, punitive,
　　　　　　　　　　　　　　　　　　　　　 remedial, therapeutic

n 수정, 교정

There are various types of teacher **corrective** feedback on learners' grammatical errors, including clarification request, elicitation, metalinguistic feedback and recast. 　　　　　　　　　　2016-A-12

설명 요청, 유도, 상위언어적 피드백 및 재요구를 포함하여 학습자의 문법 오류에 대한 교사 수정 피드백은 다양한 유형이 있다.

04
☐ **awareness**
[əwéərnis]

n 인식, 의식, 관심 　　　　　　　　 syn alertness, appreciation,
　　　　　　　　　　　　　　　　　　　　　 attention, consciousness,
　　　　　　　　　　　　　　　　　　　　　 experience

The headmaster, whose **awareness** of his pupils was always somewhat vague, thought that this bespectacled intruder was a new boy. 　　　　　　　　　　　　　　　　　　　　　　　　2009-1차-39

제자들에 대한 인식이 항상 다소 모호했던 교장 선생님은 안경을 쓴 이 불청객이 새로 전학 온 학생이라고 생각했다.

05
□ pitch
[pitʃ]

v 1. 이야기하다, 표현하다   syn 1. narrate
2. 내던지다, 투구하다   2. throw, cast, toss, hurl, fling

n 1. 공격, 공격적 반박   syn 1. attack
2. 음조, 음의 고저   2. tone, sound, timbre

I don't mind you being older than what I thought. But all the rest of it — Christ! That pitch about your ideals being so old-fashioned and all the malarkey that you've dished out all summer.   2009-1차-40

나는 당신이 내가 생각했던 것보다 나이가 더 많아도 신경 쓰지 않는다. 하지만 맙소사! 당신의 너무 구식인 이상형들과 당신이 여름 내내 비판한 허튼소리에 대해 이야기한 나머지 것들은 신경이 쓰인다.

06
□ resolve
[rizáːlv]

v 결심하다; (문제 등을) 해결하다   syn agree, clear up, conclude

n 결심, 결의, 의지   syn decision, boldness, courage

For some days I haunted the spot where these scenes had taken place; sometimes wishing to see you, sometimes **resolved** to quit the world and its miseries for ever.   2014-A-기15

며칠 동안이나 나는 이런 일들이 발생했던 장소에 이끌렸으며, 때로는 당신이 보고 싶어서, 때로는 세상과 그것의 비참함을 영원히 그만두고자 결심해서 그랬다.

07
□ underlying
[Àndərláiiŋ]

adj 근본적인, 근원적인; 밑에 있는   syn fundamental, basic, elemental

Antipsychotic medication deals with the symptoms of a disorder, not with the **underlying** structure.   2013-1차-10

항정신성 약약품은 병의 근본적 구조를 치료하는 것이 아니라 그 증상들을 치료한다.

08
□ ongoing
[áːngòuŋ]

adj (계속) 진행 중인   syn continuing, current, growing

I think corrective feedback should not explicitly indicate that an error has occurred so that it does not embarrass the learner inadvertently and disrupt the flow of **ongoing** communication.   2016-A-12

수정 피드백은 실수가 발생하여 그것이 학습자를 우연히라도 당황시키거나 진행 중인 대화의 흐름을 방해했다는 것을 명시적으로 드러내면 안된다고 나는 생각한다.

09
□ variation
[veəriéiʃən]

n 변화, 차이, 변형, 변주곡   syn alteration, deviation, discrepancy

The numerous attempts to define the biological function of play show striking **variations**.   2011-1차-11

놀이의 생물학적 기능을 정의하려는 수많은 시도는 놀라운 변화를 보여준다.

10
□ belonging
[bilɔ́ːŋiŋ]

n 소유물, 재산; 성질, 속성; 가족   syn possession, property, attribute

While you serve their welfare, they are all yours, offering their blood, their **belongings**, their lives, and their children's lives so long as the danger is remote.   2008-서울·인천-3

당신이 그들의 안녕을 위해 봉사하는 동안에, 위험이 그들에게 멀리 떨어져 있는 한 그들의 피, 소유물, 생명, 자녀들도 모두 당신의 것이다.

11
□ parallel
[pǽrəlɛ̀l]

adj 1. 평행한

2. 아주 유사한, 병행하는

n (~와) 아주 유사한 사람(것)

v 나란히 있다, 평행선을 달리다

syn 1. aligned, side-by-side, coordinate, lateral, alongside

2. akin, similar, analogous, comparable

syn analogy, comparison, corollary

syn complement, correlate, correspond, imitate, agree

Already ties are feeling and not fact. Straus Park is where these **parallel** paths part.   2012-2차-2

어떤 결속 같은 것은 이미 감정이었지 사실이 아니다. Straus Park은 이러한 평행한 감정에 있다.

12
□ impulse
[ímpʌls]

n 충동, 충격, 자극

syn desire, feeling, inclination, influence, instinct

HENRIETTA: Precisely. The forbidden **impulse** is there full of energy which has simply got to do something.   2016-A-4

HENRIETTA: 정확해. 금지된 충동은 단순히 무언가를 해야만 하는 에너지로 가득차 있어.

13
□ tempt
[tempt]

v 유혹하다, 부추기다, 설득하다

syn appeal to, attract, captivate, charm, dare

All that we wish to stay, **Tempts** and then flies.   2017-A-5

우리가 머무르게 하고 싶은 모든 것들은, 우리를 유혹하고 날아가 버린다.

14
□ interval
[íntərvəl]

n (두 사건 사이의) 간격, 중간 휴식 시간

syn break, pause, hiatus, intermission, interruption

In the latter interpretation, the time which elapses prior to the event is specified by *in* adverbials, and the event occurs at the end of the stated **interval**.   2016-A-10

후자의 해석에서, 어떤 사건 이전에 경과하는 시간은 'in' 부사구으로 특정되며, 그 사건은 진술된 간격의 끝에서 발생한다.

15
□ authentication
[ɔːθèntikéiʃən]

n 진품 감정, 입증, 증명, 인증

syn certification, verification, attestation, corroboration, evidence

The surprising revelation is but the latest in a series of cases in which "lost" pieces of artwork were rediscovered through art **authentication**.   2010-1차-13

놀라운 사실은 예술 작품의 진품 감정을 통해 "잃어버린" 예술 작품이 재발견된 일련의 사례 중 가장 최근에 발생한 것이다.

16 ☐ onward
[ɑ́ːnwərd]

adv ~에서부터; 앞으로 나아가는, 계속 이어가는

syn forth, forward, alee, along

From the 16th century **onwards**, English flourished.   2009-1차-9
영어는 16세기부터 계속해서 번성했다.

17 ☐ pumping
[pʌ́mpiŋ]

adj 축복하는

syn blessing

n 펌프 사용, 펌프 작용

Pumping, pumping for your life, screaming with laughter, the hair flapping behind you like a handkerchief waving goodbye.   2012-2차-2
당신의 삶을 축복하고 또 축복하며, 웃음기 묻은 울음으로, 당신 뒤로 손수건처럼 흩날리는 머리카락이 흔들릴 때 이별의 인사를 했다.

18 ☐ indigenous
[indídʒənəs]

adj 토착의, 원산의

syn domestic, endemic, aboriginal, homegrown, primitive

Many contemporary tourists avoid encountering reality directly but thrive on psuedo-events in their tourism experiences thus affecting tourism entrepreneurs and **indigenous** populations.   2020-A-10
현대의 많은 관광객들은 현실을 직접 마주하는 것을 회피하지만, 관광하는 가운데서 경험하는 허위로 꾸민 행사들은 매우 좋아하기 때문에 이는 관광 사업가들과 토착민들에게 영향을 미친다.

19 ☐ ban
[bæn]

v 금지하다

syn forbid, exclude, halt, outlaw, prevent, prohibit

n 금지(법)

syn boycott, censorship, embargo, injunction, prohibition

She is a relic in China, where foot binding was first **banned** more than 80 years ago when the country could no longer afford a population that had to be carried.   2010-2차-4
그녀는 중국이 더 이상의 인구를 감당하기 어려웠던 때인, 80년 전보다도 더 이전에 처음으로 전족이 금지되었던 곳인 중국의 유물이라고 할 수 있다.

20 ☐ irritate
[írətèit]

v 1. 짜증나게 하다, 거슬리다

syn 1. aggravate, annoy, bother, confuse, disturb

2. (피부 등을) 자극하다

The composure of the eyes **irritated** him.   2016-A-9
그 눈의 평안이 그를 짜증나게 했다.

21 ☐ optimal
[ɑ́ptəməl]

adj 최적의, 최선의, 최상의

syn excellent, 24-carat, A1, ace, capital

An **optimal** scenario for development, and hence internalization, is the zone of proximal development(ZPD).   2008-전국-16
개발과 내재화를 위한 최적의 시나리오는 근접 발달 영역(ZPD)이다.

22
☐ tangible
[tǽndʒəbl]

[adj] 분명히 실재하는, 보이는, 유형의, 만질 수 있는

[syn] palpable, touchable, actual, appreciable, corporeal

With the right software, they could help make science **tangible** or teach neglected topics like art and music. 2014-A-기|10

적절한 소프트웨어를 사용하면, 과학을 실체화하거나 미술 및 음악과 같이 경시되는 주제를 가르치는 데 도움이 될 수 있다.

23
☐ hardship
[hάːrdʃip]

[n] 어려움, 곤란

[syn] sternness, grimness, rigor, severity, severeness

A small town on the edge of a large, old-growth forest was facing a lot of **hardship**. 2008-서울·인천-2

크고 오래된 숲의 가장자리에 있는 작은 마을은 많은 어려움을 겪고 있었다.

24
☐ wobble
[wάːbl]

[v] (불안정하게) 뒤뚱거리다, 흔들리다, 떨리다

[syn] careen, falter, flounder, lurch, oscillate

When I taught you at eight to ride a bicycle, loping along beside you as you **wobbled** away on two round wheels. 2012-2차-2

네가 8살 때 나는 네 옆에서 천천히 달리며, 두 발 자전거 위에서 뒤뚱거리던 네게 자전거 타는 법을 가르쳐 주었지.

25
☐ deceiver
[disíːvər]

[n] 사기꾼, 협잡꾼

[syn] font man, betrayer, impostor, pseudo, fraud

For it is a good general rule about men, that they are ungrateful, fickle, liars and **deceivers**, fearful of danger and greedy for gain. 2008-서울·인천-3

왜냐하면 배은망덕하고 변덕스러우며, 거짓말쟁이이자 사기꾼이며, 위험을 두려워하고 이득에 탐욕스럽다는 것이 사람들에 대한 합당한 일반적인 원리이기 때문이다.

26
☐ ethics
[éθiks]

[n] 윤리학; 도덕 원리, 윤리, 도의, 덕의

[syn] belief, conduct, conscience, convention, conventionalities

This question is fundamental for **ethics** because even if people can figure out what are the right things to do, we can still ask why they would in fact do these things. 2013-1차-10

사람들이 무엇이 옳은 일인지는 알아낼 수 있다고 하더라도, 실제로 왜 이런 일을 하는 것인지 물어볼 수 있기 때문에 이 질문은 윤리학의 기본 원칙이다.

27
☐ baggage
[bǽgidʒ]

[n] 수하물, 짐; (마음의) 앙금, 응어리

[syn] equipment, gear, luggage, paraphernalia, accoutrements

The station was full of soldiers with brown **baggage**. 2008-전국-21

그 정류장은 갈색의 수하물을 든 병사들로 가득차 있었다.

28
☐ stir
[stɜːr]

☑ 1. 동요시키다
2. 젓다, (저어 가며) 섞다, 넣다

ⓝ 동요, 충격

syn 1. spur, drive, prompt, arouse
2. beat, blend, disturb

syn furor, fuss, uproar, activity, ado

Now he **stirred** as a noise of wheels came rattling louder and louder along the road, until it rushed into the sleepy mist of David's rest—and there was the stage-coach. **2015-A-기8**

이제 그는 바퀴 소리가 길을 따라 점점 더 크게 덜그덕거리는 소음에 동요했고, 그 소리가 David의 휴식의 안개 속으로 돌진할 때까지 동요됐다. 그리고 큰 역마차가 있었다.

29
☐ catchword
[kǽtʃwɔːrd]

ⓝ 캐치프레이즈, 일시적인 유행어, 표어, 표제어

syn byword, catchphrase, maxim, shibboleth, slogan

We are spurred to action by slogans and **catchwords** rather than by the concrete realities they embody. **2008-전국-1**

우리는 그것들이 구현해내는 구체적 현실에 의해서라기보다는 구호와 캐치프레이즈에 의해서 행위하도록 자극받는다.

30
☐ superintend
[sùːpərinténd]

☑ 지휘하다, 관리하다, 감독하다

syn conduct, manage, oversee, watch

Doesn't this argue that there is a **superintending** Providence that, while viewless and unexpected events throw themselves continually in our path, there should still exist enough regularity in mortal life for us to foresee at least some of the possibilities available to us? **2015-A-기8**

이것이 주장하는 바는 보이지 않고 예상치 못한 사태들이 우리의 삶의 경로에 반복적으로 나타날 때, 지휘하는 신의 섭리가 거기에 존재한다는 것이고, 우리에게 있을 법한 몇몇 가능성을 우리가 예견할 수 있는 유한한 삶 속의 충분한 규칙성이 여전히 존재하고 있다는 것이 아닐까?

31
☐ impetigo
[ìmpətáigou]

ⓝ 농가진(피부가 짓무르는 전염병)

syn skin disease, skin disorder

The world sprang at me in hideous reality, full of people with open pores, blackheads and **impetigo**. **2009-1차-39**

세상은 흉측한 현실 속에서 튀어나왔는데, 이는 원형탈모, 검은 머리와 농가진을 가진 비참한 사람들로 가득차 있었다.

32
☐ swindle
[swíndl]

ⓝ 사기, 사취

☑ 사취하다, 사기치다

syn deceit, deception, extortion

syn bilk, deceive, defraud

Annie kissed him and said it was very pretty and stylish; but when she heard the price she threw the blouse on the table and said it was a regular **swindle** to charge ten and eleven pence for it. **2016-A-9**

Annie는 그에게 키스를 하고, 그것이 매우 예쁘고 세련됐다고 말했지만, 그녀가 가격을 들었을 때 그녀는 블라우스를 탁자에 던지면서 그것을 위해 10파운드 11펜스를 지불하는 것은 흔한 사기라고 말했다.

33
☐ **capitalist**
[kǽpitlist]

n 자본주의자, 자본가

syn banker, entrepreneur, financier, backer

adj 자본주의적인

syn bourgeois

It is voyeurism for **capitalists**.　　　　　　　　　2009-1차-10
그것이 바로 자본주의자들에게 관음증이라고 할 수 있다.

34
☐ **empathetic**
[èmpəθétik]

adj 감정 이입의

syn compassionate, sensitive, sympathetic, empathic, feeling

Eyes can provide signals as to one's mood, such as being interested, bored, **empathetic**, or annoyed.　　　　　　　　　2017-A-8
눈은 관심, 지루함, 감정 이입, 짜증과 같이 기분에 관한 신호를 제공할 수 있다.

35
☐ **heirloom**
[éərlùːm]

n (집안의) 가보

syn antique, bequest, birthright, gift, heritage

They have cavalier attitudes toward possessions, including family **heirlooms**.　　　　　　　　　2010-2차-2
그들은 집안의 가보를 포함하여, 소유 재산에 대해 더 우쭐대고 싶은 태도를 갖고 있다.

36
☐ **ceremonial**
[sèrəmóuniəl]

adj 의식의, 예식의

syn liturgical, solemn, stately, august, conventional

n 의식 절차

syn liturgy

No, Bachweist, what I want from you is the following: a few **ceremonial** pieces on demand, hummable, naturally.　　　　　　　　　2018-A-6
아니, Bachweist, 내가 당신에게 원하는 것은 다음과 같아. 주문한 몇 개의 의식용 음악, 자연스럽게 흥얼거릴 수 있는 것 말이지.

37
☐ **preparatory**
[pripǽrətɔ̀ːri]

adj 준비를 위한, 대비를 위한

syn preliminary, previous, before, elementary, in advance of

However, research indicates the importance of **preparatory** work on a problem and an incubation period, followed by elaboration and other activities, to develop the idea.　　　　　　　　　2010-1차-14
그러나, 연구는 아이디어를 개발하기 위해, 문제에 대한 준비 작업과 잠복기, 정교화 및 기타 활동이 뒤따르는 계획 기간의 중요성을 시사한다.

38
☐ **penetration**
[pènitréiʃən]

n 침투, 관통, 삽입

syn infiltration, invasion, infiltrate, invade

Here light **penetration** from the surface is minimal or zero and the seawater is a constant inky black.　　　　　　　　　2022-A-11
여기에서 표면으로부터의 빛 침투는 아주 적거나 전혀 없고, 바닷물은 변함없는 칠흑 같은 검은색이다.

39
□ **damp**
[dæmp]

adj 축축한, 눅눅한

n 축축한 곳, (습기로 인한) 얼룩

syn cloudy, dank, drizzly, misty, moist

The herpetologist and his assistant were searching Papua New Guinea's **damp** forest floor. 2013-1차-9
그 파충류 학자와 그의 조교는 파푸아뉴기니의 축축한 우림의 밑바닥을 뒤졌다.

40
□ **malarkey**
[məláːrki]

n 허튼소리, 허튼수작

syn balderdash, drivel, foolishness, hogwash, nonsense

I don't mind you being older than what I thought. But all the rest of it — Christ! That pitch about your ideals being so old-fashioned and all the **malarkey** that you've dished out all summer. 2009-1차-40
나는 당신이 내기 생각했던 것보다 나이가 더 많아도 신경 쓰지 않는다. 하지만 맙소사! 당신의 너무 구식인 이상형들과 당신이 여름 내내 비판한 허튼소리에 대해 이야기한 나머지 것들은 신경이 쓰인다.

Daily Quiz

Choose the synonyms.

01. in terms of · · ⓐ domestic, endemic, aboriginal, homegrown, primitive
02. pitch · · ⓑ alteration, deviation, discrepancy
03. underlying · · ⓒ skin disease, skin disorder
04. variation · · ⓓ narrate, throw, cast, toss, hurl
05. onward · · ⓔ palpable, touchable, actual, appreciable
06. indigenous · · ⓕ font man, betrayer, impostor, pseudo, fraud
07. tangible · · ⓖ careen, falter, flounder, lurch, oscillate
08. wobble · · ⓗ fundamental, basic, elemental
09. deceiver · · ⓘ forth, forward, alee, along
10. impetigo · · ⓙ from the viewpoint

Answer Key 01. ⓙ 02. ⓓ 03. ⓗ 04. ⓑ 05. ⓘ 06. ⓐ 07. ⓔ 08. ⓖ 09. ⓕ 10. ⓒ

DAY 22

01 ☐ yet [jet]	[conj] 그러나, 그렇지만 [adv] 아직 [syn] earlier, still, hitherto, as yet, prior to **Yet** the propositions are not logically connected in terms of how we perceive the world. 2006-서울·인천-2 그러나 그 명제들이 우리가 세상을 인식하는 방법에 관해 논리적으로 연결되어 있지는 않다.

02 ☐ manner [mǽnər]	[n] 1. (일의) 방식 [syn] 1. method, approach, fashion 　　2. (사람의) 태도, 예의 　2. appearance, aspect, demeanor, look, presence Our failure to make these verbal distinctions is more than "a **manner** of speaking"; it is a **manner** of conceptualizing, of defining and distinguishing. 2008-전국-1 우리가 어떤 언어들을 구분해서 사용하는 것을 실패한다는 것은 단순히 말하는 방식이 잘못된 것 이상을 의미하며, 이는 개념화·정의·구분의 방식이 실패했음을 의미한다.

03 ☐ moral [mɔ́ːrəl]	[adj] 도덕적의, 도덕과 관련된, 도의적인 [syn] moralistic, noble, principled, proper, righteous [n] 도덕률 Why be **moral**? 2013-1차-12 왜 도덕적이어야 하는가?

04 ☐ in turn	결과적으로, 차례차례 [syn] consecutively, following, in order, in sequence, one after Turning to more abstract properties, even the formal structures of language are similar: all languages have sentences made up of smaller phrasal units, these units **in turn** being made up of words, which are themselves made up of sequences of sounds. 2008-전국-4 좀 더 추상적인 속성을 빌려서 표현하자면, 심지어 언어의 형식적 구조도 비슷하다. 모든 언어는 더 작은 구문 단위로 구성된 문장을 가지며, 이러한 단위들은 결과적으로 단어로 구성되며, 이들 자신은 소리의 배열로 구성된다.

05 scope
[skoup]

n 의미론적 대상; 기회, 여지, 능력 | syn breadth, capacity, extension, opportunity, outlook

In (2a) and (2b), *every student* and *all the cookies* can have a wide **scope** over *not*, and *not* can have a wide scope over *every student* and *all the cookies*. 　　2018-A-9

(2a)와 (2b)에서 *every student*와 *all the cookies*는 *not*에 대해 폭넓은 의미론적 대상을 가질 수 있으며, *not*은 *every student*와 *all the cookies*에 대해 의미론적 대상을 가질 수 있다.

06 otherwise
[ʌ́ðərwàiz]

adv (만약) 그렇지 않으면, 그 외에는, 다른 방법으로 | syn differently, any other way, contrarily, diversely, elseways

One entomologist said that all these devices do is amuse us; they are **otherwise** ineffective. 　　2013-1차-13

어떤 곤충학자는 이러한 장치들이 하는 모든 일은 우리를 기쁘게 하는 일뿐이며, 그렇지 않으면 그들은 쓸모가 없다고 말한다.

07 affective
[əféktiv]

adj 정서적인 | syn emotional, emotive, feeling, intuitive, noncognitive

His explanation of ethical norms is cultural and historical: Norms are more likely to be preserved in the culture if the norms resonate with our **affective** systems by prohibiting actions that are likely to elicit negative affect. 　　2013-1차-12

윤리적 규범에 대한 그의 설명은 문화적이며 역사적이다. 규범이 부정적인 영향을 유발할 만한 행동을 금지함으로써 규범이 우리의 정서적 체계와 합쳐진다면 이는 문화 안에서 보존될 가능성이 더 높다.

08 psychology
[saikɑ́:lədʒi]

n 심리학, 심리, 심리 작용 | syn attitude, medicine, therapy, behaviorism, mental make-up

A **psychology** professor spent several decades studying the "fixed mindset entity theory." 　　2015-A-기1

한 심리학 교수는 "고정적 사고방식 실체 이론"을 연구하는 데 수십 년을 보냈다.

09 conjoin
[kəndʒɔ́in]

v 결합하다 | syn adjoin, affix, associate, attach

For example, NP can **conjoin** with another NP, but not with AP. 　　2021-B-5

예를 들어, 명사구는 다른 명사구와 결합할 수 있지만, 형용사구와는 결합할 수 없다.

10 shade
[ʃeid]

n 전등 갓, 빛 가리개; 색조, 그늘 | syn shadow, adumbration, blackness

v 그늘지게 하다 | syn blacken, conceal

A little lamp with a white china **shade** stood upon the table and its light fell over a photograph which was enclosed in a frame of crumpled horn. 　　2016-A-9

흰색 도자기 갓이 달린 작은 등불이 탁자 위에 놓여 있었고, 그 빛이 구겨진 뿔 틀에 둘러싸인 사진 위를 비춰주었다.

11
☐ **cohesive**
[kouhíːsiv]

adj 일관성 있는, 화합하는, 결합하는

syn close-knit, united, adhesive, tenacious, connected

The following text is superficially **cohesive** but makes no sense and is therefore not. 　　　　　　　　　2006-서울·인천-2

다음의 글은 표면적으로는 일관성이 있지만 앞뒤가 맞지 않기 때문에 일관성 있다고 말할 수 없다.

12
☐ **obscure**
[əbskjúər]

adj 모호한, 잘 알려져 있지 않은, 무명의, 이해하기 힘든

v 모호하게 하다, 이해하기 어렵게 하다

syn ambiguous, arcane, complicated, confusing, cryptic

My contemporaries appeared **obscure** and attractive, grown-ups loomed in vague magnificence. 　　　　　　　　2009-1차-39

나의 동시대인들은 모호하면서도 매력적인 듯했고, 어른들은 모호한 호화 속에서 사는 듯했다.

13
☐ **overly**
[óuvərli]

adv 몹시, 너무

syn exceedingly, extremely, immensely, inordinately

She is **overly** concerned with quality. 　　　　　　　2011-1차-4

그녀는 그 내용에 관해 몹시 관심을 가졌다.

14
☐ **deterioration**
[ditìəriəréiʃən]

n 퇴보; 악화, 하락, 저하; 의미의 하락

syn decline, degradation, depreciation, devaluation, disintegration

In a new study of 1,157 mentally healthy volunteers over age 65, researchers found that while those who remained intellectually stimulated by reading or playing card games were less likely to show symptoms of cognitive decline over a 12-year follow-up, they also showed significantly faster mental **deterioration** once they were diagnosed with dementia, compared with people who did not engage in mentally stimulating activity. 　　　　　　　　　　　　　　　2011-1차-12

65세 이상의 정신적으로 건강한 1,157명의 지원자들에 대한 새로운 연구에서, 읽기나 카드 게임을 함으로써 계속 지적으로 활발했던 사람들은 12년 이상의 후속 연구에서 인지적 감소의 증상이 나타날 가능성이 적었던 반면, 그들이 일단 치매를 진단받은 후부터는 정신적으로 자극을 주는 활동에 참여하지 않은 사람들에 비해 상당히 더 빠른 정신적 퇴보 증상을 보여주었다.

15
☐ **algebra**
[ǽldʒəbrə]

n 대수학

syn vector algebra, linear algebra, quadratics, matrix algebra, pure mathematics

But if you had worked harder on your **algebra**, the results would have been better. 　　　　　　　　　　　　2008-서울·인천-1

하지만 대수학을 더 열심히 공부했다면, 결과가 더 좋았을 것이다.

16
☐ **undeniable**
[ʌndináiəbəl]

adj 거부할 수 없는, 명백한, 부인할 수 없는

syn evident, indisputable, irrefutable, unassailable, unquestionable

Living as a TCK can provide benefits as well as **undeniable** challenges.
2021-B-11
TCK로 사는 것은 거부할 수 없는 도전이라는 것과 더불어 이점을 제공할 수 있다.

17
☐ **federal**
[fédərəl]

adj 연방 정부의, 미연방의, 연방제의

syn civil, communal, domestic, ethnic, governmental

In addition, industry involvement has made government control more difficult because researchers depend less and less on **federal** funding.
2010-1차-11
또한, 연구자들이 연방 정부의 자금에 점점 더 의존하지 않기 때문에 산업의 개입은 정부의 통제를 더욱 어렵게 했다.

18
☐ **recite**
[risáit]

v 낭송하다, 낭독하다, 나열하다

syn chant, communicate, declaim, deliver, enumerate

Sitting weakly in the wheelchair, Vivian **recites** a poem and continues with a monologue.
2017-A-11
Vivian은 휠체어에 힘없이 앉아 시를 낭송하고 독백을 계속한다.

19
☐ **extol**
[ikstóul]

v 칭찬하다, 격찬하다

syn acclaim, applaud, celebrate, commend, eulogize

He disparaged education, I **extolled** it; he believed all that the white man said about him without protesting against racial segregation, I did not.
2008-전국-3
그는 교육을 폄하했는데, 나는 그것을 칭찬했으며, 그는 인종차별에 항의하지 않는 그에 대해 그 백인이 말한 것을 모두 믿었지만, 나는 믿지 않았다.

20
☐ **discourage**
[diskə́:ridʒ]

v 좌절시키다, 막다, 의욕을 꺾다

syn alarm, bother, confuse, dampen, daunt

The man and the woman's favorite part of the talk **discouraged** the use of comic books.
2013-1차-3
그 남자와 여자가 했던 말 중 가장 좋았던 부분이 만화책의 활용을 좌절시켰다.

21
☐ **signal**
[sígnəl]

v 표시하다; 신호를 보내다; 시사하다, 암시하다

syn warn, beckon, communicate, flag, flash

n 신호

syn alarm, beacon

The relationships between propositions are overtly **signalled** by means of lexical repetition.
2006-서울·인천-2
명제들 간의 관계는 어휘의 반복에 의하여 명백히 표시된다.

22
□ virtuoso
[və̀ːrtʃuóusou]

[n] 거장, 명연주자, 고도의 기교

[syn] magician, musician, prodigy, ace, adept

While a novice may be convinced that a computer-generated piece of music was composed by Mozart, a Mozart **virtuoso** could identify the artificial Mozart. 2013-1차-11

초보자는 컴퓨터로 만든 음악이 모차르트에 의해 작곡되었다고 확신할지도 모르지만, 모차르트 음악의 거장은 기계음이 만들어낸 모차르트를 식별할 수 있을 것이다.

23
□ reincarnation
[riːinkɑːrnéiʃn]

[n] 환생, 환생한 사람·동물

[syn] transmigration, metempsychosis

He had to hold his breath to keep from laughing as the others babbled about **reincarnation**. 2021-A-4

다른 사람들이 환생에 대하여 이러쿵저러쿵 지껄일 때 그는 웃지 않기 위해 숨을 참아야만 했다.

24
□ absolve
[əbzɑ́ːlv]

[v] 면제하다; 무죄임을 선언하다, (죄를) 용서하다

[syn] acquit, exempt, exonerate, forgive, pardon

The sinner may live a life spotted with infamy, but appropriate penance may **absolve** him from its consequences. 2011-1차-10

죄인은 악명으로 더럽혀진 삶을 살아야 할 수도 있지만, 적절한 속죄로 그 결과를 용서받을 수도 있다.

25
□ hardened
[hɑ́ːrdnd]

[adj] 1. 굳어진, 단단해진, 강해진

2. 철면피한, 무정한, 냉담한; 무감각한

3. 확립된, 상습적인

[syn] 1. hard, hard-boiled, case-hardened

2. unfeeling, coldhearted

3. habitual, compulsive

But after his visit to Katrina's paternal mansion, Ichabod's heart **hardened** all the more. 2008-서울·인천-14

하지만 Katrina 아버지의 저택을 방문한 후, Ichabod의 마음은 더욱 굳어졌다.

26
□ screaming
[skríːmiŋ]

[adj] 1. 날카롭게 외치는, 쇳소리를 지르는; 삑삑 우는

2. (빛깔 등이) 번지르르한

[syn] 1. blare, holler, howl, roar, screech

[n] 외침, 절규

[syn] outcry, shriek

Pumping, pumping for your life, **screaming** with laughter, the hair flapping behind you like a handkerchief waving goodbye. 2012-2차-2

당신의 삶을 축복하고 또 축복하며, 웃음기 묻은 울음으로, 당신 뒤로 손수건처럼 흩날리는 머리카락이 흔들릴 때 이별의 인사를 했다.

27
□ **remote**
[rɪmóut]

adj (시간·거리상으로) 먼; 외진, 외딴

syn far, distant

While you serve their welfare, they are all yours, offering their blood, their belongings, their lives, and their children's lives so long as the danger is **remote**. 2008-서울·인천-3

당신이 그들의 안녕을 위해 봉사하는 동안에, 위험이 그들에게 멀리 떨어져 있는 한 그들의 피, 소유물, 생명, 자녀들도 모두 당신의 것이다.

28
□ **deplore**
[diplɔ́ːr]

v 한탄하다

syn abhor, bemoan, denounce, lament, bewail

Those who **deplored** reading did not simply condemn its effects on morals and politics. 2006-서울·인천-3

독서를 한탄했던 사람들은 단순히 윤리적 사고와 정치적 견해에 영향을 끼치는 것에 대해 비난한 것만은 아니었다.

29
□ **porthole**
[pɔ́ːrthòul]

n (선박·항공기 측면의) 현창, 둥근 창

syn channel, aperture, avenue, break, crack

Through the wide doors of the sheds she caught a glimpse of the black mass of the boat, lying in beside the quay wall, with illumined **portholes**. 2008-전국-21

부두 벽 옆쪽에 놓여져 있고, 조명이 켜진 현창이 있는 검은 덩어리의 배를 그녀는 헛간의 넓은 문을 통해 엿볼 수 있었다.

30
□ **cogency**
[kóudʒənsi]

n 설득력, 타당성

syn bearing, concern, connection, conviction, convincingness

While we fret about the decreasing **cogency** of public debate, computers dismiss linear argument and promote fast, shallow romps across the information landscape. 2014-A-기10

우리는 공개 토론의 설득력이 감소하는 것에 대해 조마조마해하지만, 컴퓨터는 1차원적 논쟁을 일축하고 정보 환경에서 빠르면서 피상적인 쾌주를 촉진시킨다.

31
□ **inequality**
[ìnikwɑ́ːləti]

n 불평등, 불균등

syn bias, difference, discrimination, disparity, diversity

This top-down theory is more likely to emphasize persistent **inequalities** of power. 2008-전국-2

이런 상의하달식 이론은 끊임없이 지속되는 권력의 불평등을 부각할 확률이 더욱 높다.

32
□ **sophistication**
[səfistəkéiʃən]

n 순진성 상실, 교양, 세련

syn composure, elegance, finesse, poise, refinement

The sadness of **sophistication** has come to the boy. 2015-A-서3

순진성 상실의 슬픔이 소년에게 왔다.

33
bespectacled
[bispéktəkld]

adj 안경을 쓴

syn spectacled, adorned, decorated, monocled

The headmaster, whose awareness of his pupils was always somewhat vague, thought that this **bespectacled** intruder was a new boy.

2009-1차-39

제자들에 대한 인식이 항상 다소 모호했던 교장 선생님은 안경을 쓴 이 불청객이 새로 전학 온 학생이라고 생각했다.

34
prim
[prim]

adj 깔끔한, 고지식한, 단정한

syn demure, correct, spruce, stickling, tidy

Annie had chosen it herself and it reminded him of her. It too was **prim** and pretty.

2019-A-9

Annie는 그것을 직접 선택했었고, 이는 그에게 그녀가 생각나게 했다. 그것은 또한 깔끔하고 예뻤다.

35
reckless
[réklis]

adj 앞뒤를 가리지 않는, 무모한; 난폭한

syn audacious, brash, carefree, careless, daring

From an early age, Silva saw the damage that **reckless** business interests were doing to Brazil's ecosystem.

2009-1차-13

Silva는 어릴 때부터 앞뒤를 가리지 않는 기업의 이윤 추구가 브라질의 생태계에 미치는 피해를 목격했다.

36
horizontal
[hɔ̀ːrəzɑ́ːntl]

adj 가로의, 수평의, 수평 위치의

syn even, flush, level, parallel, plane

Their CEE scores are placed on the **horizontal** axis and their college GPAs on the vertical axis.

2017-A-9

그들의 대학 입학 점수는 가로축에 배치되고 대학 평점 평균은 세로축에 배치된다.

37
relic
[rélik]

n 유물, 유적

syn antique, antiquity, artifact, curio, evidence

She is a **relic** in China, where foot binding was first banned more than 80 years ago when the country could no longer afford a population that had to be carried.

2010-2차-4

그녀는 중국이 더 이상의 인구를 감당하기 어려웠던 때인, 80년 전보다도 더 이전에 처음으로 전족이 금지되었던 곳인 중국의 유물이라고 할 수 있다.

38
luminescent
[lùːmənésnt]

adj 발광성의, 냉광성의, 빛나는

In this situation species such as the deep-water squid *Heteroteuthis* secrete a **luminescent** ink, creating a brief flash of light which is thought to confuse a potential predator just long enough for an escape to be affected.

2022-A-11

이 상황에서 심해 오징어 'Heteroteuthis' 같은 종은 발광 먹물을 분비하여, 잠재적인 포식자를 혼란스럽게 하는 것으로 생각되는 짧은 빛의 섬광을 만든다.

39
☐ **discount**
[dískaunt]

[v] 불신하다, 도외시하다; (무가치한 것으로) 치부하다

[syn] deduct, diminish, mark down, modify, abate

When our experiences do not substantiate our fears, we tend to **discount** the contradictory evidence.   **2013-1차-13**

우리의 경험이 우리의 두려움을 입증하지 못할 때, 우리는 그 반박의 증거를 불신하는 경향이 있다.

40
☐ **analyst**
[ǽnəlist]

[n] 분석가, 애널리스트

[syn] accountant, investigator, psychiatrist, examiner, guru

But it isn't easy to improve the ingrained behavior of drivers, whom some **analysts** blame for more than 90% of all traffic accidents.   **2008-전국-5**

그러나 일부 분석가가 모든 교통사고의 90% 이상의 원인으로 지목하는 운전자의 몸에 깊이 밴 행태를 개선하는 것은 쉽지 않다.

Daily Quiz

Choose the synonyms.

01. scope   ·   · ⓐ far, distant

02. affective   ·   · ⓑ adjoin, affix, associate, attach

03. conjoin   ·   · ⓒ exceedingly, extremely, immensely, inordinately

04. cohesive   ·   · ⓓ close-knit, united, adhesive, tenacious, connected

05. overly   ·   · ⓔ emotional, emotive, feeling, intuitive, noncognitive

06. extol   ·   · ⓕ transmigration, metempsychosis

07. signal   ·   · ⓖ acclaim, applaud, celebrate, commend, eulogize

08. reincarnation   ·   · ⓗ breadth, capacity, extension, opportunity, outlook

09. remote   ·   · ⓘ bearing, concern, connection, conviction

10. cogency   ·   · ⓙ warn, beckon, communicate, flag, flash

Answer Key 01. ⓗ, 02. ⓔ, 03. ⓑ, 04. ⓓ, 05. ⓒ, 06. ⓖ, 07. ⓙ, 08. ⓕ, 09. ⓐ, 10. ⓘ

⚡ 최빈출 어휘

01
□ **share**
[ʃeər]

ⓝ 몫, 지분   syn dividend, portion

For example, drivers with the worst accident or violation records do account for more than their **share** of accidents, but their numbers are relatively few, and they cause only a small percentage of all crashes.

2008-전국-5

예를 들어, 최악의 사고나 위반 기록을 가진 운전자는 그들 몫의 사고보다 더 많은 사고들의 이유가 되지만, 그 수는 상대적으로 적고 모든 충돌 사고 중 적은 비율에 불과한다.

02
□ **shift**
[ʃift]

ⓝ 변화   syn reposition, alternation

ⓥ 옮기다, 이동하다; 자세를 바꾸다   syn move, displace, beat down

This **shift** in styles is completely unconscious and automatic; indeed, it takes some concentration and hard introspection to realize that we each use a formal and an informal style on different occasions.   **2008-전국-8**

이러한 방식의 변화는 완전히 무의식적이고 자동적이며, 실제로, 우리가 각각의 다른 경우에서 형식적 · 비공식적인 방식을 사용한다는 것을 깨닫기 위해서는 약간의 집중과 면밀한 자기 성찰이 필요하다.

03
□ **handout**
[hǽndàut]

ⓝ 1. 유인물, 인쇄물   syn 1. printout
      2. 지원금; 동냥   2. donation, alms, grant, gift

Students will write a summary about the text based on information given in the **handout**.   **2020-A-10**

학생들은 유인물에 제공된 정보를 바탕으로 글에 대한 요약을 작성한다.

04
□ **reliability**
[rilàiəbíləti]

ⓝ 신뢰도, 신뢰할 수 있음, 믿음직함,   syn duplicability, responsibility,
     확실성   dependableness, reproducibility

Despite such problems of **reliability**, cloze is too useful a technique to abandon altogether because it is clear that supplying the correct word for a blank does imply an understanding of context and a knowledge of that word and how it operates.   **2008-서울·인천-14**

이러한 신뢰도 문제에도 불구하고, 빈칸에 대한 적절한 단어를 제공하는 것이 문맥의 이해와 해당 단어의 지식 및 작동 방식의 이해를 시사한다는 것이 명백하기 때문에, cloze 테스트는 완전히 포기하기에는 너무 유용한 기술이다.

05
☐ **duration**
[duréiʃən]

n 지속, 지속기간   syn continuation, extent, period

One of the tests for telicity is modification of the event **duration** by an adverbial led by *in* or *for*.   **2016-A-10**

종결성 검사 중 하나는 *in* 또는 *for*가 이끄는 부사에 의한 사건 지속에 대한 수식 여부이다.

06
☐ **locate**
[lóukeit]

v 정확한 위치를 찾아내다, 두다   syn detect, discover, establish

Locate one ungrammatical expression in the above dialogue.   **2012-2차-1**

위의 대화에 있는 비문법적 표현을 하나 찾아내시오.

07
☐ **male**
[meil]

n 수컷; 남자   syn man

adj 남성의   syn masculine, manful, manlike

In the animal kingdom, it is common for **males** to have ornamentation, like bright feathers, to impress females of their species, but a newly identified species of dancing fly found in the forested regions of Mount Fuji in Japan adds something new to the game of sexual display.   **2011-1차-13**

동물계에서는, 수컷이 밝은 깃털과 같은 장식을 하고 같은 종의 암컷에게 깊은 인상을 주는 것이 일반적이지만, 일본 후지산 숲 지역에서 발견되어 새롭게 식별된 춤추는 파리는 성적 유혹의 시합에 새로운 요소를 추가한다.

08
☐ **motivation**
[mòutəvéiʃən]

n 동기, 자극; 유도, 동기 부여   syn catalyst, desire, encouragement

I don't really know why I expected the dog to understand anything, much less my **motivations** . . . I hoped that the dog would understand.   **2015-A-기9**

왜 그 개가 내 동기를 이해하기를 기대했는지 모르겠다. 나는 개가 이해할 것이라 원했다.

09
☐ **dementia**
[dimén ʃə]

n 치매   syn mental disorder, derangement, insanity, madness, unbalance

"Use it or lose it" is what doctors have been telling people who want to protect their brains from **dementia** in their golden years.   **2011-1차-12**

"사용하지 않으면 잃어버림"이라는 것은 황금기에 치매로부터 뇌를 보호하고자 하는 사람들에게 의사들이 말해 온 내용이다.

10
☐ **anthropologist**
[æ̀nθrəpá:lədʒist]

n 인류학자   syn ethnologist, archaeologist

Psychological **anthropologists** have been conducting research on the topic of emotions since the early research of Benedict and Mead, who argued that each culture is unique and that people in various societies have different personalities and consequently, different types of emotions.   **2008-서울·인천-5**

심리학적 인류학자들은 각 문화가 독특하고 다양한 사회의 사람들이 성격이 다르고 결과적으로 다른 유형의 감정을 가지고 있다고 주장한 Benedict와 Mead의 초기 연구부터 감정의 주제에 대한 연구를 수행해 왔다.

11
□ **declarative**
[diklǽrətiv]

[adj] 선언적인; 서술문의, 평서문의

[syn] analytical, annotative, critical, demonstrative

[n] 평서문

This transformation has been called proceduralization or automatization and entails the conversion of **declarative** knowledge into procedural knowledge.　　　　　　　　　　　　　　　　　　　2018-A-1
이 변환은 절차화 또는 자동화라고 불리며, 선언적 지식을 절차적 지식으로 변환하는 것을 수반한다.

12
□ **glance**
[glæns]

[v] 휙휙 훑어보다, 흘낏 보다

[syn] flash, flip through, peek, peer, scan

He caught himself up at the question and **glanced** nervously round the room.　　　　　　　　　　　　　　　　　　　2019-A-9
그는 그 질문에 사로잡혔고 초조하게 방을 휙휙 훑어보았다.

13
□ **collar**
[kάːlər]

[n] (동물의 목에 거는) 목걸이; (윗옷의) 칼라, 깃

[syn] choker, Vandyke, dicky, fichu, fraise

[v] 붙잡다, 체포하다

[syn] apprehend, arrest

Jane said, "The ginger one with the green **collar**?"　　　　　2009-1차-12
"녹색 목걸이를 한 연한 적갈색 고양이?"라고 Jane이 말했다.

14
□ **what if**

만약 ~라면

[syn] imagine, supposing, given that, supposed

What if I couldn't stop, and everyone would want to know what happened?　　　　　　　　　　　　　　　　　　　2009-2차-3
만일 내가 멈출 수 없다면, 모든 사람들은 어떤 일이 일어났는지 알고 싶을까?

15
□ **contrive**
[kəntráiv]

[v] 1. 고안하다

　　2. (어떻게든) ~하다; 성사시키다

[syn] 1. concoct, devise, dream up, fabricate, improvise

　　2. concoct, devise, manipulate, achieve

I couldn't give Textbook A a good score, because it appears to aim at explicit learning with many **contrived** examples of the language.
　　　　　　　　　　　　　　　　　　　- 2020-B-2
나는 A 교과서에 좋은 점수를 줄 수 없었는데, 왜냐하면 이는 언어의 많은 인위적인 예를 통해 명시적인 학습을 목표로 하는 것처럼 보이기 때문이다.

16
☐ **funny**
[fʌ́ni]

[adj] 1. 웃기는, 우스운, 재미있는

2. 기이한, 괴상한; 의심스러운

[syn] 1. absurd, amusing, droll, entertaining, hilarious

2. bizarre, curious, mysterious

A group of five writers developing **funny** skits can easily outperform a single person, just as a team pulling a rope is stronger than a single opponent.　　　　2017-A-2

밧줄을 당기는 한 명의 상대보다 팀이 더 강한 것처럼, 웃기는 촌극을 개발하는 5명의 작가 모임은 쉽게 한 사람을 능가할 수 있다.

17
☐ **conceptualize**
[kənséptʃuəlàiz]

[v] 개념화하다

[syn] gestate, develop a thought, visualize mentally

Our failure to make these verbal distinctions is more than "a manner of speaking"; it is a manner of **conceptualizing**, of defining and distinguishing.　　2008-전국-1

우리가 어떤 언어들을 구분해서 사용하는 것을 실패한다는 것은 단순히 말하는 방식이 잘못된 것 이상을 의미하며, 그것은 개념화 · 정의 · 구분의 방식이 실패했음을 의미한다.

18
☐ **superficial**
[sùːpərfíʃəl]

[adj] 피상적인, 깊이 없는, 얄팍한, 깊지 않은, 표피상의

[syn] cursory, frivolous, perfunctory, one-dimensional, silly

Even a **superficial** acquaintance with the existence, through millennia of time, of numberless human beings helps to correct the normal adolescent inclination to relate the world to oneself instead of relating oneself to the world.　　2014-A-기6

수천 년 동안 있었던 수없이 많은 인간들에 대한 존재의 피상적인 지식조차도 자신을 세상의 중심으로 생각하며 연관시키는 대신, 세상을 자신의 중심으로 연결 짓는 평범한 청소년기의 경향을 고치는 데 도움이 된다.

19
☐ **meadow**
[médou]

[n] 초원, 목초지

[syn] hayfield, grassland

As the enraptured Ichabod rolled his great green eyes over the fat **meadow** lands, his heart yearned after the damsel who was to inherit these domains, and his imagination expanded with the idea, how they might be readily turned into cash and shingle palaces in the wilderness.　　2008-서울·인천-14

무언가에 도취된 Ichabod가 무성한 초원 땅 위로 커다란 녹색 눈을 굴렸을 때, 그의 마음은 이 영토를 물려 받게 될 소녀를 갈망했고, 그의 상상력은 그 유산들이 얼마나 즉시 현금화될 수 있고, 멋진 지붕이 있는 궁전을 이 황야에 지을 수 있을런지에까지 이르렀다.

20
☐ **rouse**
[rauz]

[v] 1. 열광하다; (어떤 감정을) 불러일으키다

2. (깊이 잠든 사람을) 깨우다

[syn] 1. agitate, arouse, fire up

2. arouse, awake, awaken

Why are crowds **roused** to frenzy by football matches?　　2011-1차-11

왜 관중들은 축구 경기에 열광하는 것일까?

21 club
[klʌb]

[n] 1. 경찰 곤봉
2. 동호회, 동호회 방, 회관

[v] (곤봉 같은 것으로) 때리다

[syn] 1. baton, billy
2. association, society, union

[syn] bash, bludgeon, clobber

The policeman twirled his **club** and took a step or two.　　2019-B-3
경찰은 그의 곤봉을 돌리면서 한두 걸음을 내딛는다.

22 analogous
[ənǽləgəs]

[adj] 유사한

[syn] akin, comparable, similar, corresponding

The **analogous** Spanish speakers, however, find Portuguese largely unintelligible.　　2011-1차-14
그러나, 이와 유사한 스페인어 화자들은 대체로 포르투갈어를 이해하지 못한다.

23 muscular
[mʌ́skjələr]

[adj] 근육의, 근육이 발달한

[syn] athletic, brawny, burly, robust, powerful

A tense vowel requires a greater **muscular** effort in production than a lax vowel.　　2019-A-5
긴장모음은 이완모음보다 생성에 더 많은 근육의 사용을 필요로 한다.

24 remarkable
[rimɑ́:rkəbl]

[adj] 놀라운, 놀랄 만한, 주목할 만한; 상당한

[syn] curious, exceptional, important, impressive, miraculous

[after a long pause, astonished, elevated] Isn't that – isn't that **remarkable**? Biff — he likes me!　　2011-1차-38
(긴 침묵 후에, 놀라고, 점점 기분이 좋아져서) 그렇지 않나요? 놀랍지 않나요? Biff, 그는 나를 좋아해요!

25 homophone
[hɑ́:məfòun]

[n] 동음이의어, 동음의철어

[syn] homonym, homograph

"Palette" is a **homophone** for the term "palate."　　2021-A-11
"palette"는 "palate"의 동음이의어다.

26 damnation
[dæmnéiʃən]

[n] 저주, 지옥살이, 지옥으로 보냄

[syn] doom, hell, perdition, suffering

The heretic, on the other hand, may lead a pure and virtuous life, perhaps almost saintly in character, but his conduct will not necessarily save him from **damnation**.　　2011-1차-10
반면에, 이단자는 거의 성인처럼 순수하고 도덕적인 삶을 살 수 있지만, 그의 행동이 그를 저주에서 반드시 구하지는 않을 것이다.

27
☐ **yearn**
[jə:rn]

Ⓥ 갈망하다, 동경하다

syn pine, long, languish, ache, yen

As the enraptured Ichabod rolled his great green eyes over the fat meadow lands, his heart **yearned** after the damsel who was to inherit these domains, and his imagination expanded with the idea, how they might be readily turned into cash and shingle palaces in the wilderness.

2008-서울·인천-14

무언가에 도취된 Ichabod가 무성한 초원 땅 위로 커다란 녹색 눈을 굴렸을 때, 그의 마음은 이 영토를 물려 받게 될 소녀를 갈망했고, 그의 상상력은 그 유산들이 얼마나 즉각적으로 현금화되고 멋진 지붕이 있는 궁전을 이 황야에 지을 수 있을런지에까지 이르렀다.

28
☐ **dawdle**
[dɔ́:dl]

Ⓥ 꾸물거리다, 얼쩡거리다

syn laze, loiter, mosey

Where two weeks ago, holding a hand, he'd **dawdle**, dreamy, slow, he now is hustled forward by the pull of something far more powerful than school.

2012-2차-2

2주 전에 그는 손을 잡고서 꿈을 꾸듯 천천히 꾸물거렸는데, 지금은 학교보다 더 강력한 그 무엇인가의 이끌림에 의해서 밀쳐지고 있다.

29
☐ **dread**
[dred]

Ⓝ 두려움, 두려운 것

syn panic, fear

Ⓥ (~을) 몹시 무서워하다, 두려워하다

syn frighten

The reason is that love is a link of obligation which men, because they are rotten, will break any time they think doing so serves their advantage; but fear involves **dread** of punishment, from which they can never escape.

2008-서울·인천-3

그 이유는 바로 사랑은 인간이 부패하였기 때문에 그들이 그렇게 하는 것이 자신의 이익에 도움이 된다고 생각할 때마다 깨뜨릴 만한 의무의 연결 고리이지만, 두려움은 결코 피할 수 없는 처벌에 대한 두려움을 포함하기 때문이다.

30
☐ **preserve**
[prizə́:rv]

Ⓥ 보존하다, 지키다, 보호하다, 관리하다

syn conserve, defend, freeze, keep, perpetuate

Ⓝ 전유물

His explanation of ethical norms is cultural and historical: Norms are more likely to be **preserved** in the culture if the norms resonate with our affective systems by prohibiting actions that are likely to elicit negative affect.

2013-1차-12

윤리적 규범에 대한 그의 설명은 문화적이며 역사적이다. 규범이 부정적인 영향을 유발할 만한 행동을 금지함으로써 규범이 우리의 정서적 체계와 합쳐진다면 이는 문화 안에서 보존될 가능성이 더 높다.

31
☐ **clang**
[klæŋ]

Ⓥ (금속이) 쨍그랑 울리다

syn clash, jangle, noise

A bell **clanged** upon her heart.

2008-전국-21

그녀의 마음에 종이 쨍그랑 울렸다.

32
☐ haunt
[hɔːnt]

| v 이끌리다; 귀신이 나타나다 | syn annoy, appall |
| n 자주 가는 곳 | syn gathering place, hangout |

For some days I **haunted** the spot where these scenes had taken place; sometimes wishing to see you, sometimes resolved to quit the world and its miseries for ever. **2014-A-기15**

며칠 동안이나 나는 이런 일들이 발생했던 장소에 이끌렸으며, 때로는 당신이 보고 싶어서, 때로는 세상과 그것의 비참함을 영원히 그만두고자 결심해서 그랬다.

33
☐ homeland
[hóumlænd]

| n 고국, 조국; 흑인 자치 구역 | syn motherland, home, the old country |

Wait until I send you to the mountain school back in the **homelands**, where they'll teach you respect. **2008-전국-3**

내가 너를 고국에 있는 산골 학교로 다시 돌려보낼 때까지 기다리거라. 거기서는 그들이 네게 존경심을 가르쳐 줄 것이다.

34
☐ strand
[strænd]

| n (실, 전선 등의) 가닥, 올, 줄 | syn fiber, filament, rope, string |
| v 오도 가도 못 하게 하다 | |

Ever since decoding the human genome, scientists have been perplexed by the long **strands** of our DNA that appear to do nothing. **2015-B-서2**

인간 게놈을 해독하기 시작한 후, 과학자들은 아무 일도 하지 않는 것처럼 보이는 DNA의 긴 가닥에 당황했다.

35
☐ unpromising
[ʌnprɑ́ːmisiŋ]

| adj 가망 없는, 장래성 없는, 유망하지 못한 | syn unfortunate, bad, baleful, baneful, black |

As I was too shy to disillusion him, I was put back in the bottom class to restart my **unpromising** academic career. **2009-1차-9**

그의 환상을 깨뜨리기에는 내가 너무 부끄러웠기 때문에, 나는 가망 없는 학업 경력을 다시 시작하기 위해 최하위 반으로 돌아갔다.

36
☐ photosynthesis
[fòutəsínθəsis]

| n 광합성 | syn chemosynthesis, transpiration |

Currently half the carbon we release into the atmosphere gets absorbed by land and sea — much of it by plants, which take in carbon dioxide in the process of **photosynthesis**. **2016-A-11**

현재 우리가 대기로 방출하는 탄소의 절반은 육지와 바다로 흡수되며, 이의 대부분은 광합성 과정에서 이산화탄소를 흡수하는 식물에 의해 흡수된다.

37
☐ mobilize
[móubəlàiz]

| v 동원하다 | syn assemble, marshal, organize, prepare, activate |

She **mobilized** the unions of rubber tappers to fight against powerful interest groups. **2009-1차-13**

그녀는 권력이 막강한 이익단체들에 대항하기 위하여 고무액 채취자들의 노동조합을 동원했다.

38

□ **discontinuous**
[dìskəntínjuəs]

adj 불연속적인, 단속적인   syn disconnected, disjointed

What is interesting is that in sentence (1b), the quantifier positioned after the subject forms a **discontinuous** constituent with no major change in meaning.   2020-B-1

흥미로운 점은 (1b) 문장에서 주어 뒤에 위치한 수량 형용사가 의미에 큰 변화가 없는 불연속적인 구성 요소를 형성한다는 것이다.

39

□ **backdrop**
[bǽkdrɑːp]

n (무대·사건의) 배경, 환경;   syn background, setting, backcloth
(극장의) 배경막

The pseudomorph would hang in the water column, but it is unlikely that such deception would be successful against the inky-black **backdrop**.   2022-A-11

그 가상 형태는 물 기둥에 매달려 있지만, 그런 속임수는 더러워진 검은 배경에서 성공할 것 같지 않다.

40

□ **accommodate**
[əkάːmədèit]

v 공간을 제공하다, 수용하다   syn conform to, meet, suit, fit

I don't doubt that every prince would like to be both; but since it is hard to **accommodate** these qualities, if you have to make a choice, to be feared is much safer than to be loved.   2008-서울·인천-3

나는 모든 왕자들이 양쪽 둘 다 되기를 원한다는 것을 의심하지 않지만, 이러한 특성들을 수용하기는 어렵기 때문에 선택을 해야 한다면 두려워하는 것이 사랑받는 것보다 훨씬 더 안전하다.

Daily Quiz

Choose the synonyms.

01. handout   ·   · ⓐ catalyst, desire, encouragement

02. duration   ·   · ⓑ akin, comparable, similar, corresponding

03. motivation   ·   · ⓒ cursory, frivolous, perfunctor, one-dimensional

04. anthropologist   ·   · ⓓ flash, flip through, peek, peer, scan

05. glance   ·   · ⓔ printout, donation, alms, grant, gift

06. superficial   ·   · ⓕ curious, exceptional, important, impressive

07. rouse   ·   · ⓖ doom, hell, perdition, suffering

08. analogous   ·   · ⓗ continuation, extent, period

09. remarkable   ·   · ⓘ agitate, arouse, fire up

10. damnation   ·   · ⓙ ethnologist, archaeologist

Answer Key 01. ⓔ, 02. ⓗ, 03. ⓐ, 04. ⓙ, 05. ⓓ, 06. ⓒ, 07. ⓘ, 08. ⓑ, 09. ⓕ, 10. ⓖ

DAY **24**

01
☐ **employ**
[implɔ́i]

v 쓰다, 이용하다; 고용하다

syn apply, engage, exploit, handle, occupy

Two different definitions are **employed** for the tense-lax distinction. One is the phonetic definition given in the sentence (1).   2019-A-5

긴장성 구분을 위해서는 두 가지 다른 정의가 쓰인다. 하나는 (1)번 문장에 주어진 음성학적 정의이다.

02
☐ **direct**
[dirékt]

v 이끌다; ~로 향하다, 겨냥하다

syn address, aim

adj 1. 직접적인, 직행의, 직통의
    2. 솔직한, 단도직입적인

syn 1. immediate, personal
    2. blunt, candid, forthright

She felt her cheek pale and cold and, out of a maze of distress, she prayed to God to **direct** her, to show her what was her duty.   2008-전국-21

그녀는 뺨이 창백해지고 차가워지는 것을 느꼈고, 고통의 미로 속에서 그녀를 이끌어 달라고, 자신의 의무가 무엇인지 보여 달라고 신께 기도했다.

03
☐ **deletion**
[dilíːʃən]

n 탈락, 삭제, 결손

syn cancellation, cut, expunction, expunging, remotion

However, schwa **deletion** is not observed in fast speech for the following words.   2017-1차-3

하지만, 중성모음 탈락 현상은 다음의 단어들을 빠르게 말하는 발화에서는 관찰되지 않았다.

04
☐ **delight**
[diláit]

v 많은 기쁨을 주다;
   아주 즐겁게 하다

syn amuse, attract

n 큰 기쁨, 즐거움

syn contentment, glee, joy, pleasure, satisfaction

I have become something of a celebrity. Jason Posner is simply **delighted**.   2017-A-11

나는 유명 인사가 되었다. Jason Posner는 그저 기쁠 것이다.

05
combination
[kὰːmbənéiʃən]

n 결합, 조합

syn combo, consolidation, merger, mix, sequence

Sometimes, homonymy creates even more ambiguity in **combination** with different structures. 2015-A-서4

때때로, 동음이의어는 다른 구조와의 결합을 통해 훨씬 더 큰 모호성을 형성한다.

06
ride
[raid]

v 타다, 승마하다

syn cruise, drift, drive

n 타고 달리기

syn drive, excursion, expedition, jaunt, outing

When I taught you at eight to **ride** a bicycle, loping along beside you. 2012-2차-2

네가 8살 때 나는 네 옆에서 천천히 달리며, 네게 자전거 타는 법을 가르쳐 주었지.

07
ash
[æʃ]

n 재, 화산재, 담뱃재

syn charcoal, cinders, dust, embers

v ~에게 재를 뿌리다, 재로 만들다

You were never anything but a hard working drummer, who landed in the **ash** can like all the rest of them! 2011-1차-38

당신은 다른 사람들처럼 열심히는 하지만, 재떨이에 처박힌 드러머일 뿐이야!

08
sufficient
[səfíʃənt]

adj 충분한

syn acceptable, ample, plentiful, satisfactory, tolerable

The existence of the antecedent in the sentence, however, is not a **sufficient** condition to license the reflexive pronoun, as shown in the sentence (4). 2015-A-기10

그러나, 문장에서 선행사의 존재는 (4)번 문장에서 볼 수 있듯이, 재귀대명사를 허용하기에 충분한 조건이 아니다.

09
isolation
[àisəléiʃən]

n 고립, 분리, 격리, 외로운 상태

syn confinement, desolation, remoteness, segregation

The multiple shifts in location can lead to a sense of **isolation** for these children. 2021-B-11

거주지의 위치가 여러 번 바뀌는 것은 이러한 아이들에게 고립감을 느끼게 할 수 있다.

10
awake
[əwéik]

adj (아직) 깨어 있는, 잠들지 않은

syn alive, attentive, aware, cognizant, vigilant

v (잠에서) 깨다, 깨우다

syn rouse

While he lay sound asleep in the shade, other people were wide **awake**, and passed here and there along the sunny road by his bed. 2015-A-기8

그가 그늘에 잠들어 있는 동안, 다른 사람들은 크게 깨어 있었고, 그의 침대 옆 햇볕이 잘 드는 길을 따라 여기저기 지나갔다.

11
☐ **motherhood**
[mʌ́ðərhùd]

ⓝ 모성, 어머니적 특성

⟨syn⟩ parenthood, motherliness, mothership

He appealed to the respect and love that all of us have for **motherhood**.
2011-1차-9
그는 우리 모두가 가지고 있는 모성에 대한 존경과 사랑에 호소했다.

12
☐ **pupil**
[pjúːpl]

ⓝ 1. 제자, 학생, 문하생

2. 눈동자, 동공

⟨syn⟩ 1. learner, senior, student, undergraduate

2. iris

The headmaster, whose awareness of his **pupils** was always somewhat vague, thought that this bespectacled intruder was a new boy.
2009-1차-39
제자들에 대한 인식이 항상 다소 모호했던 교장 선생님은 안경을 쓴 이 불청객이 새로 전학 온 학생이라고 생각했다.

13
☐ **enjoyment**
[indʒɔ́imənt]

ⓝ 즐거움, 기쁨, 흥미거리, 누림, 향유

⟨syn⟩ amusement, fun, gratification, happiness, indulgence

Perhaps it was a recoil from his environment and training, or from the tempered seed of his ancestors, who had been bookmen generation preceding generation; but at any rate, he found **enjoyment** in being down in the working-class world.
2017-A-10
아마 그것은 그의 환경과 교육으로부터의 반동이거나, 이전 세대의 학자였던 그의 조상들의 불려진 씨앗에 대한 반동이었을 것이지만, 어쨌든 그는 노동계급 세계로 내려가는 즐거움을 발견했다.

14
☐ **capsule**
[kǽpsəl]

ⓝ 캡슐, 작은 플라스틱 용기

⟨syn⟩ pellet, bolus, cap, lozenge, troche

Culture **capsules** can be written by teachers or students.
2021-B-8
문화 캡슐은 교사나 학생에 의해 작성될 수 있다.

15
☐ **endeavor**
[indévər]

ⓥ 노력하다

ⓝ 노력, 시도, 애씀

⟨syn⟩ aspire, bid for, strive

⟨syn⟩ aim, effort, enterprise, struggle, undertaking

I learned this, at least, by my experiment; that if one advances confidently in the direction of his dreams, and **endeavors** to live the life which he has imagined, he will meet with a success unexpected in common hours.
2014-A-기14
나는 적어도 내 실험을 통해 꿈의 방향으로 자신있게 나아가고, 자신이 상상한 삶을 살려고 노력한다면, 보통의 시간에 예상치 못한 성공을 만나게 될 것이라는 것을 배웠다.

16

☐ **synchronous**
[síŋkrənəs]

[adj] 동시에 발생하는, 존재하는

[syn] coincident, contemporaneous, contemporary, synchronized

Online activities are based on a **synchronous** computer-mediated communication (CMC) interaction, and the transcripts of the online interaction are used a couple of days later for offline discussion.

2015-B-서1

온라인 활동은 컴퓨터 동시 매개 통신 상호작용을 기반으로 하며, 온라인 상호작용의 내용은 며칠 후 오프라인 토론에 사용된다.

17

☐ **prevail**
[privéil]

[v] 1. 팽배하다, 만연하다

2. 승리하다, 이기다

[syn] 1. abound, carry over, endure, run, reverberate

2. defeat, prevail, win

The sociologist is not interested in the notions that **prevail** in various societies but only in the fact that some notions do prevail and help to determine the unique character of the lives that people live in these societies.

2008-서울·인천-4

사회학자는 다양한 사회들에 팽배한 개념에는 관심이 없지만, 이러한 사회 속에서 사는 사람들 삶의 독특한 성격을 결정하는 데 일부 개념들이 도움이 된다는 사실에만 관심이 있다.

18

☐ **gist**
[dʒist]

[n] (말·글·대화의) 요지, 골자

[syn] summary, tenor, upshot, basis

End by reminding the audience of the **gist** of your talk.

2011-1차-7

청중들에게 당신의 연설의 요지를 상기시키는 것으로 끝내라.

19

☐ **plump**
[plʌmp]

[adj] 통통한, 포동포동한, 불룩한, 속이 가득 찬

[v] 불룩하게 하다

[syn] chubby, chunky, fleshy, pudgy, filled, full

In Sweden, regulations to phase out preventive use of antibiotics in agriculture — in which low doses are given to keep animals healthy and **plump** — cut sales of the drugs for farming by 67% since 1986. 2020-A-12

스웨덴에서는 동물을 건강하고 통통하게 유지하기 위하여 저용량을 투여하는 경우와 같이 농업에서 항생제를 예방적 목적으로 사용하는 것을 단계적으로 폐지하는 규정으로 인해 1986년 이후 농업용 의약품 판매가 67% 감소했다.

20

☐ **inferior**
[inffəriər]

[adj] (~보다) 열등한, 못한, 질 낮은; 하위의, 더 낮은, 아래의

[n] (~보다 재능 등이) 못한 사람; 손아랫사람, 하급자

[syn] lesser, secondary, bottom, junior, less

For a long time, up to the 16th century, English had been considered **inferior** to Latin and not equal to expressing abstract and complex thoughts.

2009-1차-9

오랜 시간 동안인 16세기까지, 영어는 라틴어에 비해 열등하며 추상적이고 복잡한 생각을 표현하는 데 충분하지 않은 것으로 간주되었다.

21
□ equanimity
[iːkwəníməti]

[n] 평정(심), 침착

[syn] aplomb, calmness, composure, coolness, serenity

For then, I, undistrest; By hearts grown cold to me; Could lonely wait my endless rest; With **equanimity**. 2015-A-기6

그때 나는 나에게 차가워진 마음으로 인해 고통스러워서 평정심을 가지고 영원한 안식을 기다릴 수 있을까 싶었다.

22
□ myopia
[maióupiə]

[n] 근시, 근시안적 사고

[syn] blind side, blinders, constricted vision, fixation, monomania

Up to the age of five I enjoyed the privileges of **myopia**, seeing the world in a glorious haze like an impressionist painting. 2009-1차-38

5살이 될 때까지 나는 근시의 특권을 누렸는데, 이는 마치 인상주의 그림의 영광스러운 연무 속의 세상 같은 것을 보는 느낌이었다.

23
□ speck
[spek]

[n] 반점, 작은 얼룩, 자국; 작은 알갱이, 입자

[syn] blot, dot, fleck, iota, mite

My son, freckles like **specks** of nutmeg on his cheeks, chest narrow as the balsa keel of a model boat, long hands cool and thin as the day they guided him out of me, speaks up as a host for the sake of the group. 2018-A-11

뺨에 육두구 반점과 같은 주근깨가 있고, 모형 보트의 발사 용골처럼 가슴이 좁은 내 아들을, 나에게서 그들이 데려가, 모임을 위한 파티의 개최자로서 말한다.

24
□ heavenly
[hévnli]

[adj] 이 세상의 것 같지 않은, 천국의, 하늘의, 정말 상쾌한, 쾌적한

[syn] angelic, blissful, celestial, delectable, delicious

Sloppy people carry in their mind's eye a **heavenly** vision, a precise plan, that is so stupendous, so perfect, it can't be achieved in this world or the next. 2010-2차-2

어리석은 사람들은 이 세상의 것 같지 않은 환상과 정확한 계획을 마음속에 담고 있는데, 그것은 정말 엄청나게 크고 완벽해서, 이 세상이나 다음 세상에서도 성취될 수 없다.

25
□ demonic
[dimáːnik]

[adj] 악령의, 악마의

[syn] crazed, devilish, infernal, maniacal

Certain physical disorders were formerly classified as "**demonic** possession," and this suggested that we "drive the demons out" by whatever spells and incantations we could think of. 2010-1차-10

이전에 특정 신체장애는 "악령 빙의"로 분류되었으며, 이것은 우리가 생각할 수 있는 모든 주문과 주술로 "악령을 쫓아 내야 함"을 암시했다.

26
□ semiotics
[sìːmiátiks]

[n] 기호학

[syn] parole, pragmatics, semantics, symbolism, langue

This process might be defined as the "**semiotics**" of taste. 2021-A-11

이 과정은 미각의 "기호학"으로 정의될 수도 있다.

27
☐ **remission**
[rimíʃən]

n (병의) 차도; 감형, 감면, 면제

syn absolution, amnesty, exemption, exoneration, forgiveness

There have been hints that this kind of **remission** might be possible in autism, but previous studies were plagued with questions about whether the children who had apparently shed their autism were properly diagnosed with the disorder in the first place. 2019-A-13

이런 종류의 차도가 자폐증에서 가능할 수도 있다는 실마리가 있었지만, 이전 연구에서는 외관상으로 자폐증 증상을 보이는 아이들이 지적장애 진단을 처음에 제대로 받았는지에 대한 문제에 매달렸었다.

28
☐ **slug**
[slʌg]

n 1. 민달팽이
2. (독한 술의) 한 모금

syn 1. snail
2. draft, drop, sip

v (주먹으로) 세게 치다, 강타하다

syn strike

Squid and octopus are molluscs, taxonomic relatives of the garden **slug** and snail. 2022-A-11

오징어와 문어는 연체동물로, 정원 민달팽이와 달팽이의 분류학상의 친척이다.

29
☐ **wilderness**
[wíldərnis]

n 황야, 황무지, 버려진 땅

syn desert, outback, wasteland

As the enraptured Ichabod rolled his great green eyes over the fat meadow lands, his heart yearned after the damsel who was to inherit these domains, and his imagination expanded with the idea, how they might be readily turned into cash and shingle palaces in the **wilderness**. 2008-서울·인천-14

무언가에 도취된 Ichabod가 무성한 초원 땅 위로 커다란 녹색 눈을 굴렸을 때, 그의 마음은 이 영토를 물려받게 될 소녀를 갈망했고, 그의 상상력은 그 유산들이 어떻게 현금화되고, 멋진 지붕이 있는 궁전을 이 황야에 지을 수 있을런지에까지 이르렀다.

30
☐ **vastly**
[vǽstli]

adv 대단히, 엄청나게

syn enormously, exceedingly, extremely, greatly, hugely

The mornings we turn back to are no more than forty minutes longer than before, but they feel **vastly** different flimsy, strange, wavering. 2012-2차-2

우리가 되돌아보고자 하는 그 아침들은 그 이전에 비해서 40분 이상 길지는 않았지만, 그들은 평소와는 대단히 다른 얄팍하고, 낯설고, 흔들리는 듯한 느낌을 받았다.

31
☐ **predominant**
[pridá:mənənt]

adj 지배적인, 뚜렷한, 우세한, 두드러진

syn preponderating, dominant, predominate, paramount

In their view, the enculturation process is **predominant** in creating varying emotions among different societies. 2008-서울·인천-5

그들의 견해에 따르면, 다른 사회마다 다양한 감정들을 형성하는 것에 관하여 문화화 과정이 지배적 이라는 것이다.

32
☐ **regulatory**
[régjulətɔ̀ːri]

[adj] 규제력을 지닌, 단속력을 지닌   [syn] administrative, managerial, governing, managing, regulative

It has given rise to the **regulatory** agencies and big-business conglomerates whose goal is to eradicate or control insects.   2013-1차-13
이로 인해 곤충 박멸 또는 통제를 목표로 하는 규제 기관과 대규모 사업을 하는 대기업이 생겨났다.

33
☐ **clutch**
[klʌtʃ]

[v] 움켜잡다   [syn] grab, snatch, clasp, clench

Her hands **clutched** the iron in frenzy.   2008-전국-21
그녀의 손은 격분하여 다리미를 움켜 잡았다.

34
☐ **recess**
[risés]

[n] 1. 쉼, 휴식, 휴게, (의회 등의) 휴회   [syn] 1. closure, hiatus, holiday
2. 깊숙한 곳, 오목하게 들어간 곳; 후미진 곳   2. alcove, ambush, angle, apse, bay

[v] 휴회를 하다   [syn] adjourn, break off

At length I wandered towards these mountains, and have ranged through their immense **recesses**, consumed by a burning passion which you alone can gratify.   2014-A-기15
마침내 나는 이 산들을 향해 여기저기 돌아다녔고, 당신만이 만족할 수 있는 불타는 열정에 휩싸인 채 그들의 광활한 숲속을 돌아다녔다.

35
☐ **racial segregation**

인종차별, 인종분리   [syn] apartheid, discrimination, isolation, partition, dissociation

He disparaged education, I extolled it; he believed all that the white man said about him without protesting against **racial segregation**, I did not.   2008-전국-3
그는 교육을 폄하했는데, 나는 그것을 칭찬했으며, 그는 인종차별에 항의하지 않는 그에 대해 그 백인이 말한 것을 모두 믿었지만, 나는 믿지 않았다.

36
☐ **defuse**
[diːfjúːz]

[v] (폭탄의 뇌관을) 제거하다, (긴장·위험 등을) 진정시키다, 완화시키다   [syn] alleviate, deactivate, lessen, soothe, cripple

Using the new approach, researchers might **defuse** not the mutant gene itself but one of the bits of DNA responsible for greenlighting the bad gene's expression.   2015-B-서2
새로운 접근 방식을 사용하면, 연구자들은 돌연변이 유전자 자체가 아닌 나쁜 유전자의 발현을 유도하는 DNA 조각 중 하나를 제거할 수 있다.

37
☐ **breathlessly**
[bréθlisli]

[adv] 숨이 차서, 헐떡이면서   [syn] actively, ardently, energetically

[Blanche laughs **breathlessly**.] That's a fact!   2009-1차-40
(Blanche는 숨이 찬 채 웃는다.) 그게 사실이야!

38
□ **jostling**
[dʒɑ́ːslɪŋ]

adj 겨루는, 미는, 혼잡한

syn hustle, scramble, shove, bulldoze, butt

Hands in pockets, they stand around, **jostling**, jockeying for place, small fights breaking out and calming. 2018-A-11

그들은 주머니에 손을 넣고, 자리를 차지하기 위해 밀치고 다투며, 주위를 어슬렁거렸고, 작은 싸움들이 일어났다가 진정되었다.

39
□ **fumble**
[fʌ́mbl]

v 더듬거리다

syn botch, flub, mishandle, screw up, stumble

Biff's fury has spent itself, and he breaks down, sobbing, holding on to Willy, who dumbly **fumbles** for Biff's face. 2011-1차-38

Biff의 분노는 스스로를 괴롭혔고, 그는 말없이 Biff의 얼굴을 더듬거리는 Willy를 붙잡고 흐느껴 울었다.

40
□ **roaring**
[rɔ́ːrɪŋ]

adj 포효하는, 으르렁거리는, 맹렬히 타오르는

syn boisterous, booming, clamorous

Among these, the most formidable was a burly, **roaring**, roistering blade, of the name of Brom Van Brunt, the hero of the country round which rang with his feats of strength and hardihood. 2008-서울·인천-14

이 중 가장 강력한 사람은 힘과 대담함의 위업이 울려 퍼졌던 전국 대회의 우승자인 Brom Van Brunt 라는 이름의 건장하고 포효하며 울부짖는 칼날이라는 별명을 가진 자였다.

Daily Quiz

Choose the synonyms.

01. deletion · · ⓐ enormously, exceedingly, extremely, greatly, hugely
02. motherhood · · ⓑ cancellation, cut, expunction, expunging, remotion
03. pupil · · ⓒ parole, pragmatics, semantics, symbolism, langue
04. synchronous · · ⓓ parenthood, motherliness, mothership
05. prevail · · ⓔ absolution, amnesty, exemption, exoneration
06. gist · · ⓕ learner, senior, student, undergraduate
07. equanimity · · ⓖ aplomb, calmness, composure, coolness, serenity
08. semiotics · · ⓗ coincident, contemporaneous, contemporary
09. remission · · ⓘ summary, tenor, upshot, basis
10. vastly · · ⓙ abound, carry over, endure, run, reverberate

Answer Key 01. ⓑ 02. ⓓ 03. ⓕ 04. ⓗ 05. ⓙ 06. ⓘ 07. ⓖ 08. ⓒ 09. ⓔ 10. ⓐ

⚡ 최빈출 어휘

01 notice
[nóutis]

ⓥ (보거나 듣고) 알다, 의식하다　　syn acknowledge, catch, detect

ⓝ 1. 신경 씀, 주목, 알아챔　　syn 1. attention, care, consideration, note

　　2. 공고문, 안내문　　　　　　　2. advertisement, news, notification

Based on the results of the assessments, I **noticed** that strictly following the lesson procedure was rather challenging to my students.　**2019-B-8**

평가 결과를 기반으로, 나는 수업 절차를 엄격하게 따르는 것이 학생들에게 다소 어려운 일임을 알았다.

02 initial
[iníʃəl]

adj 초기의, 처음의　　syn basic, introductory, original

ⓝ 이름의 첫 글자, 머리글자

However, I realized that I should change the **initial** course goal after assessing my students' first classroom writings.　**2019-B-8**

그러나, 나는 교실에서 이루어진 학생들의 첫 번째 작문을 평가한 뒤, 과정의 초기 목표를 변경해야 한다는 것을 깨달았다.

03 implement
[ímpləmənt]

ⓥ 시행하다　　syn start, carry out, enforce

ⓝ (흔히 옥외 활동에 쓰이는 간단한) 도구, 기구　　syn appliance, gadget, instrument, utensil, apparatus

Mr. Kim designed and **implemented** a TBLT program based on the six steps described in <A>.　**2018-A-10**

김 선생님은 <A>에서 설명한 6단계를 기반으로 과제기반 수업 프로그램을 설계하고 시행했다.

04 ambiguity
[æmbigjúːəti]

ⓝ 모호성, 애매성, 애매모호함　　syn doubt, uncertainty, vagueness, anagram, doubtfulness

The source of the **ambiguity** in (2) is homonymy, whereas (3) is ambiguous due to different structures and homonymy.　**2015-A-서4**

(2)의 모호성의 원인은 동음이의어인 반면, (3)은 다른 구조와 동음이의어로 인해 모호해진다.

05
☐ **inch**
[intʃ]

[v] 움직이다

[n] 인치; 소량, 소액

[syn] fingerbreadth, square, one thirty-sixth of a yard

Christopher Austin **inched** forward on his hands and knees with only a headlamp to light his way.　　　　2013-1차-9

Christopher Austin은 그의 손과 무릎을 앞으로 약간 움직였고 그의 길을 밝히기 위한 유일한 방법인 헤드램프를 비추었다.

06
☐ **rubric**
[rúːbrik]

[n] 채점 기준, 지시문

[syn] course, custom, dictate, formula

Ms. Park developed a scoring **rubric** and rating scales to evaluate students' performances.　　　　2012-2차-3

바 선생님은 채점 기준과 학생들의 성취도를 평가하는 평가 체계를 발전시켰다.

07
☐ **selfish**
[sélfiʃ]

[adj] 이기적인

[syn] egotistical, greedy, narcissistic, self-centered, egocentric

The results desired by society may be irrational, superstitious, **selfish**, or humane, but the results desired by scientists are only that our systems of classification produce predictable results.　　　　2010-1차-10

사회가 원하는 결과는 비합리적 · 미신적 · 이기적 · 인도적일 수도 있지만, 과학자들이 원하는 결과는 우리의 분류 체계가 예측 가능한 결과를 생성한다는 것이다.

08
☐ **relatively**
[rélətivli]

[adv] 상대적으로, 비교적으로

[syn] almost, approximately, comparably, comparatively

It is like taking off in an airplane: the establishment of identity requires recognizing how **relatively** small we are in the larger scheme of things.　　　　2014-A-기6

그것은 비행기를 타고 이륙하는 것과 같다. 정체성을 확립하려면 더 큰 계획에서 볼 때 우리가 상대적으로 얼마나 작은지를 인식해야 한다.

09
☐ **vice versa**

반대의 경우도 마찬가지, 거꾸로

[syn] about-face, again, backwards

In China, for example, a northern Chinese speaker of the Beijing dialect (also known as Mandarin) cannot understand the speech of a southern Chinese speaker of Cantonese, and **vice versa**.　　　　2011-1차-14

예를 들어, 중국에서 표준 중국어로 일컬어지는 북경 방언을 사용하는 북부 중국어 화자는 광둥어를 사용하는 남부 중국어 화자의 말을 이해할 수 없으며, 그 반대의 경우도 마찬가지이다.

10
☐ **cheeked**
[tʃiːkt]

[adj] ~한 뺨을 가진

She was a blooming lass of fresh eighteen; ripe and melting and rosy-**cheeked**, and universally famed, not merely for her beauty, but her vast expectations.　　　　2008-서울·인천-14

그녀는 꽃 핀 갓 18살의 아가씨였는데, 그녀는 사람의 마음을 녹이는 잘 익은 장밋빛 뺨을 가졌으며 그녀의 아름다움뿐만 아니라 그녀의 엄청난 기대로도 널리 유명했다.

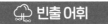

11
☐ **by means of**

~에 의하여, ~을 써서, ~을 사용해서　[syn] according to what, after what precedent, by virtue of what, by what means

The relationships between propositions are overtly signalled **by means of** lexical repetition.　2006-서울·인천-2
명제들 간의 관계는 어휘의 반복에 의하여 명백히 표시된다.

12
☐ **permafrost**
[pə́:rməfrɔ̀:st]

[n] 영구 동토층　[syn] chunk, crystal, diamonds, floe, glacier

The other is that as temperatures rise, **permafrost**, which holds an enormous amount of carbon from long-dead plants, tends to dry out.　2016-A-11
다른 나머지는 온도가 상승할수록, 오래 전에 죽은 식물로부터 어마어마한 탄소량을 흡수한 영구 동토층은 건조해지는 경향이 있다는 것이다.

13
☐ **ideology**
[àidiá:lədʒi]

[n] 이념, 이데올로기, 관념　[syn] creed, culture, dogma, outlook, philosophy

It is apparent that all societies, even the most primitive, have **ideologies** and that these **ideologies** are an intimate and important part of their culture.　2011-1차-10
가장 원시적인 사회까지도 포함해서 모든 사회에는 이념이 있고, 이러한 이념은 문화의 내밀하고 중요한 부분이라는 것이 분명해 보인다.

14
☐ **dioxide**
[daiá:ksaid]

[n] 이산화물　[syn] sulfur dioxide, carbonic, acid gas

Currently half the carbon we release into the atmosphere gets absorbed by land and sea — much of it by plants, which take in carbon **dioxide** in the process of photosynthesis.　2016-A-11
현재 우리가 대기로 방출하는 탄소의 절반은 육지와 바다로 흡수되며, 이의 대부분은 광합성 과정에서 이산화탄소를 흡수하는 식물에 의해 흡수된다.

15
☐ **forensic**
[fərénsik]

[n] 법의학, 범죄 과학수사

[adj] 법의학적인, 범죄 과학 수사의,　[syn] argumentative, debatable, 법정의, 재판에 관한　　dialectic, dialectical, disputative

Using a high-resolution multispectral camera, a Canadian **forensic**-art expert named Peter Paul Biro was able to identify a faint fingerprint left on the canvas.　2010-1차-13
캐나다 법의학 전문가인 Peter Paul Biro는 고해상도 멀티 스펙트럼 카메라를 사용하여 캔버스에 남아 있는 희미한 지문을 식별할 수 있었다.

16
□ radius
[réidiəs]

[n] 반경, 반지름

[syn] ambit, boundary, compass, expanse, extension

They spray bacteria and viruses in a **radius** of at least two meters.

2013-1차-13

그들은 반경 최소 2미터 이내에 있는 박테리아와 바이러스에게 약을 분사한다.

17
□ advocate
[ǽdvəkèit]

[v] (공개적으로) 지지하다, 옹호하다   [syn] back, campaign for, defend

[n] 옹호자, 지지자   [syn] backer, campaigner, defender

They **advocate** walking away from more powerful opponents so you don't give away the store, or at the very least, make a sale that doesn't "make sense."

2020-A-8

그들은 더 강력한 상대와의 협상을 그만두는 것을 지지하기 때문에, 당신은 가게를 거저 내주지 않거나 적어도 "이치에 맞지 않는" 판매를 하시 않을 수 있다.

18
□ sensory
[sénsəri]

[adj] 감각의

[syn] audiovisual, auditory, aural, neural, neurological

Specifically, organisms respond to **sensory** wholes rather than specific stimuli, and the organization of the **sensory** environment influences the organism's perception.

2010-1차-14

특히, 유기체는 특정 자극물보다는 감각 전체에 반응하고, 감각 환경의 조직은 유기체의 인식에 영향을 미친다.

19
□ intimidate
[intímədèit]

[v] (시키는 대로 하도록) 겁을 주다   [syn] alarm, appall, awe, bully, coerce

I have fun, but still **intimidated** by talking to people in English.   2016-A-8

나는 재미있지만, 사람들과 영어로 이야기하는 것은 여전히 겁이 난다.

20
□ turn to

(개념 등을) 빌려서 말해보다; ~에 의지하다, 의존하다

[syn] advise, assure, cajole, coax, enlist

Turning to more abstract properties, even the formal structures of language are similar: all languages have sentences made up of smaller phrasal units, these units in turn being made up of words, which are themselves made up of sequences of sounds.

2008-전국-4

좀 더 추상적인 속성을 빌려서 표현하자면, 심지어 언어의 형식적 구조도 비슷하다. 모든 언어는 더 작은 구문 단위로 구성된 문장을 가지며, 이러한 단위들은 결과적으로 단어로 구성되며, 이들 자신은 소리의 배열로 구성된다.

21
□ invertebrate
[invə́ːrtəbrət]

[n] 무척추동물

[syn] wimp, baby, chicken, coward

Their miniature size makes them ideal predators for even smaller **invertebrates**, including the mites that are their prey in the moist leaves of tropical forests.

2013-1차-9

그들의 아주 작은 크기는 그것들을 열대우림의 촉촉한 잎들에 있는 그들의 먹이인 진드기를 포함하는 훨씬 더 작은 무척추동물들의 이상적인 포식자로 만든다.

22
☐ **mournful**
[mɔ́:rnfəl]

adj 애절한

syn anguished, forlorn, sad, bereft, cheerless

The boat blew a long **mournful** whistle into the mist. 2008-전국-21

그 배는 길고 애절한 애도의 호루라기 소리를 옅은 안개 속으로 불어넣었다.

23
☐ **gluttonous**
[glʌ́tənəs]

adj 탐욕스러운, 욕심 많은; 게걸들린, 많이 먹는; 열중하는

syn covetous, devouring, edacious, gorging, gourmandizing

My spans last inch, my minutes last point, and **gluttonous** death will instantly unjoynt My body, 'and soule. 2017-A-11

나의 일생이 마지막으로 1분 남았고, 나의 시간은 마지막 지점에 다다랐으며, 탐욕스러운 죽음이 내 몸과 영혼을 내가 죽자마자 한탄하지는 않을 것이다.

24
☐ **scrap**
[skræp]

n 토막, 단편; (특히 종이·옷감 등의) 조각, 조금

syn chunk, fragment

v 폐기하다, 버리다

syn break up, discard, dismiss, ditch, get rid of

She politely listened as I struggled with **scraps** of formal Chinese and smiled as I fell back on "Wo bu dong" ("I don't understand you"). 2010-2차-4

내가 공식적인 중국어로 된 신문기사 토막과 씨름하는 동안 그녀는 점잖게 귀 기울였고, 내가 "이해가 안 돼."라고 하자 웃었다.

25
☐ **playfulness**
[pléifəlnis]

n 즐거움, 희롱조; 농담조, 우스꽝스러움

syn friskiness, frolicsomeness, gaiety, jest, merrymaking

The birthday cake shaped like "a turret" juxtaposes **playfulness** and violence because a birthday cake evokes enjoyment, whereas the word "turret" reminds us of a military weapon. 2018-A-11

"포탑"이라는 단어는 우리에게 군사 무기를 연상시키는 반면에, "포탑" 모양의 생일 케이크는 생일 케이크 자체가 즐거움을 유발하기 때문에 즐거움과 폭력성을 나란히 둔다.

26
☐ **loophole**
[lú:phoul]

n (법률·계약서 등의 허술한) 구멍

syn hole, weak point, weak spot

I'd have to burn, thinking maybe there was a little **loophole**. 2022-A-5

나는 작은 허술한 구멍이 있었던 것 같다는 생각을 하면서, 태워야만 했다.

27
☐ **hardware**
[há:rdwer]

n 철물, 기재, 장비, 하드웨어

syn housewares, plumbing, accouterments, appliances, fasteners

In the doorway of a darkened, **hardware** store a man leaned, with an unlighted cigar in his mouth. 2019-B-3

어두워진 철물점 출입구에서, 한 남자가 불이 붙지 않은 시가 담배를 입에 물고 몸을 기울이고 있다.

28
□ warp
[wɔːrp]

v (행동 등을) 뒤틀리게 만들다, 비뚤어지게 만들다; 휘다, 틀어지다

syn corrupt, pervert, bastardize, brutalize, color

There are two words whose meanings reflect our somewhat **warped** attitudes toward levels of commitment to physical and mental activities.

2010-1차-9

신체적 · 정신적 활동에 대한 헌신 수준에 대한 우리의 다소 뒤틀린 태도를 의미하는 두 단어가 있다.

29
□ inflated
[infléitid]

adj 부풀린, 폭등한; 과장된

syn bloated, magnified, overblown, swollen, aggrandized

These are two inflatable—and **inflated**—pontoons with flat bottoms about two feet across.

2021-B-3

이것들은 누 개의 팽창시 부규이데, 이미 팽창되어져 있으며, 직경이 약 2피트 정도이다.

30
□ succumb
[səkʌm]

v 굴복하다, 무릎을 꿇다

syn bow, break down, buckle, capitulate, cave in

The more active you keep your neural circuits throughout life, the less likely it is that your brain will **succumb** to dementia or Alzheimer's disease.

2011-1차-12

평생 동안 신경 회로를 더 활발하게 유지할수록, 뇌가 치매나 알츠하이머 병에 굴복할 가능성이 줄어든다.

31
□ shopkeeper
[ʃáːpkiːpər]

n 가게 주인, 운영자

syn storekeeper, merchandiser

A **shopkeeper** walks down the street with the week's takings in his briefcase.

2007-서울·인천-2

가게 주인이 일주일 동안에 팔 물건을 서류 가방 안에 넣고 거리를 걸어간다.

32
□ eddy
[édi]

n 회오리, 소용돌이

syn whirlpool, swirl, tide, vortex

v 회오리를 일으키다, 소용돌이치다

The mornings we turn back to are no more than forty minutes longer than before, but they feel vastly different flimsy, strange, wavering in the **eddies** of this change.

2012-2차-2

우리가 되돌아보고자 하는 그 아침들은 그 이전에 비해서 40분 이상 길지는 않았지만, 그들은 이러한 변화의 회오리 속에서 평소와는 대단히 다른 얄팍하고, 낯설고, 흔들리는 듯한 느낌을 받았다.

33
□ psalmody
[sáːmədi]

n 시편, 찬송가

syn hymnody, vocalizing, singing

Among the musical disciples who assembled to receive Ichabod Crane's instructions in **psalmody** was Katrina Van Tassel, the daughter and only child of a substantial Dutch farmer.

2008-서울·인천-14

Ichabod Crane의 시편에 대한 가르침을 받기 위해 모인 음악 제자들 중에는 상당히 부유한 네덜란드 농부의 외동딸인 Katrina Van Tassel이 있었다.

34
☐ **propaganda**
[prɑ̀ːpəgǽndə]

[n] (정치 지도자·정당 등에 대한) 선전, 선전적 세뇌

[syn] disinformation, hype, indoctrination, publicity, advertising

Propaganda generated by these institutions simplifies the complexities of our relationship with the creatures and feeds us hostile images that perpetuate a militaristic stance toward thousands of species. 2013-1차-13

이러한 기관에 의해 만들어진 선전적 세뇌는 우리와 그 생물들과의 관계의 복잡성을 단순화시키고, 우리에게 수 천 개 종을 향한 전투적 입장을 영속시키는 적대적인 이미지를 주입시킨다.

35
☐ **farewell**
[feərwél]

[n] 작별(인사)

[syn] goodbye, adieu

[adj] 고별의, 송별의, 작별의

[v] 작별 인사를 하다

Her eyes gave him no sign of love or **farewell** or recognition. 2008-전국-21

그녀의 눈은 그에게 사랑이나 작별 또는 인정의 신호를 주지 않았다.

36
☐ **adhere**
[ədhíər]

[v] 1. 고수하다, 충실하다

2. 들러붙다, 집중하다, 부착되다

[syn] 1. comply, heed, obey, observe, stand by, follow

2. attach, fasten, unite, stick

Standards for teachers to **adhere** to in classrooms 2013-1차-5

선생님이 수업시간에 고수해야 하는 기준들

37
☐ **tumble**
[tʌ́mbl]

[v] 뒤흔들다, 굴러 떨어지다

[n] 굴러 떨어짐, 무너짐; 폭락

[syn] come down, go down, descend, topple, keel over

All the seas of the world **tumbled** about her heart. 2008-전국-21

세상의 모든 바다가 그녀의 마음을 뒤흔들었다.

38
☐ **quirk**
[kwəːrk]

[n] (사람의 성격에서) 별난 점, 기벽기이한 일, 우연

[syn] aberration, characteristic, eccentricity, foible

Somewhere in his make-up there was a strange twist or **quirk**. 2017-A-10

그의 기질 어딘가에 이상한 비틀림이나 별난 점이 있었다.

39
☐ **molar**
[móulər]

[n] 1. 전체
2. 어금니

[syn] 1. whole, entirety
2. bicuspid, eyetooth, fang, incisor

Maintaining that **molar** rather than molecular behavior should be studied, the Gestalt psychologists focused on perception in learning. 2010-1차-14

인지 심리학자들은 부분적 행위보다는 행태 전반을 연구해야 한다고 주장하면서, 학습에 있어서의 인지 과정에 초점을 맞추었다.

□ **bring on** ~을 야기하다, 초래하다 [syn] accelerate, advance, cause, expedite, generate

By the eighteenth century printed materials were so widespread as to **bring on** fear of a "literacy crisis." 2006-서울·인천-3

18세기에 인쇄된 자료는 "문해력 위기"에 대한 두려움을 야기할 정도로 아주 널리 퍼졌다.

Daily Quiz

Choose the synonyms.

01. initial	·	· ⓐ according to what, after what precedent
02. ambiguity	·	· ⓑ sulfur dioxide, carbonic, acid gas
03. rubric	·	· ⓒ almost, approximately, comparably, comparatively
04. relatively	·	· ⓓ back, campaign for, defend
05. by means of	·	· ⓔ course, custom, dictate, formula
06. dioxide	·	· ⓕ advise, assure, cajole, coax, enlist
07. advocate	·	· ⓖ doubt, uncertainty, vagueness, anagram
08. turn to	·	· ⓗ chunk, fragment
09. scrap	·	· ⓘ corrupt, pervert, bastardize, brutalize, color
10. warp	·	· ⓙ basic, introductory, original

Answer Key 01. ⓙ 02. ⓖ 03. ⓔ 04. ⓒ 05. ⓐ 06. ⓑ 07. ⓓ 08. ⓕ 09. ⓗ 10. ⓘ

Check Up

⚬ DAY 21

☐ in terms of	☐ illustrate	☐ corrective	☐ awareness	☐ pitch
☐ resolve	☐ underlying	☐ ongoing	☐ variation	☐ belonging
☐ parallel	☐ impulse	☐ tempt	☐ interval	☐ authentication
☐ onward	☐ pumping	☐ indigenous	☐ ban	☐ irritate

⚬ DAY 22

☐ yet	☐ manner	☐ moral	☐ in turn	☐ scope
☐ otherwise	☐ affective	☐ psychology	☐ conjoin	☐ shade
☐ cohesive	☐ obscure	☐ overly	☐ deterioration	☐ algebra
☐ undeniable	☐ federal	☐ recite	☐ extol	☐ discourage

⚬ DAY 23

☐ share	☐ shift	☐ handout	☐ reliability	☐ duration
☐ locate	☐ male	☐ motivation	☐ dementia	☐ anthropologist
☐ declarative	☐ glance	☐ collar	☐ what if	☐ contrive
☐ funny	☐ conceptualize	☐ superficial	☐ meadow	☐ rouse

⚬ DAY 24

☐ employ	☐ direct	☐ deletion	☐ delight	☐ combination
☐ ride	☐ ash	☐ sufficient	☐ isolation	☐ awake
☐ motherhood	☐ pupil	☐ enjoyment	☐ capsule	☐ endeavor
☐ synchronous	☐ prevail	☐ gist	☐ plump	☐ inferior

⚬ DAY 25

☐ notice	☐ initial	☐ implement	☐ ambiguity	☐ inch
☐ rubric	☐ selfish	☐ relatively	☐ vice versa	☐ cheeked
☐ by means of	☐ permafrost	☐ ideology	☐ dioxide	☐ forensic
☐ radius	☐ advocate	☐ sensory	☐ intimidate	☐ turn to

1. Choose proper synonyms with each word.

01. corrective ·   · ⓐ ambiguous, arcane, complicated, confusing
02. belonging ·   · ⓑ start, carry out, enforce
03. obscure ·   · ⓒ alarm, bother, confuse, dampen, daunt
04. discourage ·   · ⓓ imagine, supposing, given that, supposed
05. dementia ·   · ⓔ curative, disciplinary, punitive, remedial
06. what if ·   · ⓕ about-face, again, backwards
07. combination ·   · ⓖ combo, consolidation, merger, mix, sequence
08. prevail ·   · ⓗ possession, property, attribute
00. implement ·   · ⓘ abound, carry over, endure, run, reverberate
10. vice versa ·   · ⓙ mental disorder, derangement, insanity

2. Choose a proper word matching with translation.

01. Antipsychotic medication deals with the symptoms of a disorder, not with the (ⓐ **underlining** / ⓑ **underlying**) structure.
향정신성 의약품은 병의 근본적 구조를 치료하는 것이 아니라 그 증상들을 치료한다.

02. The world sprang at me in hideous reality, full of people with open pores, blackheads and (ⓐ **impetigo** / ⓑ **imperative**).
세상은 흉측한 현실 속에서 튀어나왔는데, 이는 원형탈모, 검은 머리 그리고 농가진을 가진 비참한 사람들로 가득차 있었다.

03. Eyes can provide signals as to one's mood, such as being interested, bored, (ⓐ **sympathetic** / ⓑ **empathetic**), or annoyed.
눈은 관심, 지루함, 감정 이입, 짜증과 같이 기분에 대한 신호를 제공할 수 있다.

04. They have cavalier attitudes toward possessions, including family (ⓐ **heiror** / ⓑ **heirlooms**).
그들은 집안의 가보를 포함하여, 소유 재산에 대해 더 우쭐대고 싶은 태도를 갖고 있다.

05. Norms are more likely to be preserved in the culture if the norms resonate with our (ⓐ **affable** / ⓑ **affective**) systems by prohibiting actions that are likely to elicit negative affect.
규범이 부정적인 영향을 유발할 만한 행동을 금지함으로써 규범이 우리의 정서적 체계와 합쳐진다면 이는 문화 안에서 보존될 가능성이 더 높다.

06. The following text is superficially (ⓐ **cohesive** / ⓑ **cooperative**) but makes no sense and is therefore not.
다음 글은 표면적으로는 일관성이 있지만 앞뒤가 맞지 않기 때문에 일관성 있다고 말할 수 없다.

07. I don't doubt that every prince would like to be both; but since it is hard to (ⓐ **application** / ⓑ **accommodate**) these qualities, if you have to make a choice, to be feared is much safer than to be loved.
나는 모든 왕자들이 양쪽 둘 다 되기를 원한다는 것을 의심하지 않지만, 이러한 특성들을 수용하기는 어렵기 때문에 선택을 해야 한다면 두려워하는 것이 사랑받는 것보다 훨씬 더 안전하다.

08. Using a high-resolution multispectral camera, a Canadian (ⓐ **frame** / ⓑ **forensic**)-art expert was able to identify a faint fingerprint left on the canvas.
캐나다 법의학 전문가는 고해상도 멀티 스펙트럼 카메라를 사용하여 캔버스에 남아있는 희미한 지문을 식별할 수 있었다.

Answer Key

1. 01. ⓔ 02. ⓗ 03. ⓐ 04. ⓒ 05. ⓙ 06. ⓓ 07. ⓖ 08. ⓘ 09. ⓑ 10. ⓕ
2. 01. ⓑ 02. ⓐ 03. ⓑ 04. ⓑ 05. ⓑ 06. ⓐ 07. ⓑ 08. ⓑ

Review Test

1. Choose the synonym of the highlighted word in the sentence.

01. Technological improvements have greatly benefited society.

   ⓐ aided   ⓑ booked   ⓒ violated   ⓓ rendered

02. If human beings paid attention to all the sights, sounds, and smells that besiege them, their ability to codify and recall information would be swamped.

   ⓐ belittle   ⓑ veil   ⓒ defy   ⓓ surround

03. Even a superficial acquaintance with the existence, through millennia of time, of numberless human beings helps to correct the normal adolescent inclination to relate the world to oneself instead of relating oneself to the world.

   ⓐ maintenance   ⓑ prevention   ⓒ fitness   ⓓ juvenile

04. The articulatory difference between the two is that in the former the back of the tongue is lowered while in the latter it is raised toward the velum or retracted toward the uvula (without making contact in either case).

   ⓐ retailed   ⓑ recovered   ⓒ shrank   ⓓ contracted

05. She organized a group which fought deforestation at the grassroots level.

   ⓐ vital   ⓑ significant   ⓒ plant   ⓓ basic

06. Among these, the most formidable was a burly, roaring, roistering blade, of the name of Brom Van Brunt, the hero of the country round which rang with his feats of strength and hardihood.

   ⓐ robust   ⓑ weak   ⓒ grandeur   ⓓ vast

07. Telling a salesperson to walk away from the table and kissing off a sale is a bit cavalier for an expert who's never had to make a living by making a quota.

   ⓐ glorious   ⓑ curt   ⓒ violated   ⓓ rendered

08. I think he foresees celebrity status for himself upon the appearance of the medical journal article he will no doubt write about me.

   ⓐ forebodes   ⓑ forgo   ⓒ forge   ⓓ anticipate

09. Metaphor can in one way be defined as a figure of speech.

   ⓐ analogy   ⓑ meta-calculation   ⓒ meta-analysis   ⓓ feature

10. Of course you can't, for the simple reason that this behavioral strategy can only work when the animal is surrounded by a medium that will support the ink cloud for a sufficient period to allow the escape.

   ⓐ neutrality   ⓑ median   ⓒ mean   ⓓ form

2. Fill in the blank with words in the box below. Change the form if needed.

ⓐ rather than   ⓑ composure   ⓒ elicit   ⓓ scheme

ⓔ gasp   ⓕ criticism   ⓖ damp   ⓗ ingrained

ⓘ clod   ⓙ substantiate   ⓚ misery   ⓛ nucleus

01. When our experiences do not _____ our fears, we tend to discount the contradictory evidence.

02. But it isn't easy to improve the _____ behavior of drivers, whom some analysts blame for more than 90% of all traffic accidents.

03. Many people begin their _____ with sincere praise followed by the word "but" and ending with a critical statement.

04. However, the cases in (4) cannot be explained by this rule because [+] is syllabic and constitutes the _____, which is usually occupied by a vowel.

05. With the last _____ for life of Gellert, John heard the cry of his child from beneath the overturned cot.

06. Actually, we think in and with words, and the words we have at our command shape the thoughts they express, _____ the other way around.

07. For some days I haunted the spot where these scenes had taken place; sometimes wishing to see you, sometimes resolved to quit the world and its _____ for ever.

08. The _____ of the eyes irritated him.

09. Neat people are bums and _____ at heart.

10. Those tasks were expected to _____ communicative language use in the classroom.

11. The herpetologist and his assistant were searching Papua New Guinea's _____ forest floor.

12. It is like taking off in an airplane: the establishment of identity requires recognizing how relatively small we are in the larger _____ of things.

Answer Key

1. 01. ⓐ 02. ⓓ 03. ⓓ 04. ⓒ 05. ⓓ 06. ⓐ 07. ⓑ 08. ⓓ 09. ⓐ 10. ⓓ
2. 01. ⓙ 02. ⓗ 03. ⓕ 04. ⓛ 05. ⓔ 06. ⓐ 07. ⓚ 08. ⓑ 09. ⓘ 10. ⓒ 11. ⓖ 12. ⓓ

교원임용 교육 1위,
해커스임용 teacher.Hackers.com

· 학습 Log

	1회독	2회독	3회독	4회독	5회독
목표 기간					
실천 기간					
Review Test －주제별 어휘	/ 20	/ 20	/ 20	/ 20	/ 20
Review Test －관용어구	/ 20	/ 20	/ 20	/ 20	/ 20

해커스임용 도원우·Sam Park
전공영어 기출보카 1800+

합격으로 JUMP
고급편

01 □ baroque
[bəróuk]

adj 1. 바로크 양식의
　　2. 세련된, 복잡하고 화려한

n 1. 바로크 양식
　2. 별스러운 취미

syn 1. churrigueresque, fancy
　　2. florid, ornate, decorative

The musical scheme is contrapuntal and **baroque** but his upward thrust is unwaveringly romantic and dominated by long vocal phrases.
그 음악적 구조는 대위법적이고 바로크 양식이지만, 그의 고음 처리는 흔들림 없이 낭만주의적이고 긴 발성 표현이 지배적이다.

02 □ connoisseur
[kà:nəsə́:r]

n 전문가, 감정가, 권위자

syn authority, cognoscente, aesthete, wine, lover

The food had the chewy, savory flavor preferred by **connoisseurs**.
그 음식에는 전문가들이 선호하는 쫄깃하고 짭짤한 맛이 있었다.

03 □ loath
[louθ]

adj 1. 싫은, 역겨운, 지긋지긋한
　　2. ~하기를 꺼리는

syn 1. reluctant, unwilling
　　2. loth, indisposed, averse, disinclined, antipathetic

I'm **loath** to abandon them all at once.
나는 그들을 한 번에 다 포기하기는 싫다.

04 □ incandescent
[inkəndésnt]

adj 1. 눈부시게 빛나는
　　2. 백열성의
　　3. 강렬한, 열정적인, 열렬한

syn 1. glowing, luminous, radiant

3. enthusiastic, passionate, ardent

The mountain's snow-white peak was **incandescent** against the blue sky.
그 산의 눈처럼 하얀 봉우리는 파란 하늘과 대조적으로 눈부시게 빛났다.

05 □ diaphanous
[daiǽfənəs]

adj 투명한, 아주 얇은, 속이 비치는

syn vaporous, transparent, filmy

In some situations these will become visible behind the first **diaphanous** layer.
일부 조건에서 이들은 첫 번째 투명층 뒤에서 보여질 것이다.

06
☐ **ostensible**
[ɑːsténsəbl]

adj (실제로는 그렇지 않겠지만) 표면적으로는

syn apparent, counterfeit, ostensive, imitative

Their **ostensible** goal was to root up government corruption, but their real aim was to unseat the government.

그들의 표면적인 목표는 정부의 부정부패를 뿌리뽑는 것이었지만, 그들의 진정한 목표는 정부를 축출하는 것이었다.

07
☐ **dilapidated**
[dilǽpədèitid]

adj 다 허물어져 가는

syn ramshackle, broken-down, derelict, tumble-down, tatterdemalion

The hotel we stayed in was really **dilapidated**.

우리가 머물렀던 호텔은 정말로 다 허물어갈 정도로 낡았었다.

08
☐ **dilute**
[dilúːt]

v 희석하다, 묽게 하다, (효과 등을) 약화시키다

syn cut, reduce, water down, weaken

adj 희석된

syn thin

Dilute this detergent five to one before use.

이 세제를 사용하기 전에 5:1의 비율로 희석하시오.

09
☐ **dingy**
[díndʒi]

adj 거무칙칙한, 우중충한

syn soiled, begrimed, dirty, raunchy, grubby

Her hair was a **dingy** brown color.

그녀의 머리카락은 거무칙칙한 갈색이었다.

10
☐ **disarming**
[disáːrmiŋ]

adj (심리적으로) 상대방을 무장 해제시키는, 화를 누그러뜨리는

syn demobilization, demobilization, disarmament

He displayed a **disarming** honesty by telling them about his father's bankruptcy.

그는 아버지의 파산에 대해 이야기함으로써 상대방의 마음을 무장해제시키는 솔직함을 보여주었다.

11
☐ **discompose**
[dìskəmpóuz]

v (마음의) 평정을 잃게 만들다

syn disconcert, disturb, faze, discomfit, pain

There is something that is **discomposing** in his mind.

그의 평정을 잃게 만드는 무엇인가가 있다.

12
☐ **discrete**
[diskríːt]

adj (같은 종류의 다른 것들과) 뚜렷한, 별개의

syn separate, distinct

These small companies now have their own **discrete** identity.

요즘 이러한 소규모 회사들은 그들만의 뚜렷한 정체성이 있다.

13 ☐ discriminating
[diskríməneitiŋ]

adj 1. 안목 있는, 구별할 수 있는

2. 차별적인

syn 1. selective, discriminate, eclectic, discerning

2. discriminatory

We're **discriminating** shoppers.
우리는 안목 있는 고객들이다.

14 ☐ disgust
[disɡʌ́st]

n 혐오감, 역겨움, 넌더리

v 혐오감을 유발하다, 역겹게 하다, 넌더리나게 하다

syn abomination, execration, repugnance, nausea, horror

syn repel, bother, disenchant, displease, disturb

We are demonstrating to show our anger and **disgust** at the treatment of refugees.
우리는 난민에 대한 처우에 대한 우리의 분노와 혐오감을 보여주기 위해 시위운동을 하고 있다.

15 ☐ disinclined
[dìsinkláind]

adj 꺼리는, 내키지 않는

syn unwilling, loth, reluctant, indisposed, loath

He was heavily **disinclined** to believe anything that she told him.
그는 그녀가 그에게 말한 어떤 것이라도 믿기를 매우 꺼려했다.

16 ☐ disseminate
[disémənèit]

v (예술 사조·정보·지식 등을) 전파하다, 퍼뜨리다

syn bare, podcast, distribute, broadcast, publicize

One of the institution's goals is to **disseminate** data about the disease.
그 기관의 목표 중 하나는 질병에 대한 정보를 전파하는 것이다.

17 ☐ doctrinaire
[dɑ̀:ktrinéər]

adj 교조적인

syn instructive, informative

She has sustained a **doctrinaire** style to running the restaurant for a long period.
그녀는 식당 경영에 대해 교조적인 스타일을 오랫동안 유지해 왔다.

18 ☐ doldrums
[dóuldrəmz]

n 부진, 침울, 우울, 침체

syn inactiveness, stagnation, stagnancy, inaction, inactivity

His career was in the **doldrums** for more than 15.3 years.
그의 경력은 15년 3개월 이상 부진하고 있었다.

19 ☐ dulcet
[dʌ́lsit]

adj (소리가) 감미로운

syn mellisonant, musical, sweet, honeyed, melodic

Novelists described the scholars who spoke in **dulcet** tones.
소설가들은 감미로운 어조로 말하는 학자들을 묘사했다.

20
☐ **earmark**
[írmɑːrk]

|v| (특정한 목적을 위해) 배정하다, 결정하다

|syn| arrange, appropriate, feature, character, peculiarity

|n| 표시, 특징, 특질

|syn| label, feature, marking

15.3 billion dollars of this year's budget is **earmarked** for the university galvanization.
올해 예산 중 153억 달러는 대학교의 개선을 위해 배정되었다.

21
☐ **efface**
[iféis]

|v| 1. 지우다, 없애다

2. 그늘지게 하다

|syn| 1. dim, veil, hide, blot out, obliterate

2. eclipse

The entire country had tried to **efface** the memory of the old dictatorship.
온 나라가 옛 독재 정권의 기억을 지우기 위해 애를 썼다.

22
☐ **effusive**
[ifjúːsiv]

|adj| (표현이) 야단스러운, 과장된

|syn| demonstrative, gushy, gushing

We gave the students such an **effusive** welcome it was fairly perplexing.
우리는 학생들에게 다소 당황스러울 정도로 야단스러운 환영을 해 주었다.

23
☐ **elated**
[iléitid]

|adj| 1. 마냥 행복해하는, 신이 난

2. 의기양양한, 우쭐대는

|syn| 1. exhilarated, exultant, uplifted, prideful, in high spirits

2. proud, triumphant

The princess was reported to be **elated** at the birth of her daughter.
그 공주는 그녀의 딸이 태어났을 때 마냥 행복해했다고 전해졌다.

24
☐ **elongate**
[ilɔ́ːŋgeit]

|v| 길어지다, 길게 늘이다

|adj| 늘어난, 가느다란

|syn| lengthen, stretch

The cells **elongate** as they take in water.
세포는 물을 흡수하면서 길어진다.

25
☐ **emanate**
[émənèit]

|v| (어떤 느낌·특질 등을) 내뿜다

|syn| effuse, come up, flow out

His face **emanated** deep grief.
그의 얼굴은 깊은 슬픔을 내뿜었다.

26
☐ **tribute**
[tríbjuːt]

|n| 1. 공물
2. 헌사, 찬사
3. …의 효력을 입증하는 것

|syn| 1. gift
2. accolade, eulogy, compliment
3. appreciation

Chosun dynasty gave a **tribute** to China annually.
조선 왕조는 중국에 매년 공물을 바쳤다.

27
☐ **encompass**
[inkʌ́mpəs]

[v] 1. 아우르다, 포함하다, 망라하다

2. 에워싸다, 둘러싸다

[syn] 1. address, include, handle, deal, treat, comprise

2. surround, circumscribe

The fiesta is to **encompass** all the things from music, theater, and ballet to the literary, film, and the visual arts.
그 축제는 음악, 연극, 발레부터 문학, 영화, 시각예술에 이르기까지 모든 것을 아우른다.

28
☐ **demarcate**
[di:má:rkeit]

[v] 1. 경계를 표시하다, 경계를 정하다

2. 구별하다, 차별하다

[syn] 1. delimit, mark off

2. separate, differentiate, secernate, distinguish

Parking lots are **demarcated** by white lines.
주차 공간은 흰색 선으로 경계가 표시된다.

29
☐ **engrossed**
[ingróust]

[adj] 몰두한, 열중하고 있는, 완전히 마음을 빼앗긴

[syn] wrapped, captive, enwrapped, absorbed, attentive

He was so **engrossed** in the essay that he forgot the cookies in the oven.
그는 과제에 아주 몰두하는 바람에 오븐에 있는 쿠키를 잊어버렸다.

30
☐ **gut**
[gʌt]

[adj] 직감적인, 본능적인

[n] 1. 소화관; (동물의) 내장

2. 직감, 끈기, 지구력, 용기

[v] (화재로) 내부를 파괴하다

[syn] intuitive, natural

[syn] 1. paunch, tripe, tummy, venter, viscera

2. intuition, courage

[syn] decimate

I've had **gut** feeling about the decision.
그 결정에 관한 직감적인 느낌이 들었다.

31
☐ **entrepreneurial**
[à:ntrəprənə́:riəl]

[adj] 상업성의, 기업가의

[syn] enterprising, businessman, enterpriser, industrialist

With more men self-employed, has our culture been far more **entrepreneurial**?
더 많은 사람들이 자영업을 하게 되면서 우리 문화가 훨씬 더 상업적으로 된 것은 아닐까요?

32
☐ **postmortem**
[pòustmɔ́:rtəm]

[adj] 사후의, 죽은 뒤의; 검시(용)의

[n] 부검, 검시

[syn] posthumous, later, post-obit, post-obituary, postmundane

[syn] autopsy, dissection

I have been wondering about the **postmortem** world for a long time.
나는 사후 세계에 관하여 아주 오랫동안 궁금해하고 있었다.

33
□ dovish
[dʌ́viʃ]

adj 온건파의

syn peaceful, peaceable, pacifistic, pacifist

She is a **dovish** politician that was one of the signers of a model peace treaty.
그녀는 모범적인 평화 조약에 서명한 사람 중 한 명인 온건파 정치가이다.

34
□ equivocate
[ikwívəkèit]

v 모호하게 말하다, 얼버무리다, 말끝을 흐리다

syn beat around the bush, mislead, tergiversate, palter, prevaricate

He accused the executive of **equivocating**, asserting that she had intentionally evaded informing the public how serious the matter actually was.
그는 그 사장이 그 문제가 실제로 얼마나 심각한지에 대해 대중에게 알리지 않기 위해서 의도적으로 모호하게 말했다고 주장하면서, 그 사장을 비난했다.

35
□ ethereal
[iθíəriəl]

adj 1. 천상의, 하늘의
2. 지극히 가볍고 여린
3. 미묘한, 우아한

syn 1. heavenly, celestial
2. aerial, aeriform, aery, unreal, airy

The beautiful island radiated an **ethereal** level of calmness in the evening.
그 아름다운 섬은 저녁에 천상의 고요함을 발산했다.

36
□ ethos
[í:θɑːs]

n 정신, 기풍

syn attribute, spirit ethos, ideology, mentality, mindset

The **ethos** of the conventional family business is being frightened.
전통적인 가족 기업의 정신이 위협받고 있다.

37
□ euphemism
[júːfəmìzm]

n 완곡 어구, 완곡 표현

syn locution, expression, saying, euphemistic, circumlocutional

The essay made so much employment of **euphemism** that its meaning was obscure.
그 논문은 완곡 어구를 너무 많이 사용해서 그 의미가 불분명했다.

38
□ even-handed
[iːvnhǽndid]

adj 공평한, 공명정대한

syn equitable, decent, fair, honest, proper, reasonable, unbiased

A couple of broadcasting companies have been blamed for failing to endow **even-handed** treatment to all the political parties while the election campaign was proceeding.
몇몇 방송사들은 선거 운동이 진행되는 기간 동안 모든 정당들에게 공평한 대우를 하지 못했다는 비판을 받고있다.

해커스인강 도원우 · Sam Park 전공영어 기출보카 1800+

39

☐ **evince**
[ivíns]

ⓥ (감정·특질을) 피력하다, 분명히 밝히다

syn sneer, convey, express, stress, exude

We have never **evinced** any competence to compromise.
우리는 협상 능력을 결코 피력하지 않았다.

40

☐ **enamor**
[inǽmər]

ⓥ 매혹하다, 반하게 하다; 애호하다

syn charm, fascinate, appeal, beguile, work

Persephone was the Greek goddess who **enamored** Hades, the king of the underworld.
페르세포네는 지하 세계의 왕 하데스를 매혹시켰던 그리스 신화의 여신이었다.

Daily Quiz

Choose the synonyms.

01. connoisseur ·
02. incandescent ·
03. dilapidated ·
04. dulcet ·
05. elated ·
06. emanate ·
07. encompass ·
08. entrepreneurial ·
09. euphemism ·
10. enamor ·

· ⓐ authority, cognoscente, aesthete, wine, lover
· ⓑ ramshackle, broken-down, derelict, tumble-down
· ⓒ glowing, luminous, radiant
· ⓓ mellisonant, musical, sweet, honeyed, melodic
· ⓔ charm, fascinate, appeal, beguile, work
· ⓕ enterprising, businessman, enterpriser, industrialist
· ⓖ exhilarated, exultant, uplifted, prideful, in high spirits
· ⓗ address, include, handle, deal, treat, comprise
· ⓘ locution, expression, saying, euphemistic
· ⓙ effuse, come up, flow out

Answer Key 01. ⓐ, 02. ⓒ, 03. ⓑ, 04. ⓓ, 05. ⓖ, 06. ⓙ, 07. ⓗ, 08. ⓕ, 09. ⓘ, 10. ⓔ

Education is a kind of continuing dialogue,
and a dialogue assumes, in the nature of the case,
different points of view.

–

Robert Hutchins

01
☐ **benumbed**
[binʌ́md]

adj 1. 감각을 잃은
2. 정신이 나간, 얼이 빠진

syn 1. insensible, asleep, numb
2. stupefied

Perhaps we might be **benumbed** by the noise of the motor vehicle.
아마도 우리는 자동차 소음 때문에 감각이 마비되었을지도 모른다.

02
☐ **bifurcate**
[báifərkèit]

v 두 갈래로 나뉘다

syn separate, ramify, furcate, fork, branch

A sample of water was taken from the point where the river **bifurcates**.
물의 견본이 강이 두 갈래로 나뉘어지는 지점에서 채취되었다.

03
☐ **blight**
[blait]

v 망치다, 엉망으로 만들다

syn afflict, plague, smite

n 1. 어두운 그림자
2. (곡식의) 병충해

syn 1. shadow
2. plague, affliction, decay

His arrival **blighted** on the wedding day.
그가 결혼식에 오는 바람에 결혼식은 엉망이 되었다.

04
☐ **bromide**
[bróumaid]

n 브롬화물(진정제의 종류)

syn soporific, allaying, calmative, relaxing, sleep-inducing

He took some **bromide** to calm his nerves.
그는 신경을 진정시키기 위해 브롬화물을 복용했다.

05
☐ **callow**
[kǽlou]

adj 풋내기인, 미숙한

syn fledgling, inexperient, unfledged, inexperienced

Mark was just a **callow** youth of 16 when he arrived in Paris.
Mark는 파리에 도착했을 때 겨우 16살인 풋내기 청년이었다.

06
☐ **pristine**
[prísti:n]

adj 아주 깨끗한, 완전히 새것 같은,
원래 그대로의, 오염되지 않은

syn immaculate, unspoiled, clean

Washing machine for sale - only two months old and in **pristine** condition.
세탁기 판매합니다. 2개월 밖에 안 된 아주 깨끗한 상태입니다.

07
☐ **pellucid**
[pəlúːsid]

adj 명료한, 티 하나 없이 깨끗한, 투명한

syn crystal clear, limpid, lucid, clear, luculent

He writes in **pellucid** prose.
그는 명료한 신문 방식으로 쓴다.

08
☐ **condensed**
[kəndénst]

adj 1. 요약한, 간결한
2. 응축한, 응결한

syn 1. shortened, brief
2. liquified, flux, distilled

The speech was largely a **condensed** version of his book.
그 연설은 대체로 그의 책을 요약한 형태였다.

09
☐ **palliative**
[pǽlièitiv]

adj (통증을) 완화하는, 경감하는

syn relieving

n 일시적인 처방, 임시방편

syn alleviant, remedy, alleviator, cure

Older people facing a terminal illness may want to choose **palliative** care only.
말기 질환에 직면한 노인들은 일시적인 완화 치료만 선택하기를 원할 수도 있다.

10
☐ **conducive**
[kəndúːsiv]

adj ~에 도움이 되는, 좋은

syn contributory, tributary, causative

Such a noisy environment was not **conducive** to a good night's sleep.
그러한 시끄러운 환경은 숙면에 도움이 되지 않았다.

11
☐ **confluence**
[kάːnfluəns]

n 복합적 작용; 합류 지점

syn concourse, merging, meeting

The change has been brought on by a **confluence** of factors.
변화는 여러 요인들의 복합적 작용에 의해 유발되었다.

12
☐ **congeal**
[kəndʒíːl]

v 응고되다, 엉기다, 굳다

syn set, jell, solidify

The blood had **congealed** in thick black clots.
혈액은 끈적한 검은색 혈전으로 응고되었다.

13
☐ **congenital**
[kəndʒénətl]

adj 선천적인, 성격상의, 기질적인

syn innate, inborn, heritable, inheritable

The system was now hierarchical with 12 separate trees, six for **congenital** cardiac anomalies.
그 체계는 현재 12개의 개별적인 관계와 함께 위계적이었고, 그 중 6개는 선천성 심장 기형에 해당된다.

14
☐ **corporeal**
[kɔːrpɔ́ːriəl]

adj 물질적인, 형체를 가진, 신체의

syn corporate, bodied, embodied

They admitted that there was a certain resemblance between "inspired" agitations and natural, **corporeal** phenomena.
그들은 "영감으로 인한" 흔들림과 자연스럽고 물질적인 현상 사이에 특정한 유사점이 있음을 인정했다.

15

☐ **corpulent**
[kɔ́:rpjulənt]

adj 뚱뚱한

syn weighty, rotund, fat, obese

Overeating made him **corpulent**.
과식은 그를 뚱뚱하게 만들었다.

16

☐ **nascent**
[nǽsnt]

adj 초기의, 발생기의

syn emerging, parturient, dissilient, emergent

Everyone in this **nascent** business is still struggling with basic issues.
이 사업 초기 과정에 있는 모든 사람들은 여전히 기본적인 문제로 어려움을 겪고 있다.

17

☐ **appetite**
[ǽpɪtaɪt]

n 식욕, 욕구

syn sweet tooth, appetence, craving, stomach, appetency

All that walking has given me an **appetite**.
나에게 식욕을 가져다 준 것은 그 걷기뿐이었다.

18

☐ **decimate**
[désəmèit]

v 대량으로 죽이다, 심하게 훼손하다; 약화시키다

syn annihilate, extinguish, eliminate, wipe out, kill

Populations of endangered animals have been **decimated**.
수많은 멸종 위기에 처한 동물이 대량으로 죽임을 당해왔다.

19

☐ **dehydrate**
[di:háidreit]

v 탈수 상태가 되다, 건조시키다

syn desiccate, dry up, dry, dry out, exsiccate

You'll **dehydrate** very quickly in this heat if you don't drink lots of water.
만약 당신이 물을 많이 마시지 않으면, 이 더위에서 아주 빨리 탈수 상태가 될 것이다.

20

☐ **inimical**
[inímikəl]

adj 해로운, 반하는, 불리한, 적대적인

syn hostile, unfriendly

Excessive managerial control is **inimical** to creative expression.
과도한 관리적 통제는 창의적 표현에 해롭다.

21

☐ **grouse**
[graus]

v 투덜대다, 불평하다

syn grumble, complain, capercaillie, partridge

She's always **grousing** about how she's been treated by the management.
그녀는 항상 자신이 경영진에게 어떻게 대우받았는지에 대해 투덜댄다.

22

☐ **circadian**
[sə:rkéidiən]

adj (24시간을 주기로 변하는) 생물학적 주기의

syn periodic, cyclic

This internal body clock, our **circadian** rhythm, is one reason we feel awful after a long-haul flight.
체내 시계라고 알려져 있는 24시간 생물학적 주기의 리듬은 장거리 비행을 한 후 우리가 심하게 피로를 느끼는 이유 중 하나이다.

23
□ hassle
[hǽsl]

| v | 들볶다, 재촉하다 | syn | hurry, rush, push, press |
| n | 귀찮은 상황, 번거로운 상황,
따지기, 이러쿵저러쿵하기 | syn | bickering, commotion, squabble,
difficulty, inconvenience |

He **hassled** me day by day.
그는 나를 매일 들볶았다.

24
□ disinfect
[dìsinfékt]

| v | 소독하다, 살균하다 | syn | sterilize, make clean,
antisepticise, chlorinate |

Visitors to many public places now have to **disinfect** their hands on entry and wear surgical face masks.
많은 공공장소를 방문하는 방문객은 이제 입장 시 손을 소독하고 수술용 안면 마스크를 착용해야 한다.

25
□ dismantle
[dismǽntl]

| v | 분해하다, 해체하다 | syn | take away, remove, strip, take,
withdraw |

The good thing about the bike is that it **dismantles** if you want to put it in the back of the car.
그 자전거의 좋은 점은 당신이 그것을 자동차 뒤에 싣기를 원한다면 이를 분해할 수 있다는 점이다.

26
□ dissect
[daisékt]

| v | 해부하다, 절개하다, 분석하다,
나누다 | syn | cut, anatomize, vivisect |

In biology classes we used to **dissect** rats.
우리는 생물학 수업에서 쥐를 해부하곤 했다.

27
□ distend
[disténd]

| v | (내부 압력에 의해) 팽창하다 | syn | tumefy, tumesce, intumesce,
swell |

During digestion, sugar may produce wind that **distends** the stomach.
소화하는 동안, 설탕은 위를 팽창시키는 바람을 일으킬 수 있다.

28
□ dogged
[dɔ́ːgid]

| adj | 완강한, 끈덕진 | syn | unyielding, dour, obstinate,
unregenerating, tenacious |

Her ambition and **dogged** determination ensured that she rose to the top of her profession.
그녀의 야망과 완강한 결단력은 그녀가 반드시 그 직종의 정상에 오르게 해주었다.

29
□ valorize
[vǽlaràiz]

| v | 물가를 안정시키다,
(정부가) 가격을 정하다 |

Korean government tried to **valorize** in 2008 when the prices of all the productions were rising.
2008년에 모든 물가가 상승하고 있었을 때 한국 정부는 물가를 안정시키고자 노력했다.

30
☐ **ductile**
[dʌ́ktəl]

adj 잡아 늘일 수 있는, 연성인

syn manipulable, malleable, flexible, tractable

Lead and silver are **ductile** metals.
납과 은은 잡아 늘일 수 있는 금속이다.

31
☐ **crab**
[kræb]

n 게, 게살

v 깎아내리다, 흠잡다, 불평하다

syn slander, speak ill of, badmouth, run somebody down

Animals like an octopus and a **crab** do not have it.
문어나 게와 같은 동물은 그것을 가지고 있지 않다.

32
☐ **curative**
[kjúərətiv]

adj 치유력이 있는

syn healing, healthful, medicinal, remedial

Do you believe in the **curative** powers of the local mineral water?
당신은 지역 생수의 치유력을 믿는가?

33
☐ **embryonic**
[èmbriάːnik]

adj 1. 초기의, 미발달의

2. 배아의

syn 1. early, rudimentary, undeveloped

2. embryotic

The project is still at an **embryonic** stage.
이 프로젝트는 아직 초기 단계에 있다.

34
☐ **endemic**
[endémik]

n 풍토병, 지방병

adj 고유의, 고질적인, 풍토적인

syn vernacular disease

syn plant, flora, plant life, indigenous, characteristic

Malaria is **endemic** in many of the hotter regions of the world.
말라리아는 세계의 많은 더운 지역에 존재하는 풍토병이다.

35
☐ **equable**
[ékwəbl]

adj 1. 기온 변화가 적은, 고른
2. 차분한
3. 착실한, 침착한

syn 1. temperate, even, uniform
2. calm, cool, relaxed, tranquil
3. steady

I like the **equable** climate in this region.
나는 이 지역의 변화가 크지 않은 기후를 좋아한다.

36
☐ **douse**
[daus]

v (액체를) 붓다, (물을 뿌려 불을) 끄다; (전등을) 끄다

syn roll up, furl

We watched as demonstrators **doused** a car in petrol and set it alight.
우리는 시위대가 차에 휘발유를 붓고 불을 붙이는 것을 지켜보았다.

37
□ **exceptionable**
[iksépʃənəbl]

adj 비난의 여지가 있는, 이의를 말할 수 있는, 바람직하지 않은

syn unacceptable, objectionable

There is nothing **exceptionable** in what he says.
그가 말한 것에는 비난의 여지가 없다.

38
□ **excruciating**
[ikskrúːʃièitiŋ]

adj 극심한, 몹시 고통스러운

syn agonizing, torturing, torturesome, agonizing, harrowing

I endured **excruciating** pain to achieve my dream.
나는 꿈을 이루기 위해 극심한 고통을 견뎌냈다.

39
□ **enigmatic**
[ènigmǽtik]

adj 수수께끼 같은, 불가사의한

syn incomprehensible, puzzling, enigmatical, uncomprehensible

The Mona Lisa has a famously **enigmatic** smile.
모나리자는 수수께끼 같은 미소로 유명하다.

40
□ **exhume**
[igzúːm]

v 발굴하다, 파내다

syn excavate, dig up, disinter, turn up

Medical experts are to **exhume** the bodies and will determine the circumstances of their death.
의료 전문가들은 시신을 발굴하고 그들의 사망 경위를 판단할 것이다.

Daily Quiz

Choose the synonyms.

01. benumbed ·	· ⓐ innate, inborn, heritable, inheritable
02. callow ·	· ⓑ hurry, rush, push, press
03. condensed ·	· ⓒ insensible, asleep, numb, stupefied
04. conducive ·	· ⓓ healing, healthful, medicinal, remedial
05. congenital ·	· ⓔ emerging, parturient, dissilient, emergent
06. nascent ·	· ⓕ take away, remove, strip, take, withdraw
07. hassle ·	· ⓖ tumefy, tumesce, intumesce, swell
08. dismantle ·	· ⓗ contributory, tributary, causative
09. distend ·	· ⓘ shortened, brief, liquified, flux, distilled
10. curative ·	· ⓙ fledgling, inexperient, unfledged, inexperienced

Answer Key 01. ⓒ, 02. ⓙ, 03. ⓘ, 04. ⓗ, 05. ⓐ, 06. ⓔ, 07. ⓑ, 08. ⓕ, 09. ⓖ, 10. ⓓ

01 ☐ **bereaved** [birí:vd]	adj (가족과) 사별한, 남겨진	syn family of the deceased
	Therapists were brought in to counsel the **bereaved**. 치료사들이 유가족을 상담하기 위해 왔다.		

02 ☐ **laconic** [ləkάːnik]	adj 간결한, 말을 많이 하지 않는	syn crisp, curt, concise, terse
	She had a **laconic** wit. 그녀는 간결한 재치를 지녔다.		

03 ☐ **lethargic** [léθərdʒik]	n 무기력한, 활발하지 못한; 혼수상태의; 둔감한	syn lazy, sluggish, apathetic, dull
	I was feeling tired and **lethargic**. 나는 피곤했고 무기력했다.		

04 ☐ **dated** [déitid]	adj 시대에 뒤떨어진, 구식의, 구시대의	syn old-fashioned, unfashionable, unstylish
	Spy thrillers with plots based on the Cold War look particularly **dated** nowadays. 냉전 시대를 바탕으로 한 줄거리의 첩보 스릴러는 요즘 시대에 특히 뒤떨어져 보인다.		

05 ☐ **decrepit** [dikrépit]	adj 노후한, 노쇠한	syn frail, feeble, weak, sapless, infirm
	Most of the buildings were old and **decrepit**. 대부분의 건물은 낡고 노후했다.		

06 ☐ **degenerate** [didʒénərèit]	v 악화되다	syn deteriorate, descend
	adj 퇴폐적인, 타락한	syn debauched, riotous, dissolute
	Educational standards are **degenerating** year by year because of a lack of funds. 교육 수준은 자금 부족으로 인해 해가 갈수록 악화되고 있다.		

07
☐ **insular**
[ínsələr]

adj 배타적인, 편협한   syn private, exclusive, cliquish

The British are often accused of being **insular**.
영국인들은 종종 배타적이라는 비난을 받는다.

08
☐ **demography**
[dìmάːgrəfi]

n 인구 통계학, 인구 변동   syn sociology, human ecology

Multicultural families show the new paradigm of **demography** in Korea.
다문화 가족은 한국 인구 통계학의 새로운 인식 체계를 보여주고 있다.

09
☐ **demoralize**
[dimɔ́ːrəlàiz]

v 사기를 꺾다, 의기소침하게 하다   syn dishearten, cast down, dispirit, depress

Losing several games in a row had completely **demoralized** the team.
연속으로 여러 게임을 진 것은 그 팀의 사기를 완전히 꺾었다.

10
☐ **denigrate**
[dénigrèit]

v 폄하하다   syn talk down, belittle, pick at, derogate, minimize

You shouldn't **denigrate** people just because they have different beliefs from you.
그들이 당신과 다른 신념을 가지고 있다고 해서 사람들을 폄하해서는 안 된다.

11
☐ **depravity**
[diprǽvəti]

n 타락, 부패   syn wickedness, putrefaction, degeneracy, immorality, corruption

He had a life filled with **depravity**.
그는 타락으로 가득 찬 삶을 살았다.

12
☐ **deracinate**
[diːrǽsɪnèit]

v 쫓아내다   syn displace, uproot, root out

We must **deracinate** social evils and superstitions.
우리는 사회 악과 미신을 쫓아내야 한다.

13
☐ **derelict**
[dérəlìkt]

adj 이용되지 않는, 버려진, 유기된   syn delinquent, remiss, negligent, neglectful

n 부랑자

The theater has been left to stand **derelict**.
그 극장은 이용되지 않는 채로 방치되었다.

14
☐ **desecrate**
[désikrèit]

v (신성한 것을) 훼손하다   syn outrage, violate, set on, profane

It's a crime to **desecrate** the country's flag.
국가의 국기를 훼손하는 것은 범죄이다.

15
☐ farcical
[fάːrsikəl]

[v] 웃음거리가 된, 익살맞은   [syn] ridiculous, humorous, ludicrous

There were **farcical** scenes at the meeting.
그 회의에서 웃음거리가 된 장면이 있었다.

16
☐ despondent
[dispάːndənt]

[adj] 낙담한, 실의에 빠진   [syn] dejected, hopeless, heartsick

[n] 낙담한 사람

He grew increasingly **despondent** when she failed to return his phone calls.
그는 그녀가 그에게 다시 전화를 해주지 못하자 점점 더 낙담하게 되었다.

17
☐ detachment
[ditǽtʃmənt]

[n] 1. 파견대, 파견 함대   [syn] 1. troop, patrol, squad
    2. 무심함, 거리를 둠   2. indifference, aloofness
    3. 객관성, 공평성   3. separation, disengagement

A **detachment** of Italian soldiers was sent to this area.
이탈리아군 파견대가 이 지역으로 파견되었다.

18
☐ detain
[ditéin]

[v] 1. 구금하다, 억류하다, 붙들다,   [syn] 1. cage, immure, straiten,
       지체하게 하다   confine, jail
    2. (병원에) 수용하다   2. hospitalize

A suspect has been **detained** by the police for questioning.
용의자는 조사받기 위해 경찰에 의해 구금되었다.

19
☐ diffident
[dífidənt]

[adj] (자신감이 부족하여) 소심한,   [syn] reserved, shy, timid
       조심스러운

Merciless to small absurdities, he was often oblique and **diffident** on the big issues.
작은 부조리에도 무자비한 그는 종종 큰 문제들에 대해서는 완곡하고 소심한 태도였다.

20
☐ disciplinary
[dísəplənèri]

[adj] 1. 징계의, 규율상의, 훈육의   [syn] 1. nonindulgent, corrective,
                                      strict, disciplinal
    2. 학과의, 학문에 관한   2. academic

The soldier received a dishonourable discharge for a **disciplinary** offence.
그 군인은 징계 위반으로 인해 불명예 제대를 명받았다.

21
☐ discourteous
[diskə́ːrtiəs]

[adj] 무례한, 예의 없는   [syn] impolite, disrespectful, caddish,
                                  unchivalrous, ungallant

The employees were unhelpful and **discourteous**.
직원들은 도움이 되지 않았고 무례했다.

22
☐ **disgruntled**
[disgrʌ́ntld]

[adj] 불만을 품은, 불만스러워하는, 언짢은

[syn] discontented, dissatisfied, discontent

A **disgruntled** former employee is being blamed for the explosion.
불만을 품은 전직 직원이 그 폭발에 대한 비난을 받고 있다.

23
☐ **disquiet**
[diskwáiət]

[n] 불안, 동요

[syn] trouble, perturb, cark, upset, distract

The leader's decline in popularity is causing **disquiet** among supporters.
그 지도자의 지지 하락은 지지자들 사이에서 불안을 야기하고 있다.

24
☐ **disrepute**
[disripjúːt]

[n] 오명, 악평

[syn] dishonour, discredit, infamy, dishonor

Involvement with terrorist groups brought the political party into **disrepute**.
테러리스트 집단과의 연루는 그 정당에게 오명을 가져왔다.

25
☐ **dissolution**
[dìsəlúːʃən]

[n] 해체, 파경, 해산, 소멸

[syn] activity, lysis, disintegration, fibrinolysis, natural action

After the **dissolution** of communist rule in 1989, things began to open up.
1989년에 공산주의가 해체된 후부터, 상황이 풀리기 시작했다.

26
☐ **divisive**
[diváisiv]

[adj] 분열을 초래하는

[syn] factious, dissentious, discordant

The campaign for the mayor's office was racially **divisive**.
시장의 선거 운동은 인종적으로 분열을 초래했다.

27
☐ **draconian**
[dreikóuniən]

[adj] 가혹한, 매우 엄격한

[syn] strict, stern, rigid, rigorous

He criticized the **draconian** measures taken by the police in controlling the demonstrators.
그는 시위대를 통제하기 위해 행해지는 경찰의 가혹한 조치를 비판했다.

28
☐ **dysfunctional**
[disfʌ́ŋʃənl]

[adj] 제대로 기능을 하지 않는, 문제가 있는, 고장난

[syn] impaired, bust, broken, out of order

Because I grew up in a **dysfunctional** family, anger is a big issue for me.
나는 결손 가정 환경에서 자랐기 때문에, 분노는 나에게 큰 쟁점이다.

29
☐ **earthly**
[ə́ːrθli]

[adj] 도대체, 세속적인, 조금도

[syn] worldly, temporal, mundane, sublunar, mortal

What **earthly** reason can she have for being so horrible to you?
그녀가 당신에게 그렇게 끔찍할 수 있는 이유는 도대체 무엇인가?

30
☐ **ecclesiastical**
[iklìːziǽstikəl]

adj 기독교의   syn ecclesiastic, churchly

The Vatican dealt with heresy in medieval times, trying scientists such as Galileo in an **ecclesiastical** court.
바티칸은 중세 시대에 이단에 대해 다루었고, 갈릴레오와 같은 과학자들을 교회 법정에서 심판했다.

31
☐ **effete**
[iféːt]

adj 무력해진, 기운이 빠진   syn indulgent, decadent

With nothing to do all day the aristocracy had grown **effete** and lazy.
하루 종일 할 일이 없는 귀족들은 무력해지고 게을러졌다.

32
☐ **egregious**
[igríːdʒəs]

adj 터무니없는, 지독한   syn conspicuous, gross, flagrant, rank, glaring

It was an **egregious** error for a statesman to show such ignorance.
정치가가 그러한 무지를 보여주는 것은 터무니없는 오류였다.

33
☐ **dearth**
[dəːrθ]

n 부족, 결핍   syn scarcity, paucity, scarceness

The region is suffering from a **dearth** of medical specialists.
이 지역은 의료 전문가 부족으로 인해 고통받고 있다.

34
☐ **emaciated**
[iméiʃièitid]

adj 쇠약한, 수척한   syn wasted, gaunt, haggard, cadaverous, thin

There were pictures of **emaciated** children on the cover of the magazine.
잡지의 표지에는 쇠약해진 아이들의 사진이 실렸다.

35
☐ **diatribe**
[dáiətràib]

n (말이나 글로 된 통렬한) 비판, 공격   syn denunciation, denouncement, fulmination

He launched into a long **diatribe** against the lack of action in Congress.
의회에서 그는 조치가 부족함에 대한 긴 비판을 시작했다.

36
☐ **enfeeble**
[infíːbl]

v 약화시키다, 쇠약하게 만들다   syn drain, macerate, debilitate, emaciate, waste

A crisis has been superintended by discipline, and the disciplinary process emerges from it strengthened, even if the subject is himself somewhat **enfeebled**.
위기는 규율에 의해 감독되었으며, 비록 주체 자체가 다소 약화되더라도 그 규율 과정은 강화된다.

37
☐ **enjoin**
[indʒɔ́in]

v (무엇을 하도록) 요구하다, 명하다, …가 ~하는 것을 금하다   syn veto, disallow, prohibit, interdict, proscribe

Teachers **enjoin** regular preparations on their pupils.
교사들은 그들의 학생들에게 정기적인 준비를 요구한다.

38

☐ **entangle**
[intǽŋgl]

[v] (걸어서) 꼼짝 못하게 하다, 얽히게 만들다, 읽아매다

[syn] mire, involve

The dolphin had become **entangled** with the fishing nets.
그 돌고래는 낚시 그물에 걸려 꼼짝 못하고 있었다.

39

☐ **dilatory**
[dílətɔ̀:ri]

[adj] 지체시키는, 미적거리는

[syn] poky, slow, laggard, pokey

British institutions have been **dilatory** in cutting credit card charges.
영국 기관들은 신용카드의 수수료를 인하하는 것을 지체시키고 있다.

40

☐ **eulogy**
[jú:lədʒi]

[n] 찬사, 추도 연설

[syn] praise, eulogium, kudos, congratulations, extolment

The song was a **eulogy** to the joys of travelling.
그 노래는 여행의 즐거움에 대한 찬사였다.

Daily Quiz

Choose the synonyms.

01. laconic ·	· ⓐ deteriorate, descend, debauched, riotous, dissolute
02. dated ·	· ⓑ conspicuous, gross, flagrant, rank, glaring
03. degenerate ·	· ⓒ ridiculous, humorous, ludicrous
04. demoralize ·	· ⓓ dishearten, cast down, dispirit, depress
05. farcical ·	· ⓔ crisp, curt, concise, terse
06. disgruntled ·	· ⓕ old-fashioned, unfashionable, unstylish
07. dysfunctional ·	· ⓖ discontented, dissatisfied, discontent
08. egregious ·	· ⓗ impaired, bust, broken, out of order
09. enjoin ·	· ⓘ veto, disallow, prohibit, interdict, proscribe
10. dilatory ·	· ⓙ poky, slow, laggard, pokey

Answer Key 01. ⓔ 02. ⓕ 03. ⓐ 04. ⓓ 05. ⓒ 06. ⓖ 07. ⓗ 08. ⓑ 09. ⓘ 10. ⓙ

01
☐ **atrocious**
[ətróuʃəs]

adj 1. 끔찍한, 지독한, 형편없는, 불쾌한
2. 극악한, 잔학한, 흉악한

syn 1. appalling, awful, dreadful, offensive, horrible
2. brutal, barbaric, heinous, outrageous

Economic conditions in the country were **atrocious**.
그 나라의 경제적 상황은 끔찍했다.

02
☐ **base**
[beis]

n 1. 본부, 본사, 근거지
2. 맨 아래 부분; 기초, 토대

syn 1. headquarter, camp
2. foundation, ground, basis, infrastructure

v 근거지를 두다, 본사를 두다

syn build, found, establish, ground

adj 비도덕적인, 야비한

syn vulgar, immoral

In the **base** of the company lies the economic research center.
그 경제 연구소는 회사의 본부에 위치한다.

03
☐ **bilk**
[bilk]

v (돈을) 사취하다, 떼어먹다;
(사람을) 속이다

syn rip off, chisel, cheat

He **bilked** clients out of tens of millions of dollars.
그는 고객들에게 수천만 달러를 사취했다.

04
☐ **tout**
[taut]

v 홍보하다, 광고하다

syn tipster, adviser, consultant

The national financial economy minister has been **touting** these ideas for some time.
경제부 장관은 얼마 동안 이러한 아이디어를 홍보해 왔다.

05
☐ **buoyant**
[bɔ́iənt]

adj 1. 힘이 나는, 쾌활한, 낙천적인; 자신감에 차 있는
2. (물에) 떠 있는, 부력이 있는

syn 1. flourishing
2. light, floaty

After reading the letter he was in a **buoyant** mood.
편지를 읽은 후 그는 힘이 났다.

06 □ **plethora**
[pléθərə]

n 과다, 과잉

syn inordinateness, embarrassment, excessiveness, redundancy, overplus

The **plethora** of regulations is both contradictory and confusing.
과다한 규정은 모순됨과 동시에 혼란스럽다.

07 □ **complement**
[ká:mpləmənt]

n 보완물, 금상첨화격 요소

syn expression, construction, accompaniment

v (금상첨화 격으로) 덧붙이다, 보완하다, 보충하다

syn supplement, redeem, replenish, piece out

Strawberries and cream **complement** each other perfectly.
딸기와 크림은 서로의 완벽한 보완물이다.

08 □ **concerted**
[kənsə́:rtid]

adj 공동의, 합심한, 결연한

syn cooperative, conjunctive, joint, conjunct

The richer countries of the world should take **concerted** action to help the poorer countries.
세계의 부유한 국가들은 더 빈곤한 국가들을 돕기 위한 공동 행동을 취해야 한다.

09 □ **peripatetic**
[pèrəpətétik]

adj (특히 일을 하러) 순회하는, 이동해 다니는

syn nomadic, itinerant, travelling, wandering, roving

This **peripatetic** round of appointments made it highly unlikely that he would develop lasting ties with townspeople.
이 순회 보직은 그가 마을 사람들과 지속적인 관계를 맺을 가능성을 거의 없게 했다.

10 □ **clement**
[klémənt]

adj (처벌 대상에게) 관대한, 온화한

syn balmy, clear, fair, fine, moderate

The judge sentenced the criminal to 10 years imprison, which could be thought of to be **clement**.
그 판사는 그 범죄자에게 10년 금고형을 선고하였는데, 이는 관대하다고 생각될 만한 판결이었다.

11 □ **stagflation**
[stæɡfléiʃən]

n 스태그플레이션(경기 불황 중에도 물가는 계속 오르는 현상)

syn bankruptcy, bust, crash, crisis

The current slowdown may not lead to a recession, let alone **stagflation**.
현재의 침체는 스태그플레이션은 말할 것도 없고, 불경기로 이어지지 않을 수도 있다.

12 □ **contraband**
[ká:ntrəbænd]

n 밀수품

syn smuggled, black, bootleg, illegal, black-market

The lorry contained thousands of pounds worth of **contraband**.
그 트럭에는 수천 파운드 상당의 밀수품이 들어 있었다.

13

☐ **corporate**
[kɔ́ːrpərət]

adj 1. 공동의

2. 기업의, 법인의

syn 1. collective, allied, joint, communal

All adults take **corporate** responsibility for the upbringing of the tribe's children.
모든 성인들은 그 부족의 자녀를 양육하는 것에 대한 공동의 책임을 지닌다.

14

☐ **curb**
[kəːrb]

v 1. 억제하다, 제한하다

2. 꾸짖다, 혼내다

n 제한, 억제

syn 1. constrain, restrict, repress, control, hamper

2. scold, rebuke, admonish, rag

syn barrier, ledge, rein, restraint, restriction

The government should act to **curb** tax evasion.
정부는 탈세를 억제하기 위한 조치를 취해야 한다.

15

☐ **curtail**
[kəːrtéil]

v 줄이다, 축소시키다, 삭감시키다, 단축시키다

syn restrict, immobilize, decrease, limit, cut back

With all the snow, our daily walks have been severely **curtailed**.
눈이 많이 내려서, 우리의 날마다 하던 산책은 상당히 줄어들었다.

16

☐ **audit**
[ɔ́ːdit]

n 1. 회계 감사; 결산

2. (문제의) 심사

v 1. (회계를) 감사하다

2. (대학의 강의를) 청강하다

syn 1. analysis, investigation, review

2. screening, evaluation

syn 1. inspect, analyze, examine

2. sit in on a class

"We consider injecting the remaining amount is better, but the plan may be scrapped if protests continue," he said at the internal **audit** at the bank headquarters in Seoul.
그는 은행 본사에서 열린 내부 회계 감사에서 "남은 액수의 지원금을 투입하는 게 더 낫다고 생각하지만, 시위가 계속된다면 이를 폐기할 수도 있다"고 말했다.

17

☐ **debase**
[dibéis]

v 타락시키다, 면목을 잃다; 저하시키다, 떨어뜨리다

syn doctor up, adulterate, water down, dilute, spoil

Some argue that money has **debased** football.
어떤 사람들은 자본이 축구를 타락시켰다고 주장한다.

18

☐ **decelerate**
[diːsélərèit]

v (차량의) 속도를 줄이다, 둔화되다

syn detain, decrease, delay, slow, diminish

The car **decelerated** at the sight of the police car.
그 자동차는 경찰차를 보고나서 속도를 줄였다.

---

19 default
[difɔ́ːlt]

v (채무를) 변제하지 않다, 체납하다 | syn | evade, bilk, defraud

n 채무 불이행, 디폴트 | syn | loss, absence

People who **default** on their mortgage repayments may have their home repossessed.
담보대출 상환을 변제하지 않은 사람들은 그들의 집을 압류당할 수 있다.

20 zenith
[zíːniθ]

n 정점, 천정, 절정 | syn | altitude, apex, apogee, cap, capstone

The Korean economy reached the **zenith** in terms of both quality and quantity in 2002.
한국 경제는 그 양과 질의 맥락에서 2002년에 정점에 도달했다.

21 demote
[diːmóut]

v (처벌로) 좌천시키다, 강등시키다 | syn | depute, reduce, delegate, sideline, break

The captain was **demoted** for failing to fulfill his duties.
그 선장은 의무를 다하지 않아 좌천되었다.

22 demure
[dimjúər]

adj (태도 등이) 얌전한, 조용한 | syn | coy, overmodest, modest

She gave him a **demure** smile.
그녀는 그에게 얌전한 미소를 지었다.

23 descent
[disént]

n 1. 급습; 하강, 강하, 내리막
2. 혈통, 가문, 가계

| syn | 1. lowering, plunge
2. lineage, extraction, filiation, derivation, full blood

The **descent** of dozens of motorcycles terrified local residents.
수십 대 오토바이의 급습은 지역 주민들을 공포에 떨게 했다.

24 deplete
[diplíːt]

v 고갈시키다, 대폭 감소시키다, 격감시키다 | syn | consume, eat up, take, run down, burn off

The illness **depletes** the body of important vitamins.
이 질병은 중요한 비타민을 신체에서 고갈시킨다.

25 depreciate
[diprí:ʃièit]

v 1. 가치가 떨어지다
2. 얕보다, 경시하다

| syn | 1. devalue, depress, deteriorate, diminish, dwindle
2. belittle, subordinate, disvalue, downplay

In the last year, our house has **depreciated** in value.
작년에, 우리 집은 가치가 떨어졌다.

26
☐ **designate**
[dézignèit]

[v] 1. 지명하다, 지정하다, 지적하다

2. 표기하다, 표시하다

[adj] (직책에) 지명된, 지명을 받은

[syn] 1. allocate, allot, appoint, assign, authorize, choose, elect

2. label, mark, notate

Traditionally, the president **designates** his or her successor.
전통적으로, 대통령은 후임자를 지명한다.

27
☐ **dexterous**
[dékstərəs]

[adj] 1. 손재주가 비상한, 솜씨 좋은
2. 민첩한, 영리한, 빈틈없는
3. 오른손잡이의

[syn] 1. skillful, deft
2. adroit, clever, crafty
3. right-handed

East Asians are generally **dexterous**, in part because they grow up eating with chopsticks.
동아시아인은 대체로 손재주가 비상한데, 이러한 이유의 일부는 그들이 젓가락을 사용해서 식사하며 자라기 때문이다.

28
☐ **dilate**
[dailéit]

[v] 1. 확장되다, 팽창시키다
2. 자세히 말하다, 부연하다

[syn] 1. widen, distend
2. expatiate, elaborate

The pupils of the eyes **dilate** as darkness increases.
눈의 동공은 어두워질수록 확장된다.

29
☐ **diplomatic**
[dìpləmǽtik]

[adj] 외교의, 외교적 수완이 있는

[syn] tactful, smooth, politic, strategic, kid-glove, bland

Surely a **diplomatic** solution is preferable to war.
외교적 해결책이 전쟁보다 확실히 낫다.

30
☐ **appropriation**
[əpròupriéiʃən]

[n] 1. 도용
2. (돈의) 책정, 책정액

[syn] 1. stealing
2. allocation, money, allotment

The author objected to the **appropriation** of his story by an amateur filmmaker.
그 저자는 아마추어 영화 제작자가 자신의 이야기를 도용하는 것에 반대했다.

31
☐ **dislocate**
[dísloukèit]

[v] (뼈가) 탈구되다;
(계획을) 혼란에 빠뜨리다

[syn] displace, disrupt, disarticulate

She **dislocated** her knee falling down some steps.
그녀는 몇 계단 아래로 떨어지면서 무릎 뼈가 탈구되었다.

32 dodge
[dɑːdʒ]

[v] (몸을) 재빨리 움직이다, 비키다, 피하다; 기피하다   [syn] move, move smartly, avoid, evade, trick

[n] 책략, 술수   [syn] trick, artifice, stratagem

He **dodged** to avoid the hurtling bicycle.
그는 질주하는 자전거를 피하기 위해 재빨리 움직였다.

33 domineering
[dàːməníəriŋ]

[adj] 지배하려 드는   [syn] immodest, high-handed, heavy-handed, peremptory, overbearing

I thought he was arrogant and **domineering**.
나는 그가 오만하고 지배하려 든다고 생각했다.

34 eavesdrop
[íːvzdràːp]

[v] 엿듣는다   [syn] intercept, listen in, bug, wiretap, listen

He was **eavesdropping** on our conversation.
그는 우리 대화를 엿듣고 있었다.

35 echelon
[éʃəlàːn]

[n] 계층, 계급, 지위; (군대 등의) 사다리꼴 편대   [syn] military force, military group, force, military unit

These salary increases will affect only the highest **echelons** of local government.
이러한 급여 인상은 지방 정부의 최상위 계층에만 영향을 끼친다.

36 effervescence
[èfərvésns]

[n] 거품이 남, 비등, 감격, 흥분, 활기   [syn] bubbliness, gaseousness, frothiness

This is a limestone, as its **effervescence** in acid shows.
이것은 산성에서 거품이 나는 것으로 보아 석회암이다.

37 eleemosynary
[èlimásənèri]

[adj] 자선적인, 자선의, 자선적 구호에 의지하는   [syn] charitable, beneficent, philanthropic, benevolent

Crouch low thy neck to **eleemosynary** gifts.
자선 기증품을 받기 위해서는 겸손한 자세를 취하라.

38 embezzle
[imbézl]

[v] 횡령하다   [syn] steal, misappropriate, peculate, defalcate, fiddle

She **embezzled** thousands of dollars from the charity.
그녀는 자선 단체에서 수천 달러를 횡령했다.

39
☐ **encumber**
[inkÁmbər]

ⓥ 걸리적거리다, 지장을 주다,
거추장스럽게 하다, 방해하다

syn restrain, cumber, constrain,
trammel, restrict

Don't take such things with you, they will only **encumber** you.
그러한 것들은 취하지 마세요. 그들은 단지 걸리적거릴 뿐일 거예요.

40
☐ **endow**
[indáu]

ⓥ (많은 돈을) 기부하다

syn invest, endue, cover, empower,
enable, donate

The state of Michigan has **endowed** three institutes to do research for industry.
미시간 주는 산업 연구를 수행하기 위하여 연구소 세 개에 많은 돈을 기부했다.

Daily Quiz

Choose the synonyms.

01. atrocious ·
02. bilk ·
03. tout ·
04. buoyant ·
05. plethora ·
06. peripatetic ·
07. contraband ·
08. curtail ·
09. demote ·
10. designate ·

· ⓐ rip off, chisel, cheat
· ⓑ appalling, awful, dreadful, offensive, horrible
· ⓒ allocate, allot, appoint, assign, authorize
· ⓓ smuggled, black, bootleg, illegal, black-market
· ⓔ tipster, adviser, consultant
· ⓕ flourishing, light, floaty
· ⓖ inordinateness, embarrassment, excessiveness
· ⓗ nomadic, itinerant, travelling, wandering, roving
· ⓘ depute, reduce, delegate, sideline, break
· ⓙ restrict, immobilize, decrease, limit, cut back

Answer Key 01. ⓑ 02. ⓐ 03. ⓔ 04. ⓕ 05. ⓖ 06. ⓗ 07. ⓓ 08. ⓙ 09. ⓘ 10. ⓒ

The function of education is to teach one
to think intensively and to think critically.
Intelligence plus character
— that is the goal of true education.

—

Martin Luther King Jr.

01 □ **authenticity** [ɔ̀ːθentísəti]	n 진위, 확실성, 신뢰성; 진짜임	syn real McCoy, credibleness, credibility, legitimacy

The poems are supposed to be by Sappho, but they are actually of doubtful **authenticity**.
그 시는 Sappho의 것으로 추정되지만, 실제로는 그 진위가 의심스럽다.

02 □ **bauble** [bɔ́ːbl]	n 싸구려 물건(보석), 크리스마스트리 장식용 방울	syn bangle, gewgaw, trinket, adornment, gaud

In the historical context that amounted to something, but today it is but a **bauble**.
역사적 맥락에서 이는 뭔가 대단한 것이기는 하지만, 오늘날 그것은 싸구려 물건에 불과한다.

03 □ **bedecked** [bidékt]	adj 장식된	syn adorned, decorated, embellished

The room was **bedecked** with flowers.
이 방은 꽃으로 장식됐다.

04 □ **beget** [bigét]	v 1. 낳다, 아비가 되다 2. (결과를) 야기하다	syn 1. sire, bring forth 2. cause

In the Bible it says that Adam **begat** Cain and Abel.
성경에서 아담이 가인과 아벨을 낳았다고 말한다.

05 □ **bucolic** [bjuːkɑ́ːlik]	adj 목가적인, 전원 생활의, 시골 풍의	syn rural, arcadian, pastoral

The painting shows a typically **bucolic** scene with peasants.
이 그림은 농민들이 있는 전형적으로 목가적인 장면을 보여준다.

06 □ **bequeath** [bikwíːð]	v (유산으로) 남기다, (유언장에 명시하여) 물려주다	syn give, leave behind, remember, devise, will

Her father **bequeathed** her the family fortune in his will.
그녀의 아버지는 그의 유언장에서 가족의 재산을 그녀에게 유산으로 남겼다.

07

☐ **bereft of** ~을 빼앗긴 [syn] bereft, lose, be deprived of

The foolish gambler soon found himself **bereft of** funds.
그 어리석은 도박꾼은 자금을 빼앗긴 자신을 곧 발견했다.

08

☐ **blackmail**
[blǽkmèil]

[v] 협박하다, 갈취하다, 공갈하다 [syn] badger, coerce, extort, compel

[n] 협박, 갈취, 공갈 [syn] extort, intimidate, duress

If you are in a position of authority, any weakness leaves you open to **blackmail**.
만약 당신이 권위있는 위치에 있다면, 어떤 약점이든 당신이 협박당하도록 만든다.

09

☐ **unfathomed**
[ʌnfǽðəmd]

[adj] 이해할 수 없는,
(바다 등의) 깊이를 알 수 없는

[syn] deep, unplumbed, unsounded, profound

We deal now not with things of this world alone, but with the illimitable distances and as yet **unfathomed** mysteries of the universe.
우리는 이제 이 세상의 일만을 다루는 것이 아니라, 무한한 거리와 아직 이해할 수 없는 우주의 신비를 다룬다.

10

☐ **broach**
[broutʃ]

[v] (하기 힘든 이야기를) 꺼내다 [syn] sunburst, breastpin, brooch, pin

At some point we've got to discuss money but I don't know how to **broach** the subject with him.
어느 시점에서 우리는 돈에 대해 논의해야 하지만 그에게 어떻게 그 이야기를 꺼내야 할지 모르겠다.

11

☐ **cajole**
[kədʒóul]

[v] 회유하다, 꼬드기다 [syn] palaver, persuade, sweet-talk, coax, wheedle

The most effective technique is to **cajole** rather than to threaten.
가장 효과적인 기술은 위협하기보다는 회유하는 것이다.

12

☐ **camaraderie**
[kɑ̀ːmərɑ́ːdəri]

[n] 동지애 [syn] sociability, comradeliness, chumminess, comradery, sociableness

When you've been climbing alone for hours, there's a tremendous sense of **camaraderie** when you meet another climber.
몇 시간 동안 혼자 등반을 하다가, 다른 등반가를 만난다면 엄청난 동지애가 느껴진다.

13

☐ **cavil**
[kǽvəl]

[n] 트집 잡기, 억지 이론, 흠잡기 [syn] fault, hole

[v] 트집을 잡다 [syn] quibble, carp, evasion, quiddity, equivocation

The one **cavil** I have about the book is that it is written as a diary.
내가 이 책에 대해 한 가지 트집을 잡아보자면 그것이 일기처럼 쓰여졌다는 것이다.

14
□ **catholic**
[kǽθəlik]

[adj] 1. 보편적인, 일반적인;
　　마음이 넓은
　　2. 로마 가톨릭 교도, 범기독교의

[syn] 1. general, comprehensive,
　　ordinary
　　2. Catholic Church, Christian

As a young person he had more **catholic** tastes than he does now.
그는 젊었을 때 지금보다 더 보편적인 취향을 갖고 있었다.

15
□ **charity**
[tʃǽrəti]

[n] 자선 단체, 구호 단체;
　　자선, 너그러움, 관용

[syn] foundation, public charity

Proceeds from the sale of these cards will go to local **charities**.
이 카드들의 판매 수익은 지역의 자선 단체에 전달될 것이다.

16
□ **chicanery**
[ʃikéinəri]

[n] (교묘한) 속임수

[syn] dissembling, wile, guile, trickery

The investigation revealed political **chicanery** and corruption at the highest levels.
그 조사 결과는 최고 수준의 정치적 속임수와 부패를 폭로했다.

17
□ **chide**
[tʃaid]

[v] 꾸짖다, 책망하다

[syn] reproof, reprimand, chasten, lambaste, rebuke

She **chided** him for his bad manners.
그녀는 그의 나쁜 예의를 꾸짖었다.

18
□ **rarefied**
[réərəfàid]

[adj] 일부 사람들만 이해하는;
　　산소가 희박한

[syn] rare, rarified, thin

You get a very **rarefied** view of things living on a college campus.
대학 캠퍼스에서 생활하는 동안 당신은 매우 일부 사람들만 이해하는 희소한 관점을 얻을 수 있다.

19
□ **cipher**
[sáifər]

[n] (글로 쓰인) 암호, 하찮은 것,
　　(특별히 디자인된) 이름 첫 글자들

[syn] message, code

The message was written in **cipher**.
그 메시지는 암호로 작성되어 있었다.

20
□ **circumnavigate**
[sə̀ːrkəmnǽvəigèit]

[v] (세계) 일주를 하다

[syn] circle, compass

They **circumnavigated** Cape Horn Island in canoes.
그들은 카누를 타고 Cape Horn 섬을 일주했다.

21
□ **cliché**
[kliːʃéi]

[n] 상투적 문구, 상투적 생각

[syn] stale, trite, hackneyed, expression, stock-in-trade

The story is shamelessly corny, and grownups will groan at its **clichés**.
그 이야기는 뻔뻔할 정도로 진부하고, 어른들은 그 상투적 문구들에 신음할 것이다.

22
☐ **circumlocution**
[sə̀ːrkəmloukjúːʃən]

[n] 완곡한 표현, 우회적으로 말하기   [syn] verbosity, periphrasis, ambages

"Economical with the truth" is a **circumlocution** for "lying".
"진실을 아낀다."라는 표현은 "거짓말"의 완곡한 표현이다.

23
☐ **backseat**
[bǽksìt]

[n] 뒷전, 뒷좌석, 말석;   [syn] dicky-seat, dickie, dickey, seat
중요하지 않은 지위

In contrast, speech perception and phonology, though objects of serious scientific inquiry, have at times taken a **backseat** in these grander debates.
대조적으로, 발화 인식과 음운론은 중대한 과학적 탐구 대상이기는 하지만, 때때로 이러한 더 큰 논쟁에서 뒷전으로 밀려났다.

24
☐ **coincide**
[kòuinsáid]

[v] 동시에 일어나다, 일치하다   [syn] cooccur, coexist, overlap

If the heavy rain had **coincided** with an extreme high tide, serious flooding would have resulted.
폭우가 극심한 만조와 동시에 일어났다면, 심각한 홍수가 발생했을 것이다.

25
☐ **circuitous**
[sərkjúːɪtəs]

[adj] 빙 돌아가는   [syn] roundabout, devious, indirect

We took a **circuitous** route home.
우리는 집으로 빙 돌아가는 길을 택했다.

26
☐ **commodious**
[kəmoudiəs]

[adj] 널찍한   [syn] spacious, convenient, roomy

At minimal expense the theater could thus be transformed literally overnight into a **commodious** assembly hall.
극장은 최소한의 비용으로 문자 그대로 하룻밤 사이에 널찍한 집회장으로 바뀔 수 있다.

27
☐ **peregrination**
[perəgrɪneɪʃn]

[n] (느리게 계속되는) 여정, 긴 여행   [syn] travelling, travel, a far journey

Alternatively, the genre's **peregrinations** might be charted through the works of a single composer.
다른 대안으로는, 한 작곡가의 작품들을 통해 장르의 여정을 도표화할 수도 있다.

28
☐ **crosswalk**
[krɔ́ːswɑːk]

[n] 횡단보도   [syn] pedestrian crossing, path

Many complained about potholes lining the roads, brick sidewalks that were a mess, and faded **crosswalks**.
많은 사람들이 길을 따라 늘어선 움푹 들어간 곳, 엉망인 벽돌 보도, 희미한 횡단보도에 대해 불평했다.

29
☐ **concoct**
[kɑːnkɑ́ːkt]

[v] (음식이나 음료를 섞어) 만들다,   [syn] cook up, make up, unify, mix, (변명 등을) 지어내다   mingle

He **concocted** the most amazing dish from all sorts of leftover food.
그는 모든 종류의 남은 음식을 가지고 가장 놀라운 요리를 만들었다.

30
conjure
[kándʒər]

v 마술을 하다   syn magic, call forth

In an instant, the magician had **conjured** up a dove from his hat.
순간, 마술사는 그의 모자에서 비둘기를 불러내는 마술을 했다.

31
contiguous
[kəntígjuəs]

adj 인접한, 근접한   syn close, immediate

The two states are **contiguous** to each other, but the laws are quite different.
그 두 개의 주는 서로 인접해 있지만, 법률은 상당히 다르다.

32
contrite
[kəːntráit]

adj 깊이 뉘우치는, 회한에 찬   syn penitent, remorseful, rueful, repentant, ruthful

She seemed genuinely **contrite** when she apologized.
그녀가 사과했을 때 그녀는 진심으로 깊이 뉘우치는 것처럼 보였다.

33
cornucopia
[kɔ̀ːrnəkóupiə]

n 풍부; 풍요의 뿔(동물 뿔 모양에 과일과 꽃을 가득 얹은 장식물), (좋은 것들이 가득 찬) 보고   syn verdure, teemingness, wilderness, richness, greenness

The table held a veritable **cornucopia** of every kind of food or drink you could want.
탁자에는 당신이 원할만한 모든 종류의 음식이나 음료가 정말 풍부하게 놓여 있었다.

34
covert
[kóuvərt]

adj 은밀한, 비밀의   syn cover, secret, confidential, classified, hideout

The government was accused of **covert** military operations against the regime.
정부는 정권에 반하는 은밀한 군사 작전으로 인해 기소되었다.

35
appetizer
[ǽpitàizər]

n 전채, 식욕을 돋우기 위한 것   syn canape, antipasto, hors d'oeuvre, crudites

Serve the salad as an **appetizer**, and serve the chicken, you know, family style, with some large chunks of country bread.
샐러드를 전채로 제공하고, 당신도 알다시피 큰 덩어리의 빵과 함께 닭고기를 가정식으로 제공한다.

36
dampen
[dǽmpən]

v (물에) 적시다, 축이다; (기세를) 꺾다, 약화시키다   syn stifle, inhibit, curb, conquer, suffocate

Rain had **dampened** the tent so we left it to dry in the afternoon sun.
비가 텐트를 적셔서, 우리는 이를 오후의 햇볕에 마르도록 놔두었다.

37
☐ **decorous**
[dékərəs]

[adj] 점잖은, 예의 바른   [syn] staid, sedate, proper

His manner, as ever, was **decorous**.
그의 태도는 여느 때와 다름없이 점잖았다.

38
☐ **delectable**
[diléktəbl]

[adj] 아주 맛있는, 매력이 넘치는   [syn] delicious, desirable, sexually attractive

The **delectable** food made me happy.
아주 맛있는 음식은 나를 행복하게 했다.

39
☐ **desiccate**
[désikèit]

[v] 건조시키다, 생기를 잃게 하다, 무기력하게 하다, 마르다   [syn] dehydrate, keep, preserve

Some plants wither quickly and lose their power of recovery if allowed to **desiccate**.
일부 식물은 건조하게 놔두면 빨리 시들고 회복력을 잃는다.

40
☐ **petulant**
[pétʃulənt]

[adj] 심통 사나운, 심술을 부리는   [syn] fractious, peevish, scratchy, ill-natured, pettish

He plays the part of a **petulant** young man in the film.
그는 영화에서 심통 사나운 청년의 역할을 한다.

Daily Quiz

Choose the synonyms.

01. bedecked	·	· ⓐ sire, bring forth, cause
02. beget	·	· ⓑ spacious, convenient, roomy
03. bequeath	·	· ⓒ general, comprehensive, ordinary
04. unfathomed	·	· ⓓ adorned, decorated, embellished
05. catholic	·	· ⓔ magic, call forth
06. chicanery	·	· ⓕ message, code
07. cipher	·	· ⓖ cover, secret, confidential, classified, hideout
08. commodious	·	· ⓗ dissembling, wile, guile, trickery
09. conjure	·	· ⓘ give, leave behind, remember, devise, will
10. covert	·	· ⓙ deep, unplumbed, unsounded, profound

Answer Key 01. ⓓ, 02. ⓐ, 03. ⓘ, 04. ⓙ, 05. ⓒ, 06. ⓗ, 07. ⓕ, 08. ⓑ, 09. ⓔ, 10. ⓖ

Check Up

DAY 26

☐ connoisseur	☐ loath	☐ diaphanous	☐ ostensible	☐ dilute
☐ disseminate	☐ efface	☐ effusive	☐ emanate	☐ tribute
☐ demarcate	☐ engrossed	☐ dovish	☐ equivocate	☐ ethereal
☐ ethos	☐ euphemism	☐ even-handed	☐ evince	☐ enamor

DAY 27

☐ benumbed	☐ bifurcate	☐ callow	☐ pellucid	☐ condensed
☐ palliative	☐ confluence	☐ congenital	☐ corporeal	☐ corpulent
☐ nascent	☐ decimate	☐ inimical	☐ grouse	☐ hassle
☐ distend	☐ dogged	☐ ductile	☐ embryonic	☐ equable

DAY 28

☐ bereaved	☐ laconic	☐ lethargic	☐ decrepit	☐ insular
☐ demoralize	☐ denigrate	☐ derelict	☐ desecrate	☐ farcical
☐ detain	☐ disgruntled	☐ draconian	☐ effete	☐ egregious
☐ dearth	☐ emaciated	☐ enfeeble	☐ entangle	☐ eulogy

DAY 29

☐ atrocious	☐ bilk	☐ tout	☐ buoyant	☐ plethora
☐ peripatetic	☐ clement	☐ contraband	☐ curb	☐ curtail
☐ zenith	☐ demote	☐ designate	☐ dexterous	☐ dilate
☐ dodge	☐ domineering	☐ eavesdrop	☐ effervescence	☐ embezzle

DAY 30

☐ bedecked	☐ beget	☐ bucolic	☐ bequeath	☐ unfathomed
☐ broach	☐ cajole	☐ cavil	☐ chide	☐ cipher
☐ circuitous	☐ commodious	☐ peregrination	☐ crosswalk	☐ contiguous
☐ contrite	☐ covert	☐ dampen	☐ delectable	☐ petulant

1. Choose proper synonyms with each word.

01. baroque ·
02. incandescent ·
03. pellucid ·
04. palliative ·
05. lethargic ·
06. decrepit ·
07. decelerate ·
08. deplete ·
09. circumlocution ·
10. circuitous ·

· ⓐ verbosity, periphrasis, ambages
· ⓑ relieving, alleviant, remedy, alleviator, cure
· ⓒ roundabout, devious, indirect
· ⓓ detain, decrease, delay, slow, diminish
· ⓔ consume, eat up, take, run down, burn off
· ⓕ frail, feeble, weak, sapless, infirm
· ⓖ churrigueresque, fancy, florid, ornate, decorative
· ⓗ crystal clear, limpid, lucid, clear, luculent
· ⓘ lazy, sluggish, apathetic, dull
· ⓙ glowing, luminous, radient

2. Choose a proper word matching with translation.

01. In some situations these will become visible behind the first (ⓐ **diaphanous** / ⓑ **diagonal**) layer.
일부 조건에서 이들은 첫 번째 투명층 뒤에서 보여진다.

02. His arrival (ⓐ **blighted** / ⓑ **flighted**) on the wedding day.
그가 결혼식에 오는 바람에 결혼식은 엉망이 되었다.

03. He writes in (ⓐ **parallal** / ⓑ **pellucid**) prose.
그는 명료한 산문 방식으로 쓴다.

04. Such a noisy environment was not (ⓐ **conducive** / ⓑ **conductive**) to a good night's sleep.
그러한 시끄러운 환경은 숙면에 도움이 되지 않았다.

05. Therapists were brought in to counsel the (ⓐ **believed** / ⓑ **bereaved**).
치료사들이 유가족을 상담하기 위해 왔다.

06. You shouldn't (ⓐ **denigrate** / ⓑ **degenerate**) people just because they have different beliefs from you.
그들이 당신과 다른 신념을 가지고 있다고 해서 사람들을 폄하해서는 안 된다.

07. We must (ⓐ **decrease** / ⓑ **deracinate**) social evils and superstitions.
우리는 사회 악과 미신을 쫓아내야 한다.

08. The lorry contained thousands of pounds worth of (ⓐ **contradiction** / ⓑ **contraband**).
그 트럭에는 수천 파운드 상당의 밀수품이 들어 있었다.

Answer Key

1. 01. ⓖ 02. ⓙ 03. ⓗ 04. ⓑ 05. ⓘ 06. ⓕ 07. ⓓ 08. ⓔ 09. ⓐ 10. ⓒ
2. 01. ⓐ 02. ⓐ 03. ⓑ 04. ⓐ 05. ⓑ 06. ⓐ 07. ⓑ 08. ⓑ

01
☐ **axiomatic**
[æksiəmǽtik]

adj 명백한, 자명한

syn obvious, absolute, taken for granted, self-evident

It is an **axiomatic** fact that governments rise and fall on the state of the economy.
정부가 경제 상황에 따라 오르락내리락 하는 것은 명백한 사실이다.

02
☐ **bespeak**
[bispíːk]

v 1. 보여주다, 시사하다

  2. 미리 예약하다, 부탁하다

syn 1. tell, prognosticate, predict, foreshadow, forecast
  2. ask, order

His letter **bespeaks** his willingness to help.
그의 편지는 기꺼이 도와주려는 마음을 보여준다.

03
☐ **bootless**
[búːtlis]

adj 소용 없는, 무익한, 쓸모 없는

syn vain, futile, unproductive, fruitless, sleeveless, unavailing

He was upon a **bootless** quest.
그는 소용 없는 요구를 했다.

04
☐ **categorical**
[kætəgɔ́ːrikəl]

adj 절대적인, 단정적인

syn categoric, affirmatory, assertory

The president issued a **categorical** denial.
대통령은 절대적인 부정을 주장했다.

05
☐ **cogent**
[kóudʒənt]

adj 설득력 있는

syn weighty, telling, persuasive

He makes a **cogent** argument for improving early childhood education.
그는 유아교육을 개선시키기 위한 설득력 있는 주장을 한다.

06
☐ **compelling**
[kəmpéliŋ]

adj 설득력 있는, 눈을 뗄 수 없는, 주목하지 않을 수 없는, 강렬한

syn powerful, strong, intense

It's a fairly **compelling** argument for going.
이는 진행하는 것에 대하여 상당히 설득력 있는 주장이다.

07
☐ **compendious**
[kəmpéndiəs]

adj 모든 필요한 내용을 담은

syn compact, summary, succinct

This is a **compendious**, judicious collection of poetry.

이것은 모든 필요한 내용을 담은 훌륭한 시 모음집이다.

08
☐ **mordant**
[mɔ́:rdənt]

adj 통렬한, 신랄한

syn destructive, vitriolic, caustic, erosive, corrosive

From this wry gesture emerged a tense, enigmatic ostinato figure, dry and **mordant**.

이 비틀린 몸짓으로부터 긴장되고 불가사의한 오스티나토의 건조하고 통렬한 특징이 나타났다.

09
☐ **controvert**
[kɑ́:ntrəvə̀:rt]

v 반박하다, 반증하다

syn disprove, confute, refute, rebut

This theory was subsequently **controverted** by several researchers in the same field.

이 이론은 같은 분야의 여러 연구자들에 의해 계속해서 반박받았다.

10
☐ **counter**
[káuntər]

n 계산대, 판매대, 조리대

syn worktop, reception desk, countertop, checkout

v 반박하다, 논박하다

syn oppose, respond

There was nobody behind and on the **counter** when I went into the bank, and I had to wait to be served.

내가 은행에 들어갔을 때 계산대 뒤에 아무도 없었고, 나는 은행 업무를 처리받기 위해 기다려야만 했다.

11
☐ **counterpoint**
[káuntərpɔ̀int]

n 대위법(으로 연주되는 선율)

syn polyphony, polyphonic music, concerted music

v 대조하다, 대조를 이루다

syn compare, check

Because this style of **counterpoint** is very difficult, certain liberties are permitted.

이 양식의 대위법은 매우 어렵기 때문에, 어느 정도의 자유가 허용된다.

12
☐ **crux**
[krʌks]

n (문제의) 핵심, 가장 중요한 부분

syn alpha and omega, point, bottom line, core

The **crux** of the country's economic problems is its foreign debt.

국가 경제 문제의 핵심은 국가의 대외 채무이다.

13
☐ **jarring**
[dʒɑ́:riŋ]

adj 신경에 거슬리는, 삐걱거리는; (색이) 조화되지 않은; 알력의

syn cacophonous, cacophonic

Good advice may be **jarring** on the ear.

좋은 조언이 귀에 거슬릴 수도 있다.

14
☐ **debunk**
[diːbʌ́ŋk]

v (거짓된 의견의 정체를) 폭로하다, (생각 등이) 틀렸음을 드러내다

syn make fun, unmask, laugh at, roast, blackguard

The writer's aim was to **debunk** the myth that had grown up around the actress.
글쓴이의 목표는 그 여배우를 둘러싸고 생겨난 근거 없는 믿음을 폭로하는 것이었다.

15
☐ **decry**
[dikrái]

v 비난하다, 매도하다

syn objurgate, reprobate, excoriate, condemn, denounce

Lawyers **decried** the imprisonment of several journalists.
변호사들은 여러 언론인의 구금을 비난했다.

16
☐ **deduce**
[didúːs]

v 추론하다, 추정하다, 연역하다

syn infer, reason, reason out, surmise, deduct

We cannot **deduce** very much from these figures.
우리는 이 수치들로부터는 많은 것을 추론할 수 없다.

17
☐ **delineate**
[dilínièit]

v (상세하게) 묘사하다, 기술하다, 그리다, 설명하다

syn portray, represent, illustrate

The main characters are clearly **delineated** in the first chapter.
주요 인물들이 첫 번째 장에 명확하게 묘사되어 있다.

18
☐ **denounce**
[dináuns]

v 맹렬히 비난하다, 고발하다

syn criticize, objurgate, reprobate, excoriate, rail

The government's economic policy has been **denounced** on all sides.
정부의 경제 정책은 사방에서 맹렬히 비난을 받아왔다.

19
☐ **deprecate**
[déprikèit]

v (강력히) 반대하다, 비난하다

syn reject, disapprove

We **deprecate** this use of company funds for political purposes.
우리는 정치적 목적으로 회사 자금을 사용하는 것을 반대한다.

20
☐ **derogate**
[dérəgèit]

v 훼손하다, 폄하하다

syn talk down, belittle, pick at, denigrate, minimize

The charge cannot **derogate** from his honor.
그 혐의가 그의 명예를 훼손할 수 없다.

21
☐ **obviate**
[ɑ́ːbvièit]

v (문제·필요성을) 제거하다, 배제하다

syn preclude, foreclose, prevent, avoid, ward off

A peaceful solution would **obviate** the need to send a UN military force.
평화로운 해결책은 유엔 군을 파견할 필요성을 제거해줄 것이다.

해커스임용 또임수 · Sam Park 전공영어 기출보기 1800+

22
☐ **disavow**
[dìsəváu]

ⓥ (공개적으로) 부인하다   [syn] deny, disapprove, repudiate

They were quick to **disavow** the rumor.
그들은 소문을 재빨리 부인했다.

23
☐ **disclosure**
[disklóuʒər]

ⓝ 폭로, 드러난 사실   [syn] informing, telling, revelation, news leak, giveaway

Any public **disclosure** of this information would be very damaging to the company.
어떤 형태로든지 이 정보에 대한 공개적인 폭로는 회사에 큰 피해를 줄 것이다.

24
☐ **discomfit**
[dìskʌ́mfit]

ⓥ 혼란스럽게 만들다, 당황하게 만들다   [syn] disconcert, bewilder, bemuse, disconcert, anguish

This was the source of the stock owners' obligation to avoid **discomfiting** passengers.
이는 승객들을 혼란스럽게 만드는 것을 피하기 위한 증권 소유자의 의무의 원천이었다.

25
☐ **discretionary**
[diskréʃənèri]

[adj] 자유재량에 의한   [syn] discretional, arbitrary

Judges have great **discretionary** powers.
판사는 큰 재량권을 갖고 있다.

26
☐ **disingenuous**
[dìsindʒénjuəs]

[adj] 솔직하지 못한   [syn] insincere, distorted, twisted, misrepresented, perverted

It was **disingenuous** of her to claim she had no financial interest in the case.
그녀가 이 사건에서 금전적 이해관계가 없었다고 주장하는 것은 솔직하지 못한 것이었다.

27
☐ **disjunction**
[disdʒʌ́ŋkʃən]

ⓝ 괴리   [syn] separation, disconnection

Disjunctive logic programs are characterized by permitting **disjunctions** in rule heads.
선언적 논리 프로그램은 규칙 헤드에서 괴리를 허용하는 것이 특징이다.

28
☐ **dispensable**
[dispénsəbl]

[adj] 없어도 되는, 불필요한   [syn] unnecessary, unneeded

They looked on music and art lessons as **dispensable**.
그들은 음악 및 미술 수업을 없어도 되는 것으로 여겼다.

29
☐ **dissonance**
[dísənəns]

ⓝ 의견 충돌, 불화, 불협화음   [syn] cacophony, inharmoniousness, discordance, disharmony

However, the complex **dissonances** we have seen suggest otherwise.
그러나, 우리가 본 그 복잡한 의견 충돌은 그렇지 않다는 것을 시사한다.

30
□ distract
[distrǽkt]

v (주의를) 딴 데로 돌리다, (정신을) 산만하게 하다

syn confuse, flurry, disconcert, put off, deflect

He tried to **distract** attention from his own illegal activities.
그는 주의를 자신의 불법적인 활동으로부터 딴 데로 돌리려고 했다.

31
□ divergent
[divə́:rdʒənt]

adj 1. (의견 등이) 다른
2. 분기하는, 갈라지는; (관습 등에서) 일탈한
3. (수학) 발산하는, (기하) 방사상의

syn 1. different, split
2. divided, deviated, departed
3. emanative, diffusional, emanant

They hold widely **divergent** opinions on controversial issues like abortion.
그들은 임신중절과 같이 논란의 여지가 있는 문제에 대해 폭넓게 다른 의견을 가지고 있다.

32
□ drivel
[drívəl]

n 쓸데없는 말

syn babble, blather

v 계속 쓸데없는 말을 하다

syn babble, gabble

You don't believe the **drivel** you read on the internet, do you?
당신은 인터넷에서 읽은 그런 쓸데없는 말을 믿지 않는다, 그렇지 않은가?

33
□ duly
[dúli]

adv 정식으로, 예상대로; 적절한 때에, 때를 맞춰

syn punctually, occasion, in due course

He knew he had been wrong, and **duly** apologized.
그는 자신이 틀렸다는 것을 알고, 정식으로 사과했다.

34
□ edify
[édifai]

v (의식을) 고양시키다, 교화시키다

syn enlighten, teach, instruct, educate, improve

The city mayor is considering a campaign that would **edify** the citizen.
시장은 시민 의식을 고양시킬 캠페인을 숙고하고 있다.

35
□ efficacious
[èfəkéiʃəs]

adj 효과적인

syn effective, effectual

The improvements in the way we work proved **efficacious**.
우리가 일하는 방식에 대한 개선은 효과적인 것으로 증명되었다.

36
□ elliptical
[ilíptikəl]

adj 타원형의; (문장에서 단어가) 생략된

syn concise, elliptic

The **elliptical** galaxies have a symmetrical **elliptical** shape with no obvious structure.
타원형 은하는 뚜렷한 구조 없이 대칭적인 타원 모양을 가지고 있다.

37 ☐ **teem** [tiːm]	ⓥ 많이 있다; (세차게) 쏟아지다	syn brim, bustle, crawl, overflow, overrun

The whales are **teeming** in the Ulsan sea.
울산 바다에는 고래가 많이 있다.

38 ☐ **embroil** [imbrɔ́il]	ⓥ (언쟁 등에) 휘말리게 만들다	syn drag, tangle, drag in, sweep, involve

She had no desire to **embroil** herself in lengthy lawsuits with the tabloid newspapers.
그녀는 타블로이드판 신문과의 긴 소송에 자신을 휘말리게 하고 싶지 않았다.

39 ☐ **emend** [iménd]	ⓥ (글을) 수정하다, 교정하다	syn better, improve, meliorate, ameliorate, amend

The text is currently being **emended** and will be published shortly.
그 글은 현재 수정 중이며, 곧 게시될 예정이다.

40 ☐ **encapsulate** [inkǽpsəlèit]	ⓥ 대표하다, 요약하다, 압축하다	syn capsule, capsulize, capsulize, condense, digest

She **encapsulates** the stereotyped image that the British have of Americans.
그녀는 영국인이 미국인에 대해 가지고 있는 상투적인 이미지를 대표한다.

Daily Quiz

Choose the synonyms.

01. axiomatic ·	· ⓐ preclude, foreclose, prevent, avoid, ward off
02. crux ·	· ⓑ cacophonous, cacophonic
03. jarring ·	· ⓒ unnecessary, unneeded
04. decry ·	· ⓓ talk down, belittle, pick at, denigrate, minimize
05. derogate ·	· ⓔ alpha and omega, point, bottom line, core
06. obviate ·	· ⓕ obvious, absolute, taken for granted, self-evident
07. discretionary ·	· ⓖ discretional, arbitrary
08. dispensable ·	· ⓗ concise, elliptic
09. divergent ·	· ⓘ different, split, divided, deviated, departed
10. elliptical ·	· ⓙ objurgate, reprobate, excoriate, condemn, denounce

Answer Key 01. ⓕ 02. ⓔ 03. ⓑ 04. ⓙ 05. ⓓ 06. ⓐ 07. ⓖ 08. ⓒ 09. ⓘ 10. ⓗ

DAY 32

주제별 어휘 **자연과학**

01
☐ **anomalous**
[ənάːmələs]

| adj 이례적인, 변칙의 | syn abnormal, unnatural |

The experiment yielded **anomalous** results.
그 실험은 이례적인 결과를 낳았다.

02
☐ **avian**
[éiviən]

| adj 조류의 | syn bird, Aves, fowl |

Avian influenza is spreading quickly along the migratory routes of birds.
조류 독감은 조류의 이동 경로를 따라 빠르게 확산 중에 있다.

03
☐ **balm**
[bɑːm]

| n 1. 위안; 진통제
2. (식물에서 채취하는) 향유 | syn 1. comfort, consolation, solace
2. remedy, balsam, wool fat, cerate, arnica |

Her gentle words were a **balm** to me.
그녀의 부드러운 말은 나에게 위안이었다.

04
☐ **barren**
[bǽrən]

| adj 황량한, 척박한;
열매가 안 열리는; 불임인 | syn infertile, bare, desolate, stark, inhospitable |

We drove through a **barren**, rocky landscape.
우리는 황량하고 돌 투성이의 풍경을 따라 운전했다.

05
☐ **catalyze**
[kǽtəlàiz]

| v (화학 반응을) 촉진시키다,
~에 촉매 작용을 미치다 | syn catalyse, change state, turn |

It was thought that only proteins could **catalyze** reactions in cells.
오직 단백질만이 세포에서 반응을 촉진시킬 수 있다고 생각되었다.

06
☐ **caustic**
[kɔ́ːstik]

| adj 신랄한, 비꼬는;
가성의, 부식성의 | syn corrosive, scathing, unpleasant, acrid, acerb |

There was no need for him to make such a **caustic** remark.
그는 그런 신랄한 말을 할 필요는 없었다.

07
☐ **configuration**
[kənfìgjəréiʃən]

n 배치, 배열; 환경 설정

syn lobularity, form, bluntness, conformation, curve

We tried the furniture in different **configurations** to see which fit best.
우리는 어떤 것이 가장 잘 맞는지 알아보기 위해 다양한 배치로 가구를 시도해 보았다.

08
☐ **conventional**
[kənvénʃənl]

adj 극히 평범한, 관습적인, 전통적인, 종래의, 재래식의

syn stodgy, customary, stuffy, received

We were raised in a **conventional**, middle-class family.
우리는 극히 평범한 중산층 가정에서 자랐다.

09
☐ **convergence**
[kənvə́:rdʒənsi]

n (수학, 생물) 수렴; 한 점으로 집합함, 집중성, 집합

syn representation, interface, intersection

The couple is proof of the **convergence** of appearance.
그 부부는 외모 수렴 현상의 증거이다.

10
☐ **impartiality**
[impà:rʃiǽləti]

n 공정, 불편부당, 공평무사, 공명정대

syn candor, fair-mindedness, disinterestedness, tendency

The state must ensure the independence and **impartiality** of the justice system.
국가는 사법 제도의 독립성과 공정성을 보장해야 한다.

11
☐ **disciplined**
[dísəplind]

adj 규율 바른, 잘 통솔된

syn controlled

The young gymnasts who won the competition were a talented and **disciplined** team.
대회에서 우승한 그 젊은 체조 선수들은 재능 있고 규율 바른 팀이었다.

12
☐ **disinterested**
[disíntərèstid]

adj 무관심한, 사심이 없는, 객관적인

syn impartial, objective, unbiased

Unlike most boys his age, he was totally **disinterested** in cars or girls.
그의 또래 대부분의 소년들과는 달리, 그는 자동차나 소녀들에 완전히 무관심했다.

13
☐ **divert**
[daivə́:rt]

v 1. 우회시키다, 방향을 바꾸게 하다
2. (돈·재료 등을) 유용하다
3. (관심을) 다른 데로 돌리다

syn 1. alter, route, direct, deviate, send
2. misuse
3. deter, detract

Traffic will be **diverted** through the side streets while the main road is resurfaced.
간선 도로가 재포장되는 동안 차량 통행은 골목을 통해 우회될 것이다.

14

☐ **convoluted**

[kάːnvəlùːtid]

adj 대단히 난해한; 나선형의, 구불구불한

syn involved, knotty, complex, Byzantine, tortuous

His grammar explanations are terribly **convoluted**.

그의 문법 설명은 대단히 난해하다.

15

☐ **ensue**

[insúː]

v 1. (어떤 일·결과가) 뒤따르다

2. 찾다, 구하다

syn 1. result, be due, come after, prove, come

2. seek after

The police officer said that he had placed the man under arrest and then a scuffle had **ensued**.

그 경찰관은 그가 그 남자를 체포했고, 난투극이 뒤따라 일어났다고 말했다.

16

☐ **epicenter**

[épəsèntər]

n (지진의) 진원지, 진앙; (활동의) 중심점, (문제의) 핵심, (폭탄의) 낙하점

syn center, core, focus

The earthquake's **epicenter** was located in waters off Busan.

그 지진의 진원지는 부산 앞바다였다.

17

☐ **equipoise**

[íːkwəpòiz]

n 균형, 평형

syn proportion, counterbalance, equilibrium, construction

There is in the artist's landscapes a delicate **equipoise** between the natural and the man-made.

그 작가의 풍경화에는 자연과 인공 사이의 미묘한 균형이 있다.

18

☐ **ebb**

[eb]

n 썰물, 간조

v 빠지다, 썰물이 되다

syn ebb off/down/out/away, fall back

The group tried to arrive at the beach during the **ebb** tide.

일행은 썰물 때 해변에 도착하려고 노력했다.

19

☐ **escalate**

[éskəlèit]

v 악화되다, 확대하다, 증가하다

syn step up, redouble, increase, intensify

His financial problems **escalated** after he became unemployed.

그의 재정적 문제는 그가 실직한 이후로 악화되었다.

20

☐ **espouse**

[ispáuz]

v (주의·정책·이론 등을) 지지하다, 옹호하다

syn protect, defend, support, stand by, advocate

Vegetarianism is one cause she does not **espouse**.

채식주의는 그녀가 지지하지 않는 이론 중 하나이다.

21
□ **exacting**
[igzǽktiŋ]

adj 엄격한, 힘든, 까다로운

syn demanding, stern, strict

All our aircraft meet **exacting** safety standards.
당사의 모든 항공기는 엄격한 안전 표준을 충족한다.

22
□ **exceptional**
[iksépʃənl]

adj 이례적일 정도로 우수한, 특출한, 극히 예외적인

syn extraordinary, surpassing, exceeding, prodigious

The company has shown **exceptional** growth over the past two years.
이 회사는 지난 2년 동안 이례적일 정도로 우수한 성장을 보여주었다.

23
□ **exculpate**
[ékskʌlpèit]

v (무죄를) 입증하다, 선언하다

syn evaluate, assoil, judge, purge, pass judgment

The pilot of the aircraft will surely be **exculpated** when all the facts are known.
모든 사실이 알려지면 그 항공기 조종사는 분명히 무죄가 입증될 것이다.

24
□ **execrable**
[éksikrəbl]

adj 형편없는

syn hateful, detestable, abominable, odious

Some critics praised the acting, but all condemned the **execrable** plot.
일부 비평가들은 그 연기를 칭찬했지만, 모두들 형편없는 이야기 구조는 비난했다.

25
□ **exemplar**
[igzémplə:r]

n 전형, 모범, 본보기

syn model, example, beauty, pattern, ideal

It is an **exemplar** of a house of the period.
이는 당대 가옥의 전형이다.

26
□ **exigency**
[éksədʒənsi]

n 긴급 사태

syn crisis

Economic **exigency** obliged the government to act.
경제적 긴급 사태는 정부로 하여금 강제 조치를 취하게 했다.

27
□ **expeditious**
[èkspədíʃəs]

adj 신속한, 효율적인

syn efficient, immediate, speedy

The bank was **expeditious** in replying to my letter.
은행은 내 편지에 대한 응답에 신속했다.

28
□ **explicate**
[ékspləkèit]

v 1. 설명하다, 해석하다

2. (논리·가설을) 전개하다

syn 1. naturalize, account for, clarify, inform, clear up

2. reason

This is a book which clearly **explicates** Marx's later writings.
이것은 마르크스의 후반기 저서들을 명확하게 설명하는 책이다.

29
☐ **exponent**
[ikspóunənt]

n (사상·학설 등의) 대표자, 주창자, 예능인; (수학) 지수　syn intellectual, intellect

Jacqueline du Pré was a leading **exponent** of the cello.
Jacqueline du Pré는 첼로계의 대표자였다.

30
☐ **exponential**
[èkspounénʃəl]

adj 1. 기하급수적인, 급격한

2. 지수의, 지수로 나타낸

syn 1. aggressive, epidemic, ascending

We are looking for **exponential** growth in our investment.
우리는 우리 투자의 기하급수적인 성장을 기대하고 있다.

31
☐ **expostulate**
[ikspɑ́:stʃulèit]

v 훈계하다, 반대하다　syn argue, reason

Walter **expostulated** with the waiter about the size of the bill.
Walter는 계산서의 액수에 대해 웨이터에게 훈계했다.

32
☐ **expurgate**
[ékspərgèit]

v (책이나 기록에서 적당하지 않은 부분을) 삭제하다　syn bowdlerize, cut, shorten, foreshorten, abbreviate

The book was **expurgated** to make it suitable for children.
이 책은 어린이에게 적합하도록 적당하지 않은 부분이 삭제되었다.

33
☐ **extemporaneous**
[ekstèmpəréiniəs]

adj 즉석의, 준비 없이 하는; 미봉책의, 임시변통의　syn unrehearsed, unprepared, off-the-cuff, impromptu

He made some **extemporaneous** remarks before the award ceremony.
그는 시상식에 앞서 즉석 발언을 했다.

34
☐ **extenuate**
[iksténjuèit]

v 정상을 참작하다, (죄 등을) 경감하다, 변명하다　syn rationalize, apologize, palliate, mitigate, justify

He was unable to say anything that might have **extenuated** his behavior.
그는 그 자신의 행동을 정상 참작할 만한 어떤 말도 할 수 없었다.

35
☐ **ultraviolet**
[ʌ̀ltrəváiələt]

adj 자외선의

Overexposure to **ultraviolet** rays can cause skin cancer.
자외선에 과도하게 노출되면 피부암이 생길 수 있다.

36
☐ **extradite**
[ékstrədàit]

v 인도하다, 넘겨주다　syn deliver, expel, throw out, kick out, deport

He will be **extradited** to Arizona from Florida.
그는 플로리다 주에서 애리조나 주로 인도될 것이다.

37
☐ **exhaustive**
[igzɔ́ːstiv]

adj (하나도 빠뜨리는 것 없이)
완전한, 철저한

syn thorough, thoroughgoing,
complete

This list is not intended to be **exhaustive**.
이 목록은 완전하고자 의도된 것이 아니다.

38
☐ **exultant**
[igzʌ́ltənt]

adj 의기양양한,
기뻐서 어쩔 줄 모르는

syn prideful, elated, rejoicing,
jubilant, triumphal

The troops in the besieged town gave an **exultant** shout at the sight of
new troops advancing to help them.
포위된 도시의 군대는 새로운 군대가 그들을 돕기 위해 진격하는 것을 보고 의기양양한 포효를 질렀다.

39
☐ **evanescent**
[èːvənésnt]

adj 덧없는, 쉬이 사라지는, 무상한

syn temporary, impermanent

Life is as **evanescent** as morning dew.
인생은 아침 이슬처럼 덧없다.

40
☐ **fallacy**
[fǽləsi]

n (인식상의) 오류,
(사람들이 옳다고 믿는) 틀린 생각

syn logical fallacy, sophistry,
pseudoscience, paralogism

It is a common **fallacy** that women are worse drivers than men.
남성보다 여성이 운전을 더 못 한다는 것은 일반적인 오류이다.

Daily Quiz

Choose the synonyms.

01. avian ·	· ⓐ bird, Aves, fowl
02. barren ·	· ⓑ representation, interface, intersection
03. caustic ·	· ⓒ corrosive, scathing, unpleasant, acrid, acerb
04. configuration ·	· ⓓ infertile, bare, desolate, stark, inhospitable
05. convergence ·	· ⓔ demanding, stern, strict
06. divert ·	· ⓕ step up, redouble, increase, intensify
07. epicenter ·	· ⓖ proportion, counterbalance, equilibrium
08. equipoise ·	· ⓗ center, core, focus
09. escalate ·	· ⓘ lobularity, form, bluntness, conformation, curve
10. exacting ·	· ⓙ alter, route, direct, deviate, send

Answer Key 01. ⓐ 02. ⓓ 03. ⓒ 04. ⓘ 05. ⓗ 06. ⓙ 07. ⓗ 08. ⓖ 09. ⓕ 10. ⓔ

01 ☐ **authoritarian** [əθɔ́ːrətéəriən]	adj 권위주의적인, 독재적인	syn tyrannic, undemocratic, dictatorial, despotic

His manner is extremely **authoritarian**.
그의 태도는 지극히 권위주의적이다.

02 ☐ **autonomy** [ɔːtá:nəmi]	n 자치권, 자주성, 자율성	syn independence, self-determination, self-rule, self-government, liberty

Demonstrators demanded immediate **autonomy** for their region.
시위대는 그들 지역의 즉각적인 자치권을 요구했다.

03 ☐ **antagonistic** [æntægənístik]	adj 적대적인	syn antipathetical, antipathetic, hostile

He is extremely **antagonistic** towards all critics.
그는 모든 비평가들에게 극도로 적대적이다.

04 ☐ **bastion** [bǽstʃən]	n (생활 방식·주의 등의) 보루, 수호자, 요새	syn defense force, defense

British public schools are regarded as one of the last **bastions** of upper-class privilege.
영국의 공립 학교는 상류층 특권의 마지막 보루 중 하나로 간주된다.

05 ☐ **bellicose** [bélikòus]	adj 호전적인, 싸우기 좋아하는	syn combative, bottleful, aggressive

The general made some **bellicose** statements about his country's military strength.
그 장군은 조국의 군사력에 대해 호전적인 발언을 했다.

06 ☐ **benignant** [biníɡnənt]	adj 인자한, 상냥한, 온화한, 유순한; 유익한, 양성의	syn kind, benign, graciousness, harmless

He was a mild, **benignant**-looking man, with a thin face.
그는 가냘픈 얼굴에 온화하고 인자해 보이는 남자였다.

07 besmirch
[bismɔ́ːrtʃ]

v (평판 등을) 훼손하다, 더럽히다   syn sully, smirch, assassinate, accuse, smear

His accusations were false, but they served to **besmirch** her reputation.
그의 비난은 거짓이었지만, 그녀의 명성을 훼손하는 역할을 했다.

08 betray
[bitréi]

v 배신하다, (원칙 등을) 저버리다, (적에게 정보를) 넘겨주다   syn disclose, bring out, discover, break, bewray

He was accused of **betraying** his country during the war.
그는 전쟁 중에 조국을 배신했다는 혐의를 받았다.

09 biased
[báiəst]

adj 선입견이 있는, 편향된, ~에 더 관심을 두는   syn one-sided, colored, slanted, partial

I think she's beautiful but then I'm **biased** since she's my daughter.
나는 그녀가 아름답다고 생각하지만, 그녀가 내 딸이기 때문에 나는 선입견이 있다.

10 blandish
[blǽndiʃ]

v 감언으로 설득하다; ~에게 아첨하다, 아양 부리다   syn kowtow, praise, toady, truckle, bootlick

Artfully she flattered and **blandished** him.
그녀는 교묘하게 그에게 아첨하고 감언으로 설득했다.

11 transgression
[trænsgréʃən]

n 범죄, 위반; (종교·도덕적) 죄, 관습에 대한 도전   syn abomination, villainy, vice, turpitude, evil

Who is supposed to have committed these **transgressions**?
누가 이러한 범죄를 저질렀어야 했는가?

12 resurgent
[risɔ́ːrdʒənt]

adj 기승을 부리는, 다시 유행하는   syn revived, renascent

Many people were critical of the **resurgent** militarism in the country.
이 나라에서 기승을 부리는 군국주의에 대해 많은 사람들은 비판적이었다.

13 bully
[buli]

n (약자를) 괴롭히는 사람   syn tough, ruffian, skinhead, muscleman, bullyboy

v 괴롭히다, 왕따시키다, 협박하다   syn bludgeon, coerce, harass

Teachers usually know who the **bullies** are in a class.
교사는 보통 학급에서 약한 아이를 괴롭히는 사람이 누구인지 알고 있다.

14 rapprochement
[ræprouʃmáːn]

n 화해, 관계 회복   syn cooperation, reconciliation

There are signs of **rapprochement** between the warring factions.
전쟁 중인 파벌 사이에 화해의 조짐이 있다.

15
☐ **proscribe**
[prouskráib]

v (공식적으로) 금지하다

syn outlaw, criminalize, illegalize, debar, criminalize

Torture and summary execution of political prisoners are **proscribed** by international law.
정치범에 대한 고문 및 즉결 처형은 국제법에 의해 금지되어 있다.

16
☐ **pugnacious**
[pʌgnéiʃəs]

adj 싸우기 좋아하는, 공격적인

syn bellicose, aggressive, rough

I found him **pugnacious** and arrogant.
나는 그가 싸우기 좋아하고 교만하다는 것을 알게 되었다.

17
☐ **canonical**
[kənɑ́ːnikəl]

adj 교회법에 따른, (문학 작품이) 고전으로 여겨지는

syn orthodox, authoritative

The Pope indicated that he would not consider any applications for **canonical** pardon.
교황은 교회법에 따른 어떤 사면 신청도 고려하지 않을 것이라고 밝혔다.

18
☐ **cede**
[siːd]

v (마지못해) 양도하다, 이양하다

syn give, grant, yield, concede

Hong Kong was **ceded** to Britain after the Opium War.
홍콩은 아편 전쟁 이후 영국에 양도되었다.

19
☐ **chastise**
[tʃæstáiz]

v 꾸짖다, 태형을 가하다

syn beat, chew out, call on the carpet

She has been **chastised** by critics who say that children will never learn to recognize and enjoy vegetables if they are disguised.
그녀는 만일 채소를 채소가 아닌 것처럼 가장하면, 아이들이 채소를 인식하고 즐기는 것을 결코 배우지 못할 것이라고 말하는 비평가들로부터 꾸짖음을 받았다.

20
☐ **chauvinism**
[ʃóuvənizm]

n 배타주의, 맹목적 애국심, 남성 우월주의

The war stimulated an intense national **chauvinism**.
전쟁은 강력한 민족적 배타주의를 자극했다.

21
☐ **circumscribe**
[sə́ːrkəmskraib]

v (권리 등을) 제한하다, 억제하다

syn restrict, line, describe, delineate

There followed a series of tightly **circumscribed** visits to military installations.
군사 시설에 대해 엄격하게 제한된 방문이 이어졌다.

22
☐ **clemency**
[klémənsi]

n 관대한 처분, 관용

syn pardon, commutation, mercy

The jury passed a verdict of guilty, with an appeal to the judge for **clemency**.
배심원단은 유죄 평결을 내렸지만, 이와 동시에 판사에게 관대한 처분을 호소했다.

23
☐ **clout**
[klaut]

[v] 강타하다, 세게 때리다　　　[syn] mark, target

Quigley **clouted** me smartly across the side of the head.
Quigley는 내 머리 옆을 거세게 강타했다.

24
☐ **coercion**
[kouə́:rʃən]

[n] (무력·협박에 의한) 강압, 강제　　[syn] causation, compulsion, eviction, causing

He claimed the police had used **coercion**, threats and promises to obtain the statement illegally.
그는 경찰이 불법적으로 진술을 입수하기 위해 강압, 위협 및 정상 참작을 하기로 하는 약속을 했다고 주장했다.

25
☐ **commiseration**
[kəmìzəréiʃən]

[n] 위로의 표현　　　[syn] fellow feeling, sympathy, pathos, ruth, pity

She gave me a look of **commiseration** as I entered the room.
내가 그 방에 들어갔을 때 그녀는 내게 위로의 표정을 지어 주었다.

26
☐ **commitment**
[kəmítmənt]

[n] 전념, 약속(한 일), 헌신, 책무　[syn] devotion, allegiance, cooperation, loyalty, communalism

Players must make a **commitment** to play for a full season.
선수들은 시즌 내내 경기에 전념해야 한다.

27
☐ **compliant**
[kəmpláiənt]

[adj] (법률을) 준수하는; 순응하는, 따르는　[syn] amenable, manipulable, willing, lamblike, manageable

The company expects to be reclassified as soon as its factories are fully **compliant** with the Federal Clean Air Act.
회사는 해당 공장들이 연방 청정 대기법을 제대로 준수하는 즉시 재분류될 것이라고 기대한다.

28
☐ **veto**
[ví:tou]

[n] 거부권　　　[syn] denial, prohibition, refusal

[v] (제안 등을) 거부하다　[syn] refuse, deny, reject, rule out

The president has the power of **veto** over all new legislation.
대통령은 모든 새로운 법안에 대해 거부권을 행사할 권한이 있다.

29
☐ **comradeship**
[kámrædʃip]

[n] 동료 관계, 동지로서의 사귐, 우애, 우의　[syn] camaraderie, sociability, chumminess, comradery

This, it was hoped, would help the soldiers to form ties of **comradeship** and encourage a sense of competition between units.
이는 병사들이 동료 관계를 형성하는 것과 부대 간 경쟁 의식을 고취시키는 데 도움이 될 것으로 기대됐다.

30
□ **parochial**
[pəróukiəl]

adj 편협한; (교회) 교구의, 지역주의의

syn insular, provincial

Although it's just a local paper, it somehow manages not to be too **parochial** in its outlook.
비록 이는 단지 지역 신문일 뿐이지만, 견해 측면에서 너무 편협해지지 않으려고 어떻게든 애쓴다.

31
□ **opprobrium**
[əpróubriəm]

n (대중의) 맹비난

syn infamy, dishonor

International **opprobrium** has been heaped on the country following its attack on its neighbours.
이의 이웃 국가들에 대한 공격 이후 그 국가에 대한 국제적 맹비난이 쏟아지고 있다.

32
□ **connive**
[kənáiv]

v (나쁜 일을) 공모하다, 방조하다

syn scheme, intrigue, plot

Officials were accused of **conniving** with the company in the supply of arms to Sierra Leone.
공무원들은 시에라리온으로의 무기 공급과 관련해 그 회사와 공모한 혐의를 받고 있다.

33
□ **opaque**
[oupéik]

adj 불분명한, 불투명한, 이해하기 힘든

syn impenetrable, cloudy, light-tight, milklike, murky

I find her poetry a little too **opaque**.
나는 그녀의 시가 너무 불분명하다고 생각한다.

34
□ **consonance**
[ká:nsənəns]

n 협화, 일치, 조화, 화음

syn harmoniousness, harmony

Martin Luther King's vision of **consonance** still seems radical.
마틴 루터 킹의 협화에 대한 시각은 여전히 급진적인 것으로 보인다.

35
□ **conspire**
[kənspáiər]

v 음모를 꾸미다, 공모하다

syn machinate, complot, plot, conspire

As girls, the sisters used to **conspire** with each other against their brother.
소녀로서 자매들은 서로의 형제에 대해 음모를 꾸미곤 했다.

36
□ **constrain**
[kənstréin]

v 제한하다, ~하게 만들다, 강요하다

syn stiffen, tighten up, restrain, trammel, restrict

The country's progress was **constrained** by a leader who refused to look forward.
미래를 내다보기를 거부한 지도자에 의해 국가의 발전이 제한되었다.

37
□ **obloquy**
[á:bləkwi]

n 오명, 악평, 불명예

syn disparagement, name, derogation, traducement

His controversial essays have brought him much **obloquy**.
그의 논쟁적인 평론은 그에게 많은 오명을 안겨주었다.

38
☐ **impel**
[impél]

| v | (압박감에) ~하게 만들다, (생각·기분이) ~해야만 하게 하다 |
| syn | compel, induce, oblige, actuate, boost |

He **impelled** me to complete the project.
그는 나로 하여금 그 프로젝트를 완성하게 만들었다.

39
☐ **countenance**
[káuntənəns]

| n | 용모, 얼굴 (표정) | syn | aspect, facial expression |
| v | 지지하다, 동의하다 | syn | consent to |

He was of noble **countenance**.
그는 고상한 용모를 지녔다.

40
☐ **court**
[kɔːrt]

| n | 법원, 법정 | syn | courthouse, courtroom |
| v | 환심을 사려고 하다 | syn | cultivate |

Protestors gathered outside the **court** to await the verdict.
판결을 기다리던 시위대가 법원 밖에 모여들었다.

Daily Quiz

Choose the synonyms.

01. authoritarian	·	·	ⓐ sully, smirch, assassinate, accuse, smear
02. antagonistic	·	·	ⓑ tyrannic, undemocratic, dictatorial, despotic
03. besmirch	·	·	ⓒ harmoniousness, harmony
04. blandish	·	·	ⓓ cooperation, reconciliation
05. rapprochement	·	·	ⓔ antipathetical, antipathetic, hostile
06. cede	·	·	ⓕ infamy, dishonor
07. coercion	·	·	ⓖ causation, compulsion, eviction, causing
08. compliant	·	·	ⓗ give, grant, yield, concede
09. opprobrium	·	·	ⓘ amenable, manipulable, willing, lamblike
10. consonance	·	·	ⓙ kowtow, praise, toady, truckle, bootlick

Answer Key 01. ⓑ 02. ⓔ 03. ⓐ 04. ⓙ 05. ⓓ 06. ⓗ 07. ⓖ 08. ⓘ 09. ⓕ 10. ⓒ

---

01 □ glut
[glʌt]

n 욕심, 과잉, 과욕   syn feast, fill, flood, gorge, hog

I seem to have indescribable **glut** for a long time.
나는 오랫동안 말로 표현할 수 없는 욕심을 가지고 있었던 것 같다.

---

02 □ awry
[ərái]

adj (계획 등이) 빗나간, 엉망이 된   syn askew, cockeyed, skew-whiff, wonky, crooked

The strike has sent the plans for investment seriously **awry**.
그 파업은 투자 계획을 심각하게 빗나가게 했다.

---

03 □ balky
[bɔ́ːlki]

adj 말을 안 듣는   syn intractable, balking

Sean said his score could have been better but for a **balky** putter.
Sean은 그의 점수가 더 좋았을 수도 있었지만 퍼터가 말을 듣지 않았다고 말했다.

---

04 □ banal
[bənǽːl]

adj 따분한, 지극히 평범한, 시시한   syn hackneyed, threadbare, trite

He just sat there making **banal** remarks all evening.
그는 저녁 내내 따분한 말을 하면서 거기에 앉아있었다.

---

05 □ barb
[bɑːrb]

n 가시 돋친 말; (철조망의) 가시   syn shaft, jibe, gibe

I tried to ignore their **barbs** about my new jacket.
나는 내 새 재킷에 대한 그들의 가시 돋친 말을 무시하려고 노력했다.

---

06 □ bedlam
[bédləm]

n 난리, 법석   syn confusion, topsy-turvydom

It was **bedlam** at the football stadium after the match was suspended.
경기가 연기된 후 그 축구 경기장은 난리가 났다.

---

07 □ befitting
[bifítiŋ]

adj 적절한, 적당한; 어울리는, 알맞은   syn appropriate, proper

They were greeted with **befitting** courtesy.
그들은 적절한 예의로 인사를 주고 받았다.

---

08 □ befuddled
[bifʌ́dld]

adj 정신이 없는   syn confused, befogged

I'm so tired, my poor **befuddled** brain can't absorb any more.
나는 너무 피곤해서, 변변치 못하고 정신이 없는 내 두뇌는 더 이상 아무 것도 받아들일 수 없다.

09 □ blatant
[bléitənt]

adj 노골적인, 뻔한   syn flagrant, blazing, conspicuous, unconcealed

The whole episode was a **blatant** attempt to gain publicity.
그 에피소드 전체는 홍보를 위한 노골적인 시도였다.

10 □ baffle
[bǽfl]

v 완전히 당황하게 만들다, 도저히 이해할 수 없다   syn bewilder, amaze, flummox, confound, dumbfound

She was completely **baffled** by his strange behavior.
그녀는 그의 이상한 행동에 완전히 당황했다.

11 □ ballyhoo
[bǽlihù:]

n 야단법석, 괜한 소란   syn plug, hype, packaging, hoopla, promotional material

I can't see what all this **ballyhoo** is about.
나는 이 모든 야단법석이 무엇에 관한 것인지 이해할 수 없다.

12 □ benevolent
[bənévələnt]

adj 자애로운   syn charitable, openhearted, kind, sympathetic, good-hearted

He was a **benevolent** old man and wouldn't hurt a fly.
그는 자애로운 노인이어서 파리 한 마리조차 해치지 못할 것이다.

13 □ benign
[bináin]

adj 상냥한, 유순한; 양성의   syn kind, hospitable, charming

His humor was **benign**, never cruel or hurtful.
그의 유머는 상냥했으며, 결코 잔인하거나 상처를 주지 않았다.

14 □ benighted
[bináitid]

adj 무지몽매한, 미개한   syn dark, unenlightened

Some of the early explorers thought of the local people as **benighted** savages who could be exploited.
초기 탐험가 중 일부는 지역 주민들을 착취 대상이 될 수도 있는 무지몽매한 야만인으로 여겼다.

15 □ berate
[biréit]

v 야유하다, 질책하다, 비난하다   syn chew out, lecture, remonstrate, call on the carpet, call down

As he left the meeting, he was **berated** by angry demonstrators.
그가 회의 자리에서 떠날 때, 그는 성난 시위대로부터 야유를 받았다.

16
torpor
[tɔ́:rpər]

n 휴면, 휴지; 무기력, 무반응

syn lethargy, sluggishness, torpidity, hibernation

Many animals survive cold frosty nights through **torpor**, a short-term temporary drop in body temperature.
많은 동물들은 단기적으로 체온을 떨어뜨리는 휴면을 통해 추운 서리가 내리는 밤을 견뎌낸다.

17
biting
[báitiŋ]

adj 통렬한, 살을 에는 듯한, 얼얼한, 가슴을 후비는 듯한

syn nipping, barbed, sarcastic, pungent, mordacious

He made some **biting** remarks about the whole occasion.
그는 전체 행사에 대해 통렬한 말을 했다.

18
trepidation
[trèpədéiʃən]

n (앞일에 대한) 두려움, 공포

syn apprehension, dread

We view future developments with some **trepidation**.
우리는 약간의 두려움을 가지고 미래의 발전을 본다.

19
trifling
[tráifliŋ]

adj 적은, 하찮은, 사소한

syn dalliance, holdup, delay, dawdling

It was such a **trifling** sum of money to argue about.
그것은 논쟁을 벌이기에는 너무 적은 금액이었다.

20
brazen
[bréizn]

adj 1. 놋쇠로 만든, 황동색의
2. 뻔뻔한

syn 1. brassy
2. shameless, unashamed, bald-faced

What lies beyond the **brazen** gates of the palace?
궁전의 놋쇠문 너머에는 무엇이 있는가?

21
calamity
[kəlǽməti]

n 재앙, 재난

syn apocalypse, force majeure, visitation, cataclysm

A series of **calamities** ruined them - floods, a failed harvest, and the death of a son.
홍수, 흉작, 자식의 죽음과 같은 일련의 재난이 그들을 망쳤다.

22
callous
[kǽləs]

adj 냉담한

syn pachydermatous, insensitive, indurate, cruel, unfeeling

It might sound **callous**, but I don't care if he's homeless.
냉담하게 들릴지도 모르지만, 나는 그가 노숙자인지 아닌지 상관하지 않는다.

한계로 JUMP
고급편

해커스임용 도원우 · Sam Park 전공영어 기출보카 1800+

23
□ captivate
[kǽptəvèit]

| v | 매혹하다, ~의 마음을 사로잡다 | syn | enchant, charm, fascinate, appeal, beguile |

With her beauty and charm, she **captivated** film audiences everywhere.
그녀는 그녀의 아름다움과 매력으로 영화 관객 모두를 매혹했다.

24
□ castigate
[kǽstəgèit]

| v | 혹평하다, 크게 책망하다 | syn | chew out, lecture, remonstrate, call on the carpet, call down |

Health inspectors **castigated** the kitchen staff for poor standards of cleanliness.
보건 조사관은 청결에 관해 좋지 못한 기준에 대해 주방 직원을 혹평했다.

25
□ churlish
[tʃə́ːrliʃ]

adj	1. 무례한, 막된, 심술궂은	syn	1. ungracious, rude, impolite, insolent, boorish, surly
	2. 인색한, 천한, 상스러운		2. miserly, mean
	3. 경작하기 힘든		3. unmanageable

They invited me to dinner and I thought it would be **churlish** to refuse.
그들은 나를 저녁 식사에 초대했고 나는 이를 거절하는 것은 무례하다고 생각했다.

26
□ precarious
[prikέəriəs]

| adj | 위태로운, 불안정한 | syn | unstable, uneasy |

The lorry was lodged in a very **precarious** way, with its front wheels hanging over the cliff.
트럭은 앞바퀴가 절벽에 매달려 있는 매우 위태로운 방식으로 놓여 있었다.

27
□ portend
[pɔːrténd]

| v | 예고하다, (불길한) 전조이다, 징후이다 | syn | prognosticate, foreshadow, forecast, threaten, point |

It was a deeply superstitious country, where earthquakes were commonly believed to **portend** the end of dynasties.
그 나라는 흔히 지진이 왕조의 종말을 예고하는 것으로 여겨지는 매우 미신적인 나라였다.

28
□ complacence
[kəmpléisəns]

| n | 자기만족, 만족을 주는 것 | syn | self-complacency, satisfaction, smugness |

There's no room for **complacency** if we want to stay in this competition.
우리가 이 대회에서 살아남고 싶다면 자기만족할 만한 여유가 없다.

29
□ complaisant
[kəmpléisnt]

| adj | 남의 뜻에 잘 따르는, 선뜻 남의 말을 듣는 | syn | accommodating, obliging, accommodative |

She carried on passionate love affairs with the consent of her **complaisant** husband.
그녀는 남의 뜻에 잘 따르는 남편의 동의를 받아 열정적인 연애를 이어갔다.

30
☐ **archetype**
[áːrkitàip]

n 전형

syn paradigm, pattern, prototype, standard, classic exemplar

Terry Eagleon's criticism can be said as the **archetype** of Marxist criticism.
Terry Eagleon의 비평은 마르크스 주의에 대한 비평의 전형이라 할만하다.

31
☐ **perfunctory**
[pərfʌ́ŋktəri]

adj 형식적인, 의무적인, 습관적인

syn passing, cursory, casual, careless

His smile was **perfunctory**.
그의 미소는 형식적이었다.

32
☐ **consolation**
[kàːnsəléiʃn]

n 위로, 위안; 안락, 편안

syn bright side, solacement, cold comfort, silver lining

The orientation of the subject in that way of life is such that a **consolation** is what religion sees as worthwhile.
삶에 대해 그러한 방식을 추구하는 주체의 지향점은 종교가 가치있는 것으로 보는 위로와 같은 것이다.

33
☐ **consternation**
[kàːnstərnéiʃn]

n 경악, 실망

syn dismay, fearfulness, alarm, fright, fear

The prospect of so much work filled him with **consternation**.
그가 그토록 많은 일을 하게 될 것이라는 전망은 그를 경악으로 가득 채웠다.

34
☐ **convivial**
[kənvíviəl]

adj (분위기·성격이) 유쾌한, 명랑한

syn sociable, good-time

The talks ended on a **convivial** note.
그 회담은 유쾌한 분위기로 끝이 났다.

35
☐ **covetous**
[kʌ́vitəs]

adj 탐내는, 갈망하는, 탐욕스러운

syn envious, jealous, wishful, desirous

I can't help casting **covetous** looks at my neighbour's new car.
나는 내 이웃의 새 자동차에 대해 탐나는 표정을 짓지 않을 수 없다.

36
☐ **cower**
[káuər]

v (겁을 먹고) 웅크리다, 몸을 숙이다

syn huddle, bow, crouch, stoop, bend

The dog **cowered** in the corner, realizing she'd done something wrong.
그 개는 자신이 뭔가 잘못했다는 것을 깨닫고, 구석에 웅크리고 있었다.

37
☐ **crass**
[kræs]

adj 무신경한

syn unrefined, indifferent, unfeeling, insensitive, apathetic

He made **crass** comments about her worn-out clothes.
그는 그녀의 낡은 옷에 대해 무신경한 말을 했다.

38

□ **craven**
[kréivn]

[adj] 비겁한, 용기가 없는   [syn] cowardly, fearful, recreant

If you felt something, you had to stand up and say something not to be **craven**.
당신이 무언가를 느끼면, 당신은 비겁해지지 않도록 일어나서 그것을 말해야 한다.

39

□ **credulous**
[krédʒələs]

[adj] 잘 속는, 잘 믿는   [syn] gullible, naive, unquestioning

In a **credulous** system, both conclusions would be acceptable, whereas in a sceptical system neither of them would.
잘 속는 체계 안에서는, 두 가지 결론이 모두 수용될 수 있지만, 의심을 품는 체계 안에서는 둘 다 허용되지 않는다.

40

□ **crestfallen**
[kréstfɔːlən]

[adj] 의기소침한, 풀이 죽은   [syn] deflated, dejected, chapfallen, chopfallen

He looked **crestfallen** at their decision.
그는 그들의 결정에 의기소침한 표정을 지었다.

Daily Quiz

Choose the synonyms.

01. awry	ⓐ flagrant, blazing, conspicuous, unconcealed
02. barb	ⓑ charitable, openhearted, kind, sympathetic
03. befitting	ⓒ appropriate, proper
04. blatant	ⓓ kind, hospitable, charming
05. benevolent	ⓔ shaft, jibe, gibe
06. benign	ⓕ lethargy, sluggishness, torpidity, hibernation
07. torpor	ⓖ dalliance, holdup, delay, dawdling
08. trifling	ⓗ askew, cockeyed, skew-whiff, wonky, crooked
09. calamity	ⓘ apocalypse, force majeure, visitation, cataclysm
10. captivate	ⓙ enchant, charm, fascinate, appeal, beguile

Answer Key 01. ⓗ 02. ⓔ 03. ⓒ 04. ⓐ 05. ⓑ 06. ⓓ 07. ⓕ 08. ⓖ 09. ⓘ 10. ⓙ

01 ☐ **evict** [ivíkt]	Ⓥ 퇴거시키다, 쫓아내다	**syn** force out, boot out, exclude, eject, turf out

People who fall behind in their rent risk being **evicted**.
임대료가 밀리는 사람들은 퇴거당할 위험이 있다.

---

02 ☐ **doppelganger** [dá:pəlgæŋər]	Ⓝ 도플갱어	**syn** apparition, double, spirit

He is, so to speak, the **doppelganger** of the late ex-President.
말하자면, 그는 전 대통령의 도플갱어이다.

---

03 ☐ **enfranchise** [infrǽntʃaiz]	Ⓥ 1. 선거권을 주다 2. 석방하다, 해방하다	**syn** 1. vote, elect 2. set free, affranchise, liberate

Women in U.S. were first **enfranchised** in 1918.
미국의 여성들은 1918년에 처음으로 선거권을 받았다.

---

04 ☐ **excise** [éksaiz]	Ⓝ 소비세, 물품세	**syn** tax
	Ⓥ 삭제하다, 잘라내다	**syn** remove, delete, cut out, expunge

The **excise** duty on whisky was decreased under the last government.
위스키에 대한 소비세는 지난 정부에서 인하되었다.

---

05 ☐ **blame** [bleim]	Ⓥ ~을 탓하다, ~의 책임으로 보다	**syn** accuse, charge
	Ⓝ 책임, 탓	**syn** responsibility, fault

Don't **blame** me if you miss the train!
기차를 놓치더라도 나를 탓하지 마시오!

---

06 ☐ **block** [blɑːk]	Ⓝ 한 동네; 사각형 덩어리	**syn** division, section, square
	Ⓥ 막다, 방해하다; 차단하다	**syn** obstruct, arrest, clog

The queue for tickets snaked all the way around the **block**.
티켓을 구매하려는 줄이 동네 한 바퀴를 빙 돌았다.

07

□ **clue**
[klu:]

☐ 단서, 증거

syn information, indication, evidence, trace, sign

The detectives groped for some **clue** to the case.
형사들은 그 사건에 대해 어떤 단서를 찾으려고 했다.

08

□ **drive**
[draiv]

☑ (차량을) 몰다, 운전하다, 태워다 주다

syn ride, tool

He **drives** a black sports car.
그는 검은색 스포츠카를 몬다.

09

□ **drop by**

~에 들르다

syn stop in, come by, call in, visit

She **dropped by** on John on her way home from company.
그녀는 회사에서 집으로 가는 길에 John에게 들렀다.

10

□ **fasten**
[fǽsn]

☑ 안전 벨트를 매다

syn hook, spike, lodge, garter, zipper

Are the babies safely **fastened** into their car seats?
그 아기들은 카시트에서 안전 벨트를 안전하게 매고 있습니까?

11

□ **flat-tire**
[flǽttàiər]

☐ 바람 빠진 타이어, 재미없는 사람

syn pneumatic tire, flat

On their first tour, in a matter of 12 days, they got a **flat-tire** on the second day.
12일짜리의 첫 번째 여행에서 둘째 날에 타이어 바람이 빠졌다.

12

□ **garage**
[gərá:ʒ]

☐ 차고, 주차장, 차량 정비소 겸 주유소

syn outbuilding, car port

Did he put the car in the **garage**?
그는 차고에 차를 넣었는가?

13

□ **gas station**

주유소

syn gasoline station, service station, petrol station, filling station

To inject more fuel, it must trip to the **gas station** and fill its tank.
더 많은 연료를 주유하려면, 주유소로 이동하여 탱크를 채워야 한다.

14

□ **kenning**
[kéniŋ]

☐ 완곡 대칭법

She told me of the story by using **kenning** technique.
그녀는 완곡 대칭법으로 그 이야기를 나에게 들려주었다.

15
instant
[ínstənt]

[adj] 즉각적인, 인스턴트의

[syn] blink of an eye, trice, second, moment, twinkling

Contrary to anticipations, the movie was an **instant** success.
예상과는 달리, 이 영화는 흥행에 즉각적인 성공을 했다.

16
mileage
[máilidʒ]

[n] (자동차의) 연료 소비율, 주행 거리; 이득

[syn] distance

Smaller vehicles have better **mileage** and so cost less to drive.
소형차는 연료 소비율이 좋기 때문에 운행 비용이 적게 든다.

17
mount
[maunt]

[v] (서서히) 높아지다, (~을 조직하여) 시작하다

[syn] rise, climb, gain, wax, jump

Tension is **mounting** as the seconds go by.
시간이 지날수록 긴장이 점점 높아진다.

18
overcrowded
[óuvərkràudid]

[adj] 너무 붐비는, 초만원인

[syn] overstaffed, jampacked

The market for telecommunications is already **overcrowded** with conglomerates.
통신 시장은 이미 재벌 기업들로 너무 붐비고 있다.

19
related
[riléitid]

[adj] (~에) 관련된, 친척의; (생물·언어 등이) 동족의

[syn] connected, correlative, side by side

They discussed unemployment and **related** matters.
그들은 실업 및 관련 문제에 대해 논의했다.

20
speed-limit
[spíːdlimit]

[n] 제한 속도

[syn] regulation, ordinance

Try not to go over the **speed limit**.
제한 속도를 초과하지 않도록 노력하라.

21
traffic jam

교통 체증

[syn] snarl-up, jam, gridlock, press, crush

The heavy snow triggered **traffic jams** all over the country.
폭설은 나라 전체에 교통 체증을 일으켰다.

22
vehicle
[víːikl]

[n] 차량, 탈것, 운송 수단; 수단, 매개체

[syn] steamroller, road roller, conveyance, sleigh, rocket

In a racing video game, the player takes part in a racing competition with land, air, or sea **vehicles**.
경주 비디오 게임에서, 참가자는 육상, 항공 또는 해상 차량으로 경주 대회에 참여한다.

23
☐ **abide by**

~에 따라 행동하다, 감수하다; 준수하다, 지키다

[syn] obey, oblige, comply, accommodate, adopt

Competitors must **abide by** the judge's decision.
선수는 심판의 결정에 따라 행동해야 한다.

24
☐ **accelerate**
[æksélərèit]

[v] 가속화하다, 속도를 높이다

[syn] speed up, quicken, brisken, deepen, intensify

They use special chemicals to **accelerate** the growth of crops.
그들은 작물의 성장을 가속화시키기 위해 특수 화학물질을 사용한다.

25
☐ **alley**
[æli]

[n] 골목, 전차 궤도; 측선

[syn] street, backstreet, path, passage

She walked quickly down the **alley**.
그녀는 골목을 빠르게 걸었다.

26
☐ **alternate**
[ɔ́:ltərneit]

[v] 계속 ~와 … 사이를 오가다

[syn] intersperse, rotate

She **alternated** between cheerfulness and deep despair.
그녀는 계속 명랑함과 깊은 절망 사이를 오갔다.

27
☐ **alternatively**
[ɔːltɜ́ːrnətivli]

[adv] 그렇지 않으면, 그 대신에, 양자택일적으로

[syn] or else, instead, otherwise

We could go to the Indian restaurant, or **alternatively**, we could try that new Italian place.
우리는 인도 식당에 갈 수도 있고, 그렇지 않으면 그 새로운 이탈리아 식당을 시도해 볼 수도 있다.

28
☐ **ascertain**
[æsərtéin]

[v] (옳은 정보를) 알아내다, 확인하다

[syn] admeasure, redetermine, numerate, gauge, see

The police have so far been unable to **ascertain** the cause of the explosion.
경찰은 지금까지 폭발 원인을 알아내지 못했다.

29
☐ **awkward**
[ɔ́:kwərd]

[adj] (처리하기) 힘든, 곤란한, 불편한, (기분이) 어색한

[syn] unhandy, embarrassing, inconvenient

It was an **awkward** ascent, but we reached the top eventually.
이는 힘든 오르막길이었지만, 우리는 끝내 정상에 도달했다.

30
☐ **backward**
[bǽkwərd]

[adj] 뒤쳐진, 뒤의, 뒷걸음질하는, 퇴보하는, 발전이 더딘, 낙후된

[syn] back, rearward

When he was a child, his teachers thought he was **backward**.
그가 어렸을 때, 그의 교사들은 그가 뒤처진다고 생각했다.

31 ☐ **bald** [bɔːld]	adj 1. 대머리의, 머리가 벗겨진 2. 단도직입적인, 거두절미한, 노골적인	syn 1. hairless 2. simple, direct, blunt

The idea of going grey doesn't bother me, but I'd hate to go **bald**.
백발이 된다는 생각은 나를 괴롭히지 않지만, 대머리가 되는 것은 싫을 것 같다.

---

32 ☐ **stuck in traffic**	교통 체증에 걸린	syn perplexed, embarrassed

I hope they won't be **stuck in traffic**.
나는 그들이 교통 체증에 걸리지 않기를 바란다.

---

33 ☐ **behind the wheel**	(자동차의) 운전대를 잡고, 운전하여; 지배권을 장악하고	syn coach, test drive, control, ride, tool

If this person has passed the test, he has earned the right to be **behind the wheel**.
이 사람이 그 시험을 통과했다면, 운전대를 잡을 권리를 얻은 것이다.

---

34 ☐ **boulevard** [búləvàːrd]	n (도시의, 가로수가 늘어선) 대로, 도로	syn street, avenue

Coming off the exit, turn left onto River **Boulevard**.
출구에서 나와 Boulevard River 대로 방면으로 좌회전하시오.

---

35 ☐ **break down**	고장나다, 부숴지다	syn change, modify, alter, crush

Our car **broke down** and we had to push it off the road.
우리 자동차가 고장나서 우리는 그것을 길에서 밀어내야 했다.

---

36 ☐ **crawl** [krɔːl]	v (엎드려) 기다, (곤충이) 기어가다	syn move, travel, locomote, creep, go

He had to **crawl** along a ledge and get in through a window.
그는 난간을 따라 기어가서 창문을 통해 들어가야 했다.

---

37 ☐ **crooked** [krúkid]	adj 구부러진, 비뚤어진; 부정직한, 짜증나는	syn windblown, askew, skew-whiff, writhed, form

You have to drive slowly on these **crooked** country roads.
이 구부러진 시골길에서는 천천히 운전해야 한다.

---

38 ☐ **dent** [dent]	v 찌그러뜨리다, 훼손하다	syn turn, deform, indent, hit, flex

I dropped a hammer on the floor, and it **dented** the floorboard.
망치를 바닥에 떨어뜨렸는데, 그것이 바닥을 찌그러뜨렸다.

39
☐ **dealership**
[díːlərʃip]

n (특히 승용차) 대리점, 딜러직, 중개인직	syn franchise, business

The street was lined with fast food restaurants, car **dealerships**, and electronics shops.
거리에는 패스트푸드점, 자동차 대리점, 전자제품 상점이 늘어서 있었다.

40
☐ **detach**
[ditǽtʃ]

v (더 큰 것에서) 분리하다, 떼다; (군인 등을) 파견하다	syn break, unhook, snap off, disconnect, break off

You can **detach** the hood if you prefer the coat without it.
만약 당신이 모자가 없는 코트를 선호한다면 모자를 분리할 수도 있다.

Daily Quiz

Choose the synonyms.

01. evict	·	·	ⓐ force out, boot out, exclude, eject, turf out
02. drop by	·	·	ⓑ admeasure, redetermine, numerate, gauge, see
03. garage	·	·	ⓒ street, backstreet, path, passage
04. instant	·	·	ⓓ move, travel, locomote, creep, go
05. mount	·	·	ⓔ stop in, come by, call in, visit
06. related	·	·	ⓕ steamroller, road roller, conveyance, sleigh, rocket
07. vehicle	·	·	ⓖ connected, correlative, side by side
08. alley	·	·	ⓗ outbuilding, car port
09. ascertain	·	·	ⓘ rise, climb, gain, wax, jump
10. crawl	·	·	ⓙ blink of an eye, trice, second, moment, twinkling

Answer Key 01. ⓐ 02. ⓔ 03. ⓗ 04. ⓙ 05. ⓘ 06. ⓖ 07. ⓕ 08. ⓒ 09. ⓑ 10. ⓓ

Check Up

⌁ DAY 31

☐ axiomatic	☐ bootless	☐ cogent	☐ compelling	☐ compendious
☐ mordant	☐ crux	☐ jarring	☐ decry	☐ delineate
☐ deprecate	☐ derogate	☐ obviate	☐ disavow	☐ disclosure
☐ disingenuous	☐ dissonance	☐ drivel	☐ edify	☐ embroil

⌁ DAY 32

☐ anomalous	☐ barren	☐ catalyze	☐ configuration	☐ convergence
☐ impartiality	☐ convoluted	☐ ensue	☐ equipoise	☐ espouse
☐ exculpate	☐ execrable	☐ exigency	☐ expeditious	☐ explicate
☐ expurgate	☐ extenuate	☐ ultraviolet	☐ exhaustive	☐ fallacy

⌁ DAY 33

☐ antagonistic	☐ bastion	☐ bellicose	☐ benignant	☐ besmirch
☐ blandish	☐ resurgent	☐ rapprochement	☐ proscribe	☐ pugnacious
☐ cede	☐ circumscribe	☐ clemency	☐ coercion	☐ commiseration
☐ comradeship	☐ opprobrium	☐ opaque	☐ conspire	☐ obloquy

⌁ DAY 34

☐ glut	☐ awry	☐ balky	☐ bedlam	☐ befuddled
☐ blatant	☐ baffle	☐ benevolent	☐ torpor	☐ trepidation
☐ trifling	☐ brazen	☐ captivate	☐ castigate	☐ precarious
☐ complacence	☐ consolation	☐ consternation	☐ covetous	☐ credulous

⌁ DAY 35

☐ evict	☐ excise	☐ drop by	☐ mount	☐ abide by
☐ accelerate	☐ alley	☐ alternate	☐ alternatively	☐ ascertain
☐ awkward	☐ backward	☐ bald	☐ stuck in traffic	☐ behind the wheel
☐ boulevard	☐ crawl	☐ crooked	☐ dent	☐ detach

1. Choose proper synonyms with each word.

01.	bespeak	·	· ⓐ causation, compulsion, eviction, causing
02.	controvert	·	· ⓑ fellow feeling, sympathy, pathos, ruth, pity
03.	conventional	·	· ⓒ result, be due, come after, prove, come
04.	ensue	·	· ⓓ bright side, solacement, cold comfort, silver lining
05.	coercion	·	· ⓔ stodgy, customary, stuffy, received
06.	commiseration	·	· ⓕ dismay, fearfulness, alarm, fright, fear
07.	consolation	·	· ⓖ disprove, confute, refute, rebut
08.	consternation	·	· ⓗ blink of an eye, trice, second, moment, twinkling
09.	instant	·	· ⓘ tell, prognosticate, predict, foreshadow, forecast
10.	overcrowded	·	· ⓙ overstaffed, jampacked

2. Choose a proper word matching with translation.

01. He makes a (ⓐ **cogent** / ⓑ **cohesive**) argument for improving early childhood education.
그는 유아교육을 개선시키기 위한 설득력 있는 주장을 한다.

02. From this wry gesture emerged a tense, enigmatic ostinato figure, dry and (ⓐ **morbid** / ⓑ **mordant**).
이 비틀린 몸짓으로부터 긴장되고 불가사의한 오스티나토의 건조하고 통렬한 특징이 나타났다.

03. There was no need for him to make such a (ⓐ **caustic** / ⓑ **causal**) remark.
그는 그런 신랄한 말을 할 필요는 없었다.

04. He was a mild, (ⓐ **banal**-seeming / ⓑ **benignant**-looking) man, with a thin face.
그는 가냘픈 얼굴에 온화하고 인자해 보이는 남자였다.

05. Artfully she flattered and (ⓐ **blended** / ⓑ **blandished**) him.
그녀는 교묘하게 그에게 아첨하고 감언으로 설득했다.

06. Many people were critical of the (ⓐ **resurgent** / ⓑ **rehabilitated**) militarism in the country.
이 나라에서 기승을 부리는 군국주의에 대해 많은 사람들은 비판적이었다.

07. Sean said his score could have been better but for a (ⓐ **bulky** / ⓑ **balky**) putter.
Sean은 그의 점수가 더 좋았을 수도 있었지만 퍼터가 말을 듣지 않았다고 말했다.

08. It was (ⓐ **bedlam** / ⓑ **buffed**) at the football stadium after the match was suspended.
경기가 연기된 후 그 축구 경기장은 난리가 났다.

Answer Key

1. 01. ⓘ 02. ⓖ 03. ⓔ 04. ⓒ 05. ⓐ 06. ⓑ 07. ⓓ 08. ⓕ 09. ⓗ 10. ⓙ
2. 01. ⓐ 02. ⓑ 03. ⓐ 04. ⓑ 05. ⓑ 06. ⓐ 07. ⓑ 08. ⓐ

Review Test – 주제별 어휘

1. Choose the synonym of the highlighted word in the sentence.

01. The hotel we stayed in was really dilapidated.
- ⓐ vital
- ⓑ significant
- ⓒ ramshackle
- ⓓ basic

02. The system was now hierarchical with 12 separate trees, six for congenital cardiac anomalies.
- ⓐ innate
- ⓑ flattered
- ⓒ violated
- ⓓ rendered

03. Overeating made him corpulent.
- ⓐ belittling
- ⓑ weighty
- ⓒ defiant
- ⓓ surrounded

04. There were farcical scenes at the meeting.
- ⓐ ridiculous
- ⓑ facial
- ⓒ forge
- ⓓ anticipate

05. The government should act to curb tax evasion.
- ⓐ neutralize
- ⓑ median
- ⓒ constrain
- ⓓ increase

06. People who default on their mortgage repayments may have their home repossessed.
- ⓐ maintenance
- ⓑ prevention
- ⓒ evade
- ⓓ relationship

07. His grammar explanations are terribly convoluted.
- ⓐ analogy
- ⓑ complex
- ⓒ meta-analysis
- ⓓ feature

08. There is in the artist's landscapes a delicate equipoise between the natural and the man-made.
- ⓐ robust
- ⓑ weak
- ⓒ equilibrium
- ⓓ vast

09. There are signs of rapprochement between the warring factions.
- ⓐ retail
- ⓑ cooperation
- ⓒ withdraw
- ⓓ contract

10. The whole episode was a blatant attempt to gain publicity.
- ⓐ belittle
- ⓑ flagrant
- ⓒ defy
- ⓓ surround

2. Fill in the blank with words in the box below. Change the form if needed.

> ⓐ pugnacious   ⓑ torpor   ⓒ despondent   ⓓ decimate
> ⓔ inimical   ⓕ trepidation   ⓖ counterpoint   ⓗ deplete
> ⓘ demote   ⓙ ethereal   ⓚ camaraderie   ⓛ benighted

01. There is in the artist's landscapes a delicate _____ between the natural and the man-made.

02. Populations of endangered animals have been _____.

03. Excessive managerial control is _____ to creative expression.

04. He grew increasingly _____ when she failed to return his phone calls.

05. The captain was _____ for failing to fulfill his duties.

06. The illness _____ the body of important vitamins.

07. When you've been climbing alone for hours, there's a tremendous sense of _____ when you meet another climber.

08. Because this style of _____ is very difficult, certain liberties are permitted.

09. I found him _____ and arrogant.

10. Some of the early explorers thought of the local people as _____ savages who could be exploited.

11. Many animals survive cold frosty nights through _____, a short-term temporary drop in body temperature.

12. We view future developments with some _____.

Answer Key

1. 01. ⓐ 02. ⓓ 03. ⓑ 04. ⓐ 05. ⓒ 06. ⓒ 07. ⓑ 08. ⓒ 09. ⓑ 10. ⓑ
2. 01. ⓖ 02. ⓓ 03. ⓔ 04. ⓒ 05. ⓘ 06. ⓗ 07. ⓚ 08. ⓙ 09. ⓐ 10. ⓛ 11. ⓑ 12. ⓕ

01 ☐ a bull and cow

야단법석, 난리법석, 부부싸움　　[syn] chaos, clutter, confusion, debris

A: How long has that **bull and cow** been going on 5th-floor?
B: Oh, all night long — that's why I had tried to sleep early.
A: 5층에서의 야단법석이 얼마나 오래 계속 됐나요?
B: 오, 밤새도록이요. 그래서 일찍 잠들려고 노력했죠.

02 ☐ a bunch of fives

주먹질, 폭력　　[syn] assault, attack, bloodshed, brutality, clash

That kid is in the nurse's office with a bloody nose because the bully gave him **a bunch of fives** in the face.
난폭한 아이가 그 아이의 얼굴에 주먹질을 했기 때문에 그 아이는 코피가 난 채로 양호실에 있다.

03 ☐ a chip on one's shoulder

투쟁적이거나 쉽게 분노하는 태도　　[syn] adverse, belligerent, bitter, contentious

John has such **a chip on his shoulder** — you never know what's going to set him off next.
John은 매우 쉽게 분노하는 태도를 가지고 있어서, 다음에 또 무슨 일이 일어날지 당신은 결코 알 수 없다.

04 ☐ a doubting Thomas

회의론자, 의심이 많은 사람, 증거가 없으면 믿지 않는 사람　　[syn] agnostic, cynic, dissenter, doubter, pessimist

Jane's husband was **a real doubting Thomas** when she told him she'd won the lottery. He demanded to check the ticket himself.
Jane의 남편은 그녀가 복권에 당첨될 것이라고 말했을 때 정말 회의적이었다. 그는 그 복권번호를 직접 확인하겠다고 주장했다.

05 ☐ a drop in the bucket

(훨씬 더 큰 것과 비교할 때) 소량, 새발의 피, 구우일모　　[syn] deficiency, inadequacy, lack, paucity

I'm glad James started repaying the money he borrowed from me, but the five dollars he gave me yesterday is just **a drop in the bucket** compared to what he still owes.
나는 James가 나에게 빌려간 돈을 갚기 시작해서 기뻤지만, 그가 어제 나에게 준 5달러는 그가 아직도 빚지고 있는 것에 비하면 새발의 피에 불과한다.

한꺼번에 JUMP 고급편

해커스임용 노관우 · Sam Park 전공영어 기출보카 1800+

06
☐ **a feather in one's cap**

자부심을 갖게 하는 성취

syn acme, climax, attainment, completion, conclusion

If this clinical trial is successful, it will be **a** real **feather in her cap**.
이 임상실험이 성공한다면, 이는 그녀의 업적 중 정말 자부심을 갖게 하는 성취가 될 것이다.

07
☐ **a fish out of water**

새로운 환경에서 편안함을 느끼지 못하는 사람

syn annoying, awkward, bitter, difficult, distressing

When Steve transferred to a new school, he felt like **a fish out of water** because he didn't know anyone there.
Steve가 새 학교로 전학갔을 때, 그는 거기서 아무도 몰랐기 때문에 편안함을 느낄 수 없었다.

08
☐ **a flash in the pan**

성공이나 인기가 짧은 사람

syn short-lived, temporary, transitory, cursory, dreamlike

With only one hit song, it was obvious that the young pop star was going to be just another **flash in the pan**.
이 젊은 팝스타는 히트곡이 하나뿐이었기 때문에 인기가 금세 시들 것이 분명했다.

09
☐ **a fly on the wall**

어떤 상황을 방해하지 않고 면밀하게 관찰할 수 있는 사람

syn detached, disinterested, dispassionate, equitable

I would love to be **a fly on the wall** in Kevin's house when he finds out his wife bought a new car without telling him.
나는 Kevin의 아내가 그에게 말도 없이 새 차를 샀다는 사실을 Kevin이 알게 되었을 때, 그의 집에서 몰래 Kevin을 면밀히 관찰해보고 싶다.

10
☐ **a fool's paradise**

헛된 희망, 헛된 기대

syn ghost, hocus-pocus, make-believe

We were living in **a fool's paradise** thinking that the financial successes of the early 1990s would last forever.
우리는 1990년대 초의 재정적 성공이 영원할 것이라고 생각하며 헛된 희망 속에 살고 있었다.

11
☐ **a foot in the door**

발을 들여 놓음, 더 많은 기회로 이어질 수 있는 무언가를 할 수 있는 기회

syn doorway, entrance, gate, inception, origin

An internship might not sound very interesting, but it's a great way to get **a foot in the door** at this company.
인턴십이 그다지 흥미롭게 들리지 않을 수 있지만, 이 회사에 발을 들여 놓을 수 있는 좋은 방법이다.

12
☐ **a load of codswallop**

헛소리, 터무니없는 말, 난센스

syn nonsense, silliness, stupidity, trash, balderdash

That is a kind of **a load of codswallop**.
그것은 일종의 헛소리이다.

13
□ **a golden key can open any door**

충분한 돈이 있다면 모든 문제를 해결할 수 있다

[syn] affluence, capital, estate, inheritance, opulence

Although the fancy hotel had been booked solid for months, Rachel was able to reserve a room quite easily. **A golden key can open any door.**

그 멋진 호텔은 몇 달 동안 빽빽히 예약되어 있지만, Rachel은 아주 쉽게 방을 예약할 수 있었다. 돈만 충분하다면 무엇이든 할 수 있다.

14
□ **a house divided against itself cannot stand**

뭉치면 살고 흩어지면 죽는다

[syn] breaking down, breaking up, contrasting, cutting up, departmentalizing

The leader of the newly formed union tried hard to reconcile the different factions within his organization, because he knew that **a house divided against itself cannot stand.**

노조가 흩어지면 버틸 수 없다는 것을 새로 결성된 노조의 지도자는 알고 있었기 때문에, 조직 내의 여러 파벌을 화해시키려고 매우 노력했다.

15
□ **a knight in shining armor**

구세주

[syn] banneret, cavalier, champion, chevalier, gallant

When the police officer pulled over to help the old woman change her flat tire, she hugged him and said he was her **knight in shining armor.**

노인으로 하여금 구멍난 타이어를 교체하도록 하려고 경찰이 차를 세우자, 그녀는 그 경찰관을 안아주면서 그가 그녀의 구세주라고 말했다.

16
□ **a little bird told someone**

(정보의 출처를 밝히고 싶지 않을 때) 누군가 말해주다

[syn] classified, covert, furtive, hush-hush, mysterious

A: Did you hear that Mark is planning to propose to Shelly soon?
B: Yes, **a little bird** told me.

A: Mark가 곧 Shelly에게 프로포즈 할 계획이라는 말 들었어요?
B: 네, 누군가 말해줬어요.

17
□ **a load of cobblers**

말도 안 되는 소리

[syn] absurdity, babble, baloney, bunk, drivel

Can you believe what they're making us do at work now? What **a load of old cobblers!**

지금 우리에게 그들이 직장에서 무엇을 시키고 있는지 믿을 수 있나요? 이것은 말도 안 되는 소리예요!

18
□ **a lot on one's plate**

태산같이 많은 할 일

[syn] mountains, oodles, opulence, peck, piles

I just have **a lot on my plate** right now while I'm finishing up my degree and doing this huge project for work.

학위과정도 마무리하는 중이고 거대한 프로젝트를 수행하고 있어서, 나는 지금 태산같이 많은 할 일이 있다.

19
□ **a man after one's own heart**

생각이 같은 사람, 이상형

syn beloved, darling, idolizer, inamorata

I knew he was **a man after my own heart** when I heard he rescued that puppy.

나는 그가 그 강아지를 구했다는 소식을 들었을 때, 그가 나와 생각이 맞는 이상형의 남자라는 것을 알았다.

20
□ **a miss is as good as a mile**

작은 실수도 큰 실패와 다를 바 없다

syn equivalent, look-alike, twin

She felt that not achieving a perfect grade point average was as bad as failing all of her classes because, according to her, **a miss is as good as a mile.**

그녀에게는 작은 실수도 큰 실패나 마찬가지이기 때문에, 그녀는 완벽한 학점 평균을 얻지 못하는 것이 모든 수업에서 낙제하는 것만큼 나쁘다고 느꼈다.

21
□ **a penny for one's thoughts**

다른 사람이 무엇을 생각하고 있는지 알아 내려고 할 때 말하는 문구

syn advice, announcement, clue, evidence, idea

You've been awfully quiet tonight, honey — **a penny for your thoughts?**

당신은 오늘 밤 너무 말이 없네. 무슨 생각하고 있어?

22
□ **a piece of cake**

매우 쉬운 작업 또는 성취, 식은 죽 먹기

syn accessible, clear, effortless, obvious, painless

I thought I was going to fail the test, but it turned out to be **a piece of cake!**

나는 그 시험에 낙제할 것이라 생각했지만, 알고 보니 그것은 식은 죽 먹기였음이 밝혀졌다.

23
□ **a pig in a poke**

(면밀히 조사하지 않고) 대충 산 물건; 충동구매

syn careless, hasty, inaccurate, indifferent, indiscreet

Purchasing a home without inspecting it first is like buying **a pig in a poke.**

집을 먼저 조사하지 않고 구입해버리는 것은 마치 충동구매하는 것과 같이 대충 구매하는 것이다.

24
□ **a place in the sun**

유리한 위치, 상황

syn auspicious, beneficial, expedient, fortunate, helpful

Your **place in the sun** will be assured when you win this match.

이 경기에서 이기면 당신은 확실히 유리한 위치에 오르게 될 것이다.

25
□ **a red rag to a bull**

화를 돋우는 것

syn aggravate, worsen

John has gone to gloat about his success over his brother, which is **a red rag to a bull** if I've ever seen one.

John은 그의 형제의 성공에 대해 축하해주러 갔는데, 내가 보기엔 이것이 John의 화를 돋우었다.

26
☐ **a safe pair of hands**

신뢰할 수 있고 유능한 사람

[syn] authentic, authoritative, believable, convincing, credible

That struggling company really needs a leader who is **a safe pair of hands** and can make some positive changes.
어려움을 겪고 있는 그 회사는 신뢰할 만하고 긍정적인 변화를 가져올 수 있는 리더가 정말 필요하다.

27
☐ **a sea change**

(거대하고 근본적인) 엄청난 변화

[syn] massive change, fundamental transformation

The transition from using desktop computers to mobile devices represents **a sea change** in data management within the field of information technology.
데스크톱 컴퓨터에서 모바일 장치 사용으로의 전환은 정보기술 분야의 데이터 관리에 엄청난 변화를 가져왔다.

28
☐ **a sight for sore eyes**

(오랜만에 만난) 기쁨, 반가움

[syn] pleased, ravish, rejoice, satisfy, score

Charlie, I can't believe you're back in town! Get over here, you're **a sight for sore eyes!**
Charlie, 당신이 마을로 돌아왔다니 믿을 수가 없어요! 이리 와요, 오랜만에 보니 너무 기뻐요!

29
☐ **a skeleton in the closet**

감추고 싶은 부끄러운 비밀

[syn] classified, covert, furtive, hush-hush, mysterious

If you've got **a skeleton in the closet**, it will probably be exposed during this campaign.
만약 당신이 감추고 싶은 아주 부끄러운 비밀을 갖고 있다면, 이는 아마도 선거 유세 중에 드러날 것이다.

30
☐ **a sorry sight**

비참한 행색, 못 볼 꼴

[syn] abject, deplorable, depressed, despicable, forlorn

Our son was **a sorry sight** after his six-month-long trip around Southeast Asia on his own, looking skinny, dirty, and threadbare.
우리 아들은 6개월 동안 동남아시아를 혼자 여행한 후, 깡마르고, 더럽고, 너절해 보이는 아주 비참한 행색이었다.

31
☐ **a stone's throw**

가까운 거리에 있는 무언가

[syn] orbit, radius, scope, separation

The shore house is **a stone's throw** from the ocean.
그 해안가 집은 바다에서 아주 가까운 거리에 있다.

32
☐ **a taste of one's own medicine**

눈에는 눈, 이에는 이

[syn] requital, return, ruthlessness

This team likes to play rough, so let's go out there and give them **a taste of their own medicine!**
이 팀은 거칠게 경기하는 것을 좋아하니까, 나가서 눈에는 눈, 이에는 이를 보여줍시다!

33
□ **a shot
in the arm**

활력소, 도움이 되는 것,
기운을 회복시켜 주는 것

syn catalyst, drug, energizer,
incentive, motivation

The boss's unexpected praise really gave me **a shot in the arm.**
상사의 예상치 못한 칭찬은 나에게 정말 활력소가 되었다.

34
□ **a slap
on the wrist**

가벼운 처벌이나 경고

syn beating, discipline, forfeiture,
retribution, sanction

Bill hasn't been late to school that many times, so just give him **a slap on
the wrist** for his tardiness.
Bill은 지각을 자주 하지는 않으니, 그의 지각에 대해 가벼운 처벌만 하세요.

35
□ **a sledgehammer
to crack a nut**

목적에 어울리지 않는 과도한 수단,
닭 잡는 데 소 잡는 칼 쓰기

syn exuberance, glut, overkill,
surplus, waste

With this new system of issuing licenses, the government is using **a
sledgehammer to crack a nut**: four separate departments now handle
each stage of an application, when a single department could easily
process applications from start to finish.
이 새로운 허가증 발급 시스템에 대해, 정부는 과도한 수단의 방법을 사용하여 문제를 해결하고 있다.
단일 부서만으로도 처음부터 끝까지 쉽게 처리할 수 있는 신청서를 이제 4개의 개별 부서가 이의 각
단계를 처리한다.

36
□ **a thorn
in one's flesh**

골칫거리

syn complication, dilemma, dispute,
headache, issue

My new neighbors blast music at all hours of the day and night — they're
a real thorn in my flesh.
나의 새로운 이웃은 낮과 밤 내내 음악을 뿜어내서 그들은 정말 내 골칫거리이다.

37
□ **a toss-up**

결과를 예측할 수 없거나 두 가지
사이의 결정이 매우 어려운 상황

syn embarrassment, impasse, mess,
plight, predicament

Should I take the entry level position, or go back to school? It's really
a toss-up in my mind.
나는 초보자 단계로 들어가야 할까, 아니면 학교로 돌아가야 할까? 이는 정말 결정하기 어렵다.

38
□ **about-face**

180도 전환, 뒤 돌기

syn reversal, about-face, antipode,
antithesis, back

She did an **about-face** and walked back up the steps once she saw that
the subway wasn't running.
그녀는 지하철이 운행하지 않는 것을 보고, 뒤로 돌아 다시 계단을 올라갔다.

39			

39 ☐ about time

더 일찍 ~했어야 한다, ~할 때이다

syn almost, approximately, at this moment, by very little, just a while ago

It's **about time** that high schools teach their students about basic banking and finance.
이제는 고등학교에서 학생들에게 기본적인 은행 업무와 금융에 대해 가르칠 때이다.

40 ☐ absence makes the heart grow fonder

떨어져 있으면 더 그리워진다

syn meet unexpectedly after a long time, have a reunion

We'll see if **absence makes the heart grow fonder** after our time apart.
우리는 떨어져 있는 시간이 길어짐에 따라 우리의 마음이 더더욱 애틋해지는지 지켜볼 것이다.

Daily Quiz

Choose the synonyms.

01. a bull and cow ·
02. a fish out of water ·
03. a golden key can open any door ·
04. a lot on one's plate ·
05. a miss is as good as a mile ·
06. a piece of cake ·
07. a pig in a poke ·
08. a safe pair of hands ·
09. a skeleton in the closet ·
10. a stone's throw ·

· ⓐ careless, hasty, inaccurate, indifferent
· ⓑ affluence, capital, estate, inheritance
· ⓒ classified, covert, furtive, hush-hush
· ⓓ chaos, clutter, confusion, debris
· ⓔ orbit, radius, scope, separation
· ⓕ annoying, awkward, bitter, difficult
· ⓖ accessible, clear, effortless, obvious
· ⓗ authentic, authoritative, believable
· ⓘ mountains, oodles, opulence, peck
· ⓙ equivalent, look-alike, twin

Answer Key 01. ⓙ 02. ⓕ 03. ⓑ 04. ⓘ 05. ⓐ 06. ⓖ 07. ⓔ 08. ⓗ 09. ⓒ 10. ⓓ

**Education is the ability
to listen to almost anything
without losing your temper or your self-confidence.**

—

Robert Frost

01 ☐ **abso-bloody-lutely**	'절대적으로'를 더 강조하는 표현	syn truly, unconditionally, unquestionably, conclusively

Will I be at your birthday party? **Abso-bloody-lutely!**
내가 네 생일 파티에 갈 거냐고? 당연히 꼭 갈 거야!

02 ☐ **ace in the hole**	비장의 무기	syn hidden means, ax to grind, parti pris, ulterior motive

His embarrassing secret is my **ace in the hole**, and I plan to reveal it to everyone the next time he mocks me publicly.
그가 가진 당황스러운 비밀은 나의 비장의 무기이고, 다음 번에 그가 나를 공개적으로 조롱할 때 이를 모두에게 공개할 계획이다.

03 ☐ **across the board**	천편일률적으로, 전반에 걸쳐	syn authoritarian, autocratic, monolithic, oppressive, tyrannical

Some senior employees are unhappy that the new dress code applies to everyone **across the board**.
일부 선임 직원들은 새 복장 규정이 모든 직원에게 천편일률적으로 적용된다는 점에 대해 불쾌해한다.

04 ☐ **actions speak louder than words**	말보다 행동이 중요하다, 백문이 불여일견	syn affectionate, ardent, devoted, conscientious, dependable

Paul made all sorts of promises when he was on the campaign trail. However, **actions speak louder than words**, so we'll see how many of those promises he actually keeps.
Paul은 선거 운동을 했을 때 온갖 약속을 했다. 그러나 말보다 행동이 더 중요하기 때문에 그가 실제로 얼마나 많은 약속을 지킬지는 우리가 지켜봐야 할 것이다.

05 ☐ **Adam's ale**	물(성경 속 아담과 이브가 에덴 동산에서 마실 수 있는 것은 물뿐이라는 생각에 근거한 유머러스한 표현)	syn drink, rain, H2O, aqua, rainwater

I don't have any beer, but I can offer you some **Adam's ale**.
맥주는 없지만, 당신에게 물은 드릴 수 있어요.

06
☐ add fuel to the fire

상황을 더 안 좋게 만들다, 불난 데 부채질하다

syn crumble, degrade, depreciate, disintegrate, ebb

The debate was going poorly for the senatorial candidate, and his strikingly uncouth comments simply **added fuel to the fire**.

상원의원 후보에 대한 논쟁은 부진했고, 그의 놀랍도록 거친 발언은 그저 상황을 더 악화시킬 뿐이었다.

07
☐ add insult to injury

설상가상, 굴욕적인 방식으로 이미 문제가 있는 상황을 악화시키는 것

syn debase, debilitate, decompose, deprave, descend

I was already late for work and, to **add insult to injury**, I spilled coffee all over myself.

나는 이미 출근에 늦었고, 설상가상으로 나에게 커피를 잔뜩 쏟아버렸다.

08
☐ against the clock

촉각을 다투다

syn expedite, hasten, quicken, spur

We left later than we were supposed to, so it was a race **against the clock** to get to the airport on time.

우리는 예정했던 것보다 늦게 떠났기 때문에, 공항에 제 시간에 도착하기 위해 촉각을 다투어 달려갔다.

09
☐ ain't one's first rodeo

처음 겪는 일이 아니기 때문에 더 이상은 속지 않는다

syn from way back, hardened, inured, knows one's stuff

Don't think I'll fall for that old trick. This **isn't my first rodeo**.

내가 그 오래된 속임수에 빠질 것이라고 생각하지 마세요. 나는 이미 그런 상황을 경험했기 때문에 더 이상은 속지 않아요.

10
☐ all at sea

(당황스럽거나 황당하여) 막막한

syn vast, boundless, extensive

I tried to do well in this class, but I've been **all at sea** since we started.

나는 이 수업에서 잘 해보려고 노력했지만, 우리가 시작했을 때부터 나는 막막했다.

11
☐ all kidding aside

진지하게; 잠시 솔직해지자면

syn blunt, bold, brazen, direct

I give my brother a hard time for the gangly way he runs, but **all kidding aside**, he's quite a remarkable athlete.

나는 형이 너무 거칠게 달리는 것에 대해 걱정하곤 하지만, 진지하게 그는 꽤 뛰어난 선수이다.

12
☐ all in a day's work

늘 하는 진부한 일

syn everyday work, routine, normal

I can't believe I had to unclog a toilet today, but **all in a day's work**.

오늘 화장실 막힌 것을 뚫어야 한다니 믿을 수 없지만, 이는 늘 하는 진부한 일이다.

13
☐ all to cock

완전히 엉망이 된

syn spoil, ruin, mess up, screw up

I'm telling you, our society has gone **all to cock** in recent years.

우리 사회는 최근 몇 년 동안 완전히 엉망이 되었다고 나는 말할 수 있다.

14
□ all bark and no bite

위협적이지만 말뿐인 것

[syn] threatening without action

He always threatens to call the police if I don't stay off his lawn, but he's **all bark and no bite.**

그는 항상 내가 그의 마당을 떠나지 않으면 경찰에 전화하겠다고 위협하지만, 그는 위협만 하고 전화하지는 않는다.

15
□ all Greek to

전혀 이해가 안되는

[syn] baffling, impenetrable, inconceivable, mystifying

Can you make sense of these instructions? It's **all Greek to** me!

이 지침을 이해할 수 있습니까? 나는 전혀 이해가 안돼요!

16
□ all in all

전체적으로, 대체로

[syn] as a rule, by and large, commodiously, comprehensively

All in all, the team has a bright future, even though they didn't make the playoffs this year.

전체적으로 볼 때, 팀은 비록 올해 결승전에 진출하지는 못했지만, 미래가 밝다.

17
□ all thumbs

너무 서투른

[syn] poor, badly, crudely, defectively

My mother does beautiful calligraphy, but I'm **all thumbs** — I can barely hold the pen!

어머니는 아름다운 서예를 하시지만, 나는 아직 너무 서툴러서 붓을 잡고 있을 수조차 없다.

18
□ amber nectar

맥주

[syn] ale, brew, chill, hops, lager

It's been a long day at work, I'm looking for a bit of **amber nectar** when I finish.

직장에서 긴 하루를 보냈기 때문에, 나는 일을 마치고 맥주 한 잔 하는 것을 기대하고 있다.

19
□ amped-up

향상된

[syn] advanced, matured, refined

The plot is definitely **amped-up** in her most recent edit.

그녀의 가장 최근 편집본에서 줄거리가 확실히 향상되었다.

20
□ an act of God

큰 재앙, 자연 재해 또는 사람이 통제 할 수 없는 유사한 대규모 사건

[syn] calamity, catastrophe, collapse

There is no way to prepare for **a** sudden **act of God** like an earthquake.

지진과 같은 갑작스러운 큰 재앙에는 대비할 방법이 없다.

21
□ an arm and a leg

자신의 형편에 비해 엄청 큰 돈

[syn] costly, extravagant, high, lavish

I'm sick of paying **an arm and a leg** for rent in this town.

나는 이 동네에서 내 형편에 비해 너무 비싼 임대료를 지불하는 것에 지쳤다.

22
☐ **alley cat**

부도덕한 사람

syn abandoned, animal, corrupt

I'd be wary of her. She's known around here as a bit of an **alley cat**.
나는 그녀를 조심할 것이다. 그녀는 이곳에서 꽤 부도덕한 사람으로 알려져 있다.

23
☐ **Alpha mom**

지나치게 완벽주의적으로 행동하는 경향이 있는 어머니

syn purist, quibbler, formalist, fussbudget, nit-picker

If you're an **Alpha mom** like me, you're probably exhausted from taking part in every activity that could possibly involve our children.
당신이 나와 같은 완벽주의적 경향의 엄마라면, 아마도 당신은 우리 아이들과 관련될 만한 활동에 가능한 한 모두 참석하려다가 지쳐버렸을 것이다.

24
☐ **alphabet soup**

(어려운 말이 많아서) 이해하기 어려운 언어

syn table of random digits, illogical, conflicting, contrary, erratic

All of these acronyms in the manual have started to look like **alphabet soup**.
매뉴얼에 있는 줄임말들이 모두 무슨 말인지 이해하기 어려워지기 시작했다.

25
☐ **have an axe to grind**

다른 속셈이 있다

syn intention, secret design

I think the boss **has** a bit of **an axe to grind** with you over the way the account was handled.
계좌가 관리되는 방식에 관하여 상사는 당신과 다른 속셈을 가지고 있다고 나는 생각한다.

26
☐ **an open-and-shut-case**

금방 해결이 되는 사건

syn elementary, plain, quiet, smooth

With all the evidence against the defendant, I expect this to be **an open-and-shut case**.
피고에 대한 모든 증거를 고려할 때, 나는 이 사건이 금방 해결될 것이라 예상한다.

27
☐ **ankle biter**

아이, 아동; 트집쟁이

syn child, nitpicker, nagger

I know I said I'd babysit, but I can't watch five **ankle biters** all by myself!
제가 아이들을 봐 주겠다고 말한 건 알지만, 아이 5명을 정말 혼자서 볼 수는 없어요!

28
☐ **apples and pears**

계단, 사다리; (가게 앞쪽에 진열한 과일 같이) 계단 모양으로 진열된

syn stair, ladder, calibration, computation, degrees

I lost lots of weight by going up the **apples and pears**.
나는 계단 오르기로 살을 많이 뺐다.

29
☐ **as high as a kite**

정말 행복한

syn be enraptured, get intoxicated

I was **as high as a kite** when I found out that I'd gotten an A on my exam.
시험에서 A등급을 받았다는 사실을 알았을 때 나는 정말 행복했다.

30 □ at the drop of a hat

바로, 즉각, 주저하지 않고

[syn] immediately, promptly, at once, right off, on the spot

The company can't expect me to move my home and family **at the drop of a hat**.
내가 바로 내 집과 가족을 옮겨갈 것이라고 회사는 나에게 바랄 수 없다.

31 □ away with the fairies

약간 미친, 백일몽을 꾸는 듯한, 비현실적인

[syn] daydreaming, fatuous, frenzied, impractical, loony

I can't follow what your mom is talking about—it's like she's **away with the fairies** all of a sudden.
나는 당신의 어머니가 말하는 것을 따를 수 없다. 그녀는 갑자기 약간 미친 것 같다.

32 □ baby bump

임신한 여성의 부른 배; 막내, 초보자

[syn] greenhorn, neophyte, trainee, tenderfoot, freshman/woman

Look at me with my **baby bump**! I'm going to be such a great mom.
내 배 부른 것 좀 봐! 나는 정말 훌륭한 엄마가 될 거야.

33 □ baby snatcher

아기를 납치하는 사람; 훨씬 젊은 사람과 연애 관계에 있는 사람

[syn] snippet, fragment, piece, smattering, spell

I've seen that woman before—I think she's the **baby-snatcher** they've been talking about on the news! Call the police!
나는 이전에 저 여자를 본 적이 있어. 나는 그녀가 뉴스에서 이야기해 왔던 아기를 납치한 여자라고 생각해! 경찰에 전화해!

34 □ back seat driver

잔소리꾼, 계속 참견하는 사람, 무책임한 비평가

[syn] chatterbox, nagger, prattler, glib speaker, loquacious person

He is a terrible **back seat driver**.
그는 끔찍한 잔소리꾼이다.

35 □ back to square one

(진전 없이) 원점으로 되돌아가기

[syn] back to the drawing board, back to starting point

If this suggestion isn't accepted, we'll be **back to square one**.
이 제안이 받아들여지지 않으면, 우리는 원점으로 되돌아가게 될 것이다.

36 □ bad break

실패, 불운

[syn] adversity, hard time, hardship, misfortune, setback

Others will not laugh at you even if you make a **bad break**.
당신이 실패하더라도 다른 사람들이 당신을 비웃지 않을 것이다.

| 37 ☐ **easy on the ear** | 듣기 편안한 | [syn] appropriate, complacent, convenient, cozy, enjoyable |

The music is easy to remember and sure is **easy on the** common **ears**.
이 음악은 기억하기 쉽고 확실히 보통 사람들이 듣기 편안한 곡이다.

| 38 ☐ **bad hair day** | 만사가 잘 안 풀리는 날 | [syn] unoften, unfitting, unfortunate, undertone |

It's been a real **bad hair day** — everything has gone wrong.
정말 만사가 잘 안 풀리는 날이어서 모든 게 엉망이 되었다.

| 39 ☐ **baker's dozen** | (한 개 더 주는) 덤, 13개 | [syn] lagniappe, bonus, gift, gratuity |

When Jacob went to the bakery to buy doughnuts for the office, he made sure to get a **baker's dozen** so he could sneak one to eat on the way to work.
Jacob이 사무실에 둘 도넛을 사러 빵집에 갔을 때, 그는 출근길에 몰래 먹을 수 있도록 덤으로 1개를 더 얻을 수 있을 것이라 확신했다.

| 40 ☐ **bag lady** | 노숙자, (큰 가방을 가지고) 떠돌이 생활을 하는 사람 | [syn] homeless |

If I take to the streets by myself, people will just think I'm a **bag lady**.
내가 혼자 거리를 걸어면, 사람들은 내가 노숙자라고 생각할 것이다.

Daily Quiz

Choose the synonyms.

01. ace in the hole ·	· ⓐ authoritarian, autocratic, monolithic, oppressive
02. across the board ·	· ⓑ child, nitpicker, nagger
03. add fuel to the fire ·	· ⓒ expedite, hasten, quicken, spur
04. against the clock ·	· ⓓ everyday work, routine, normal
05. all in a day's work ·	· ⓔ hidden means, ax to grind, parti pris
06. amber nectar ·	· ⓕ daydreaming, fatuous, frenzied, impractical, loony
07. alley cat ·	· ⓖ abandoned, animal, corrupt
08. ankle biter ·	· ⓗ ale, brew, chill, hops, lager
09. away with the fairies ·	· ⓘ crumble, degrade, depreciate, disintegrate, ebb
10. baby snatcher ·	· ⓙ snippet, fragment, piece, smattering, spell

Answer Key 01. ⓔ 02. ⓘ 03. ⓒ 04. ⓒ 05. ⓓ 06. ⓗ 07. ⓖ 08. ⓑ 09. ⓕ 10. ⓐ

01
☐ **bark up the wrong tree**

잘못 짚다, 엉뚱한 사람을 비난하다, 헛다리를 짚다

[syn] guess wrong, misjudge, make a wrong guess

If you think I'll help you cheat, you're definitely **barking up the wrong tree!**
네가 속임수를 쓰도록 내가 너를 도와줄 것이라고 생각한다면, 분명히 잘못 짚었다!

02
☐ **basket case**

기능이 마비된 상태, 구제불능, 경제가 마비된 조직

[syn] apathetic, asleep, dead, down, dull

If the unemployment rate doesn't decrease soon, the country is going to become a financial **basket case.**
실업률이 곧 줄어들지 않으면, 그 국가는 재정적 기능이 마비될 것이다.

03
☐ **be a sport**

기분을 풀다, 떳떳하게 하다

[syn] benign, caring, generous

Be a sport and get me another drink, will you?
기분 풀고 한 잔 더 주실래요?

04
☐ **be glad to see the back of**

~을 더 이상 안 보게 되어 후련하다

[syn] placated, reconciled, solaced, soothed, comfortable

I'll **be glad to see the back of** this diet. Thankfully it's just another three weeks until the wedding!
나는 이 다이어트를 끝내게 되어 너무 후련하다. 다행히도 결혼식까지는 3주 더 남았다!

05
☐ **beach bum**

해변에서 휴식을 취하는 것을 즐기는 사람

[syn] take a rest, have a rest in beach, leisure, letup, lull

Now that it's summertime, I fully intend to be a **beach bum** as often as I can.
이제 여름이 되었으니, 가능한 한 자주 해변에서 휴식을 취하고 싶다.

06
☐ **boat race**

얼굴, 매력적인 얼굴

[syn] aspect, light, look, mask, surface

Look at the lovely **boat race** on that baby.
이 아기의 사랑스러운 얼굴 좀 봐.

07
☐ bean counter

경리 담당자, 회계 직원

[syn] CPA, accountant, actuary, analyst

As soon as the staff learned they had to purchase their own office supplies, they knew it was a result of the finance department's new **bean counter** tightening the company's purse strings.
직원들이 자신의 사무용품을 직접 구매해야 한다는 것을 알게 되었을 때, 그들은 이러한 상황이 새로운 경리 담당자가 회사의 재정을 엄격하게 운용한 결과라는 것을 알게 되었다.

08
☐ beauty parade

미인대회, 소비자 유치 경쟁

[syn] beauty pageant

The **beauty parade** is all one to her.
미인 대회는 그녀에게 크게 상관없는 것이다.

09
☐ bedroom tax

주택 보조금 삭감, 베드룸 택스 (필요하다고 인정되는 수보다 더 많은 방이 있는 주택 입주자의 주택 보조금 을 삭감하는 것)

[syn] corporation tax, council tax, road tax, stealth tax, value added tax

I am affected by the **bedroom tax** because I have a spare bedroom.
나는 집에 여분의 침실이 있기 때문에 주택 보조금이 삭감된다.

10
☐ bells and whistles

군더더기, 장식적 기능, 멋으로 덧붙이는 부가 기능

[syn] unnecessity, superfluousness

This car has so many **bells and whistles** that I can't figure out how to open the gas tank.
이 차에는 군더더기가 너무 많아서 연료 탱크를 여는 방법을 알 수가 없다.

11
☐ bend over backwards

안간힘을 쓰다, 최선을 다하다

[syn] hold back an urge, restrain, strain to

I have been **bending over backwards** to make sure that you have a wonderful visit, and you don't even care!
나는 당신이 멋진 방문을 할 수 있도록 안간힘을 썼지만, 당신은 신경도 쓰지 않네요!

12
☐ between a rock and a hard place

진퇴양난에 빠진

[syn] dilemma, tight fix, predicament

You were really **between a rock and a hard place** when you had to choose between your career and your relationship.
당신의 경력과 관계 중 하나를 선택해야 했을 때 당신은 정말로 진퇴양난에 빠진 것이었다.

13
☐ beyond price

값을 매길 수 없을 만큼 소중한

[syn] priceless, collectible, expensive, incalculable, invaluable

This safari will be an experience **beyond price**!
이 사파리 체험은 값을 매길 수 없을 만큼 소중한 경험이 될 것입니다!

14 □ **big ask**	불편한 요청, 어려운 부탁	syn request, demand, call, claim, demand, call for, ask, call (up)on

I know it's a **big ask**, but could I borrow your car for a week?
어려운 부탁이라는 건 알지만, 당신의 차를 일주일 동안 빌릴 수 있을까요?

15 □ **big fish in a small pond**	우물 안 개구리, (작은 공동체 내의) 중요 인물	syn figure, important personage, key person

Since she was so popular and well-known within the walls of her small high school, Jennifer was used to being a **big fish in a small pond**.
Jennifer는 작은 고등학교 안에서 인기가 많고 유명했기 때문에, 그녀는 우물 안 개구리인 것에 익숙했다.

16 □ **bigger bang for one's buck**	지출하는 금액에 비해 더 큰 가치	syn businesslike, expeditious, cuspy

It isn't one of the popular brands, but this high-definition TV will give you a **bigger bang for your buck**.
이것이 인기 브랜드 중 하나는 아니지만, 이 고화질 TV는 당신의 지출보다 더 큰 가치를 선사할 것이다.

17 □ **binge-watch**	여러 편의 TV 프로그램 에피소드를 몰아서 관람하다	syn go on a binge, bulimia

A lot of my friends like to **binge-watch** their shows, but I like to space them out.
많은 내 친구들은 그들의 방송을 여러 편 몰아 보는 것을 좋아하지만, 나는 절제하는 것을 좋아한다.

18 □ **a bird in the hand is worth two in the bush**	손 안에 든 새 한 마리가 덤불 속에 있는 두 마리보다 낫다	syn complacency, lackadaisical, complacent

I think I'll keep my modest winnings rather than wagering them all on the next horse race because **a bird in the hand is worth two in the bush**.
손 안에 든 한 마리 새가 덤불 속 두 마리보다 낫기 때문에 나는 다음 경마에 모든 것을 거는 것보다는 내 적당한 상금을 유지하는 것이 낫다고 본다.

19 □ **bitch-slap**	창피를 주기 위해 때리다	syn hit, beat, strike, criticize, attack, lash, bash

The bully was mocked relentlessly for **bitch-slapping** Jake during their schoolyard tussle.
그 학교의 문제아는 학교 운동장에서 싸우면서 Jake를 가차없이 조롱하며 때렸다.

20 □ **bite off more than someone can chew**	힘에 겨운 일을 하려고 하다	syn be greedy, be avaricious, acquisitiveness, grasping

I **bit off more than I could chew** when I volunteered to manage three little league teams in one season.
한 시즌에 3개의 어린이 팀을 관리하고자 자원한 것은 내가 너무 힘에 겨운 일을 하려는 것이었다.

21 ☐ bite the dust

수명을 다하다, 실패하다, 헛물을 켜다 　[syn] break down, decline, fall, abort

Judging by all that noise coming from her car, I'm pretty sure it's about to **bite the dust.**

그녀의 차에서 나오는 그 모든 소음으로 판단할 때, 나는 그것이 수명이 다한 것이라 꽤 확신한다.

22 ☐ bite one's tongue

(하고 싶은 말을) 이를 악물고 참다 　[syn] confine, constrain, curb, curtail

I had to **bite my tongue** as my sister gushed about her new boyfriend yet again.

여동생이 새 남자친구에 대해 또 이야기하자 나는 이를 악물고 꾹 참아야 했다.

23 ☐ blood blister

형제자매(특히 자매) 　[syn] brother, sister, relative, kin, kinfolk, sibling

I've got two older brothers and a younger **blood blister.**

나는 두 명의 오빠와 한 명의 어린 여동생이 있다.

24 ☐ blow a raspberry

(혀를 내밀어 소리를 내며) ~에게 야유를 보내다 　[syn] buzz, contempt, derision, sibilation, bronx cheer

Jacqueline **blew a raspberry** at Dave after he made fun of her new haircut.

Jacqueline은 Dave가 그녀의 새로운 머리 스타일을 놀린 후부터 그에게 야유를 보냈다.

25 ☐ blue plate special

(배식판과 같은) 큰 접시에 담은 값싼 정식 　[syn] board, chow, collation, cookout

I'm thinking of ordering the **blue plate special** — what about you?

저는 여러 요리가 나오는 정식 메뉴를 주문할 생각인데, 당신은 어떻습니까?

26 ☐ brass tacks

기본적인 것, 요점, 중대한 일 　[syn] necessary, paramount

We eventually got down to **brass tacks** and came up with a solution.

우리는 결국 매우 기본적인 것들을 고려했고 해결책을 찾아냈다.

27 ☐ break a leg

행운을 빌다 　[syn] Midas touch, fluke, lucky break, lucky strike, streak of luck

You all look great in your costumes! **Break a leg!**

여러분 모두 의상이 멋져 보입니다! 행운을 빌어요!

28 ☐ bricks and mortar

건물, (오프라인) 가게, 회사; 제조업, 소매업 　[syn] building, firm, manufacturing

An Internet-only bank provides financial services online without a **brick-and-mortar** branch where customers bank.

인터넷 전용 은행은 고객들이 거래하는 오프라인 지점 없이 온라인으로만 금융 서비스를 제공한다.

29 ☐ **bottle and glass**

엉덩이, 뒷모습   syn behind, bottom, bum, butt

It's icy out there, so take it slow, or you'll end up on your **bottle and glass**.
밖이 얼어 있으니, 천천히 가지 않으면 엉덩방아를 찧게 될 거예요.

30 ☐ **buy the farm**

죽다   syn die, go way of all flesh, relinquish, kick the bucket, rest in peace

Did you hear that old Walt **bought the farm?**
당신은 노인 Walt가 죽은 것을 들었나요?

31 ☐ **Brahms and Liszt**

필름이 끊긴, 완전히 취한   syn bashed, blitzed, bombed, buzzed, crocked

Do you remember last night at the pub at all, or were you completely **Brahms and Liszt?**
술집에서의 어젯밤을 기억하나요, 아니면 완전히 필름이 끊겼나요?

32 ☐ **brass monkey weather**

혹한의 날씨   syn pierce, solidify, stiffen, chill to the bone, ice over

I'm so sick of the **brass monkey weather** this winter. I've been constantly cold for months.
나는 이번 겨울의 혹한기가 너무 지겹다. 나는 몇 달 동안 계속 끊임없이 추웠다.

33 ☐ **bring one's A-game**

최선을 다하다   syn endeavor, go all out, seek

If our best player doesn't **bring her A-game**, there's a good chance we end up losing today.
우리의 최고의 선수가 최선을 다하지 않는다면, 오늘 우리가 패배할 확률이 높다.

34 ☐ **brown bread**

죽은 것 같은 얼굴, 죽은 사람   syn erased, expired, extinct, gone

You didn't hear about Jim? He's **brown bread**, I'm afraid.
Jim에 대해 듣지 못했나요? 그가 거의 죽은 것 같아서 난 두려워요.

35 ☐ **brownout**

정전   syn blackout, faint, knockout

Thanks to the construction project currently underway in our building, we have **brownouts** all the time.
현재 우리 건물에서 진행 중인 건설 프로젝트 때문에, 우리는 항상 정전을 겪고 있다.

36 ☐ **bucket list**

죽기 전에 해야 할 일   syn aspiration, choice, hope

Sky-diving is the number-one thing on my **bucket list**.
스카이다이빙은 내가 죽기 전에 해야 할 일들 중에서 가장 1순위이다.

37 ☐ **burn the midnight oil**	밤 늦게까지 일하다	syn work overtime at night, work after hours
	Denise has been **burning the midnight oil** trying to finish this report, so she must be exhausted. 　Denise는 이 보고서를 끝내기 위해 밤늦게까지 일하고 있기 때문에, 그녀는 분명히 지쳤을 것이다.	

38 ☐ **bust a move**	돌아가다, 가다, 나가다	syn get out, escape, evade
	We really need to **bust a move** and get back on the road before sundown. 　우리는 정말로 돌아 나가서 일몰 전에 도로로 들어가야만 한다.	

39 ☐ **buy a lemon**	불량품을 사다, 물건을 속아서 사다	syn be deceived, be fooled, be cheated, be taken in
	Considering how often that car breaks down, I think I **bought a lemon** from the dealership. 　그 차가 얼마나 자주 고장이 나는지 생각해 보면, 나는 그 판매자에게서 불량품을 샀다고 생각한다.	

40 ☐ **calendar year**	한 해(1월 1일부터 12월 31일까지의 특정 기간)	syn fiscal year, civil year
	For tax purposes, what were your medical expenses in the last **calendar year**? 　세금 목적과 관련하여, 작년 1월부터 12월까지의 한 해 동안 귀하의 의료비는 얼마였습니까?	

Daily Quiz

Choose the synonyms.

01. basket case ·	· ⓐ unnecessity, superfluousness
02. be glad to see the back of ·	· ⓑ priceless, collectible, expensive
03. bells and whistles ·	· ⓒ apathetic, asleep, dead, down, dull
04. beyond price ·	· ⓓ businesslike, expeditious, cuspy
05. bigger bang for one's buck ·	· ⓔ placated, reconciled, solaced, soothed
06. binge-watch ·	· ⓕ go on a binge, bulimia
07. bitch-slap ·	· ⓖ building, firm, manufacturing
08. bricks and mortar ·	· ⓗ hit, beat, strike, criticize, attack, lash, bash
09. bust a move ·	· ⓘ get out, escape, evade
10. buy a lemon ·	· ⓙ be deceived, be fooled, be cheated

DAY 39 관용어구 ④

01 ☐ **can't cut the mustard**	더 이상 힘이 없다, 무능하다	**syn** immobile, impotent, inactive, listless, motionless

That guy looks like he's 110 years old — I'm sure he **can't cut the mustard** stocking shelves all day.
그 남자는 110살인 것처럼 보여서 하루 종일 더 이상 힘이 없을 것이라고 나는 확신한다.

02 ☐ **can't think straight**	더 이상 생각이 정리가 안 된다	**syn** unfocused, distracted

After working a 36-hour shift, I **can't think straight** and only want to climb into bed.
36시간 동안 교대근무한 후라서, 나는 더 이상 생각을 정리할 수가 없고 침대에 오르고만 싶다.

03 ☐ **canteen culture**	경찰관들의 못된 관행	**syn** practice, custom

People will say that not all **canteen culture** is dysfunctional.
사람들은 경찰관들의 모든 못된 관행이 쓸모없지만은 않다고 말할 것이다.

04 ☐ **carbon footprint**	탄소 배출량	**syn** charcoal, coal, coke, copy, lead

I always thought planting lots of trees was a good way of offsetting our **carbon footprint**, but apparently it's not as straightforward as that.
나는 항상 많은 나무를 심는 것이 우리의 탄소 배출량을 상쇄하는 좋은 방법이라고 생각했지만, 보아하니 그렇게 간단하지는 않다.

05 ☐ **carpe diem**	눈앞의 기회를 놓치지 말라	**syn** seize the day

You can't simply sit back and wait for good things to come tomorrow, you have to make things happen as you want them to. **Carpe diem!**
그냥 앉은 채로 내일 좋은 일이 있을 것을 기다리지 말고, 당신이 원하는 일들이 발생하도록 일을 해야 한다. 눈앞의 기회를 놓치지 마세요!

06 ☐ **cast-iron stomach**	튼튼한 위장	**syn** strong stomach

You must have a **cast-iron stomach** if you're eating pickles with peanut butter.
땅콩버터를 곁들인 피클을 먹으려면 튼튼한 위가 있어야 한다.

07
☐ **cat got one's tongue**

입을 다물다

syn laconic, reticent, antisocial

A: What's wrong, sonny? **Cat got your tongue?**
B: Oh, I'm just shy around new people, that's all.
A: 무슨 일이야, 자네? 말문이 막혔니?
B: 오, 나는 그저 새로운 사람들을 부끄러워하는 것뿐이야.

08
☐ **caught between two stools**

어느 것에도 집중할 수 없는,
선택하기가 무척 어려운, 진퇴양난

syn embarrassment, impasse, mess, plight, predicament

I was excited to start taking night classes after work, but now, without enough time to devote either to school or to my job, I feel like I am **caught between two stools**.
나는 퇴근 후 야간 수업을 듣게 되어 신이 났지만, 지금은 학교나 직장 어느 쪽에도 헌신할 시간이 없어서 어느 것에도 집중할 수 없는 것 같다.

09
☐ **by the short hairs**

좌지우지하다, 남의 약점을 쥐다

syn control, dominate

After scoring a third goal in the last quarter, the home team really had their opponents **by the short hairs**.
지난 쿼터에서 세 번째 골을 넣은 이후, 홈팀은 상대편을 완전히 좌지우지했다.

10
☐ **charley horse**

쥐, 근육 경직, 근육통

syn muscle pain, sore muscles

Spending all day on my feet caused a **charley horse** in my leg that was so painful, I had to sit down for a while and rest.
하루 종일 서 있는 바람에 다리에 쥐가 나 너무 아파서, 나는 잠시 앉아서 쉬어야만 했다.

11
☐ **chase one's tail**

성과없이 바쁘기만 하다, 많은 것을 하고 있지만 거의 성취하지 못하다

syn make a vain attempt, make a fruitless effort, work in vain

I'm trying not to **chase my tail** on this project, but so many components of it are just not working out.
나는 이 프로젝트와 관련해서 성과없이 바쁘기만 하지 않도록 노력하고 있지만, 너무 많은 것들이 해결되지 않고 있다.

12
☐ **cheek by jowl**

(~에) 바싹 붙어 있는

syn dense, close

You couldn't fit a piece of paper in the storage room now — all those boxes are stacked in there **cheek by jowl**.
모든 상자들이 서로 바싹 붙어 있어서 지금은 보관실에 종이 한 장조차도 넣을 수가 없다.

13
☐ **cherry ripe**

바보같은 말, 난센스

syn nonsense, drivel, bullshit

You can't believe a word he says — he's always spouting some **cherry ripe**.
그는 항상 바보같은 말을 내뱉기 때문에 당신은 그가 하는 말은 한마디도 믿을 수 없을 것이다.

14
☐ **chew someone out**

심하게 꾸짖다

[syn] scold, reproach, rebuke

The boss is going to **chew us out** if he hears that we lost that big client.
우리가 그 중요한 고객을 잃었다는 소식을 들으면 상사가 우리를 심하게 꾸짖을 것이다.

15
☐ **chicken feed**

헐값, 아주 미미하거나 적은 금액

[syn] cheap, inexpensive, low-priced

I have a connection in the stadium, so I got the tickets for **chicken feed**.
나는 경기장에 인맥이 있어서, 티켓을 헐값에 샀다.

16
☐ **children should be seen and not heard**

아이들이 자리에 있어도는 되지만 얌전히 있어야 한다

[syn] mum, mute, restrained, reticent, bashful

My grandmother was always shushing us because she was of the opinion that **children should be seen and not heard**.
할머니는 아이들이 자리에 낄 수는 있지만 얌전히 있어야 한다고 생각하시는 분이셨기 때문에, 우리를 항상 조용히 시키셨다.

17
☐ **china plate**

친구, 동료, 한패

[syn] mate, chum, buddy, pal

It's always great to spend time with my old **china plate**.
내 오래된 친구와 함께 시간을 보내는 것은 항상 좋다.

18
☐ **chow down**

빨리 먹다, 먹어 치우다

[syn] eat hearty, eat up, devour

The puppy started **chowing down** the minute I set down his food bowl.
강아지는 내가 밥그릇을 내려 놓자마자 엄청나게 빨리 먹기 시작했다.

19
☐ **clickbait**

낚시성 인터넷 링크

[syn] shill, snare, temptation, trap

I wouldn't put too much faith in that article about "the one food no one should ever eat"—it's probably just **clickbait**.
아마도 그건 낚시성 인터넷 링크일 것이기 때문에, 나는 "아무도 먹지 말아야 할 단 한 가지 음식"에 대한 기사에 너무 많은 믿음을 두지 않을 것이다.

20
☐ **daisy roots**

장화, 부츠

[syn] footwear, galoshes, waders

You really ought to wear your **daisy roots** in bad weather like this.
이와 같은 악천후에는 장화를 꼭 신어야 한다.

21
☐ **date rape**

데이트 강간, 강요된 성관계

The reported number of **date rapes** is horrific, but it pales in comparison to how many go unreported each year.
보고된 데이트 강간 건수는 끔찍하지만, 매년 신고되지 않는 사건과 비교하면 이는 미미하다.

22 □ close but no cigar

아주 비슷하지만 정답은 아닌 [syn] abortion, bomb, botch, bungle

The team captain shoots the ball at the wide-open net, but it bounces off the post! **Close, but no cigar!**

팀 주장이 활짝 열린 네트를 향해 공을 쏘지만, 골대를 맞고 튕겨 나옵니다! 거의 근접했지만 골로 연결되지는 않네요!

23 □ cloud-cuckoo land

지나치게 이상적인 생각 [syn] idealized, optimistic, utopian

He's always got some harebrained schemes on how to fix the world, all of them right out of **cloud-cuckoo land!**

그는 항상 세상을 고치는 방법에 대한 몇 가지 정교한 계획을 가지고 있었지만, 모두 너무 지나치게 이상적인 생각들이다.

24 □ cock and bull story

지나치게 과장되거나 위조된 이야기 [syn] exaggeration, overstatement

When I questioned Wendy about her recent tardiness, she gave me some **cock-and-bull story** about how her train took the wrong track and she had to hitchhike to work from the station across town.

내가 Wendy에게 최근에 있었던 지각에 대해 물었을 때, 그녀는 기차가 어떻게 잘못된 선로를 택했는지에 대한 이야기를 들려주었고 그녀는 마을 건너 역에서 일하기 위해 히치하이킹을 해야 했다는 과장되고 위조된 이야기를 들려주었다.

25 □ come hell or high water

무슨 일이 있어도,
어떤 장애물에도 불구하고 [syn] under any circumstance, though, yet, nonetheless

I don't care if I have to drive through a blizzard — we are getting to this wedding **come hell or high water!**

우리는 이 결혼식을 무슨 일이 있어도 진행할 것이기, 때문에 눈보라를 통과해야 하는지 마는지는 신경쓰지 않아요.

26 □ company man

회사에 대한 충성을 자신 및 동료의 의견보다 우선시하는 사람 [syn] flattery, fawn on, brown-nose, kiss up to, butter up

It's no use trying to get his help in persuading the boss to increase worker safety — he's just a **company man**.

그는 단지 자신의 의견보다 회사를 더 지지하는 사람일 뿐이기 때문에, 직원 안전을 확대시키기 위해 상사를 설득하는 것에 그의 도움을 받는 것은 소용이 없다.

27 □ cop an attitude

짜증나게 행동하다 [syn] aggravate, annoy, bother, disturb

Don't **cop an attitude** with me, or I'll take away your allowance!

나한테 짜증나게 굴지마, 그렇지 않으면 내가 너의 용돈을 압수할 거야!

28 □ crack someone up

망가뜨리다, 박살내다, 깨뜨리다 [syn] crush, damage, dismantle, end

All those days of sleep deprivation finally caused me to **crack up**.

수면 부족의 모든 날들은 결국 나를 망가뜨렸다.

29			
☐ **cream-crackered**	녹초가 된, 매우 피곤한	syn	debilitated, enervated, frazzled, limp, prostrated, exhausted

He was well **cream-crackered** after his flight, so he went to bed a few hours ago.
그는 비행 후 완전히 녹초가 되어서, 몇 시간 전에 잠자리에 들었다..

30			
☐ **cross that bridge when someone come to it**	눈 앞에 닥치거나 문제가 될 때만 문제를 해결하다	syn	satisfy pressing needs, put out the biggest fire

The job interview is a week away, so I'm not worried about it yet — I'll **cross that bridge when I come to it**.
취업 면접이 일주일 남았기 때문에 아직 걱정하지 않는다. 눈 앞에 닥치면 그때 해결할 것이다.

31			
☐ **cross one's fingers**	행운을 빌다, 성공을 기원하다	syn	kismet, luckiness, occasion, opportunity, profit

I'm going to turn on the machine for the first time. Here goes — **cross your fingers**, everyone!
처음으로 기계를 켜보겠습니다. 자, 여러분, 행운을 빌어주세요!

32			
☐ **crunch time**	중요한 기간, 결정적 순간, 주어진 상황의 종료 시점	syn	analytical, belittling, biting, calumniatory, captious

We've got two minutes to tie the game — it's **crunch time**!
우리는 이제 경기를 마무리할 시간이 2분 남았다. 이제 가장 중요한 시간이다!

33			
☐ **cry wolf**	도움이 꼭 필요하지도 않은데 소란을 피우다(이솝우화의 양치기 소년), 거짓 경보	syn	false alarm

As the children has **cried wolf** too often, the parents have stopped taking its notice.
그 아이들이 너무 자주 거짓으로 도움을 요청해서, 그 부모들은 그것을 알림으로 여기는 것을 멈추었다.

34			
☐ **curiosity killed the cat**	너무 알려고 하면 다친다, 지나친 호기심은 위험하다	syn	excessive, immoderate

I know **curiosity killed the cat**, but I can't stop the investigation until I know where the donations are really going.
너무 알려고 하면 다친다는 것은 알지만, 기부금이 실제로 어디로 가는지 알기 전까지는 조사를 멈출 수 없다.

35			
☐ **currant bun**	태양, 맑은 날씨	syn	sunlight, bask, daylight, flare

Are you enjoying the **currant bun** now after all that rain?
비가 내린 후 지금 멋진 태양을 즐기고 있습니까?

36 ☐ **cut corners**	(일을 쉽게 하려고) 대충 해치우다, 절차·원칙 등을 무시하다	syn ignore a procedure

The government **cut corners** when they built the school with bad materials, and finally put everyone in danger.
정부가 그 학교를 지을 때 질 나쁜 자재들로 대충 지어서, 결국 모두를 위험에 빠뜨렸다.

37 ☐ **cut to the chase**	바로 본격적인 작업을 시작하다	syn begin in earnest, be regularized

I'm a very busy woman, so I need an assistant who can **cut to the chase**.
나는 매우 바쁜 사람이라, 바로 본격적인 작업을 도울 조교가 필요하다

38 ☐ **daily grind**	(반복되는) 일상적 루틴, 늘 하는 일	syn routine, act, custom, cycle, drill

I'm so thrilled to be off next week — I really need a break from the **daily grind**.
나는 매일 반복되는 일상에서 휴식이 필요했기 때문에, 다음 주에 쉬게 되어 정말 기쁘다.

39 ☐ **day surgery**	(입원이 필요 없는) 간단한 수술	syn operation, daycare

Cataract surgery is ideal for **day surgery**, which is cheaper than inpatient treatment.
백내장 수술은 수술 후 당일 퇴원하기에 적당하며, 입원 치료보다 비용이 적게 든다.

40 ☐ **daylight saving time**	서머타임, 일광 절약 시간	syn summer time

From when does the **daylight-saving time** apply?
언제부터 서머타임이 적용 되나요?

Daily Quiz

Choose the synonyms.

01. cast-iron stomach · · ⓐ dense, close
02. caught between two stools · · ⓑ excessive, immoderate
03. charley horse · · ⓒ begin in earnest, be regularized
04. cheek by jowl · · ⓓ operation, daycare
05. daisy roots · · ⓔ muscle pain, sore muscles
06. curiosity killed the cat · · ⓕ summer time
07. cut corners · · ⓖ footwear, galoshes, waders
08. cut to the chase · · ⓗ embarrassment, impasse, mess, plight
09. day surgery · · ⓘ ignore a procedure
10. daylight saving time · · ⓙ strong stomach

Answer Key 01. ⓙ 02. ⓗ 03. ⓔ 04. ⓐ 05. ⓖ 06. ⓑ 07. ⓘ 08. ⓒ 09. ⓓ 10. ⓕ

01
☐ **dead ringer**

매우 닮은 사람 또는 사물

[syn] apparition, double, spirit

Jane was such a **dead ringer** for Kate Winslet that sometimes people would ask her for her autograph.

Jane은 때때로 사람들이 그녀의 사인을 요구할 정도로 케이트 윈슬렛과 매우 닮은 사람이었다.

02
☐ **dead white (European) male**

과대평가된 유명인

The academic rebellions of the 1960s and 1970s led to more student choice and less contact with '**dead white male**' writers of classic literature.

1960년대와 1970년대의 학구적인 저항은 학생들의 선택을 확대시켰고, 고전문학 분야의 과대평가된 작가들과의 접촉은 축소시켰다.

03
☐ **designated driver**

사교 모임 중에 술에 취하지 않고 안전하게 운전할 책임이 있는 사람

[syn] intermediary, stand-in, surrogate, alternate

Since Kara never drinks alcohol, she always offers to be the **designated driver** for her friends.

Kara는 절대 술을 마시지 않기 때문에, 그녀는 항상 친구들을 위한 담당 운전기사가 되겠다고 한다.

04
☐ **dial down**

줄이다, 완화하다, 누그러뜨리다

[syn] relax, ease, relieve, alleviate

I could barely move my arms all week — I guess it's time to **dial down** the workouts.

일주일 내내 팔을 거의 움직일 수 없었기 때문에, 나는 이제 운동 시간을 줄여야 할 때라고 생각한다.

05
☐ **dicky dirt**

셔츠, 웃옷

[syn] blouse, jersey, pullover, tunic

You don't even have your **dicky dirt** on yet? Come on, man, it's almost time to leave!

아직 셔츠도 안 입었어? 서둘러, 이제 거의 떠나야 할 시간이야!

06
☐ **dinky**

완전한, 모범적인

[syn] admirable, commendable, estimable, excellent, honorable

The movie is not without its very **dinky** charms, I suppose.

나는 그 영화가 완전한 매력이 없는 것 같지는 않다고 생각한다.

07
☐ **dog and bone**

전화, 통화

syn ring, get on the horn, get on the line, give a call

My sister has been blabbing on the **dog and bone** for hours every night ever since she got a boyfriend and it's so annoying.
내 여동생은 남자친구를 사귀고 난 이래로 매일 밤 몇 시간 동안 통화하는데, 이것은 너무 짜증난다.

08
☐ **dog days (of summer)**

정체기, 무기력한 기간, 무더운 여름

syn rut, plateau

We're in the **dog days** of our fiscal year, and unfortunately we'll just have to make up for it during the holiday season.
우리는 올해의 정체기에 접어들었고, 불행히도 휴가 기간 동안 만회해야 할 것이다.

09
☐ **donkey's years**

오랫동안, 오랜 기간

syn after a long interval

I haven't been here in **donkey's years** —I can't believe how much the town has changed.
나는 오랫동안 여기를 떠나 있었기 때문에, 마을이 얼마나 변했는지 믿을 수 없다.

10
☐ **bite the hand that feeds you**

배은망덕하다, 주인을 물다

syn ingratitude, thanklessness, ungratefulness, ungrateful

You might not agree with your parents' rules, but don't **bite the hand that feeds you**, because you owe everything you need to them.
당신이 부모의 규칙에 동의하지 않을 수도 있지만, 당신은 필요한 모든 것을 부모에게 빚지고 있기 때문에 배은망덕한 행위는 하지 마라.

11
☐ **don't give up the day job**

하던 일이나 해라, 본업에 충실하라

syn go about one's lawful occasions

A: So, what did you think of my new joke? I was going to use it in my act at the comedy club tonight.
B: Yeah, um… maybe **don't give up the day job**.
A: 그래서, 내 새 농담에 대해 어떻게 생각해? 오늘 밤 코미디 클럽에서의 내 연기에 사용하려고 했어.
B: 음… 원래 하던 농담이나 계속 해.

12
☐ **don't look a gift horse in the mouth**

남의 호의를 트집잡지 마라

syn do not disregard goodwill

I know Aunt Jean isn't your favorite person, but she gave you that beautiful sweater as a present, so **don't look a gift horse in the mouth**!
네가 가장 좋아하는 사람이 Jean 이모가 아니라는 건 알고 있지만, 그녀가 너에게 그 아름다운 스웨터를 선물로 주었으니, 트집잡지 말고 입어!

13
☐ **down to the wire**

(가능한 한) 마지막 순간까지

syn to the last, to the end, till the end, throughout

Negotiations went **down to the wire**, but we did in fact agree on a new contract by the deadline.
협상이 마지막 순간까지 진행되었지만, 사실 우리는 마감일이 되어서야 새 계약서에 동의했다.

14
☐ **dress to the nines**　대단히 격식을 갖춰 옷을 입다　syn suit, fully dress, dress up

The whole family will be **dressed to the nines** at the wedding.
결혼식에서 온 가족이 대단히 격식을 갖추어 옷을 차려입을 것이다.

15
☐ **drink like a fish**　자주 술을 많이 마시다　syn on the bottle

I'm not surprised to hear that Karl got drunk again last night — that guy **drinks like a fish**!
그 남자는 술을 자주 마시니까 나는 Karl이 어젯밤에 다시 취했다는 소식을 듣고도 놀랍지 않다.

16
☐ **drive someone up the wall**　분노의 지점까지 짜증나게 하다　syn aggravate, annoy, bother, confuse, disturb

A week on vacation with my relatives is enough to **drive me up the wall**.
나의 친척들과 함께 휴가를 보내는 일주일은 나를 분노의 지경에 이르게 하기 충분하다.

17
☐ **drop like flies**　맥없이 죽어가다, 떼죽음을 당하다　syn drown, expire, perish, succumb

The flu is going through our school, people are **dropping like flies**.
독감이 우리 학교를 거쳐가고 있어서, 사람들은 맥없이 쓰러지고 있다.

18
☐ **easy-peasy**　매우 쉽거나 간단한　syn accessible, clear, effortless, obvious, painless

After so many years as an accountant, doing taxes is **easy-peasy** for me.
회계사로서 오랜 세월을 보낸 후여서, 세금을 계산하는 것은 내게 매우 쉬운 일이다.

19
☐ **eighty-six**　~를 버리다　syn spontaneity, disregard, freedom, impulse

Let's **eighty-six** this stew and go out and get some decent pizza.
이 스튜를 버리고, 나가서 괜찮은 피자를 먹도록 하자.

20
☐ **elbow grease**　(닦거나 광을 내는) 힘든 노동　syn intense, hard, tough, arduous

It took some **elbow grease**, but I finally got this old engine up and running again.
힘든 노동이 좀 필요했지만, 나는 마침내 이 낡은 엔진에 시동을 걸고 다시 가동했다.

21
☐ **dry run**　(실행 전의) 총연습, 시운전　syn rehearsal, habitude, manner, mode, praxis

Let's do a couple **dry runs** of your speech so you feel totally comfortable with it for tomorrow's ceremony.
내일의 행사를 위해 네가 연설을 완전히 편안하게 느끼도록 총연습을 몇 번 해보자.

22
☐ **elephant's trunk** 술에 (완전히) 취한 [syn] tipsy, bashed, befuddled, buzzed, crocked

Do you remember last night at the pub at all, or were you **elephant's trunk**?
술집에서의 어젯밤을 기억하나요, 아니면 술에 완전히 취했었나요?

23
☐ **ear popping** 귀에 압력을 느끼고 "펑"하는 느낌 [syn] stick, thrust, whack, go, protrude

Just keep in mind that **ear popping** is totally normal as the airplane goes higher in the sky.
하늘로 비행기가 더 높이 올라갈 때 귀에서 펑 소리가 나는 것은 완전히 정상이라는 것을 명심하십시오.

24
☐ **Elvis has left the building** 공연이 끝나다 [syn] spire, stub, stump, tail, terminal

We kept waiting for the band to come back on stage to perform some of the fans' favorite songs, but it looked like **Elvis had left the building**.
그 밴드가 팬들이 좋아하는 노래를 연주해 주기 위해서 무대로 돌아올 때까지 우리는 계속 기다렸지만, 공연은 완전히 끝난 것처럼 보였다.

25
☐ **every cloud has a silver lining** 아무리 안 좋은 상황에서도 한 가지 긍정적인 측면은 있다 [syn] perk, profit, prosperity, use, welfare

When I'm going through a hard time, I try to remind myself that **every cloud has a silver lining**.
힘든 시기를 겪는 중일 때, 나는 아무리 안 좋은 상황에서라도 한 가지 긍정적 측면은 있다는 것을 스스로 상기하려고 노력한다.

26
☐ **everything but the kitchen sink** 합리적으로 상상할 수 있는 거의 모든 것 [syn] every little thing, lock stock and barrel

We were only going to be camping for two nights, but she still insisted on bringing **everything but the kitchen sink** along with us.
우리는 이틀 밤만 캠핑을 할 예정이었지만, 그녀는 여전히 우리가 상상할 수 있는 거의 모든 것을 가져 오라고 고집을 부렸다.

27
☐ **evil twin** 불법 복제기, 도청 [syn] tap, wiretapping, bug

There was an **evil twin** operating at the coffee shop, and I was scammed with my credit card number.
그 커피숍에 작동 중인 불법 복제기가 있어서, 나는 내 신용카드 번호를 도용당했다.

28
☐ **excuse one's French** 부적절한 언어에 대해 사과하다 [syn] paradon one's language

A: John, don't use language like that in front of the kids.
B: Oops, **excuse my French**, everyone!
A: John, 아이들 앞에서 그런 언어를 사용하지 마세요.
B: 죄송합니다, 적절치 못한 말이었네요, 여러분!

29
☐ **face card** | 매우 중요한 사람이나 도구 | [syn] celebrity, dignitary

You can't park here — these spots are for **face cards** only.
이 장소는 귀빈 전용이기 때문에 당신은 여기에 주차할 수 없다.

30
☐ **face the music** | (자신의 행동에 대해) 벌을 받다, 비난을 받다 | [syn] be punished, take the penalty, suffer punishment

If we do nothing to curb this pollution, I guarantee we will **face the music** in the future.
이 오염을 억제하기 위해 아무것도 하지 않는다면, 나는 우리가 미래에 벌을 받을 것이라고 장담한다.

31
☐ **factory farming** | (공장 방식의) 농장 경영, 사육 | [syn] atrocious, barbarous, bitter, brutal, callous

I believe that **factory farming** is very cruel.
나는 공장형 농장이 매우 잔인하다고 생각한다.

32
☐ **be a far cry from** | ~와는 현저히 다르다 | [syn] contrasting, disparate, distant, distinct, distinctive

Living in the heart of New York City **is** certainly **a far cry from** living in the rural countryside.
뉴욕 시의 중심부에 사는 것은 시골 외곽에 사는 것과는 현저히 다르다.

33
☐ **fix one's wagon** | 꼼짝 마, 가만히 있어 | [syn] dominance, grip, authority, clasp

You think you can cheat me? I'll **fix your wagon**!
네가 나를 속일 수 있을 것 같아? 꼼짝 마!

34
☐ **feeding frenzy** | 치열한 경쟁, 먹잇감에 떼 지어 몰려듦 | [syn] championship, clash, fight

The media **feeding frenzy** that occurred when the actress slipped and fell on the red carpet was an embarrassment for journalists everywhere.
여배우가 레드 카펫에서 미끄러져 넘어졌을 때 치열하게 몰려든 언론 매체는 모든 언론인들을 당황시켰다.

35
☐ **fell off the back of a lorry** | 훔친 물건이다, 장물이다 | [syn] steal things, pinch, pilfer, lift

This wallet is **fallen off the back of a lorry**.
이 지갑은 훔친 물건이다.

36
☐ **field day** | 좋은 기회; 야외 행사, 운동회 | [syn] opportunity, freedom, hope

The press is going to have a **field day** if this story gets out.
이 이야기가 공개되면 언론은 아주 좋은 기회를 갖게 될 것이다.

37 **find one's feet**	자기 자리를 찾다	syn acceptable, advantageous, agreeable, available, beneficial, comfortable

It took a while, but I've finally **found my feet** in my job.
시간이 좀 걸렸지만, 나는 드디어 직장에서 내 자리를 찾았다.

38 **first among equals**	업계 1위, 동급 1위	syn matchless, number 1, paramount, out-of-sight, peerless

Riley is the best choice for that difficult project — she's **first among equals**.
그녀는 업계 1위이기 때문에 Riley는 그 어려운 프로젝트를 위한 최고의 선택이다.

39 **first world problem**	부유한 나라에서만 있을 법한 불편	

I just got back from a service trip to Haiti, and things I was worried about before I left just seem like **first world problems** now.
나는 방금 아이티에서 봉사활동을 마치고 돌아왔는데, 떠나기 전에 걱정했던 일들이 이제는 선진국만의 문제로 보인다.

40 **flight of fancy**	상상의 나래, 말도 안되는 생각, 실현될 것 같지도 않은 생각이나 제안	syn fantasy, fiction, hypothesis, imagination

Let me indulge in a small **flight of fancy**.
제가 조금만 상상의 나래를 펼쳐보게 해주세요.

해커스임용 JUMP **고급편**

DAY 40

해커스임용 도원우 · Sam Park 전공영어 기출보카 1800+

Daily Quiz

Choose the synonyms.

01. dial down	·	·	ⓐ matchless, number 1, paramount
02. dressed to the nines	·	·	ⓑ suit, full dress, dress up
03. elephant's trunk	·	·	ⓒ opportunity, freedom, hope
04. dry run	·	·	ⓓ fantasy, fiction, hypothesis, imagination
05. everything but the kitchen sink	·	·	ⓔ relax, ease, relieve, alleviate
06. face the music	·	·	ⓕ acceptable, advantageous, agreeable
07. field day	·	·	ⓖ rehearsal, habitude, manner, mode
08. find one's feet	·	·	ⓗ tipsy, bashed, befuddled, buzzed
09. first among equals	·	·	ⓘ be punished, take the penalty
10. flight of fancy	·	·	ⓙ every little thing, lock stock and barrel

Answer Key 01. ⓔ 02. ⓑ 03. ⓗ 04. ⓖ 05. ⓙ 06. ⓘ 07. ⓒ 08. ⓕ 09. ⓐ 10. ⓓ

DAY 40　329

Check Up

🚀 TOP 80 IDIOMS

⚬ DAY 36

- ☐ a bunch of fives
- ☐ a fish out of water
- ☐ a fool's paradise
- ☐ a foot in the door
- ☐ a load of codswallop
- ☐ a load of cobblers
- ☐ a lot on one's plate
- ☐ a piece of cake
- ☐ a pig in a poke
- ☐ a place in the sun
- ☐ a sea change
- ☐ a skeleton in the closet
- ☐ a stone's throw
- ☐ a toss-up
- ☐ about-face
- ☐ about time

⚬ DAY 37

- ☐ ace in the hole
- ☐ across the board
- ☐ Adam's ale
- ☐ against the clock
- ☐ all at sea
- ☐ all kidding aside
- ☐ all to cock
- ☐ all Greek to
- ☐ all thumbs
- ☐ an arm and a leg
- ☐ alphabet soup
- ☐ back seat driver
- ☐ back to square one
- ☐ bad hair day
- ☐ baker's dozen
- ☐ bag lady

⚬ DAY 38

- ☐ basket case
- ☐ be a sport
- ☐ bean counter
- ☐ bells and whistles
- ☐ binge-watch
- ☐ bite the dust
- ☐ bite one's tongue
- ☐ blood blister
- ☐ break a leg
- ☐ bricks and mortar
- ☐ buy the farm
- ☐ Brahms and Liszt
- ☐ brass monkey weather
- ☐ bring one's A-game
- ☐ brown bread
- ☐ buy a lemon

⚬ DAY 39

- ☐ can't think straight
- ☐ carbon footprint
- ☐ charley horse
- ☐ chase one's tail
- ☐ cherry ripe
- ☐ chew someone out
- ☐ china plate
- ☐ chow down
- ☐ close but no cigar
- ☐ cream-crackered
- ☐ cross one's fingers
- ☐ crunch time
- ☐ cry wolf
- ☐ currant bun
- ☐ cut corners
- ☐ daylight saving time

⚬ DAY 40

- ☐ designated driver
- ☐ dial down
- ☐ dog and bone
- ☐ donkey's years
- ☐ down to the wire
- ☐ dress to the nines
- ☐ eighty-six
- ☐ elbow grease
- ☐ dry run
- ☐ elephant's trunk
- ☐ evil twin
- ☐ face the music
- ☐ fix one's wagon
- ☐ feeding frenzy
- ☐ find one's feet
- ☐ flight of fancy

1. Choose proper synonyms with each word.

01. a thorn in one's flesh ·   · ⓐ board, chow, collation, cookout

02. across the board ·   · ⓑ from way back, hardened, inured, knows one's stuff

03. ain't one's first rodeo ·   · ⓒ complication, dilemma, dispute, headache, issue

04. all bark and no bite ·   · ⓓ threatening without action

05. all Greek to ·   · ⓔ buzz, contempt, derision, sibilation, bronx cheer

06. as high as a kite ·   · ⓕ baffling, impenetrable, inconceivable, mystifying

07. blow a raspberry ·   · ⓖ be enraptured, get intoxicated

08. blue plate special ·   · ⓗ authoritarian, autocratic, monolithic, oppressive

09. brown bread ·   · ⓘ erased, expired, extinct, gone

10. burn the midnight oil ·   · ⓙ work overtime at night, work after hours

2. Choose a proper word matching with translation.

01. My new neighbors blast music at all hours of the day and night — they're a real thorn in my (ⓐ **flesh** / ⓑ **favor**).
나의 새로운 이웃은 낮과 밤 내내 음악을 뿜어내서 그들은 정말 내 골칫거리이다.

02. Don't think I'll fall for that old trick. This isn't my first (ⓐ **ride** / ⓑ **rodeo**).
내가 그 오래된 속임수에 빠질 것이라고 생각하지 마세요. 나는 이미 그런 상황을 경험했기 때문에 더 이상은 속지 않아요.

03. I can't follow what your mom is talking about — it's like she's away with the (ⓐ **fly** / ⓑ **fairies**) all of a sudden.
나는 당신의 어머니가 말하는 것을 따를 수 없다. 그녀는 갑자기 약간 미친 것 같다.

04. If I take to the streets by myself people will just think I'm a (ⓐ **bag** / ⓑ **bad**) lady.
내가 혼자 거리를 걸으면 사람들은 내가 노숙자라고 생각할 것이다.

05. Since she was so popular and well-known within the walls of her small high school, Jennifer was used to being a big fish in a small (ⓐ **fond** / ⓑ **pond**).
Jennifer는 작은 고등학교 안에서 인기가 많고 유명했기 때문에, 그녀는 우물 안 개구리인 것에 익숙했다.

06. The media feeding (ⓐ **frenzy** / ⓑ **free**) that occurred when the actress slipped and fell on the red carpet was an embarrassment for journalists everywhere.
여배우가 레드 카펫에서 미끄러져 넘어졌을 때 치열하게 몰려 든 언론 매체는 모든 언론인들을 당황시켰다.

07. It took a while, but I've finally found my (ⓐ **hand** / ⓑ **feet**) in my job.
시간이 좀 걸렸지만, 나는 드디어 직장에서 내 자리를 찾았다.

08. Let me indulge in a small (ⓐ **flight** / ⓑ **flow**) of fancy.
제가 조금만 상상의 나래를 펼쳐보게 해주세요.

Answer Key

1. 01. ⓒ 02. ⓗ 03. ⓑ 04. ⓓ 05. ⓕ 06. ⓖ 07. ⓔ 08. ⓐ 09. ⓘ 10. ⓙ
2. 01. ⓐ 02. ⓑ 03. ⓑ 04. ⓐ 05. ⓑ 06. ⓐ 07. ⓑ 08. ⓐ

01 □ **flash around**	~을 과시하다	syn parade, show off
	Do you have to **flash** them **around**? 너는 꼭 그렇게 그것들을 과시해야만 해?	

02 □ **fixed in one's ways**	확고한	syn inflexible, unwilling to change
	You'll never convince him to change because he has become too **fixed in his ways** now. 그는 지금 그의 방식에 너무 확고하기 때문에 당신은 그를 결코 설득하지 못할 것이다.	

03 □ **flotsam and jetsam**	부랑자, 어중이떠중이; (바다를 떠다니는) 표류 쓰레기	syn the ruck, the rabble, every Tom, Dick and Harry
	Huddled in doorways on sees the **flotsam and jetsam** of humanity. 문간에 웅크리고 있는 부랑자들을 본다.	

04 □ **flea pit**	(허름한) 영화관, 더럽고 낡은 곳	syn dunghill
	If you really like Chloe, take her someplace nice, not to a **flea-pit** on the outskirts of town. 만약 당신이 정말 Chloe를 좋아한다면, 마을 외곽의 허름한 영화관이 아닌 좋은 곳으로 그녀를 데려가라.	

05 □ **flesh and blood**	혈육; (평범한, 정상적인) 인간	syn human being, mankind, mortal
	It's hard to think of these relatives that I've never met as **flesh and blood**. 나는 한 번도 만나 본 적 없는 이 친척들을 혈육으로 생각하기 어렵다.	

06 □ **fly off the handle**	버럭 화를 내다	syn get angry, lose one's temper
	Calm down. There's no need to **fly off the handle**. 진정해라. 그렇게 버럭 화를 낼 필요는 없다.	

07 □ **five-finger discount**	날치기, 절도	syn break-in, burglary, extortion
	Free if you use the **five-finger discount**. 훔치건 말건 알아서 해.	

08
☐ flog a dead horse

(이미 다 끝난 일을 두고) 헛수고를 하다

syn make a vain attempt, work in vain

We've all moved on from that problem, so there's no use **flogging a dead horse**.

우리는 그 문제를 모두 정리했기 때문에, 더 이상 헛수고할 필요가 없다.

09
☐ foam at the mouth

(입가에 거품이 일 정도로) 격노하다

syn rage, fury, violent anger, wrath, exasperation

The protesters had formed outside the courthouse, **foaming at the mouth** as the alleged murderer made his way up the steps.

그 시위대는 법정 밖에서 형성되어, 살인 피의자가 계단을 올라갈 때 입에 거품을 물 정도로 격노했다.

10
☐ food for thought

(깊이) 생각할 거리

syn affair, argument, concern, controversy, matter

Don't say like that. That is **food for thought**.

그렇게 말하지 마라. 그 일은 깊이 생각해 볼 일이다.

11
☐ fool's gold

빛 좋은 개살구, 겉만 그럴듯하고 실속이 없는 경우

syn all spin and no substance, window dressing

Don't invest in his latest wacky invention — no matter how great it seems, it will end up being **fool's gold** like all the others.

아무리 훌륭해 보이더라도 다른 모든 것들과 마찬가지로 끝내 빛 좋은 개살구로 끝나게 될 것이기 때문에, 그가 최근에 만든 엉뚱한 발명품에 투자하지 마시오.

12
☐ foot in the door

(성공하게 될 분야에) 발을 들여놓다

syn enter, penetrate

An internship might not sound very interesting, but it's a great way to get a **foot in the door** at this company.

인턴십이 별로 흥미롭게 들리지 않을 수도 있지만, 이 회사에 발을 들여 놓을 수 있는 훌륭한 방법이다.

13
☐ frog and toad

도로

syn street, road, artery, avenue, boulevard, course, drive

I think we'd better hit the **frog and toad** if we want to make it on time.

우리가 제시간에 도착하고 싶다면, 내 생각에는 도로를 따라가는 게 좋을 것 같다.

14
☐ fuddy-duddy

구식, 구식의 사람

syn backward-looking, outdated, conservative, earlier generation

Brenda's friends call her an old **fuddy-duddy** because she never stays out past 9 o'clock at night.

그녀가 밖에서 머무르는 시간이 절대 밤 9시를 넘지 않기 때문에 Brenda의 친구들은 그녀를 구식 이라고 부른다.

15
☐ Full Monty

(필요한) 모든 것, 발가벗은 몸뚱이　　[syn] bald, bare, defenseless, exposed

I was so embarrassed because I was still in the **Full Monty** after my shower when Pete walked in on me.

Pete가 나에게 걸어올 때 나는 샤워 후 여전히 벌거벗고 있었기 때문에 매우 당황스러웠다.

16
☐ full of bull

헛소리, 난센스　　[syn] absurdity, babble, baloney, bunk, drivel

You can't believe a word that guy says — he's **full of bull**.

그는 완전히 헛소리 그 자체이기 때문에 당신은 그 남자가 하는 말은 한마디도 믿을 수 없을 것이다.

17
☐ funny farm

정신병원　　[syn] psychiatric hospital, loony bin, mental hospital, insane asylum

If I don't take a vacation soon, I'll be headed to the **funny farm**.

빨리 휴가를 가지지 않는다면, 나는 정신병원에 가게 될 것이다.

18
☐ gender bender

1. 성 전환자, 트렌스젠더,　　[syn] 1. transsexual, transvestite
2. (전기 커넥터의) 암수 변환기　　2. transformal, socket

Tom works as an accountant during the week, but he has a performance routine as a **gender bender** on the weekend.

Tom은 주중에는 회계사로 일하지만, 주말마다 성 전환자로서의 공연이 있다.

19
☐ George Raft

외풍, 공기의 흐름　　[syn] air, blast, breeze, cyclone, gale

Can we switch seats? There's a **George Raft** over here, and I'm freezing!

우리 서로 좌석을 바꿀 수 있을까요? 여기 외풍이 들어와서, 얼 것 같아요!

20
☐ get a gold star

(어떤 일을 한 것에 대해) 칭찬을 받다,　　[syn] accolade, citation, decision, 상을 받다　　donation, endowment

The company is **getting a gold star** from Wall Street investors following its recent financial restructuring.

이 회사는 최근의 재무 구조조정에 대해 월 스트리트 투자자들로부터 칭찬을 받고 있다.

21
☐ get a word in edgewise

옆에서 한마디 하다　　[syn] hint, tip, kibitz

She talked so fast I couldn't even **get a word in edgewise**.

그녀가 말을 너무 빨리 계속해서 나는 옆에서 한마디 말할 틈조차 없었다.

22
☐ get over it

견뎌내다, 극복하다, 이겨내다　　[syn] taken, at a loss for words, blown-away, bowled-over

I'm going to marry him whether you want me to or not. Just **get over it**!

당신이 원하든 원하지 않든 나는 그와 결혼할 것이다. 그냥 견디세요!

23
☐ **get off on the wrong foot**

시작이 잘못되다, 잘못 시작하다

[syn] misdeed, mistake, slight, transgression, violation

I know we **got off on the wrong foot** when I was a half hour late to the interview, but I promise that I will always be on time once I start working here.

면접에 30분 늦었을 때 시작이 잘못 되었다는 것을 알지만, 일단 여기서 일을 시작하면 항상 제시간에 맞출 것이라고 나는 약속한다.

24
☐ **get out of hand**

과해지다, 감당할 수 없게 되다

[syn] rebellious, uncontrollable, unruly, ungovernable, unmanageable

If your party **gets out of hand**, the neighbors will call the police.

만약 파티가 너무 과해지면, 이웃이 경찰에 신고할 것이다.

25
☐ **get out of the wrong side of the bed**

꿈자리가 나쁘다

[syn] prophetic, sinister, threatening, augural, baleful

I'm sorry I snapped at you earlier. I think I just **got out of the wrong side of the bed** today.

아까 일찍 전화해서 미안하다. 내 생각에 오늘은 꿈자리가 나쁜 것 같다.

26
☐ **give the benefit of the doubt**

(그렇지 않음을 증명할 수 없어서) ~의 말을 믿어 주다

[syn] understand, accredit, affirm, buy, conceive

You're my sister! Can't you **give** me **the benefit of the doubt**, instead of believing the worst about me right away?

넌 내 동생이잖아! 나에 대한 최악의 상황을 바로 믿어버리는 대신에 그저 의심하지 않고 나를 믿어 줄 수 없어?

27
☐ **give the slip**

~를 따돌리다, 빠져나가다

[syn] bypass, circumvent, deceive, dodge, elude

The burglar **gave** us **the slip**, but we're still in pursuit.

강도가 우리를 따돌렸지만, 우리는 계속 추적 중이다.

28
☐ **go cold turkey**

(갑자기) 끊다, 그만두다

[syn] surrender, vacate, withdraw, abdicate, blow

I had to **go cold turkey** on chocolate because of my health condition.

나는 내 건강 상태 때문에 갑자기 초콜릿을 끊어야만 했다.

29
☐ **go belly up**

완전히 망하다

[syn] break, destitute, fail, insolvent

It looks like our co-op might be **going belly-up** if we aren't granted a license for our communal work premises.

만약 우리가 공동 사업장에 대한 면허를 승인받지 못한다면, 우리의 협동 조합은 완전히 망할 것 같아 보인다.

30
□ **get one's head around**

(도전적이거나 혼란스러운 것을) 이해하다

syn learn, master, perceive, read, realize

It took a while, but I've finally **gotten my head around** this chapter in my calculus textbook.

시간이 꽤 걸렸지만, 나는 마침내 내 적분 교과서에 있는 이번 단원을 이해하게 되었다.

31
□ **ginger beer**

동성애, 동성애자

syn bisexuality, lesbianism

Do not ask him on a date, Sheila — he's definitely **ginger beer**.

그는 확실히 동성애자니까 그에게 데이트 신청 하지 마, Sheila.

32
□ **give someone an inch and someone will take a mile**

(만족하지 않고) 계속 욕심을 부리다, 득롱망촉

syn displeasure, regret, restlessness, uneasiness, unhappiness

If you let the kids stay up later on the weekends, they'll want to do it all the time. **Give them an inch and they'll take a mile.**

아이들을 주말에 늦게 일어나게 하면, 아이들은 항상 그렇게 하고 싶어할 것이다. 아이들에게 약간의 여지를 주면 계속 더 욕심을 부릴 것이다.

33
□ **go down like a lead balloon**

완전한 실패 또는 불쾌감을 유발하다

syn annoying, bothersome, disturbing, provoking, trying

A: How do you think people will react to the lack of bonuses this year?
B: Oh, that news will **go down like a lead balloon**!

A: 올해 보너스가 없으면 사람들이 어떻게 반응할 것 같나요?
B: 오, 그 소식은 완전히 불쾌하게 만드네요!

34
□ **go for broke**

무언가에 최선을 다하다, 모든 것을 쏟아붓다, 이판사판

syn double or nothing

We have to **go for broke** with this marketing campaign if we want our product launch to be successful.

제품 출시가 성공하기를 원한다면 이 마케팅에 우리는 최선을 다해야 한다.

35
□ **go out on a limb**

(증거나 지원이 부족한) 행동을 하거나 말하다

syn imply, insinuate, intimate, point, refer

She really **went out on a limb** with that hypothesis — the facts don't support it at all.

진실들은 그 가설을 전혀 지지하지 않기 때문에, 그녀는 정말로 증거가 없는 가설을 내세우는 것이다.

36
□ **go the extra mile**

(~을 위해) 특별히 애를 쓰다

syn aspire, bid for, strive, take pains, undertake, address

Our lawyer really **went the extra mile** in making sure every aspect of our case was watertight.

우리의 변호사는 우리 사건의 모든 측면에 빈틈이 없다는 것을 확인하는 데 정말 특별히 애를 썼다.

37
☐ **go to hell in a handbasket**

점점 더 나쁘거나 파멸적인 상태로 가다

[syn] keep on worsening, be steadily getting worse

With the way he's running things, the company is **going to hell in a handbasket.**
그가 일을 진행하는 방식으로 인해, 회사는 점점 더 나쁜 상황으로 가고 있다.

38
☐ **good to go**

준비된, 목적에 적합한

[syn] ready, accomplished, adequate, capable, certified, competent

We can start the debate if you're both **good to go.**
둘 다 준비가 됐다면 우리는 이제 토론을 시작할 수 있다.

39
☐ **graveyard shift**

늦은 밤에 발생하는 근무 교대

[syn] transformation, variation, bend, changeover, deflection

I'm a morning person, so I could never work the **graveyard shift** like you do.
나는 아침형 인간이라서, 절대 당신처럼 야간 교대근무를 할 수 없다.

40
☐ **greasy spoon**

(작고 값싼) 싸구려 식당, 튀긴 음식을 제공하는 식당

[syn] bar, cafeteria, coffee shop, diner, dining room

Every time I go on a road trip, I make it a point to stop at a **greasy spoon** for at least one of my meals.
도로 여행을 갈 때마다, 적어도 한 끼 식사를 위해서 나는 작은 싸구려 식당에 들러야만 한다.

Daily Quiz

Choose the synonyms.

01. flotsam and jetsam ·	· ⓐ the ruck, the rabble, every Tom
02. food for thought ·	· ⓑ bar, cafeteria, coffee shop, diner
03. Full Monty ·	· ⓒ affair, argument, concern, controversy
04. get a gold star ·	· ⓓ keep on worsening
05. go belly up ·	· ⓔ bald, bare, defenseless, exposed
06. get one's head around ·	· ⓕ imply, insinuate, intimate, point, refer
07. go for broke ·	· ⓖ accolade, citation, decision, donation
08. go out on a limb ·	· ⓗ learn, master, perceive, read, realize
09. go to hell in a handbasket ·	· ⓘ double or nothing
10. greasy spoon ·	· ⓙ break, destitute, fail, insolvent

Answer Key 01. ⓐ 02. ⓒ 03. ⓔ 04. ⓖ 05. ⓙ 06. ⓗ 07. ⓘ 08. ⓕ 09. ⓓ 10. ⓑ

01 ☐ **Great minds think alike**	두 사람이 동시에 같은 생각을 함, 위대한 사람들이 가지는 같은 생각	

We both brought the same gift to Sarah's party. **Great minds think alike**.
우리는 둘 다 Sarah의 파티에 똑같은 선물을 가져왔다. 역시 우리는 같은 생각을 했다.

02 ☐ **Great scott**	(감탄사로) 이런, 어머	[syn] amazement, astonishment

Great Scott, and I think we've finally blown the case wide open.
이런, 나는 결국 드디어 터질 일이 터졌다고 생각한다.

03 ☐ **Gregory Peck**	목	[syn] neck, scruff

Here, take a scarf! It's too cold to go out with your **Gregory Peck** bare.
여기, 스카프 가져가세요! 목을 드러내고 외출하기에는 너무 추워요.

04 ☐ **grin like a Cheshire cat**	(괜히) 히죽히죽 웃다	[syn] simper, look amused

Perfect service, happily paid for and **grined like a Cheshire cat**.
서비스가 완벽해서, 기분 좋게 지불하고 괜히 히죽히죽 웃었다.

05 ☐ **hair of the dog**	숙취해소 음료	[syn] hangover cures

All that beer has left me feeling terrible this morning. The only cure is the **hair of the dog**, I guess.
맥주 때문에 오늘 아침에 컨디션이 좋지 않았다. 유일한 치료법은 숙취해소 음료를 마시는 것 같다.

06 ☐ **half-inch**	무언가를 몰래 훔치는 것	[syn] break-in, burglary, extortion

If mom finds out you **half-inched** that lipstick, you'll be in so much trouble!
네가 그 립스틱을 반쯤 몰래 썼다는 사실을 엄마가 알게 된다면, 너는 크게 혼날 거야!

07 ☐ **ham it up**	허풍을 떨다, 과장된 행동을 하다	[syn] exaggerate, overstate, magnify

He's not a good actor. He likes to **ham it up**.
그는 좋은 배우가 아니다. 그는 허풍을 떠는 것을 좋아한다.

08
☐ **hat trick**

헤트트릭, 3개의 골, 3번의 우승   syn trilogy, trinity, trio, triplet

Julia has been playing the best golf of her life this year, and she is poised to secure a **hat trick** if she wins the Ladies European Tour next month.
Julia는 올해 자신의 인생 중 최고의 골프 경기를 보여주고 있으며, 다음 달에 있을 유럽 여자 프로골프 투어에서 우승한다면 그녀는 헤트트릭을 확보할 준비가 되어 있다.

09
☐ **have a blast**

아주 즐거운 한때를 보내다   syn buffoonery, cheer, clowning, diversion, entertainment

The kids are **having a blast** running around the beach all day.
아이들은 하루 종일 해변을 뛰어다니며 아주 즐거운 시간을 보내고 있다.

10
☐ **have a Captain Cook**

주시하다, 보다   syn tab, view, close-up, eagle eye, long hard look, perlustration

I think you better **have a Captain Cook** at this — the entire file has been deleted.
파일 전체가 삭제되어서, 나는 당신이 이것에 대해 주시하는 것이 좋을 것 같다고 생각한다.

11
☐ **head over heels**

매혹되다   syn grab, hook, induce, inveigle, lure

We used to be **head over heels**, but now we just annoy each other most of the time.
우리는 한때 서로에게 매혹되었지만, 이제는 거의 대부분 시간에 서로가 서로를 짜증나게 한다.

12
☐ **hear on the grapevine**

소문을 통해 정보를 얻다   syn be all ears, become aware, get an earful, get wind of

I **heard on the grapevine** that Stacy and Mark are getting a divorce.
우연히 소문을 통해 Stacy와 Mark가 이혼한다는 소식을 들었다.

13
☐ **heebie-jeebies**

불안함, 두려움, 걱정   syn shakes, shiver, tenseness, worry, tremble

I always get the **heebie-jeebies** when I walk through a graveyard.
나는 공동묘지를 지나갈 때 항상 불안함을 느낀다.

14
☐ **hell-bent**

(결과는 아랑곳없이) ~할 작정인   syn reserve, scheme, signify, spell, strive

She's **hell-bent** on coming here for Thanksgiving, so we better clean the guest room.
그녀가 추수감사절에 무모하게도 여기로 올 작정이어서, 우리는 손님 방 청소를 해두는 것이 좋을 것 같다.

15 ☐ **heart skips a beat**	마음이 울렁거리다	syn be fascinated, be enthralled, be captivated
	When I watch her dance, my **heart skips a beat**. 그녀가 춤추는 것을 보면, 나의 마음이 울렁거린다.	

16 ☐ **hide in plain sight**	(눈에 띄지 않도록) 평범한 곳에 숨기다	syn but actually not hidden and easy to find, seemingly hidden
	I **hide** my candy **in plain sight**—I just put it in that old, empty coffee can on the counter! 계산대에 있는 오래된 빈 커피 캔에 그걸 넣어서, 나는 내 사탕을 눈에 잘 띄지 않게 평범한 곳에 숨겼다.	

17 ☐ **high and mighty**	거만한	syn cavalier, contemptuous, imperious, indifferent, snobbish
	How can you act so **high and mighty** after all the mistakes you've made? 당신은 당신이 저지른 모든 실수들 이후에 어떻게 그렇게 거만할 수 있습니까?	

18 ☐ **high on the hog**	사치스럽게	syn luxuriously, extravagantly, in a luxurious style
	They've been living **high on the hog** ever since David won the lottery. 그들은 David가 복권에 당첨된 이래로 사치스럽게 살고 있다.	

19 ☐ **hit the books**	책과 씨름하다, 열심히 공부하다, 벼락치기로 공부하다	syn study hard, cram
	You better **hit the books** if you want to pass your exam on Friday. 당신은 금요일에 있을 시험에 합격하려면, 열심히 책과 씨름하는 것이 좋다.	

20 ☐ **hit the hay**	잠자리에 들다, 자다	syn hit the sack
	I have to get up early for work tomorrow, so I think I'd better **hit the hay**. 나는 내일 일하러 가기 위해 일찍 일어나야 하니, 잠자리에 드는 게 좋을 것 같다.	

21 ☐ **hit the nail on the head**	정곡을 찌르다, 정확히 맞는 말을 하다	syn hit the mark, hit the target
	You really **hit the nail on the head** with that answer. 당신은 정말 정곡을 찌르는 제대로 된 대답을 했다.	

22 ☐ **hindsight is 20/20**	때 늦은 지혜, 소 잃고 외양간 고치기	syn delayed, dilatory, gone, held up, eleventh-hour
	Absolutely correct, but **hindsight is** always **20/20**. 정확히 옳지만, 이미 소 잃고 외양간 고치는 격이다.	

23
☐ **Hobson's choice** 선택의 여지가 없음

> [syn] critical, delicate, intricate, knotty, precarious

A: This rental car is terrible.
B: Well, do you want to walk all the way from the airport to the hotel? It was **Hobson's choice.**

A: 이 렌터카는 끔찍해요.
B: 그럼, 공항에서 호텔까지 걸어서 갈래요? 선택의 여지가 없어요.

24
☐ **hold one's horses** 기다리다, 인내하다

> [syn] wait, halt, hold, endure

I know you're excited to see the prototype, but you all just need to **hold your horses** while we get set up.

당신이 원형 시제품을 보게 되어 기쁘다는 것을 나는 알고 있지만, 우리가 준비를 완료하는 동안에 당신에게 필요한 전부는 기다리는 것뿐이다.

25
☐ **holy cow** 놀람·곤혹 따위를 나타내는 외침; 이런, 저런

> [syn] oh, ouch

Holy cow! What was that?
이런! 저게 뭐였지?

26
☐ **hot potato** 민감한 문제, 뜨거운 감자

> [syn] matter, point, problem, subject

The political candidate knew the issue was a **hot potato**, so he deferred to his chief of staff, who directed questions to the committee chairperson.

정치인은 그 문제가 민감한 문제라는 것을 알고 있었기 때문에, 위원회 위원장에게 질문을 던진 참모 본부장에게 결정을 미루었다.

27
☐ **hot under the collar** 난처한, 당혹한; 화가 난

> [syn] ashamed, abashed, disconcerted, flustered

He got very **hot under the collar** when I asked him where he'd been all day.

내가 그에게 하루 종일 어디 있었는지 묻자 그는 몹시 난처해했다.

28
☐ **if it is not one thing, it is another** 나쁜 일은 연속으로 발생한다

If it's not one thing, it's another this year, between losing my job, breaking my ankle, and having the basement flooded.

실직하고, 발목이 부러지고, 지하실이 침수되는 것과 같이 올해는 정말 나쁜 일이 계속 일어난다.

29
☐ **in cahoots with** (누군가와) 비밀스럽거나 음모적인 협력 중인

> [syn] scheme, sedition, treason, cabal, confederacy

It turned out that the business tycoon was **in cahoots with** local law enforcement to have the investigation dropped.

업계 거물이 조사를 중단시키기 위해 현지 법 집행 기관과 음모적 협력을 한 것으로 밝혀졌다.

30 ☐ **in a nutshell**	요약하자면, 간결하게 말하자면	syn in brief, in short, succinctly, summarily, to sum things up

In a nutshell, the app helps you to plan parties.
요약하자면, 이 앱은 파티를 계획하는 데 도움이 된다.

---

31 ☐ **jump on the bandwagon**	(성공·인기에) 편승하다	syn take advantage of

I can't stand these people who just **jump on the bandwagon** after a win.
나는 우승 후에 인기에 그저 편승하려는 사람들을 참을 수 없다.

---

32 ☐ **jump the shark**	(이야기의 전개를 바꿔서) 하락세를 만회하고자 하다	

The governor was accused of **jumping the shark** during his re-election campaign by joining in with the cheerleading squad at his former high school's football game.
주지사는 그의 출신 고등학교 축구 경기에서 응원 팀에 합류함으로써 재선 기간 동안의 하락세를 만회하고자 한 혐의로 기소되었다.

---

33 ☐ **just deserts**	응분의 대가, 벌	syn beating, discipline, forfeiture, retribution, sanction

The CEO cheated his clients out of nearly $4 million, but he got his **just deserts** when he was stripped of everything he owned and sent to prison.
최고 경영자는 거의 4백만 달러에 달하는 금액에 대해 그의 고객들을 속여서, 그가 소유한 모든 것을 빼앗기고 감옥에 갔을 때 그는 응분의 대가를 받은 것뿐이다.

---

34 ☐ **keep an eye on**	주의를 기울이다, 경계하다	syn sustain, administer, attend

You need to **keep your eye on** the soup so that it doesn't bubble over.
거품이 생겨 넘치지 않도록 수프에 주의를 기울여야 한다.

---

35 ☐ **keep at bay**	막다, 접근시키지 않다, 저지하다	syn hold off, stop, block, hold back

During my college years, the only things I had to **keep** hunger **at bay** were beans, rice, and plain pasta.
나의 대학 시절에, 배고픔을 막을 수 있는 유일한 것은 콩, 쌀, 평범한 파스타뿐이었다.

---

36 ☐ **keep body and soul together**	간신히 연명하다	syn survive, bear, endure, exist

I had to ask my parents to loan me money because, thanks to those hospital bills, I don't even have enough to **keep body and soul together**.
병원비 때문에 간신히 연명하기에도 충분한 돈이 없어서, 부모님께 돈을 빌려 달라고 해야 했다.

37 ☐ **keep one's chin up**	기운 내다	syn comfort, encourage, enliven, gladden, inspirit

Come on, the project was not a total failure — **keep your chin up**!
힘내자, 프로젝트가 완전히 실패한 것은 아니야, 기운 내!

38 ☐ **Khyber pass**	힘든 길목; 카이버 고개(파키스탄과 아프카니스탄을 잇는 주요 산길)	

It's icy out there, so take it slow, or you'll end up on your **Khyber Pass**!
밖이 얼어있으니, 천천히 가지 않으면 엄청 힘들 거야!

39 ☐ **knock it off**	그만하다, 집어치우다	syn depart, drop, drop out, give up, go

Knock it off! I can't hear what he's saying on the phone.
그만해! 그가 전화로 무슨 말을 하는지 못 알아듣겠어.

40 ☐ **kill two birds with one stone**	일석이조, 꿩 먹고 알 먹고	syn profitable, skilled, skillful, tough, useful

I might as well **kill two birds with one stone** and drop off my tax forms while I'm at the mall for the computer part I need.
쇼핑몰에서 내가 필요한 컴퓨터 부품을 사면서 세금계산서도 제출하면 일석이조가 될 것 같다.

Daily Quiz

Choose the synonyms.

01. Great scott ·
02. half-inch ·
03. have a blast ·
04. head over heels ·
05. hear on the grapevine ·
06. hell-bent ·
07. hide in plain sight ·
08. hit the hay ·
09. hot potato ·
10. in a nutshell ·

· ⓐ buffoonery, cheer, clowning, diversion
· ⓑ reserve, scheme, signify, spell, strive
· ⓒ matter, point, problem, subject
· ⓓ seemingly hidden
· ⓔ in brief, in short, succinctly, summarily
· ⓕ break-in, burglary, extortion
· ⓖ hit the sack
· ⓗ be all ears, become aware, get an earful
· ⓘ grab, hook, induce, inveigle, lure
· ⓙ amazement, astonishment

Answer Key 01. ⓙ 02. ⓕ 03. ⓐ 04. ⓘ 05. ⓗ 06. ⓑ 07. ⓓ 08. ⓖ 09. ⓒ 10. ⓔ

01 ☐ **knee-jerk reaction**	뻔한 반응, 예상대로의 반응	[syn] feedback, reply, return

Unsurprisingly, there has been a **knee-jerk reaction** from many parents to have the book banned from schools.
아니나 다를까, 학교에서 그 책을 금지하는 많은 부모들로부터의 뻔한 반응이 있었다.

02 ☐ **don't know someone from Adam**	완전히 모르는 사람이다, 그 사람 성도 모른다	

Don't ask me. I **don't know him from Adam**.
나한테 묻지 마. 난 그 사람에 대해 아무 것도 몰라.

03 ☐ **kick the can down the road**	문제를 뒤로 미루다	[syn] delay, postpone, put off, put back, hold on, defer

Don't **kick the can down the road** if you have plenty of time today.
오늘 시간이 많다면 문제를 뒤로 미루지 말아라.

04 ☐ **knock on wood**	(불길함을 떨치기 위해) 나무 막대기 등을 두드리며 주문을 외우다	[syn] spell, incantation

Hopefully, **knock on wood**, we'll continue to avoid sickness this winter.
바라건대, 나무를 두드리며 주문을 외우면, 우리는 이번 겨울에도 계속 질병을 피할 수 있을 것이다.

05 ☐ **know the ropes**	요령을 알다	[syn] hunch, impulse, inclination

I know it's a lot to take in right now, but you'll get to **know the ropes** soon enough.
지금 당장 해야 할 일이 많다는 것을 알고 있지만, 당신은 곧 요령을 충분히 알게 될 것이다.

06 ☐ **lame duck**	(재선이 안 될) 퇴임을 앞둔 정치인	[syn] holdover, incumbent, loser, weak administration, weakling

The company started as a **lame duck** that was saved by an innovative entrepreneur who decided to take some risks and go in a new direction.
회사는 약간의 위험을 감수하고 새로운 방향으로 나아가기로 결정한 혁신적인 기업가에 의해 구조된 퇴임을 앞둔 정치인으로 시작했다.

07

☐ **last but not least**

목록에서 마지막으로 언급되었지만
중요하지 않은 것이 아닌

And **last but not least**, our stalwart IT staff. This issue never would have been published without them!

그리고 마지막 순서로 소개하지만 정말 중요한 우리의 충실한 IT 직원을 소개합니다. 이번 발행본은 그들 없이는 결코 출판되지 않았을 것입니다!

08

☐ **likely story**

그럴듯한 이야기   syn fiction, fabrication

That's a **likely story**.
그건 그럴듯한 이야기이다.

09

☐ **lend one's ear**

누군가의 말을 주의 깊게 듣다   syn carefulness, caution, cognizance

Even if you disagree with someone, you should still **lend** them **your ear** and try to understand their point of view.

다른 사람의 의견에 동의하지 않더라도, 계속 귀를 기울이고 그들의 관점을 이해하려고 노력해야 한다.

10

☐ **let bygones be bygones**

과거는 잊다

I said I was sorry. Can't we **let bygones be bygones**?
미안하다고 했잖아. 과거를 그냥 잊을 수는 없을까?

11

☐ **let sleeping dogs lie**

상황을 내버려 두다   syn fired, laid-off, released, sacked

Don't mention that fight they had months ago — **let sleeping dogs lie**!
몇 달 전에 그들이 싸웠던 것은 말하지 말고, 상황을 그냥 내버려 둬!

12

☐ **let the cat out of the bag**

(무심코) 비밀을 흘리다   syn leak, notify, proclaim, unfold

How did mom find out we were planning a surprise party for her? Who **let the cat out of the bag**?
우리가 엄마를 위해 깜짝 파티를 계획하고 있다는 것을 엄마는 어떻게 알았을까? 누가 비밀을 흘렸지?

13

☐ **let one's hair down**

경계심을 풀다   syn fancy, go, mind, be entertained

Come on, Jim, this is a party! **Let your hair down** and go a little wild!
어서, Jim, 이건 파티야! 경계를 풀고 좀 화끈하게 즐겨!

14

☐ **level playing field**

공평한 경쟁의 장   syn impartial, lawful, legitimate, objective, principled

A handicap in golf serves to create a **level playing field** between players of varying degrees of skill.
골프의 핸디캡은 다양한 수준의 기술을 가진 선수들 사이에 공평한 경쟁의 장을 만드는 역할을 한다.

15
☐ like a chicken with its head cut off

부주의하게, 정신없이　　　　　syn forgetful, hasty, inaccurate

Instead of running around **like a chicken with its head cut off**, make a list of items you need to finish and then work on them in order.

부주의하게 급하게 하는 대신, 마무리해야 할 항목들의 목록을 작성한 다음 순서대로 작업해라.

16
☐ link rot

(없어져서) 사용할 수 없게 된 웹 페이지

A word of advice to any up-and-coming bloggers or Internet writers in general — don't litter your writing with links to external sources because **link rot** will inevitably set in.

전도유망한 블로거나 인터넷 작가들에게 조언 한 마디를 하자면, 불가피하게 없어지는 인터넷 링크가 생길 것이기 때문에 외부 자료에 대한 링크로 글을 망가뜨리지 마시오.

17
☐ link farm

다른 웹사이트로 연결해주는 웹 사이트

Are **link farms** considered a form of spam?

다른 웹사이트로 연결시켜주는 웹 사이트는 스팸의 한 형태로 간주되는가?

18
☐ liquor someone up

술을 마시다　　　　　syn refreshment, sip, draft, gulp

I hadn't intended to **liquor us** all **up** over dinner, but I had the wine there and thought I might as well open it all.

저녁을 먹으면서 우리가 술을 마시는 것은 의도하지 않았지만, 거기에서 와인을 마시면서 모든 것을 다 이야기하는 것이 좋겠다고 나는 생각했다.

19
☐ lone it

혼자 하다, 혼자 가다　　　　　syn solitary, singular, individual, particular, remote

They asked him to go to the movies together, but he decided to **lone it**.

그들은 그에게 같이 영화 보러 가자고 했지만, 그는 혼자 있기로 결정했다.

20
☐ long in the tooth

아주 늙은　　　　　syn aged, ancient, decrepit, elderly

The donkey **long in the tooth** walked very slow.

그 아주 늙은 당나귀는 매우 느리게 걸어갔다.

21
☐ loaf of bread

죽은　　　　　syn buried, deceased, late, lifeless

Don't worry, the informant will be a **loaf of bread** by the time Ray's finished the mission.

Ray가 그 임무를 끝내면 정보원은 죽게 될 것이니까 걱정하지 마세요.

22
☐ look forward to something

~을 고대하다　　　　　syn assume, await, count on, foresee

You can **look forward to something** special today.

당신은 오늘 좀 특별한 것을 고대해도 좋다.

23
☐ **loosen up**

(운동을 하기 전에) 몸을 풀어 주다

syn lie down, recline, sit back, take it easy, unwind

Stop acting so nervous and **loosen up**.
너무 초조해 하지 말고 몸을 풀어줘라.

24
☐ **lose one's head**

이성을 잃다, 흥분하다

syn annoyed, bitter, enraged, exasperated, furious

I **lost my head** out there. There's no excuse for what I said.
나는 거기서 이성을 잃었다. 내가 말했던 것에 대한 변명의 여지가 전혀 없다.

25
☐ **lose touch**

(~와) 연락이 끊어지다

syn cut off, detach, disengage, sever, abstract

Unfortunately, my college roommate and I **lost touch** over the years, so I have no idea how she's doing now.
안타깝게도, 대학 시절 룸메이트와 나는 수년에 걸쳐 연락이 끊어졌기 때문에, 나는 지금 그녀가 어떻게 지내고 있는지 전혀 모른다.

26
☐ **mea culpa**

나의 잘못, 나의 실수

syn aberration, blunder, confusion, fault, gaffe

You're right, I should have done more thorough research before making such bold accusations. **Mea culpa**!
당신 말이 맞아요, 저는 그런 과감한 비난을 하기 전에 더 철저한 조사를 했어야 했어요. 제 잘못이에요!

27
☐ **many happy returns**

귀환

syn recoiling, recompense, recompensing, recrudescence, recurrence

Hey Jack, **many happy returns**! Are you going to do anything special to celebrate the occasion?
안녕, Jack, 귀환을 축하해요! 이 일을 기념하기 위해 특별한 무언가를 할 건가요?

28
☐ **man cave**

(주택의 지하·작업장 등) 혼자서 공구를 사용하고 작업을 할 수 있는 공간

syn agitpunkt, hideout, hiding place, safe house

My husband is watching the football game in his **man cave** right now.
내 남편은 지금 그의 지하 작업실에서 축구 경기를 보는 중이다.

29
☐ **mellow yellow**

마약

syn medicine, narcotic, pharmaceutical, pill, poison

I had a real bad trip on **mellow yellow** last time — I'll never do drugs again.
나는 지난번에 마약으로 무서운 경험을 했기 때문에, 다시는 마약을 하지 않을 것이다.

30 ☐ **make a scene**	소란을 피우다, 야단법석을 떨다	syn chaos, clutter, confusion, disarray

Jonn **made a scene** in the store when they refused to refund him for the broken mobile phone.
그들이 고장난 휴대폰에 대해 그에게 환불을 거부했을 때, John은 매장에서 소란을 피웠다.

31 ☐ **make no bones about**	~을 숨기려 하지 않다, 솔직히 말하다	syn do not care, do not mind, make oneself plain

He **makes no bones about** having come from a wealthy family.
그는 부유한 가정의 출신인 것을 숨기려 하지 않는다.

32 ☐ **mad as a hatter**	몹시 화난, 아주 미친	syn absurd, delirious, demented, fantastic, frantic

He's always **mad as a hatter**.
그는 언제나 몹시 화를 내고 있다.

33 ☐ **men in suits**	영향력·권위·돈 등을 가진 사람	

Professional soccer players get paid a lot, but it's a pittance compared to the amount of money they make the **men in suits** who control the league.
프로 축구선수들은 돈을 많이 받지만, 리그를 지배하는 영향력 가진 선수들이 받는 돈에 비하면 아무것도 아니다.

34 ☐ **method to one's madness**	(다른 사람에게는 어리석은 것처럼 보일지라도) 자신만의 방식	syn oneness, singleness, singularity, unlikeness, anotherness

You may have **method to your madness**, but these radical changes to the business could still prove catastrophic.
당신이 당신만의 방법을 갖고 있을지도 모르겠지만, 사업에 대한 이러한 급격한 변화는 여전히 재앙적일 수 있다.

35 ☐ **mince pies**	사람의 눈	syn belief, conviction, discernment, discrimination, perception

You need to see this thoroughly with your own **mince pies** — you'll never believe it otherwise.
그렇지 않으면 결코 믿을 수 없을 것이기 때문에, 당신은 당신의 눈으로 이것을 면밀히 볼 필요가 있다.

36 ☐ **mind one's language**	(무례한 언어를 사용하지 않도록) 말조심하다, 유의해서 말하다	syn civility, kindness, charm, culture, refinement

You **mind your language**, or you'll be grounded for the weekend!
너 말조심해, 그렇지 않으면 너 주말 동안 외출금지될 거야!

37 □ **middle of nowhere**	(마을 등에서) 멀리 떨어진 곳	syn distant, far-flung, far-off, faraway, inaccessible

She lives on a small farm in the **middle of nowhere**.
그녀는 마을에서 멀리 떨어진 작은 농장에서 산다.

38 □ **miss the boat**	기회를 놓치다	syn let a chance slip through one's fingers, miss an opportunity

If you don't call the recruiter back right away, you're going to **miss the boat**.
신입 모집 담당자에게 지금 당장 다시 전화하지 않으면, 당신은 기회를 놓칠 것이다.

39 □ **mumbo jumbo**	이해할 수 없을 정도로 무의미하거나 지나치게 복잡한 말이나 글	syn Illegible, impenetrable, incomprehensible, indecipherable, meaningless

Look, just skip the legal **mumbo jumbo** and tell me how much I'll be inheriting.
있잖아, 이해할 수 없는 어려운 용어들은 생략하고 내가 얼마나 물려 받을지 말해줘.

40 □ **mum's the word**	(상대방만 알고 있어야 하는) 비밀	syn vow, oath, pledge

Now, I don't want anyone to know that I'm pregnant yet, so **mum's the word**.
지금은 아직 내가 임신했다는 사실을 그 누구에게도 알리고 싶지 않기 때문에, 비밀을 지켜야만 한다.

Daily Quiz

Choose the synonyms.

01. know the ropes	·	· ⓐ agitpunkt, hideout, hiding place, safe house
02. lame duck	·	· ⓑ fancy, go, mind, be entertained
03. lend one's ear	·	· ⓒ holdover, incumbent, loser, weak administration
04. let one's hair down	·	· ⓓ belief, conviction, discernment, discrimination
05. long in the tooth	·	· ⓔ distant, far-flung, far-off, faraway, inaccessible
06. man cave	·	· ⓕ vow, oath, pledge
07. mea culpa	·	· ⓖ aged, ancient, decrepit, elderly
08. mince pies	·	· ⓗ carefulness, caution, cognizance
09. middle of nowhere	·	· ⓘ hunch, impulse, inclination
10. mum's the word	·	· ⓙ aberration, blunder, confusion, fault, gaffe

Answer Key 01. ⓗ, 02. ⓒ, 03. ⓓ, 04. ⓑ, 05. ⓖ, 06. ⓐ, 07. ⓙ, 08. ⓘ, 09. ⓔ, 10. ⓕ

01 □ **one's old china**	절친한 친구	syn ally, associate, buddy, classmate, colleague
	Bring **your old china** to the show then — the more, the merrier. 많으면 많을수록 더 좋기 때문에 그 공연에 친한 친구를 데리고 와라.	

02 □ **one's old Dutch**	배우자	syn companion, partner, roommate, spouse
	My old Dutch and I have had our problems, but we always work it out. 나의 배우자와 나는 문제가 있었지만, 우리는 항상 그것을 해결한다.	

03 □ **nail it**	성공하다, 합격하다, 전속력으로 나아가다	syn accomplish, achieve, benefit, flourish, gain
	Her presentation for the CEO went really well. She totally **nailed it**. 최고 경영자를 위한 그녀의 발표는 정말 잘 진행되었다. 그녀는 완전히 성공했다.	

04 □ **nest egg**	(미래를 위한) 저축금, 비상금	
	With the cost of living these days, it is difficult for young couples to build a **nest egg** and save for retirement. 요즘은 생활비로 인해, 젊은 부부들이 미래를 위해 저축하고 은퇴를 대비하기가 어렵다.	

05 □ **neither fish nor fowl**	정체불명의, 이것도 저것도 아닌, 알쏭달쏭한	syn anonymous, mysterious, nameless, unknown, unnamed
	The man was **neither fish nor fowl**. 그는 정체를 알 수가 없다.	

06 □ **new kid on the block**	(조직 등의) 신출내기, 신참	syn greenhorn, neophyte, trainee, tenderfoot, freshman/woman
	We moved around the country a lot when I was growing up, so I was always the **new kid on the block** in school. 내가 자랄 때 우리는 전국으로 이사를 많이 다녀서, 나는 항상 학교에서 신출내기였다.	

☐ New York minute

아주 짧은 시간

syn for a short time, for an instant, now, right now, for a short while

I'd quit my job in a **New York minute** if I ever won the lottery.
만약 복권에 당첨된다면 나는 곧바로 직장을 그만둘 것이다.

☐ nine to five

(오전 9시부터 오후 5시까지의) 표준 근무 시간

syn median, standard, accustomed, acknowledged, conventional

I got so depressed working **nine to five** behind a desk that I finally sold all my belongings and moved to India to teach English.
책상 뒤에서 매일 오전 9시부터 오후 5시까지 하며 너무 우울해져서, 마침내 내 모든 소지품을 팔고 영어를 가르치러 인도로 이사했다.

☐ night owl

야행성 인간

syn nightly, nighttime, after dark, late, nocturnal

Can a **night owl** become a morning person?
야행성 인간이 아침형 인간이 될 수 있을까?

☐ nitty-gritty

세부 사항, 특정 사실, 특정 요소

syn clear-cut, definite, distinct

The manager always likes to begin the weekly meetings with an informal discussion before getting down to the **nitty-gritty**.
관리자는 항상 세부 사항을 본격적으로 토론하기 전에, 일상적인 이야기로 주간회의를 시작하는 것을 좋아한다.

☐ no dice

안 된다, 어림없다

syn nay, nix, never, not

A: Would you help me wash the dishes?
B: Sorry, **no dice**. I've got somewhere I need to be.
A: 설거지 좀 도와줄래?
B: 죄송하지만 안 돼요. 가야할 곳이 있어요.

☐ no room to swing a cat

(방이) 너무 비좁다

syn cramped, definite, limited, precarious, narrow

Many families are forced to live in tiny apartments that have **no room to swing a cat**.
많은 가족들은 아주 비좁은 작은 아파트에서 살도록 강요받고 있다.

☐ no spring chicken

청춘이 아닌, 늙은

syn getting on, gray-haired, inactive, grizzled, hoary, impaired

I'm **no spring chicken**, so I can't stay out till 2 A.M. drinking and dancing anymore.
나는 이제 청춘이 아니기 때문에, 더 이상 새벽 2시까지 술 마시고 춤추지 못한다.

14
☐ **nose around**   정보를 캐고 다니다   [syn] poke about/around

Quit **nosing around** in my room, mom!
내 방 좀 뒤지지 마, 엄마!

15
☐ **north and south**   입   [syn] cavity, door, entrance, gate, rim

Watch what comes out of your **north and south** around your granny.
당신 할머니 입에서 무슨 말이 나오는지 잘 보세요.

16
☐ **not all there**   제정신이 아닌, 별로 똑똑하지 못한   [syn] preposterous, psychotic, cracked

Sometimes I think you're **not all there**. Be nice to Sally. She's **not all there** as well.
때때로 나는 당신들이 제정신이 아니라고 생각한다. Sally에게 친절하게 대해라. 그녀 또한 제정신이 아니다.

17
☐ **not playing with a full deck**   제정신이 아닌, 똑똑하지 않은   [syn] frenzied, impractical, loony, lunatic, maniacal

A: Look at that guy talking to himself on the corner.
B: I reckon he's **not playing with a full deck**.
A: 모퉁이에서 혼잣말을 하고 있는 저 남자를 보세요.
B: 그는 제정신이 아닌 것 같아요.

18
☐ **off one's rocker**   미친, 제정신이 아닌   [syn] abnormal, batty, crazy, daft

I'm going to go **off my rocker** if I have to hear that song one more time.
그 노래를 한 번 더 들어야 한다면 난 미치고 말 것이다.

19
☐ **off the hook**   매력적인; (전화기를) 내려놓는   [syn] alluring, amiable, appealing

That band's new song is really **off the hook**.
그 밴드의 신곡은 정말 매력적이다.

20
☐ **old chestnut**   (너무 많이 반복되어) 진부한 말   [syn] potboiler, prosaism, proverb

Whether there's truth in it or not, I can't stand that **old chestnut** "follow your heart."
그 안에 진실이 있든 없든, 나는 그 진부한 말인 "당신의 마음을 따르라."는 말을 참을 수 없다.

21
☐ **on a hiding to nothing**   헛된   [syn] barren, empty, exhausted, idle

You're **on a hiding to nothing** if you think you're going to get a raise out of the boss.
당신이 상사로부터 연봉 인상을 받을 것이라고 생각한다면 그건 헛된 생각이다.

22 ☐ on a wing and a prayer

많은 준비 없이

syn roughly, cursorily

I didn't have time to edit my term paper so I just submitted it **on a wing and a prayer**.
나는 학기 논문을 수정할 시간이 없어서 그냥 준비가 안된 채로 제출했다.

23 ☐ on cloud nine

너무나 행복한

syn overjoyed, pleasant, thrilled

Ever since Mary got her promotion at work, she's been **on cloud nine**.
Mary는 직장에서 승진한 이후로 매우 행복해 했다.

24 ☐ peachy keen

그런대로 괜찮은, 나쁘지 않은

syn favorable, satisfactory fine

A: Everyone doing all right in here?
B: Yep, we're **peachy keen**!
A: 여기서 다들 잘하고 있니?
B: 그래, 그런대로 괜찮아!

25 ☐ peeping Tom

몰래 훔쳐보는 사람

syn watch for, be on the lookout for

The prosecutor tried hard to charge the **peeping Tom** guy.
그 검사는 몰래 훔쳐보는 그 남자를 기소하기 위해 애를 썼다.

26 ☐ peg out

죽다

syn suffocate, cease to exist

My greatest fear was that I would **peg out** before ever getting the chance to travel Paris.
나의 가장 큰 두려움은 내가 파리를 여행할 기회를 얻기 전에 죽는 것이었다.

27 ☐ perfect storm

(여러 가지 안 좋은 일이 겹쳐)
더할 수 없이 나쁜 상황

syn calamity, catastrophe, collapse, crash, debacle

The asteroid strike created a **perfect storm** of death and destruction.
이 운석 충돌로 인해 지구에는 죽음과 파괴의 아주 나쁜 상황이 몰아쳤다.

28 ☐ pick a fight

시비를 걸다, 싸움을 걸다

syn make one's complaint against a person, come out swinging

Do you **pick a fight** with me now?
지금 나한테 시비 거는 거야?

29 ☐ phone it in

(무언가에 더 이상 관심이 없어서)
노력을 아주 조금만 하다

Everyone **phones it in** on the morning after a staff meeting, so don't worry if you don't feel able to give this report your all.
직원 회의가 끝난 후의 아침에는 모두 간단히 확인만 하기 때문에, 이 보고서를 모두 제출할 수 없다고 생각되더라도 걱정하지 말아라.

30
☐ photo bomb

사진을 찍을 때 고의적으로 끼어들어
사진에 찍히는 장난

syn disturbance, interruption, obstruction, hindrance

Kevin, quit **photobombing** us! We just want to take one nice picture!
Kevin, 사진 찍을 때 끼어들지 마! 딱 한 장만 멋진 사진 찍고 싶어!

31
☐ picture paints a thousand words

한 장의 그림은 많은 양의 단어보다
더 명확하게 표현할 수 있다

You try to have characters give too much exposition. Remember, one **picture paints a thousand words**, so use the images in your film to tell its story as much as possible.
당신은 등장인물이 너무 많은 설명을 하게 하려고 한다. 그림은 말보다 더 명확하게 표현할 수 있으니까 가능한 한 당신의 영화에서 이미지를 많이 사용하여 이야기를 전달해라.

32
☐ pick of the litter

가장 좋은 것

syn choice, favorite, cream, elite, fat

Among these young, fluffy puppies, this is the **pick of the litter**.
이 어린 복실복실한 강아지들 중에서 이 강아지가 가장 좋다.

33
☐ pig out

많이 먹다, 과식하다

syn eat excessively, overeat

Once a month, my friends and I get together and **pig out** on pizza and watch cheesy horror movies.
한 달에 한 번, 나는 친구들과 함께 모여서 피자를 엄청 많이 먹고, 무서운 공포영화를 본다.

34
☐ pigs might fly

손에 장을 지지다

syn doubtful, dubious, incredulous, mistrustful, suspicious

A: If we could just get Democrats and Republicans to agree on a tax reform bill, we could bring the deficit down in no time.
B: Yeah, and **pigs might fly**!
A: 민주당원과 공화당원이 조세 개혁 법안에 동의하도록 하면, 금방 적자를 줄일 수 있어.
B: 글쎄, 그런 일이 일어나면 내 손에 장을 지질게!

35
☐ pipe down

조용하고 차분해지다

syn hushed, mum, mute, restrained, reticent

We **piped down** when we realized he was trying to tell us something important.
그가 우리에게 중요한 것을 말하려 한다는 것을 깨달았을 때 우리는 조용해졌다.

36
☐ a plague on both one's houses

둘 다 다친다, 피장파장,
어느 누구도 우위를 말할 수 없음

syn both, the same, evenness, a tie, equality, no difference between

Forgive each other, or it'll become **a plague both on your houses**.
서로를 용서하지 않으면, 둘 다 다치게 될 거야.

37 ☐ **plates of meat**	걸음, 발	[syn] hike, jaunt, parade, step, stretch

I've been on my **plates of meat** all day — can I sit down for a while?
하루 종일 걸었는데 잠시 앉아도 될까요?

---

38 ☐ **play devil's advocate**	(열띤 논의가 이루어지도록) 선의의 비판자 역할을 하다, 일부러 반대 의견을 내다

I'm all for universal health care, but I'll **play devil's advocate** in asking how the government intends to fund such a massive undertaking.
나는 단일 의료보험 제도에 매우 찬성하지만, 열띤 논의가 이루어지도록 정부가 그러한 대규모 사업에 어떻게 자금을 마련할 것인지 물어보며 선의의 비판자 역할을 할 것이다.

---

39 ☐ **play Russian roulette**	알 수 없는 확률에 걸다	[syn] uncertainty, shot in the dark, throw of the dice

I don't want to **play Russian roulette** with their lives.
그들의 목숨을 담보로 알 수 없는 확률에 걸고 싶지 않다.

---

40 ☐ **play safe**	신중하게 행동하다	[syn] attentive, choosy, circumspect, conscientious, deliberate

I think you should have your car looked at by a mechanic before your big road trip. Better to **play safe** than end up stuck in the middle of nowhere!
나는 당신이 장거리 자동차 여행을 떠나기 전에 정비사에게 당신의 차를 살펴보게 해야 한다고 생각한다. 갑자기 멀리 떨어진 곳에서 갇혀버리는 것보다 신중하게 행동하는 것이 좋다!

Daily Quiz

Choose the synonyms.

01. one's old china	·	·	ⓐ calamity, catastrophe, collapse, crash, debacle
02. nail it	·	·	ⓑ cramped, definite, limited, precarious, narrow
03. new kid on the block	·	·	ⓒ make one's complaint against a person
04. no room to swing a cat	·	·	ⓓ eat excessively, overeat
05. perfect storm	·	·	ⓔ hushed, mum, mute, restrained, reticent
06. pick a fight	·	·	ⓕ ally, associate, buddy, classmate, colleague
07. pig out	·	·	ⓖ attentive, choosy, circumspect, conscientious
08. pipe down	·	·	ⓗ hike, jaunt, parade, step, stretch
09. plates of meat	·	·	ⓘ accomplish, achieve, benefit, flourish, gain
10. play safe	·	·	ⓙ greenhorn, neophyte, trainee, tenderfoot

Answer Key 01. ⓕ 02. ⓘ 03. ⓙ 04. ⓑ 05. ⓐ 06. ⓒ 07. ⓓ 08. ⓔ 09. ⓗ 10. ⓖ

01 ☐ **pommy-bashing**	영국인	syn Britain, Commonwealth of Nations, United Kingdom
	Sydney was a beautiful place to live, but I got fed up with all the **pommy-bashing** and moved back to Chicago. 시드니는 살기 좋은 아름다운 곳이었지만, 나는 모든 영국인들에게 질려서 시카고로 돌아왔다.	
02 ☐ **porky pies**	거짓말	syn deceit, deception, dishonesty, disinformation, distortion
	Every politician tells **porky pies** to get elected to office. 모든 정치인들은 당선되기 위해 거짓말을 한다.	
03 ☐ **potatoes (or taters) in the mould**	추운, 차가운	syn chill, snow, ague, algidity
	I'd wear a warmer coat if I were you — it's **potatoes in the mould** out there today. 오늘 바깥이 정말 춥기 때문에, 내가 당신이라면 더 따뜻한 코트를 입을 것이다.	
04 ☐ **potty mouth**	부적절한 언어를 쓰는 사람	syn vulgar, crude, coarse, indecent
	Hey, you little **potty mouth**! If I hear you speaking like that around your grandmother again, you're going to be grounded for a week! 이봐, 말조심해! 할머니 주변에서 그렇게 말하는 것을 내가 또 들으면, 넌 일주일 동안 외출금지될 거야!	
05 ☐ **prick up one's ears**	주의 깊게 듣다	syn heedfulness, interest, mark, mind
	The dogs **pricked up their ears** and started staring outside. 개들은 주의 깊게 들으며, 밖을 쳐다보기 시작했다.	
06 ☐ **pull the plug**	손을 떼다, 모든 일을 중단하다, 생명 유지 장치를 떼어 내다	syn cut off a life-support system, surrender, vacate, withdraw, abdicate
	That's true, but are you suggesting that we **pull the plug** on the campaign? 그것은 사실이지만, 지금 선거 운동에서 손을 떼자고 제안하는 거예요?	

☐ pull the wool over someone's eyes

속이다, 눈 가리고 아웅하다

syn betray, cheat, circumvent, defraud, delude

He tried **pulling the wool over our eyes** by hiding the profits in separate accounts, but we were quick to catch onto his scheme.
그는 이익을 별도의 계좌에 숨겨서 우리를 속이려고 했지만, 우리는 그의 계획을 빨리 간파했다.

☐ put a sock in it

조용히 하다, 입을 막다

syn unclear, uncommunicative, unheard, unsociable

Put a sock in it! No one wants to hear your complaints anymore.
조용히 하세요! 더 이상 아무도 당신의 불만을 듣고 싶어하지 않아요.

☐ quality time

좋은 시간, 의미 있는 시간

syn valid, worthwhile, allusive, big, clear

I am looking forward to having some **quality time** with you on this camping trip.
나는 이번 캠핑 여행에서 당신과 좋은 시간을 보내길 기대하고 있다.

☐ queer bashing

동성애를 이유로 신체적·언어적으로 누군가를 공격하는 행위

syn bigotry, favoritism, hatred, inequity, injustice

How can people say such hurtful things? This **queer bashing** has got to stop.
사람들은 어떻게 그렇게 상처되는 말을 할 수 있는가? 이 동성애자들에 대한 모욕은 그만둬야 한다.

11

☐ Queer street

곤경에 빠져; 돈에 쪼들려, 파산하여

syn trouble, difficulty, predicament, plight, difficult situation

That boxer was on **Queer street** after being knocked out in the ring — he couldn't even remember his name.
그 권투 선수는 링에서 쓰러진 후 곤경에 빠진 상태에 있었고, 그는 자신의 이름조차 기억하지 못했다.

☐ queer the pitch

(성공의 기회를) 망쳐버리다

syn spoil, ruin, mess up, screw up, botch up, destroy

I fear that sticking to an inflexible agenda may **queer our pitch** as we head into general elections.
나는 우리가 총선으로 나아갈 때 완강한 의제를 고수하는 것이 모든 것을 망쳐 버릴까봐 두렵다.

☐ from rags to riches

거지에서 부자로, 무일푼에서 부자로, 졸부가 되다

syn upstart, nouveau riche, parvenu

After her book became an international phenomenon, the former waitress went **from rags to riches** almost overnight.
그녀의 책이 국제적인 현상이 된 후, 전직 웨이트리스는 거의 하룻밤 사이에 거지에서 부자가 되었다.

14 ☐ **rain cats and dogs**	비가 억수같이 내리다	syn bucket down

We wanted to have a barbecue this weekend, but it's been **raining cats and dogs** since Friday evening.
우리는 이번 주말에 바비큐를 하고 싶었지만, 금요일 저녁부터 비가 억수같이 내리고 있다.

---

15 ☐ **salt of the earth**

인격이 뛰어난 사람, 가장 고결한 인물, 아주 선량하거나 훌륭한 사람

syn martyr, glorified soul, good person, holy being, loved one, moral influence

Frank's mother is the **salt of the earth**.
Frank의 어머니는 아주 인격이 뛰어나신 분이다.

---

16 ☐ **sell like hot cakes**

날개 돋친 듯 팔리다

syn sell like mad

These books **sell like hot cakes**.
이 책들은 날개 돋친 듯 매우 잘 팔린다.

---

17 ☐ **seventh heaven**

최고의 행복

syn bliss, contentment, delight, elation, enjoyment

Now that he's been promoted he's in **seventh heaven**.
이제 그는 승진을 했으니 더할 나위 없이 행복하다.

---

18 ☐ **ships that pass in the night**

스치고 지나가는 사람들

syn ancillary, casual, coincidental, random, secondary

When you travel a lot on business, your encounters are just so many **ships that pass in the night**.
출장으로 자주 여행을 하다 보면, 스쳐 지나가는 사람들과의 만남이 아주 많다.

---

19 ☐ **show one's true colors**

본색을 드러내다

syn one's real character

You're starting to **show your true colors**.
당신이 본색을 드러내기 시작한다.

---

20 ☐ **sitting duck**

손쉬운 목표, 공격하기 쉬운 대상

syn sitting target, pushover, sucker

The suspect is a **sitting duck**.
그 용의자는 독 안에 든 쥐다.

---

21 ☐ **sleep a wink**

한숨 자다, 잠시 눈을 붙이다

syn take a nap, have a siesta, nap for a while, take a snooze

I didn't **sleep a wink** last night.
나는 지난 밤에 한숨도 자지 못했다.

22 □ **sour grapes**	오기, 지기 싫어함	syn unyielding spirit, obstinacy, indomitable spirit, proud temper

He said he didn't want the job anyway, but that's just **sour grapes**.
그는 어차피 자신도 그 직장을 원한 것은 아니었다고 말했지만, 그것은 그냥 오기였다.

23 □ **square deal**	공평한 처우, 공평하고 성실한 거래	syn impartial, lawful, legitimate, objective, principled

It was a **square deal** for everyone.
그것은 누구에게나 공평한 처우였다.

24 □ **step outside**	(싸우기 위해) 밖으로 나가다, 자리를 뜨다	syn contravene, defy, evade, flout, ignore

Do you want to **step outside**? I challenge you to a fight to settle our differences! Do you accept?
밖으로 나가서 싸우고 싶어? 나는 우리의 차이점을 해결하기 위한 도전장을 내는 거야! 받아들일 거야?

25 □ **stoop to**	굴복하다, 비굴해지다	syn relinquish, renounce, submit, succumb, waive

She would have scorned to **stoop to** such tactics.
그녀는 그러한 술책에 굴복하는 것을 거부했을 것이다.

26 □ **straw poll**	(비공식적인) 여론 조사	syn poll, opinion survey

I just did a **straw poll**.
나는 비공식 여론조사를 했다.

27 □ **sweep something under the rug**	은폐하다, 숨기다, 회피하다	syn conceal

Any move they make is just an attempt to **sweep something** else **under the rug** or twist debate to their own benefit.
그들이 취하는 모든 움직임은 무언가를 은폐하거나 자신들의 이익을 위해 토론을 왜곡하려는 시도이다.

28 □ **take French leave**	(직장에서) 말도 없이 결근하다	syn absence without notice

He has a habit to **take French leave** sometimes.
그는 가끔 무단 결근을 하는 버릇이 있다.

29 □ **take with a grain of salt**	걸러 듣다, 곧이곧대로 듣지 않다	syn drain, dribble, leak, penetrate, percolate

Take this **with a grain of salt**, but I heard that there are going to be some major lay-offs this week.
적당히 걸러서 들어, 그런데 이번 주에 대량 해고가 있을 거요는 말을 들었어.

30

☐ **there's
no accounting
for tastes**

개인의 취향은 설명이 안 되는 법, 취향도 가지가지임

[syn] being characteristic

It says, **there's no accounting for tastes**. Respect all the opinions.

개인의 취향은 설명이 안 된다는 말도 있다. 그러니 모든 의견을 존중해라.

31

☐ **there's
no telling**

(무슨 일이 있었는지 또는 생길지)
아무도 모른다, 알 수가 없다

[syn] agnostic, nescient

There's no telling how they'll react.

그들이 어떻게 반응할지는 아무도 모른다.

32

☐ **too many irons
in the fire**

(한꺼번에) 너무 많은 일에 손을 대다

[syn] impractical, unreasonable

Don't have **too many irons in the fire**.

한꺼번에 너무 많은 일에 손 대지 말아라.

33

☐ **under the aegis
of someone**

(누군가의) 보호 하에

[syn] bodyguard, companion,
convoy, entourage, beau

The princess paraded **under the aegis of knights**.

그 공주는 기사의 보호 아래에서 행진하였다.

34

☐ **be up and about**

일어나다, 떠오르다, 뜨다

[syn] acceleration, advance, ascent,
boost, climb

He **is up and about** again after his illness.

그는 아프고 난 뒤에 다시 털고 일어났다.

35

☐ **up the creek
without
a paddle**

난처한, 곤경에 처한

[syn] be in trouble, be in hot water,
be in a predicament,
be in a mess, be in the soup

It leaves us **up the creek without a paddle**.

그것이 우리를 난처한 상황에 빠지게 한다.

36

☐ **wash one's
hands of**

관계를 끊다, 관련을 끊다

[syn] break a connection, cut off,
break a link, sever relations,
sever connections

We suppose that it is possible to **wash our hands of** these appalling practices.

이 끔찍한 관행에 대한 관계를 끊는 것이 가능하다고 우리는 믿는다.

37
□ **without further ado**

지체없이

[syn] speak without preamble, be straightforward, be point-blank

So **without further ado**, please welcome Dr. Hamston.
지체없이, 이제 Hamston 박사님을 모시겠습니다.

38
□ **X marks the spot**

이곳이 바로 그곳이다

[syn] shot, atom, blemish, blot, blotch

I'm pretty sure and see there's **X marks the spot**.
난 꽤 확신하는데, 저곳이 바로 그곳이다.

39
□ **you've lost me**

말을 놓치다, 이해를 못하다

[syn] miss the point

I'm afraid **you've lost me** there.
서기시 내기 당신의 말을 놓친 것 같다

40
□ **zone out**

주변을 의식하지 않다, 잠이 들다, 의식을 잃다, 멍해지다

[syn] bombed, dead to the world, drowsy, entranced, feeling no pain

When I'm dancing, I **zone out** and feel like I'm the only one in the room.
내가 춤을 출 때면, 마치 방에 나 혼자 있는 것처럼 주위를 의식하지 않게 된다.

Daily Quiz

Choose the synonyms.

01. porky pies	ⓐ martyr, glorified soul, good person, holy being
02. potty mouth	ⓑ upstart, nouveau riche, parvenu
03. prick up one's ears	ⓒ sitting target, pushover, sucker
04. from rags to riches	ⓓ contravene, defy, evade, flout, ignore
05. salt of the earth	ⓔ agnostic, nescient
06. sitting duck	ⓕ deceit, deception, dishonesty, disinformation
07. step outside	ⓖ miss the point
08. there's no telling	ⓗ break a connection, cut off, break a link
09. wash one's hands of	ⓘ vulgar, crude, coarse, indecent
10. you've lost me	ⓙ heedfulness, interest, mark, mind

Answer Key 01. ① 02. ① 03. ① 04. ⓑ 05. ⓐ 06. ⓒ 07. ⓓ 08. ⓔ 09. ⓗ 10. ⓖ

Check Up

DAY 41

- ☐ flash around
- ☐ flesh and blood
- ☐ fly off the handle
- ☐ fool's gold
- ☐ foot in the door
- ☐ frog and toad
- ☐ funny farm
- ☐ George Raft
- ☐ get a gold star
- ☐ go belly up
- ☐ go for broke
- ☐ go out on a limb
- ☐ go the extra mile
- ☐ good to go
- ☐ graveyard shift
- ☐ greasy spoon

DAY 42

- ☐ Gregory Peck
- ☐ hair of the dog
- ☐ ham it up
- ☐ head over heels
- ☐ hear on the grapevine
- ☐ heebie-jeebies
- ☐ high on the hog
- ☐ hit the hay
- ☐ Hobson's choice
- ☐ in cahoots with
- ☐ in a nutshell
- ☐ jump the shark
- ☐ keep an eye on
- ☐ keep at bay
- ☐ keep one's chin up
- ☐ knock it off

DAY 43

- ☐ knock on wood
- ☐ know the ropes
- ☐ last but not least
- ☐ lend one's ear
- ☐ let one's hair down
- ☐ long in the tooth
- ☐ loaf of bread
- ☐ mea culpa
- ☐ man cave
- ☐ make a scene
- ☐ men in suits
- ☐ mince pies
- ☐ middle of nowhere
- ☐ miss the boat
- ☐ mumbo jumbo
- ☐ mum's the word

DAY 44

- ☐ one's old Dutch
- ☐ nail it
- ☐ nest egg
- ☐ new kid on the block
- ☐ New York minute
- ☐ night owl
- ☐ no dice
- ☐ off one's rocker
- ☐ old chestnut
- ☐ peachy keen
- ☐ peg out
- ☐ perfect storm
- ☐ pick a fight
- ☐ pig out
- ☐ pigs might fly
- ☐ play safe

DAY 45

- ☐ porky pies
- ☐ potty mouth
- ☐ prick up one's ears
- ☐ pull the plug
- ☐ from rags to riches
- ☐ rain cats and dogs
- ☐ salt of the earth
- ☐ sitting duck
- ☐ sleep a wink
- ☐ sour grapes
- ☐ square deal
- ☐ take French leave
- ☐ there's no telling
- ☐ be up and about
- ☐ wash one's hands of
- ☐ zone out

1. Choose proper synonyms with each word.

01. go cold turkey	·	·	ⓐ do not care, do not mind
02. go down like a lead balloon	·	·	ⓑ annoying, bothersome, disturbing
03. heebie-jeebies	·	·	ⓒ anonymous, mysterious, nameless
04. let one's hair down	·	·	ⓓ barren, empty, exhausted, idle
05. make no bones about	·	·	ⓔ shakes, shiver, tenseness, tremble
06. neither fish nor fowl	·	·	ⓕ take a nap, have a siesta, nap for a while
07. on a hiding to nothing	·	·	ⓖ deceit, deception, dishonesty
08. porky pies	·	·	ⓗ surrender, vacate, withdraw, abdicate
09. sleep a wink	·	·	ⓘ acceleration, advance, ascent, boost
10. be up and about	·	·	ⓙ fancy, go, mind, be entertained

2. Choose a proper word matching with translation.

01. Free if you use the (ⓐ **five** / ⓑ **four**)-finger discount.
훔치건 말건 알아서 해.

02. I think we'd better hit the (ⓐ **flee** / ⓑ **frog**) and toad if we want to make it on time.
우리가 제시간에 도착하고 싶다면, 내 생각에는 도로를 따라가는 게 좋을 것 같다.

03. The burglar gave us the (ⓐ **sleep** / ⓑ **slip**), but we're still in pursuit.
강도가 우리를 따돌렸지만, 우리는 계속 추적 중이다.

04. She really went out on a (ⓐ **limb** / ⓑ **lamb**) with that hypothesis — the facts don't support it at all.
진실들은 그 가설을 전혀 지지하지 않기 때문에, 그녀는 정말로 증거가 없는 가설을 내세우는 것이다.

05. He's not a good actor. He likes to (ⓐ **ham** / ⓑ **hem**) it up.
그는 좋은 배우가 아니다. 그는 허풍떨기를 좋아한다.

06. You really hit the nail on the (ⓐ **head** / ⓑ **foot**) with that answer.
당신은 정말 정곡을 찌르는 제대로 된 대답을 했다.

07. My husband is watching the football game in his man (ⓐ **case** / ⓑ **cave**) right now.
내 남편은 지금 그의 지하 작업실에서 축구 경기를 보는 중이다.

08. Bring your old (ⓐ **china** / ⓑ **chin**) to the show then—the more, the merrier.
많으면 많을수록 더 좋기 때문에 그 공연에 친한 친구를 데리고 와라.

Answer Key

1. 01. ⓗ 02. ⓑ 03. ⓔ 04. ⓙ 05. ⓐ 06. ⓒ 07. ⓓ 08. ⓖ 09. ⓕ 10. ⓘ
2. 01. ⓐ 02. ⓑ 03. ⓑ 04. ⓐ 05. ⓐ 06. ⓐ 07. ⓑ 08. ⓐ

Review Test – 관용어구

1. Choose the synonym of the highlighted word in the sentence.

01. Purchasing a home without inspecting it first is like buying a pig in a poke.

   ⓐ careless   ⓑ carefull   ⓒ meaningless   ⓓ meaningfull

02. His embarrassing secret is my ace in the hole, and I plan to reveal it to everyone the next time he mocks me publicly.

   ⓐ hidden means   ⓑ meta-calculation   ⓒ meta-analysis   ⓓ big picture

03. My mother does beautiful calligraphy, but I'm all thumbs — I can barely hold the pen!

   ⓐ dexterous   ⓑ fairly good   ⓒ refined   ⓓ poor

04. As soon as the staff learned they had to purchase their own office supplies, they knew it was a result of the finance department's new bean counter tightening the company's purse strings.

   ⓐ pod   ⓑ signifier   ⓒ planter   ⓓ accountant

05. I know it's a big ask, but could I borrow your car for a week?

   ⓐ alarm   ⓑ request   ⓒ practice   ⓓ median value

06. Thanks to the construction project currently underway in our building, we have brownouts all the time.

   ⓐ remaking   ⓑ kickoff   ⓒ blackout   ⓓ whiteout

07. I don't care if I have to drive through a blizzard — we are getting to this wedding come hell or high water!

   ⓐ under water   ⓑ underground   ⓒ under the sun   ⓓ nonetheless

08. If we do nothing to curb this pollution, I guarantee we will face the music in the future.

   ⓐ be forecast   ⓑ be forgotten   ⓒ be banned   ⓓ be punished

09. Let me indulge in a small flight of fancy.

   ⓐ imagination   ⓑ dedication   ⓒ violation   ⓓ revival

10. We can start the debate if you're both good to go.

   ⓐ glorious   ⓑ ready   ⓒ violated   ⓓ rendered

2. Fill in the blank with words in the box below. Change the form if needed.

> ⓐ a stone's throw ⓑ across the board ⓒ between a rock and a hard place
> ⓓ a slap on the wrist ⓔ about-face ⓕ binge-watch
> ⓖ Adam's ale ⓗ baker's dozen ⓘ get one's head around
> ⓙ beyond price ⓚ amped-up ⓛ basket case

01. The shore house is _____ from the ocean.

02. Bill hasn't been late to school that many times, so just give him _____ for his tardiness.

03. She did an _____ and walked back up the steps once she saw that the subway wasn't running.

04. Some senior employees are unhappy that the new dress code applies to everyone _____.

05. I don't have any beer, but I can offer you some _____.

06. The plot is definitely _____ in her most recent edit.

07. When Jacob went to the bakery to buy doughnuts for the office, he made sure to get a _____ so he could sneak one to eat on the way to work.

08. If the unemployment rate doesn't decrease soon, the country is going to become a financial _____ .

09. You were really _____ when you had to choose between your career and your relationship.

10. This safari will be an experience _____!

11. A lot of my friends like to _____ their shows, but I like to space them out.

12. It took a while, but I've finally _____ this chapter in my calculus textbook.

Answer Key

1. 01. ⓐ 02. ⓐ 03. ⓐ 04. ⓓ 05. ⓑ 06. ⓒ 07. ⓓ 08. ⓓ 09. ⓐ 10. ⓑ
2. 01. ⓐ 02. ⓓ 03. ⓔ 04. ⓑ 05. ⓖ 06. ⓚ 07. ⓗ 08. ⓛ 09. ⓒ 10. ⓙ 11. ⓕ 12. ⓘ

교원임용 교육 1위,
해커스임용 teacher.Hackers.com

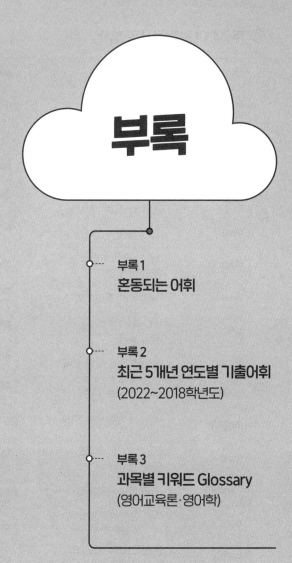

부록

혼동되는 어휘

01 주의해야 할 형용사 및 부사

☐	short	adj 짧은; 부족한
	shortly	adv 곧, 즉시
☐	high	adj 높은; 고급의, 귀한 adv 높이
	highly	adv 매우, 크게, 대단히
☐	near	adj 근처의, 가까운 adv 인접하여; 자세히
	nearly	adv 거의, 간신히
☐	dear	adj 소중한, 비싼, ~에게 adv 비싼 값에
	dearly	adv 몹시, 진심으로
☐	late	adj 늦은; 죽은 adv 늦게
	lately	adv 최근에, 얼마 전에
☐	large	adj 큰, 넓은, 다량의
	largely	adv 대체로, 주로, 대개, 대부분
☐	hard	adj 어려운; 딱딱한 adv 열심히
	hardly	adv 거의 ~하지 않다
☐	bare	adj 벌거벗은, 맨발의, 안경을 쓰지 않은
	barely	adv 간신히, 가까스로; 거의 ~없이

☐	rare	adj 희귀한; 굉장한
	rarely	adv 좀처럼 ~하지 않는
☐	scarce	adj 부족한; 희귀한
	scarcely	adv 거의 ~하지 않다
☐	alleged	adj (근거 없이) 주장된
	allegedly	adv 소문에 따르면, 이른바
☐	preferable	adj 바람직한, 선호되는
	preferably	adv 웬만하면, 가급적, 차라리, 오히려
☐	arguable	adj 논란이 될 만한; 주장할 수 있는
	arguably	adv 확실히, 틀림없이
☐	cheap	adj 값싼; 싸구려의
	cheaply	adv 값싸게; 엉터리로
☐	fair	adj 공정한, 공평한; 꽤 많은; 금발의 n 박람회, 전시회
	fairly	adv 꽤, 상당히
☐	chief	adj 주요한; 최고위의 n 장, 책임자, 우두머리
	chiefly	adv 주로, 우선; 특히

☐ comparative	[adj] 비교적인, 상대적인	☐ imaginative	[adj] 상상력이 풍부한
comparable	[adj] ~에 필적하는; 비교할 수 있는	imaginary	[adj] 가상의, 비현실적인
competitive	[adj] 경쟁심이 강한; 경쟁력 있는	imaginable	[adj] 상상할 수 있는
competent	[adj] 유능한, 능숙한	☐ literal	[adj] 문자 그대로의; 융통성 없는
compatible	[adj] 양립할 수 있는; 호환이 되는	literary	[adj] 문학적인, 문어적인
☐ credible	[adj] 믿을 수 있는	literate	[adj] 글을 해독할 줄 아는; 교양 있는
credulous	[adj] 잘 속는	☐ momentous	[adj] 중대한, 심상찮은
credit	[n] 신뢰, 신용; 외상, 신용 거래; 학점 [v] 믿다, 신용하다; ~덕분으로 돌리다	momentary	[adj] 순간적인, 찰나의
		☐ luxurious	[adj] 사치스러운
accredit	[v] 간주하다, 인정하다	luxuriant	[adj] 풍부한, 풍성한
☐ desirable	[adj] 바람직한, 탐나는	☐ sensible	[adj] 분별력 있는, 현명한
desirous	[adj] 열망하는, 원하는	sensitive	[adj] 민감한; 세심한
☐ economic	[adj] 경제의, 경제학의	sensual	[adj] 관능적인
economical	[adj] 절약하는, 검소한	☐ respectable	[adj] 훌륭한, 존경할 만한
☐ healthy	[adj] 건강한; 건전한	respectful	[adj] 경의를 표하는, 정중한, 공손한
healthful	[adj] 건강에 좋은	respective	[adj] 각각의, 개별적인
☐ industrial	[adj] 산업의, 공업용의	☐ successive	[adj] 연속적인, 연이은; 계승하는, 후임의
industrious	[adj] 근면한, 부지런한	successful	[adj] 성공적인, 출세한

혼동되는 어휘 / 부록 1 / 해커스임용 도영우 · Sam Park 전공영어 기출보카 1800+

03 절대 4형식 동사(3형식으로 전환해서 쓸 수 없음)

☐ A envy B C	A가 B의 C를 부러워하다
☐ A cost B C	A가 B에게 C의 비용을 들게 하다 (= B가 A를 사는 데 C만큼의 비용을 지불하다)
☐ A answer B C	A가 B에게 C에 관하여 대답하다
☐ A spare B C	A가 B에게 C를 당하지 않게 하다
☐ A take B C	A가 B에게 C만큼의 시간 또는 비용을 들게 하다
☐ A forgive B C (= A pardon B C)	A가 B의 C를 용서해주다

04 주의해야 할 구 전치사

☐ at odds with	~와 마찰을 빚는	☐ in charge of	~에 책임이 있는, ~을 맡고 있는	
☐ in defiance of	~을 저항하는, ~을 무시하고	☐ in the face of	~에도 불구하고	

05 자동사로 쓸 때 의미가 달라지는 동사들

* vt : 타동사, vi : 자동사

☐ do	vt (행동 · 일을) 하다, 행하다	vi 의미가 있다, 중요하다
☐ pay	vt (요금을) 지불하다	vi 이득이 되다
☐ count	vt (수를) 세다, 계산하다	vi 이득이 되다
☐ tell	vt (이야기 · 감정을) 말하다, 표현하다	vi 효과가 있다, 의미가 있다
☐ play	vt (연극을) 상연하다, (역할을) 해내다	vi 효과가 있다
☐ work	vt (일을) 시키다, (사업을) 경영하다	vi 효과가 있다
☐ matter	vt 의미있다	vi 효과가 있다
☐ help	vt 도움이 되다	vi 효과가 있다

06 자동사로 착각하기 쉬운 타동사

☐	enter	~에 들어가다
☐	reach	~에 도달하다
☐	marry	~와 결혼하다
☐	discuss	~에 대해 토론하다
☐	obey	~에게 순종하다
☐	resemble	~와 닮다
☐	accompany	~와 동행하다
☐	equal	~와 같다
☐	emphasize	~을 강조하다
☐	attend	~에 참석하다
☐	approach	~에 접근하다
☐	mention	~에 대해 언급하다
☐	follow	~의 뒤를 따라가다
☐	greet	~에게 인사하다
☐	influence	~에게 영향을 주다
☐	oppose	~에 반대하다
☐	access	~에 접근하다

07 타동사로 착각하기 쉬운 자동사

☐	account for	~을 설명하다
☐	operate on	~에 작용하다
☐	apologize to	~에게 사과하다
☐	sympathize with	~에게 동정심을 품다
☐	interfere with	~을 간섭하다
☐	graduate from	~을 졸업하다
☐	reply to	~에 응답하다
☐	add to	~에 더하다
☐	object to	~에 반대하다
☐	listen to	~의 말을 듣다

08 cannot 관련 유의해야 할 표현

☐	**cannot A too much**	아무리 A해도 지나치지 않다, 충분하지 않다
		We **cannot praise** her effort **too much**. 우리가 그녀의 노력을 아무리 칭찬해도 지나치지 않다. = We cannot praise her effort enough. = We cannot overpraise her effort.
☐	**cannot but A**	A하지 않을 수 없다
		I **can't but laugh** at him. 나는 그를 비웃지 않을 수 없다. = I can't help laughing at him. = I can't choose but laugh at him. = I have no choice but to laugh at him. = I have no alternative but to laugh at him. = I can't refrain from laughing at him.
☐	**cannot A without B**	A할 때마다 항상 B하게 된다
		I **can't see** her **without thinking of my mother**. 나는 그녀를 볼 때마다 항상 나의 어머니를 생각하게 된다. = I can't see her if I don't think of my mother. = I can't see her unless I think of my mother. = I can't see her but I think of my mother. = Whenever I see her, I think of my mother. = Everytime I see her, I think of my mother.

09 조건절을 이끄는 접속사 대용어구

☐	**if only**	오직 ~하기만 하면
☐	**provided(providing) that**	만약 ~라면
☐	**granted(granting) that**	만약 ~라면
☐	**suppose(supposing) that**	만약 ~라면
☐	**in case that ...**	만약 ~라면
☐	**so(as) long as**	만약 ~라면, ~하는 한, ~하는 동안

□	~에 지나지 않는, ~이내, ~일 뿐
no more than	There is room for **no more than** three cars. 자동차 3대가 들어갈 공간에 지나지 않는다. (= 자동차 3대 이상 들어갈 자리가 없다.)
□	~만큼, ~와 마찬가지로, ~에 못지 않게
no less than	The guide contains details of **no less than** 115 hiking routes. 그 안내서에는 자그마치 115개의 등산로에 대한 자세한 내용이 들어 있다.
□	많아야, ~보다 많지 않은
not more than	**Not more than** twenty or thirty people. 많아야 스무 명이나 서른 명이다.
□	적어도, ~보다 못하지 않게
not less than	**Not less than** one hundred people were present. 적어도 100명 이상의 사람들이 참석했다.
□	B가 아닌 것과 같이 A도 아니다, A가 아닌 것은 B가 아닌 것과 같다
no more A than B	Monty, as I soon realized, had **no more capacity for figures than Jeremy had**. Jeremy에게 없는 것과 같이 Monty도 산수 능력이 없다는 것을 나는 곧 깨달았다.
□	아무 쓸모도 없다
be no more use than a (sick) headache	His idea **was no more use than a headache**. 그의 생각은 아무 쓸모가 없었다.

11 재귀대명사 관련 관용표현

☐	to oneself	자기 혼자에게만
☐	beside oneself	제정신이 아닌
☐	lose oneself	길을 잃다
☐	help oneself to	마음껏 먹다
☐	enjoy oneself	마음껏 즐기다
☐	behave oneself	얌전히 굴다
☐	pride oneself on	~을 자랑하다
☐	absent oneself from	~에 결석하다
☐	present oneself at	~에 참여하다
☐	avail oneself of	~을 이용하다
☐	accustom oneself to	~에 익숙해지다
☐	of itself	저절로
☐	by oneself	혼자서
☐	for oneself	자신을 위해서, 스스로

교원임용 교육 1위,

해커스임용
teacher.Hackers.com

최근 5개년 연도별 기출어휘(2022~2018학년도)

⏱ 2022학년도

01 ☐	divulge	ⓥ (비밀을) 누설하다
02 ☐	stun	ⓥ 기절초풍시키다; 실신시키다
03 ☐	fight back tears	눈물을 참다, 감정을 억누르다
04 ☐	loophole	ⓝ (허술한) 구멍
05 ☐	crib	ⓝ 요람, 유아용 침대
06 ☐	sassy	adj 대담한, 멋진; 건방진
07 ☐	intestine	ⓝ 내장, 창자, 위장
08 ☐	sac	ⓝ 주머니, 낭
09 ☐	gland	ⓝ 분비샘, 분비선
10 ☐	compress	ⓥ 꾹 누르다, 압축하다
11 ☐	squirt	ⓥ (액체·가스 등을 가늘게) 분출하다
12 ☐	dummy	adj 가짜의, 모조의 ⓝ 인체 모형, 마네킹
13 ☐	pseudomorph	ⓝ 가상; 위형, 부정규형
14 ☐	dart away	잽싸게 도망가다
15 ☐	all the more	훨씬 더, 더욱 더
16 ☐	epiphany	ⓝ (큰) 깨달음
17 ☐	mollusc	ⓝ 연체 동물
18 ☐	taxonomic	adj 분류의, 분류학상의
19 ☐	slug	ⓝ 민달팽이 ⓥ (주먹으로) 세게 치다
20 ☐	decoy	ⓥ 유인하다, 꾀어내다

21 ☐	medium	ⓝ 매체, 수단, 도구
22 ☐	term	ⓥ (이름·용어로) 불리다
23 ☐	inhabitant	ⓝ (특정 지역의) 서식 동물, 주민
24 ☐	penetration	ⓝ 침투, 관통, 삽입
25 ☐	backdrop	ⓝ (무대·사건의) 배경
26 ☐	secrete	ⓥ 분비하다; 감추다
27 ☐	luminescent	adj 발광성의
28 ☐	screen	ⓥ 가리다, 차단하다, 보호하다
29 ☐	porch	ⓝ 현관
30 ☐	obsolete	adj 더 이상 쓸모가 없는
31 ☐	render	ⓥ 만들다; 주다; 제출하다
32 ☐	gouge	ⓥ (난폭하게) 찌르다
33 ☐	saw	ⓝ 톱
34 ☐	rusty	adj 녹슨
35 ☐	pruning	ⓝ (나무 등의) 가지치기
36 ☐	windward	adj 바람이 불어오는 쪽의
37 ☐	flake	ⓝ (얇은) 조각
38 ☐	splinter	ⓝ (나무·돌의) 부서진 조각, 토막
39 ☐	melancholy	ⓝ (이유를 알 수 없는) 우울감
40 ☐	drafty	adj 외풍이 있는

🕐 2021학년도

01	morphological	adj	형태학의
02	uniformly	adv	동일하게, 한결같이
03	stuff	n	일, 것
04	facetiously	adv	익살맞게, 농담으로
05	babble	v	횡설수설하다 n	왁자지껄, 와글와글
06	reincarnation	n	환생
07	obstinate	adj	고집 센, 완강한
08	sheltered	adj	보호를 받는
09	metaphor	n	은유, 비유
10	obligatory	adj	필수적인, 의무적인
11	locative	adj	처소격인
12	inversion	n	도치, 전도
13	lexical	adj	어휘의
14	elaborateness	n	복잡성, 정교함
15	consecutive	adj	연속적인, 연이은
16	homophone	n	동음이의어
17	palate	n	구개(입천장)
18	receptor	n	(인체의) 수용기
19	olfactory	adj	후각의
20	semiotics	n	기호학

21	corpus	n	말뭉치, 코퍼스
22	statistical	adj	통계적인
23	feature	n	특성, 특징, 특색
24	challenging	adj	힘이 드는, 도전적인
25	draggle	v	옷자락을 질질 끌다
26	decline	v	떨어지다, 줄어들다
27	interrupt	v	중단시키다, 방해하다
28	foreboding	n	(불길한) 예감
29	gigantic	adj	거대한
30	inflated	adj	부풀린, 폭등한
31	dialect	n	방언, 사투리
32	syntactic	adj	통사론의
33	juxtapose	v	병치하다, 나란히 놓다
34	conjoin	v	결합하다
35	phrasal	adj	구로 된
36	transnational	adj	초국가적인
37	practicality	n	실용성, 실현 가능성
38	indicator	n	지표, 계기, 표시등
39	revulsion	n	혐오감, 역겨움
40	barge in	v	불쑥 들어오다

01 ☐	principal	n 교장, 학장, 총장 adj 주요한, 주된
02 ☐	formality	n 형식상의 절차, 격식
03 ☐	sequence	n (일련의) 순서
04 ☐	competence	n 능력, 능숙함, 능숙도
05 ☐	embed	v (단단히) 박다
06 ☐	phenomenon	n 현상, 경이로운 사람
07 ☐	purport	v 주장하다, 칭하다 n 전반적인 뜻, 요지
08 ☐	advocate	v 지지하다, 옹호하다 n 옹호자, 지지자
09 ☐	cavalier	adj 무신경한
10 ☐	optimism	n 낙관론, 낙관주의
11 ☐	anthropology	n 인류학
12 ☐	akin	adj ~와 유사한
13 ☐	inheritance	n 유전(성); 상속 재산
14 ☐	synthesize	v 종합하다, 합성하다
15 ☐	chasm	n 깊은 틈, 큰 차이
16 ☐	enhance	v 높이다, 향상시키다
17 ☐	handout	n 유인물, 인쇄물
18 ☐	indigenous	adj 토착의, 원산의
19 ☐	detract	v (주의를) 딴 데로 돌리다
20 ☐	solely	adv 오로지, 단지

21 ☐	revere	v 존경하다, 숭배하다
22 ☐	jaunt	n 짧은 여행
23 ☐	dispatch	v 보내다, 파견하다
24 ☐	heraldry	n (가문의) 문장
25 ☐	gaping	adj 입을 크게 벌린, 갈라진
26 ☐	medieval	adj 중세의
27 ☐	saddle	v (책임을) 떠맡기다 n (말 등의) 안장
28 ☐	antibiotic	adj 항생제, 항생물질
29 ☐	dire	adj 끔찍한
30 ☐	plump	adj 통통한, 포동포동한
31 ☐	intriguing	adj 아주 흥미로운
32 ☐	discontinuous	adj 불연속적인
33 ☐	criterion	n 기준
34 ☐	contrive	v 고안하다
35 ☐	acquisition	n 습득; 구입한 것
36 ☐	property	n 속성; 재산, 소유물
37 ☐	interlocutor	n 대화자, 대화 상대
38 ☐	drain	v 지치다
39 ☐	garner	v 얻다, 모으다
40 ☐	mortgage	n 담보 대출(금)

01 ☐	questionnaire	[n] 설문지
02 ☐	conduct	[v] 실시하다, 지휘하다
03 ☐	muscular	[adj] 근육의
04 ☐	respectively	[adv] 각각, 각자, 제각기
05 ☐	crony	[n] 친구
06 ☐	fright	[n] 놀람, 두려움
07 ☐	surge	[n] 치밀어 오름 [v] 밀려들다, 휩감다
08 ☐	adjoin	[v] 인접하다, 붙어 있다
09 ☐	perish	[v] (끔찍하게) 죽다
10 ☐	subsequent	[adj] 그 다음의, 차후의
11 ☐	interference	[n] 간섭, 참견, 개입
12 ☐	autism	[n] 자폐증
13 ☐	attributable	[adj] ~가 원인인
14 ☐	remission	[n] (병의) 차도; 감형, 감면
15 ☐	variable	[n] 변수 [adj] 변동이 심한
16 ☐	maturation	[n] 성숙, 익음
17 ☐	appointment	[n] 약속; 임명, 지명
18 ☐	scar	[n] 흉터 [v] 상처를 남기다
19 ☐	club	[n] 경찰 곤봉; 동호회 [v] 때리다
20 ☐	fate	[n] 운명, 숙명

21 ☐	simultaneously	[adv] 동시에, 일제히
22 ☐	tremble	[v] (몸을) 떨다, 흔들리다
23 ☐	considerable	[adj] 상당한, 많은
24 ☐	inanimate	[adj] 무생물의, 죽은
25 ☐	cunning	[adj] 교활한, 정교한 [n] 교활함, 간계
26 ☐	irritability	[n] 과민성, 화를 잘 냄
27 ☐	locomotion	[n] 이동, 운동, 보행
28 ☐	inherent	[adj] 내재하는
29 ☐	motivate	[v] 동기를 부여하다
30 ☐	gland	[n] 분비선, 분비샘
31 ☐	alleviate	[v] 완화하다
32 ☐	cognitive	[adj] 인지의, 인식의
33 ☐	engage	[v] ~에 참여하다
34 ☐	promote	[v] 촉진하다, 홍보하다
35 ☐	assessment	[n] 평가 (행위), 사정
36 ☐	notice	[v] 알다, 인식하다
37 ☐	identify	[v] 식별하다, 확인하다
38 ☐	one-shot	[adj] 1회 한의
39 ☐	debate	[v] 토론하다, 토의하다 [n] 토론, 토의, 논의
40 ☐	strategy	[n] 계획, 전략

01	transformation	n 변화, 탈바꿈	21	dissatisfaction	n 불만
02	relevant	adj 관련 있는, 적절한	22	knowledgeable	adj 아는 것이 많은
03	declarative	adj 선언적인; 서술문의	23	utterance	n 말, 발언
04	incidental	adj 부수적인, 우연한	24	ambiguous	adj 중의성을 띠는
05	deliberately	adv 의도적으로, 고의로	25	pedagogy	n 교육학
06	illustrate	v 분명히 보여주다	26	implement	v 시행하다 / n 도구, 기구
07	comprehend	v (충분히) 이해하다	27	elicit	v 끌어내다
08	progress	n 발전, 진전, 진척	28	corresponding	adj ~에 해당하는
09	humiliation	n 굴욕, 창피, 굴복	29	jostling	adj 겨루는, 미는
10	giggle	v 피식 웃다, 킥킥 거리다	30	jockey	v 다투다 / n (경마의) 기수
11	nudge	v 쿡 찌르다, 살살 밀다	31	freckle	n 주근깨
12	ashamed	adj 부끄러운, 창피한	32	speck	n 반점, 작은 얼룩
13	reconsider	v 고쳐 생각하다	33	playfulness	n 즐거움
14	collaborative	adj 공동의, 협업의	34	manipulate	v 조종하다, 다루다
15	supervise	v 지도하다, 지휘하다	35	physical	adj 신체의, 육체의
16	effectiveness	n 효과(성), 유효성	36	imbibe	v (술을) 마시다
17	gossamer	adj 고운, 섬세한 / n 거미줄	37	comparable	adj 비슷한, 비교할 만한
18	reputation	n 평판, 명성	38	prohibition	n 금지(법, 규정)
19	ceremonial	adj 의식의, 예식의	39	glide	n 활음 (/w/, /j/) / v 미끄러지듯 가다
20	clarify	v 명확하게 하다	40	literal	adj 문자 그대로의

교원임용 교육 1위,

해커스임용
teacher.Hackers.com

과목별 키워드 Glossary(영어교육론 · 영어학)

01 영어교육론

01 ☐	**achievement test**	A test to measure what students have learned or achieved from a program of study; should be part of every language program and be specific to the goals and objectives of a specific language course. These tests must be flexible to respond to the particular goals and needs of the students in a language program.
02 ☐	**audio-visual aids**	Teaching aids such as audio, video, overhead projection, posters, pictures and graphics.
03 ☐	**authentic text**	Natural or real teaching material; often this material is taken from newspapers, magazines, radio, TV or podcasts. An authentic text is written by native speakers for native speakers, i.e., it was not written for language learners as part of a language learning program.
04 ☐	**bottom-up information processing**	Students learn partially through bottom-up information processing, or processing based on information present in the language presented. For example, in reading bottom-up processing involves understanding letters, words, and sentence structure rather than making use of the students' previous knowledge.
05 ☐	**cloze**	A type of gap fills where the gaps are regular, e.g., every 7th or 9th word. The technique can used to assess students' reading comprehension or as a practice activity.
06 ☐	**Communicative Language Teaching**	Communicative language teaching(CLT) is an approach to foreign or second language learning which emphasizes that the goal of language learning is communicative competence. The communicative approach has been developed particularly by British applied linguists as a reaction away from grammar-based approaches such as the aural-oral (audio-lingual) approach. Teaching materials used with a communicative approach teach the language needed to express and understand different kinds of functions, such as requesting, describing, expressing likes and dislikes, etc. Also, they emphasize the processes of communication, such as using language appropriately in different types of situations; using language to perform different kinds of tasks, e.g., to solve puzzles, to get information, etc.; using language for social interaction with other people.

07 ☐	**comprehensible input**	Language that is understandable to learners.
08 ☐	**contrastive analysis**	Comparing two languages to predict where learning will be facilitated and hindered.
09 ☐	**deductive teaching**	Also known as deduction, from the verb "to deduce"; a teaching technique in which the teacher presents language rules and the students then practice those rules in activities. Deductive teaching is usually based on grammar-based methodology and proceeds from generalizations about the language to specifics. See "inductive teaching and Grammar Translation Method".
10 ☐	**descriptive grammar**	Grammar that is described in terms of what people actually say or write, rather than what grammar books say the grammar of the language should be.
11 ☐	**dictation**	A technique in which the teacher reads a short passage out loud and students write down what the teacher reads; the teacher reads phrases slowly, giving students time to write what they hear; the technique is used for practice as well as testing.
12 ☐	**feedback**	Reporting back or giving information back, usually to the teacher; feedback can be verbal, written or nonverbal in the form of facial expressions, gestures, behaviors; teachers can use feedback to discover whether a student understands, is learning, and likes an activity.
13 ☐	**form-focused instruction**	The teaching of specific language content (lexis, structure, phonology). See "language content".
14 ☐	**graded reader**	Reading material that has been simplified for language students. The readers are usually graded according to difficulty of grammar, vocabulary, or amount of information presented.
15 ☐	**Grammar Translation Method**	A method of language teaching characterized by translation and the study of grammar rules. Involves presentation of grammatical rules, vocabulary lists, and translation. Emphasizes knowledge and use of language rules rather than communicative competence. This method of language teaching was popular in the 20th century until the early 1960s.
16 ☐	**guided practice**	An intermediate stage in language practice - between "controlled practice" and "free practice" activities; this stage features allows for some creativity from the students.

해커스임용 도원우 · Sam Park 전공영어 기출보카 1800+

17 ☐	**inductive teaching**	Also known as induction, from the verb "to induce"; a facilitative, student-centered teaching technique where the students discover language rules through extensive use of the language and exposure to many examples. This is the preferred technique in communicative language teaching. See "deductive teaching".
18 ☐	**interference**	A phenomenon in language learning where the first language interferes with learning the target or foreign language.
19 ☐	**interlanguage**	The language a learner uses before mastering the foreign language; it may contain features of the first language and the target language as well as non-standard features.
20 ☐	**language content**	Language has three components, which are commonly taught as language items. Structural items are grammatical points about the language. Teachers frequently introduce these as examples or model sentences, and they are often called "patterns". Phonological items are features of the sound system of the language, including intonation, word stress, rhythm and register. A common way to teach phonology is simply to have students repeat vocabulary using proper stress and pronunciation. A lexical item is a new bit of vocabulary. It is sometimes difficult to decide whether an item is structural or lexical. For example, the teacher could teach phrasal verbs like "chop down" and "stand up" as lexis or structure.
21 ☐	**language experience approach**	An approach based on teaching first language reading to young children, but adapted for use with adults. Students use vocabulary and concepts already learned to tell a story or describe an event. The teacher writes down the information they provide, and then uses the account to teach language, especially to develop reading skills.
22 ☐	**modelling**	To teach by example; for example, a teacher who wants students to do an activity may first demonstrate the activity, often with a student volunteer.
23 ☐	**motivation**	In language instruction, the desire to learn.
24 ☐	**motivation paradox**	Students' main motivators are factors the teacher has little control over (integrated versus instrumental motivation, which heavily influence time on task), yet motivation is critical to learning.
25 ☐	**needs assessment**	Measurement of what students need in order to learn language and achieve their language learning goals; also may include consideration of the school syllabus.

26 ☐ over-correction	Correcting so much that students become reluctant to try out what they have learned.
27 ☐ passive	Opposite of active; the false assumption that the language skills of reading and listening do not involve students in doing anything but receiving information.
28 ☐ phonemic awareness	Awareness of the sounds of English and their correspondence to written forms.
29 ☐ proficiency level	Describes how well a student can use the language (often categorized as beginner, intermediate or advanced).
30 ☐ scan	To read quickly for specific information; a reading stratagem.
31 ☐ skim	To read quickly for main idea or general information; a reading stratagem.
32 ☐ student feedback	Information solicited from students by the teacher to assess the effectiveness of the teaching-learning process.
33 ☐ student-generated material	Teaching material to which the students have made a major contribution; the language experience approach, for example, uses student-generated material.
34 ☐ survey	To quickly read the headlines, subheads, opening and closing paragraphs, photo captions, pull quotes and other key materials in an article to get a sense of meaning; a reading stratagem.
35 ☐ syllabus or curriculum	The longer-term teaching plan; includes topics that will be covered and the order in which they will be covered in a course or program of studies.
36 ☐ tape script	A written text which accompanies listening material; may be used to make cloze passages or for student review.
37 ☐ task-based syllabus	A syllabus organized around a sect of real, purposeful tasks that students are expected to carry out; tasks may include telephone use, making charts or maps, following instructions, and so on; task-based learning is purposeful and a natural way to learn language.
38 ☐ teacher talk	The language teachers use when teaching; involves simplifying speech for students; it may be detrimental to learning if it is childish or not close to the natural production of the target language.
39 ☐ thematic syllabus	Syllabus based on themes or topics of interest to the students
40 ☐ top-down information processing	Students learn partially through top-down information processing, or processing based on how students make sense of language input – for example, through using students' previous knowledge or schema.

01 ☐ **agreement**	The process by which one word in a sentence is altered depending on a property of another word in that sentence, such as gender or number: e.g., the addition of s to a regular verb when the subject is third-person singular in English.
02 ☐ **alveolar**	In phonetics the sounds formed by the tongue closing the air passage at the alveolar ridge (immediately behind the front top teeth). Such sounds in English include /t/, /d/, and /n/.
03 ☐ **assimilation**	The process whereby two adjacent sounds become more alike in pronunciation because one of them discards those sound elements which are different from the elements found in the other.
04 ☐ **back-formation**	Creation of a new word by removing an affix from an old word: e.g., *donate* from *donation*; or by removing what is mistakenly considered an affix: e.g., *edit* from *editor*.
05 ☐ **bilabial**	In phonetics, the sounds, such as /p/ and /b/, caused by closing both lips and then opening them quickly.
06 ☐ **complement**	The constituent(s) in a phrase other than the head that complete(s) meaning of the phrase and which is C-selected by the verb. The right sister to the head in the X-bar schema. In the verb phrase *read a book*, the noun phrase *a book* is complement of the verb *read*.
07 ☐ **complex sentence**	A sentence consisting of at least one subordinate clause in addition to the main clause, i.e., the clause which can stand on its own.
08 ☐ **compound**	A word consisting of at least two free morphemes, i.e. two elements which are themselves words as in freewheel, where free and wheel are both words.
09 ☐ **conjunction**	A conjunction can be either co-ordinate or subordinate. A co-ordinate conjunction joins together elements of equal rank, as the two adjectives in 'a rare and auspicious event' are joined by and A subordinate conjunction usually joins a subordinate clause to a main clause, e.g., if, when, although.
10 ☐ **C-selection**	The classifying of verbs and other lexical items in terms of the syntactic category of the complements that they accept (*C* stands for categorial), sometimes called subcategorization: e.g., the verb *find* C-selects, or is subcategorized for, a noun phrase complement.
11 ☐ **diphthong**	A vowel sound in which there is a change of quality during its articulation and is represented graphically by the first and last point of articulation to suggest that it contains two vowel sounds, e.g., /ai/.

12 ☐	**d-structure**	Any phrase structure tree generated by the phrase structure rules (i.e., by the X-bar schema) of a transformational grammar; the basic syntactic structures of the grammar. Also called deep structure.
13 ☐	**dynamic**	A verb which expresses an action rather than a state and can take forms in -ing as part of the progressive, e.g., *come* is *coming*
14 ☐	**entailment**	The relationship between two sentences, where the truth of one necessitates the truth of the other: e.g., *Jane assassinated Peter* and *Peter is dead*; if the first is true, the second must be true.
15 ☐	**euphemism**	A term regarded as more acceptable socially which has replaced another term which has become tainted by the unfavorable associations of the concept it refers to. Hence to spend a penny is a euphemism.
16 ☐	**fricative**	In phonetics this is a term used of consonants which are produced through constricting some part of the air passage, e.g., /f/ and /s/.
17 ☐	**grammatical categories**	Traditionally called "parts of speech"; also called syntactic categories; expressions of the same grammatical category can generally substitute for one another without loss of grammaticality: e.g., noun phrase, verb phrase.
18 ☐	**homonym**	Two words which are identical in speech and writing.
19 ☐	**inflection**	The marking of grammatical categories like case or tense through the use of an affix or some other linguistic mechanism.
20 ☐	**inversion**	Reversing the order of two elements, as for example the order of the subject and verb is reversed to form a question so that '*He did come*' becomes '*Did he come?*'
21 ☐	**lexis**	The term used to describe the vocabulary of a language.
22 ☐	**liquid**	In phonetics, this refers to /r/ and /l/, but often taken to include /w/ and /j/ sounds as well.
23 ☐	**morphology**	The study of morphemes.
24 ☐	**nasal**	In phonetics the term used of sounds which are produced by air coming both through the mouth and the nasal passage, e.g., /n/.
25 ☐	**noun phrase**	A phrase that acts like a noun and can fulfill the role of subject or object.
26 ☐	**open class**	The class of lexical content words; a category of words that commonly adds new words: e.g. nouns, verbs.

27 ☐	palatal	In phonetics, this is the sounds made when the central part of the tongue is raised to touch the hard palate, e.g., /j/
28 ☐	phoneme	The minimal unit in the sound system of a language which can be tested through substitution: if the sound changes the meaning of a word when it replaces another sound, then both are phonemes. Thus /fæt/ and /cæt/ are phonemes because fat and cat have different meanings.
29 ☐	pidgin	A means of communication developed through language contact which is usually a simplified linguistic system of a single language with inputs from one or more other languages. It is no one's mother tongue.
30 ☐	plosive	In phonetics this is the sounds made when the air passage is completely blocked for a moment (usually by the lips); when unblocked the air escapes as though with an 'explosive' sound; examples are /p/ and /b/.
31 ☐	predicator	The verb phrase which is an obligatory constituent of a clause.
32 ☐	pro-form	A word that replaces another word or expression found elsewhere in discourse, or understood from the situational context. Pronouns are the best known pro-forms, but words like *did* may function as "pro-verb phrases" as in *James washed five puppies and Lucy did too.*
33 ☐	progressive	A form of the verb formed by a part of the auxiliary to be and the present participle of a lexical verb to express an action which is continuing as in '*he is coming.*'
34 ☐	rankshift	A term describing the process whereby a linguistic unit is used lower down the grammatical hierarchy. Hence a word like free can be used as a morpheme in freewheel, and a clause like he is coming can be used as a phrase in '*I think he is coming.*'
35 ☐	redundant	Describes a nondistinctive, nonphonemic feature that is predictable from other feature values of the segment: e.g., [+voice] is redundant for any [+nasal] phoneme in English because all nasals are voiced.
36 ☐	register	A variety of language which is employed in relation to the social environment in which it is used, e.g., formal or informal
37 ☐	rhetoric	The way of organizing an utterance or speech to achieve the effect on the listener one intends which was promoted and codified in the past; nowadays it is particularly associated with figures of speech such as metaphor and simile.
38 ☐	stative	A verb which expresses a state rather than an action, e.g., '*I am happy*'.

39 ☐	**thematic role**	The semantic relationship between the verb and the noun phrases of a sentence, such as agent, theme, location, instrument, goal, source.
40 ☐	**unmarked**	The term used to refer to that member of a gradable pair of antonyms used in questions of degree: e.g., *high* is the unmarked member of high/low; in a masculine/feminine pair, the word that does not contain a derivational morpheme, usually the masculine word: e.g.; *prince* is unmarked, whereas *princess* is marked.

교원임용 교육 1위,
해커스임용 teacher.Hackers.com

INDEX

INDEX

A B

해커스임용 도원우 · Sam Park 전공영어 기출보카 1800+

INDEX

B C D

해커스임용 프렙인 · Sam Park 전공영어 기출보카 1800+

INDEX

IJKL
MNOP

해커스임용 드림우 · Sam Park 전공영어 기출보카 1800+

⊷ **도원우** 해커스임용 전공영어 문학/일반영어 대표교수

약력 연세대학교 국제관계학과 정치학 학사
연세대학교 대학원 러시아 정치, (국제)지역학 석사
경성대학교 영문학 박사

저서 해커스임용 도원우·Sam Park 전공영어 기출보카 1800+
(2022, 해커스패스)
도원우의 영미문학개론 40일 완성(2017, 위드북)
도원우 일반영어 해석의 기술(2017, 위드북)

논문 버지니아 울프의 모더니즘 서사 전략에 관한 연구
: '댈러웨이 부인'과 '파도'를 중심으로 (2014, 석사학위논문)
이글턴 비평이론의 형성과정과 위상에 관한 연구
(2021, 박사학위논문)

⊷ **Sam Park** 해커스임용 전공영어 종합반 대표교수

약력 University of Liverpool 교육학 석사
Paris Business School DBA Doctoral Candidate

저서 해커스임용 도원우·Sam Park 전공영어 기출보카 1800+
(2022, 해커스패스)

해커스임용
도원우·Sam Park
전공영어
기출
보카 1800+

초판 1쇄 발행	2022년 1월 3일
지은이	도원우 · Sam Park
펴낸곳	해커스패스
펴낸이	해커스임용 출판팀
주소	서울특별시 강남구 강남대로 428 해커스임용
고객센터	02-566-6860
교재 관련 문의	teacher@pass.com
	해커스임용 사이트(teacher.Hackers.com) 1:1 고객센터
학원 및 동영상 강의	teacher.Hackers.com
ISBN	979-11-6662-713-2
Serial Number	01-01-01

저작권자 © 2022, 도원우 · Sam Park
이 책의 모든 내용, 이미지, 디자인, 편집 형태에 대한 저작권은 저자에게 있습니다.
서면에 의한 저자와 출판사의 허락 없이 내용의 일부 혹은 전부를 인용, 발췌하거나 복제, 배포할 수 없습니다.

교원임용 교육 1위 해커스임용

2021 대한민국 NO.1 대상 교원임용 교육(온·오프라인 교원임용) 부문 1위 (한국미디어마케팅그룹)

2023학년도 임용 합격을 위한
해커스임용 전공영어 커리큘럼

START ➜ **1-2월** ➜ **3-4월** ➜ **5-6월**

| 기본이론과정 | 심화이론과정 | 기출분석과정 |

이동걸 영어학

기본이론과정
- '이동걸 영어학'의 시그니처 강의
- 기초부터 심화까지 깊이 있고 자세한 강의
- 답안 작성을 위한 주요 영어 표현 학습
- 통사론 전체를 이해할 수 있는 강의 구성

심화이론과정
- 체계적 구조화로 음운론 큰 그림을 이해
- 단순한 암기가 아닌 원리로 접근
- 답안 작성을 위한 핵심 중요 문장을 함께 학습
- 음운론이 어려운 수험생에게 필수 강의

기출분석과정
- 영역별 기출 분석 (2002~2022학년도)
- 출제 의도를 파악하고 이를 바탕으로 실전을 대비
- 답안 작성을 위한 표현을 반복적으로 사용하여 숙달
- 답안 작성 첨삭 진행

이창우 영어학

기본이론과정
- **통사론** : 임용 통사론의 핵심인 GB와 최근 빈출 이론 학습
- **음성·음운론** : 핵심이론 전반 학습
- 기초부터 핵심이론까지 논리적으로 구성하여 이론을 체계적으로 이해

심화이론과정
- 임용 통사론의 핵심인 GB와 이후 최신이론을 다룬 Carnie의 Syntax를 중심으로 통사론 정복!
- 주제별 재 배치를 통한 통사론 학습효율 및 이해력 극대화

기출분석과정
- 2014~2022학년도 9개년 모든 기출문제 분석
- 영역별 문제풀이로 이론 복습 및 실전감각 깨우기
- 문제 풀이방법 전수

Ⅲ 해커스임용